진학·채용·승진
한자능력검정

시험대비

틀리기 쉬운 漢字 확연히 바르게

崔甲朝 著

明文堂

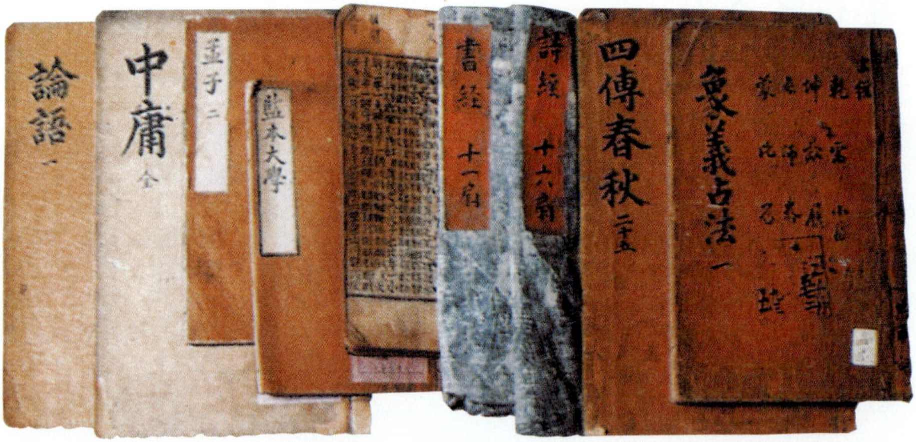

▲ 사서오경(四書五經) 사서는 논어 · 맹자 · 대학 · 중용이고, 오경은 시경 · 서경 · 역경 · 춘추 · 예기이다.

▼ 갑골문자(甲骨文字)의 성립

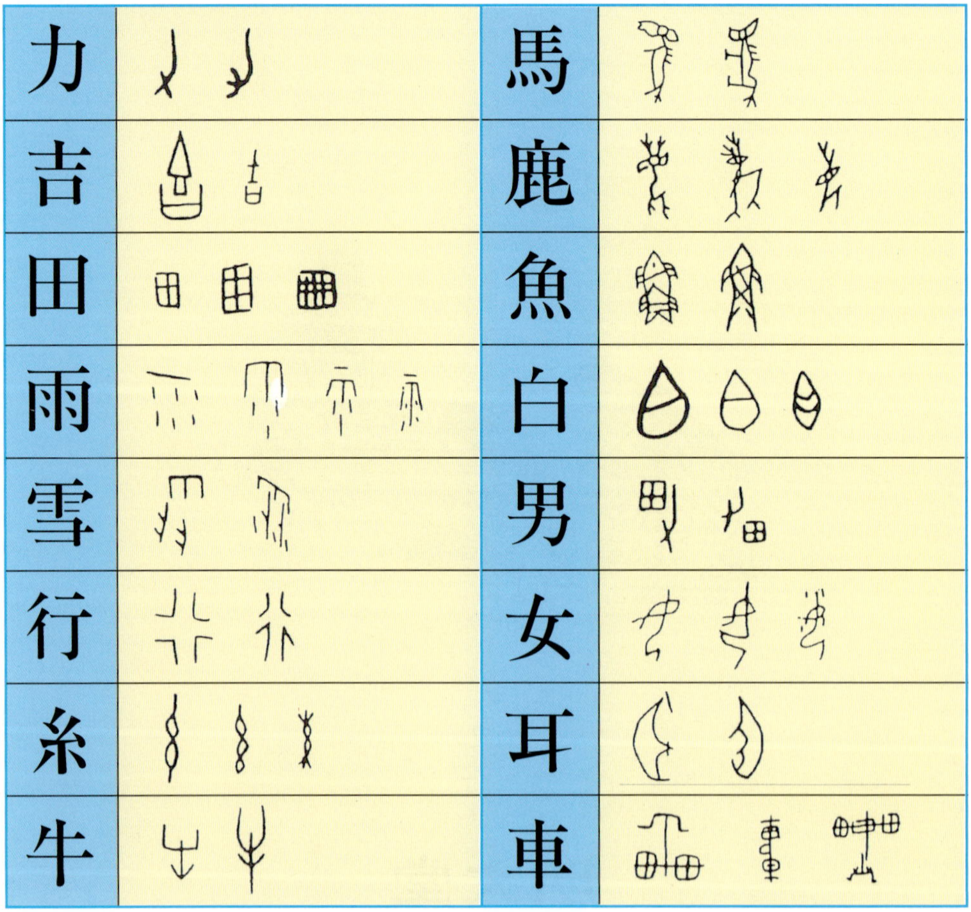

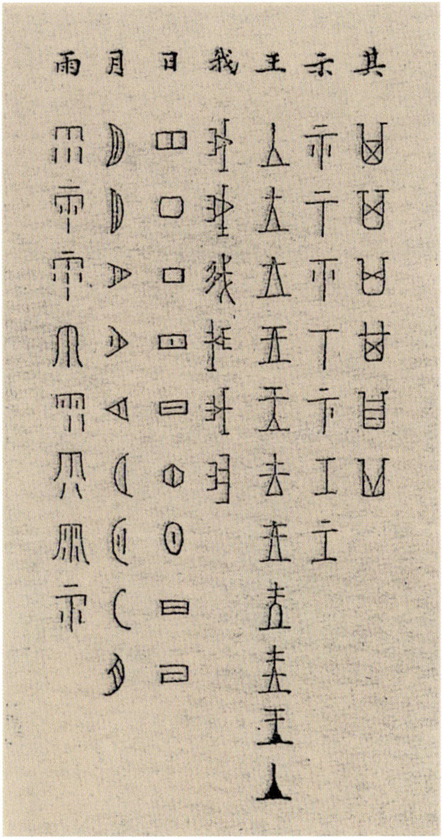

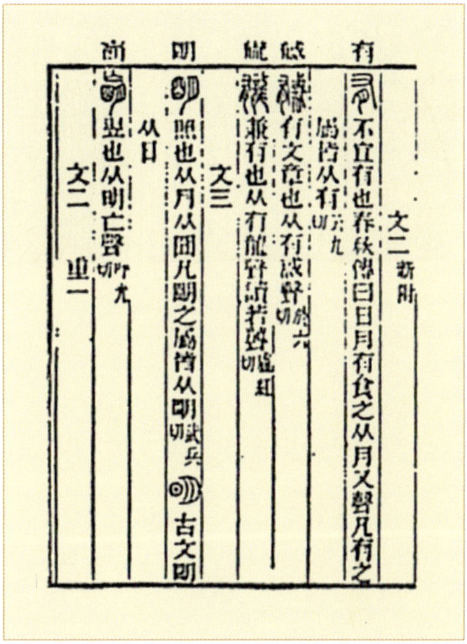

有 文二 新附
不宜有也春秋傳曰日月有食之从月又聲凡有之屬皆从有 云九切
𩔇 有文章也从有𢦏聲 於六切
龓 兼有也从有龍聲讀若聾 盧紅切
文三
朙 照也从月从囧凡朙之屬皆从朙 武兵切
明 古文朙从日
文二
𠷔 翌也从明亡聲 呼光切
文二 重一

▲ 설문해자(說文解字)의 '유(有)' 부분

◀ 수골(獸骨)의 전형(全形) 현존하는 중국 최고(最古)의 문자

▼ 왕희지(王羲之)의 글씨

▼ 공자 시교도(孔子示敎圖) 단(壇) 위의 중앙이 공자이다.

▲ 거연한간(居延漢簡)의 책서(冊書)

◀ 한대(漢代)의 학교

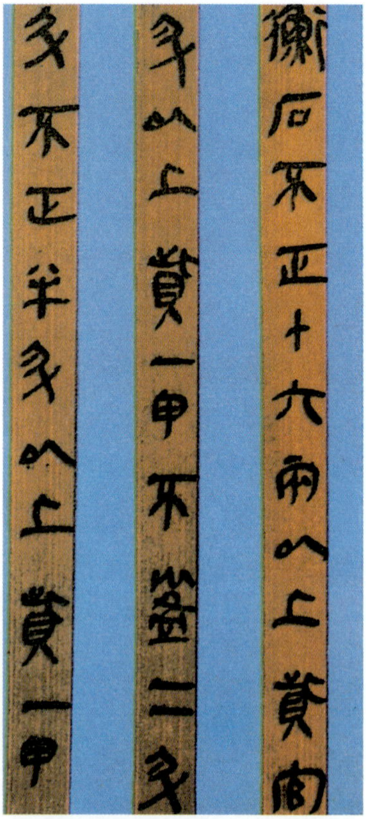

▲ 진대(秦代)의 죽간(竹簡)

◀ 서당(書堂) 김홍도(金弘道) 그림

序 言

〔틀리기 쉬운 漢字 확연히 바르게〕

漢字는 틀리기 쉬우므로 어렵다는 巷間(항간)의 流言(유언)도 헛所聞(소문)은 아닐 듯싶다.

아래 (보기)와 같이 漢字는 字體(자체=字形(자형) : 글자의 모양)가 서로 類似(유사 : 서로 비슷함)하며 僅少(근소)한 差異(차이)로 千差萬別(천차만별)하여 混同(혼동)되기 쉬우므로 그렇지 않을까 생각한다.

(보기)

漢字	八	人	入	大	太	犬	丈	火	天	失
字音	팔	인	입	대	태	견	장	화	천	실

漢字	方	彷	坊	妨	防	訪	紡	肪	芳	房
字音	———— 방 ————									

위와 같이 類似(유사)한 漢字 곧 類字(유자 : 모양이 비슷한 글자)를 [다음]과 같이 두 갈래로 類聚(유취 : 같은 종류의 것을 갈래대로 모음)하여 恒時(항시) 比較(비교)와 對照(대조)함으로써 틀리기 쉬운 漢字를 확연히 바르게 攄得(터득)할 수 있도록 하였다.

[다음]

첫째, 字音(자음)이 같은 類字(유자)〔同音類字(동음유자)〕 ※ 25쪽 참조

漢字	主	住	注	拄	柱	註	駐
字音	———— 주 ————						
字訓(자훈)	주인, 임금 주체, 하느님	살다 머물다	물댈, 붓다 주석할≒註	버틸 받침	기둥, 버팀 받침	글뜻 풀	머무를 주둔할
用例(용례)	主人(주인) 自主(자주) 君主(군주)	住所(주소) 住民(주민) 居住(거주)	注入(주입) 注目(주목) 注意(주의)	拄杖(주장) 拄張(주장) 拄頰(주협)	支柱(지주) 電柱(전주) 柱石(주석)	註釋(주석) 註解(주해) 脚註(각주)	駐在(주재) 駐車(주차) 駐屯(주둔)

둘째, 字音(자음)이 다른 類字(유자)〔異音類字(이음유자)〕 ※ 385쪽 참조

漢字	田	由	甲	申	町	男	界
字音	전	유	갑	신	정	남	계
字訓(자훈)	밭 사냥할≒畋	말미암을 까닭, 이유 …에서	갑옷, 껍질 첫째, 천간 아무개	펼, 말할 아홉째 지지 원숭이	밭두둑 단위 (넓이, 거리)	남자, 사내 아들 벼슬이름	경계, 지경 한도, 둘레 세계
用例(용례)	田畓(전답) 田園(전원) 油田(유전)	由來(유래) 事由(사유) 自由(자유)	甲富(갑부) 甲乙丙丁 (갑을병정) 回甲(회갑)	申告(신고) 申請(신청) 內申(내신)	町畦(정휴) 1町(정)=60間 =360尺 町步(정보)	男女(남녀) 美男(미남) 男妹(남매)	境界(경계) 限界(한계) 世界(세계)

일러두기

本書(본서)에서 쓰이는 用語(용어) 및 記號(기호)

用語(용어)	用語의 내용	記號(기호)	用例(용례)
字音(자음)	漢字의 音(음)	㊟音	天(하늘 천)에서 천
	字音이 둘 이상인 때	㉠㉡㉢…	更:㉠경(고칠, 바꿀) 變更(변경) 更新(경신) ㉡갱(다시) 更新(갱신)
字訓(자훈)	漢字의 우리말 새김	㊟訓	天(하늘 천)에서 하늘
	字訓이 둘 이상인 때	①, ②, ③	天:①하늘↔地 天地(천지) ②하느님 天心(천심)
	字訓이 하나일 때	기호 없음	各(각각 각) 各各(각각) 各自(각자)
同字(동자)	뜻 갈래에 따라 같이 한가지로 쓰는 한자	=	峯=峰(봉우리 봉) 峯(峰)頭(봉두) 高峰(峯)(고봉)
通字(통자)	뜻 갈래에 따라 함께 통용되는 한자	≒	附≒付:①줄 부 付(附)與(부여) ②붙일 부 附(付)着(부착)
略字(약자)	글자의 획을 줄여 간략히 쓴 한자	㊀약	當㊀약当:①마땅할 당 當(当)然(당연) ②전당잡힐 당 抵當(当)(저당)
俗字(속자)	正字(정자)는 아니나 세간에서 흔히 쓰는 한자	㊀속	鋪㊀속舗:①펼 포 鋪(舗)裝(포장) ②점포 포 店鋪(舗)(점포)
略語(약어)	준말	㊟준	大韓民國 ㊟준韓國 人生七十古來稀 ㊟준古稀(고희)
標題語省略(표제어생략)	표제어를 쓰지 않고 줄임(뺌)	—	責任(책임)—完遂(완수)(責任完遂) 曲曲(곡곡) 坊坊(방방)—(坊坊曲曲)
同義語(동의어)	語形(어형)은 다르나 뜻이 같은 말	⇒	孕胎(잉태)⇒妊娠(임신) 侵略(침략)⇒侵掠(침략)
類義語(유의어)	뜻이 비슷한 말	→	母親(모친)→慈堂(자당) 總計(총계)→合計(합계)
反對語(반대어)	반대되는 말	↔	敗北(패배)↔勝利(승리) 成功(성공)↔失敗(실패)
反對字(반대자)	반대되는 한자	↔	出(출)↔入(입), 長(장)↔短(단)
參考(참고)	도움이 되는 자료	∴	當否(당부)∴當付(당부)와 다름 却下(각하)∴棄却(기각)과 다름
註脚(주각)	설명을 보충함(㊟주註)	※	刺※剌은 다른 자 刺戟(자극), 潑剌(발랄)

차 례

제 3 장 漢字의 整理 · 433

제 1 장 漢字의 基礎

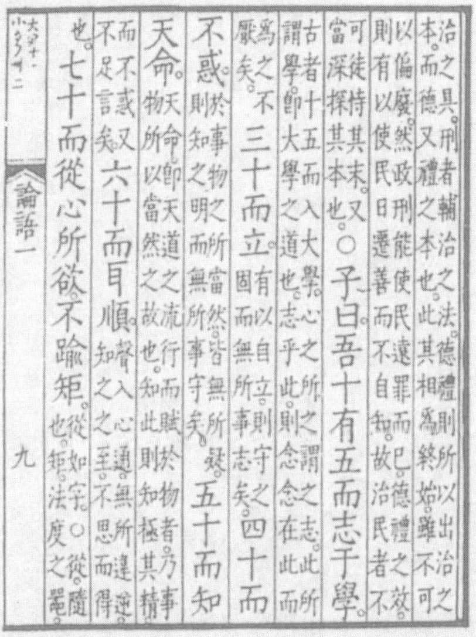
治之具。刑者輔治之法。德禮則所以出治之本。而德又禮之本也。此其相爲終始。雖不可
以偏廢。然政刑能使民遠罪而已。德禮之效。則有以使民日遷善而不自知。故治民者不
可徒恃其末。又當深探其本也。○子曰吾十有五而志于學。
古者十五而入大學。心之所之謂之志。此所謂學。卽大學之道也。志乎此。則念念在此而
爲之不厭矣。三十而立。有以自立。則守之固而無所事志矣。四十而
不惑。於事物之所當然。皆無所疑。則知之明而無所事守矣。五十而知
天命。天命。卽天道之流行而賦於物者。乃事物所以當然之故也。知此則知極其精
而不惑又不足言矣。六十而耳順。聲入心通。無所違逆。知之之至。不思而得
也。七十而從心所欲不踰矩。從。如字。○從。隨也。矩。法度之器。
論語一
九

1 部首(부수)

무릇 漢字字典(한자자전) 또는 玉篇(옥편)의 첫 쪽을 펼치면 모든 部首가 한눈에 가득히 펼쳐진다.

部首란 字典에서 漢字를 찾는 길잡이 역할을 하도록 편리하게 分類(분류)한 글자의 한 부분, 즉 字畫(자획 : 글자의 획)의 공통부분이다.

部首는 위치에 따라 일곱 가지로 分類되고 또한 畫數(획수 : 글자의 획의 수)에 의해 1畫(획)부터 17畫까지 200여 종류에 이른다.

字典에서 한자를 찾는 데 있어 部首를 익혀야 함은 물론이요, 字義(자의 : 한자의 뜻) 및 字音(자음)과도 밀접히 相關(상관)되므로 部首(부수)의 習得(습득)이 漢字學習(한자학습)의 첫걸음이다.

(보기 : 「亻(사람 인)」… 仁(인), 代(대), 休(휴), 住(주)…)

(1) 部首의 分類(분류)

部首는 아래와 같이 위치에 따라 일곱 가지로 나누어진다.

①	邊(변)	글자의 왼쪽에 있는 부분 住(주) 吐(토) 村(촌) 牧(목) 語(어)
②	旁(방)	글자의 오른쪽에 있는 부분 列(열) 形(형) 助(조) 部(부) 鳴(명)
③	冠(관)	글자의 위에 있는 부분 京(경) 安(안) 笑(소) 花(화) 雪(설)
④	沓(답=발)	글자의 아래에 있는 부분 元(원) 夏(하) 烈(열) 受(수) 急(급)
⑤	垂(수=엄)	위에서 왼쪽으로 드리운 부분 原(원) 店(점) 病(병) 居(거) 房(방)
⑥	繞(요=받침)	왼쪽에서 아래로 내려와 받친 부분 延(연) 近(근) 起(기) 魅(매) 麴(국)
⑦	構(구=몸)	글자를 에워싸는 부분 國(국) 區(구) 間(간) 包(포) 戒(계)

(2) 部首와 字義(자의 : 글자의 뜻)

部首는 字義(자의)와 字音(자음 : (준)音), 즉 한자의 뜻과 발음의 요소로서 한자를 구성하고 있다.

중요한 部首와 字義와의 관계는 다음과 같다.

部 首 (변형)	字義와의 관계	같은 部首로 구성된 漢字			
人 사람인 (亻)	사람과, 의	人 사람인 仁 어질인	令 시킬령 代 대신할대	介 끼일개 住 살 주	余 나 여 信 믿을신
水 물 수 (氵)삼수변	물, 강, 액체와	水 물 수 江 큰내강	氷 얼음빙 汗 땀 한	泉 샘 천 沐 목욕할목	漿 미음장 池 연못지
心 마음심 (忄)심방변	사람의 마음과	心 마음심 忖 헤아릴촌	志 뜻 지 快 쾌할쾌	忘 잊을망 性 성품성	念 생각할념 怯 겁낼겁
刀 칼 도 (刂)선칼도	칼,날 붙이과	刀 칼 도 削 깎을삭	分 나눌분 刺 찌를자, 척	切 끊을절, 체 刻 새길각	剪 가위전 劍 칼 검
手 손 수 (扌)손수변	손, 동작 따위와	手 손 수 打 칠 타	拳 주먹권 投 던질투	掌 손바닥장 把 잡을파	擊 칠 격 折 꺾을절
火 불 화 (灬)연화발	불, 빛, 열과	火 불 화 焦 구울초	灰 재 회 煮 삶을자	炎 불꽃염 照 비출조	煙 연기연 熱 더울열
衣 옷 의 (衤)옷의변	옷, 의복, 이불 입다 따위와	衣 옷 의 袖 소매수	表 겉 표 被 입을피	衾 이불금 裸 벗을라	裁 마를재 複 겹칠복
艸 풀 초 艹(초두밑)	풀, 식물 따위와	芻 꼴 추 草 풀 초	苗 싹 묘 花 꽃 화	菜 나물채 芽 싹 아	菊 국화국 葉 잎 엽
足 발 족 (⻊)	발, 몸놀림 따위와	足 발 족 跋 밟을발	蹇 절름거릴건 跌 넘어질질	蹙 찡그릴축 跛 절름발이파 기대설피	躄 앉은뱅이벽 踐 밟을천
竹 대 죽 (⺮)	대나무 등과	竹 대나무죽 竿 장대간	笠 삿갓립 笛 피리적	筆 붓 필 筵 대자리연	管 대롱관 箸 젓가락저
口 입 구	입과	味 맛 미	吐 토할토	呑 삼킬탄	咽 목구멍인
日 날 일	해(태양), 밝음 등과	日 날 일	旦 아침단	明 밝을명	昏 어두울혼
力 힘 력	힘쓰다, 일하다 등과	力 힘 력	勞 수고로울로	動 움직일동	務 힘쓸무
土 흙 토	흙, 지형 등과의	土 흙 토	地 땅 지	坑 구덩이갱	垈 터 대
木 나무목	나무, 수풀 등과의	木 나무목	本 근본본	材 재목재	林 수풀림
金 쇠 금	쇠, 금, 쇠붙이 따위와	金 쇠 금	銅 구리동	銀 은 은	鐵 쇠 철
雨 비 우	비, 기상(대기현상) 등	雨 비 우	雲 구름운	雪 눈 설	露 이슬로
糸 실 사	실, 천 따위와	絲 실 사	紡 실뽑을방	絹 비단견	綿 솜 면
食 밥 식	밥, 음식, 먹다 따위와	食 밥 식	飮 마실음	飢 주릴기	飯 밥 반

2 字畫(자획) 및 筆順(필순)

(1) 字畫(자획)

漢字 한 글자를 이루고 있는 線(선) 및 點(점)을 字畫이라 하며, 줄여 畫(획)이라고도 한다.

한자를 쓸 때 붓(또는 펜)을 한번 대었다 뗄 때까지를 한 畫으로 헤아려, 그 회수를 畫數(획수)라고 한다.

한자의 筆法基準(필법기준)으로 설명되는 '永字八法(영자팔법)'으로 字畫과 筆順을 알아보기로 한다.

永 字 八 法

字 畫(자획)		筆 順(필순)
①	1 畫(획)	(1) 丶
②→③→④	1 畫(획)	(2) 亅
⑤→⑥	1 畫(획)	(3) 刁
⑦	1 畫(획)	(4) 氶
⑧	1 畫(획)	(5) 永

총 5畫(畫數 : 획수)

(2) 筆順(필순)

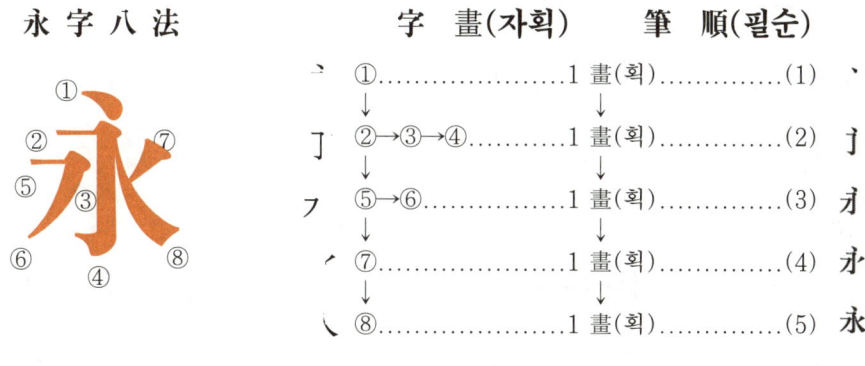

漢字를 쓰는 바른 順序(순서), 즉 筆法(필법)을 筆順(필순)이라 한다.

아무리 어렵고 쓰기에 까다로운 漢字라 할지라도 아름답고 부드럽게, 즉 優雅(우아)하면서 빠르게 잘 정돈된 漢字를 쓸 수 있으려면 筆順을 바르게 익혀 알아야 한다.

永字八法(영자팔법)을 기준으로 다음과 같이 筆順을 敷衍(부연 : 덧붙여서 자세히 설명함)하니 든든히 漢字의 基礎(기초)에서 바르게 익히도록 한다.

첫째, 위에서부터 아래로 써 내려간다

◦三(삼) 一 二 三   ◦工(공) 一 丅 工

둘째, 왼쪽에서부터 오른쪽으로

○川(천) 丿 川 川　　○休(휴) ノ 亻 仁 什 休

셋째, 가로세로가 겹칠 때는 가로畫(획)을 먼저 그리고 세로畫을

○十(십) 一 十　　○木(목) 一 十 才 木

넷째, 한가운데를 먼저 쓰고 左右(좌우) 양쪽은 그 다음에

○小(소) ノ 小 小　　○水(수) 亅 才 水

다섯째, 글자 전체를 꿰뚫는 경우는 세로畫(획)을 맨 끝으로

○中(중) 丨 冂 口 中　　○車(차) 一 亘 亘 車

여섯째, 삐침과 파임이 어울릴 때는 삐침을 먼저, 그리고 파임을 쓴다.

○文(문) ' 亠 ナ 文　　○父(부) ノ 八 グ 父

일곱째, 안을 에워싼 몸이 있을 때는 몸을 먼저 쓴다.

○困(곤) 丨 冂 冂 困 困　　○國(국) 冂 冂 冋 冋 國 國

여덟째, 오른쪽 위의 점은 맨끝으로 쓴다.

○代(대) ノ 亻 仁 代 代　　○成(성) 丿 厂 斤 成 成 成

아홉째, 위아래를 꿰뚫지 않은 세로획은 윗부분을 먼저 쓴다.

○王(왕) 一 丅 干 王　　○主(주) 丶 亠 亠 主 主

열째, ※(특히 유의할 필순) 받침에는 두가지 경우가 있다.

① 먼저 쓰는 경우 : 받침이 독립자로 쓰일 때(走·是 등은 먼저 쓴다)

○起(기) 土 丰 走 起　　○題(제) 日 早 早 是 題

② 나중에 쓰는 경우 : 받침이 독립자로 쓰이지 않을 때(辶·廴등은 나중에 쓴다)

○近(근) 厂 斤 近　　○延(연) 一 丅 下 正 延

例題 (1)

1. 다음 빈칸을 채워 표를 완성하시오.

漢字	部首	字訓	字音	畫數	漢字語
天	大		천		
住		살, 생활		7	住所, 住宅
草	艹		초	10	
明		밝을			
永	水	길, 오랠		5	永遠, 永久

2. (보기)와 같이 筆順(필순)을 ( ) 안에 1. 2. 3……으로 그 차례를 쓰시오.

(보기) 永(길 영) ㇇(3) 亅(2) 丶(1) ㇀(4) ㇏(5) …… 모두 5畫(획)이다

① 木(나무 목) 丨( ) 一( ) ㇏( ) 丿( ) …… 모두 4畫(획)이다

② 中(가운데 중) 丨( ) 丨( ) 一( ) ㇕( ) …… 모두 4畫(획)이다

③ 各(각각 각) ㇇( ) ㇏( ) 丿( ) 丨( ) ㇕( ) 一( ) ……모두 6畫(획)이다

④ 同(한가지 동) 丨( ) 𠃌( ) 一( ) 丨( ) ㇕( ) 一( ) …… 모두 6畫(획)이다

3. (보기)와 같이 다음 部首(부수)로 구성된 漢字를 두 字(자)씩 쓰시오.

(보기) 宀 : (安, 字)

① 人 : (,) ② 亻(,)

③ 氵 : (,) ④ 日(,)

제2장 틀리기 쉬운 漢字

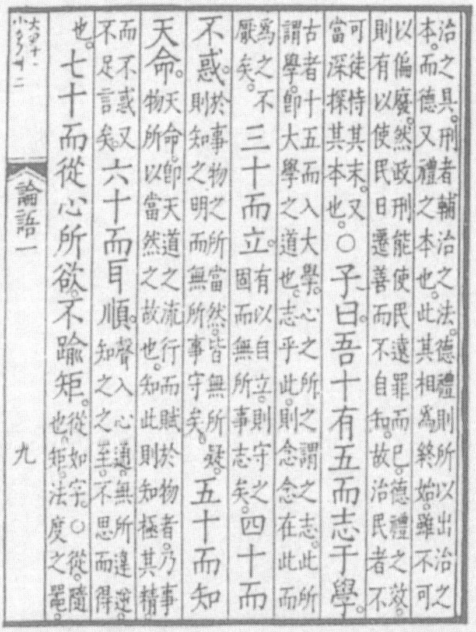
治之具。刑者輔治之法。德禮則所以出治之本。而德又禮之本也。此其相爲終始。雖不可以偏廢。然政刑能使民遠罪而已。德禮之效則有以使民日遷善而不自知。故治民者不可徒恃其末。又當深探其本也。○子曰吾十有五而志于學。古者十五而入大學。心之所之謂之志。此所謂學。卽大學之道也。志乎此則念念在此而爲之不厭矣。三十而立。有以自立則守之固而無所事志矣。四十而不惑。於事物之所當然皆無所疑則知之明而無所事守矣。五十而知天命。天命。卽天道之流行而賦於物者。乃事物所以當然之故也。知此則知極其精而不惑又不足言矣。六十而耳順。聲入心通。無所違逆。知之之至。不思而得也。七十而從心所欲。不踰矩。從。如字。○從隨也。矩。法度之器

論語一

九

漢字(한자)는 字畫(자획)이 하나 더 있거나 덜 있음으로써, 또는 그 위치에 따라 字體(자체)⇒字形(자형 : 글자모양)이 類似(유사 : 서로 비슷함)하면서 각 文字(문자)마다 字音(자음)과 字義(자의 : 한자의 뜻)를 달리하며 多岐多樣(다기다양)하게 쓰이는 것이 특징이다.

그러므로 漢字 한 글자 한 글자를 마구 외우는 맹목적 암기 일변도의 傳來的(전래적) 漢字습득방법을 止揚(지양)하여 字體(자체)가 아주 類似(유사)하여 混用(혼용)되기 쉬운 類字(유자 : 글자 모양이 비슷한 글자)를 類聚(유취 : 같은 종류의 것을 갈래대로 모음)하여 상호비교, 분석검토하면서 틀리기 쉬운 漢字를 바르고도 빠르게, 아울러 쉽게 터득할 수 있도록 다음과 같이

첫째는 字音이 같은 類字(유자), 둘째는 字音이 다른 類字(유자)로 分類(분류)하였으며 各項(각항)마다 例題欄(예제란)을 두어 漢字의 습득을 더욱 증진 또는 확인할 수 있도록 하였다.

첫째, 字音이 같은 類字(同音類字 : 동음유자)

① 字音이 「백」 같은 類字

類字(部首)	白(白)	百(白)	伯(亻)	柏(木)	帛(巾)	魄(鬼)
字音(자음)	백					
字訓(자훈)	1)희다 2)깨끗하다 3)밝다 4)없다	1)100(일백) 2)많다	1)맏, 형, 첫 2)우두머리	잣나무 ㉲ 栢 측백나무	1)비단, 명주 2)폐백	1)넋(㉠백) 2)영락할(㉡탁)
用例(용례)	白果(백과) 潔白(결백) 明白(명백) 空白(공백) 白駒過隙 (백구과극)	百年(백년)⇒100년 －偕老(백년해로) 百果(백과) 五穀－(오곡백과)	伯兄(백형) 伯姉(백자) 伯仲(백중) －之勢(백중지세) －叔季(백중숙계)	柏子(백자) 側柏(측백) 松柏(송백) 冬柏(동백) 柏葉壽(백엽수)	帛書(백서) 幣帛(폐백) 帛絲(백사) 竹帛(죽백)	魂魄(혼백) ⇒ 넋 魂飛(혼비) －魄散(혼비백산) 落魄(낙탁)

② 字音이 「주」 같은 類字

類字(部首)	主(丶)	住(亻)	注(氵)	柱(木)	註(言)	駐(馬)
字音(자음)	주					
字訓(자훈)	1)주인↔客(객) 2)임금 3)주체	1)살다 2)사는 곳	1)물댈 2)뜻을 둘 3)주를달≒註(주)	1)기둥 2)버틸 3)기러기발	주달≒注 글뜻 풀	머무를
用例(용례)	主人(주인) 君主(군주) 民主主義 (민주주의) 主體(주체)	住居(주거) 住宅(주택) 住民登錄 (주민등록) 住所(주소)	注油所 (주유소) 注意(주의) 注射(주사) 注目(주목)	電柱(전주) 柱石(주석) 四柱八字 (사주팔자) 支柱(지주)	註解(주해) 脚註(注)(각주) 註(注)釋 (주석)	駐車(주차) 駐在(주재) 進駐(진주) 駐屯(주둔) －軍(주둔군)

둘째, 字音이 다른 類字(異音類字 : 이음유자)

① 字音이 다른 「대, 태, 견, 요, 천」 類字

類字(部首)	大(大)	太(大)	犬(犬)	夭(大)	天(大)
字音(자음)	대	태	견	요	천
字訓(자훈)	1)크다↔小(소) 2)대강, 대개	1)클≒泰(태) 2)첫째, 처음	개	1)젊을, 어여쁠 2)일찍 죽을	1)하늘↔地(지) 2)자연 3)임금
用例(용례)	大小(대소) 大概(대개) 重大(중대) 大會(대회) 積小成大 (적소성대)	太平(태평)太初 (태초) 太甚(태심)⇒極甚 (극심) 太極(태극)－旗 (태극기)	黃犬(황견) 犬馬(견마) 愛玩犬(애완견) 犬猿之間 (견원지간)	夭夭(요요) 夭姬(요희) 夭折(요절) 夭死(요사) 桃夭(도요)－時節 (도요시절)	天地(천지) 天下(천하) 天然(천연) 靑天(청천) 天高馬肥 (천고마비)

② 字音이 다른 「공, 토, 사, 간, 왕」 類字

類字(部首)	工(工)	土(土)	士(士)	干(干)	王(王)
字音(자음)	공	토	사	간	왕
字訓(자훈)	1)장인(匠人) 2)공교할	1)흙, 땅 2)별이름 3)오행의 하나	1)선비 2)벼슬 3)병사 4)자격	1)방패 2)범할 3)구할 4)마를	1)임금 2)임금노릇할
用例(용례)	工匠(공장)⇒匠 人(장인) 工巧(공교) 工場(공장) 着工(착공)↔竣 工(준공)	土地(토지) 土砂(토사) 沃土(옥토) 鄕土(향토) 土崩瓦解 (토붕와해)	士林(사림) 士氣(사기) 兵士(병사) 博士(박사) 壯士(장사)⇒力 士(역사)	干戈(간과) 干涉(간섭) 干犯(간범) 干求(간구) 干拓(간척) 干滿(간만)	大王(대왕) 天王(천왕) 王道(왕도) 王子(왕자) 王大人(왕대인) 王母(왕모)

例題 (2)

1. (보기)와 같이 빈칸에 알맞은 문자를 쓰시오.

	漢字	部首	字音	字訓	用例
(보기)	白	白	백	희다	白果, 黑白, 明白, 潔白
①	百	白		일백(100)	
②	伯		백		伯兄, 伯仲之勢, 伯叔
③	主			주인, 주체	
④	注	氵			
⑤	大		대		大小, 重大, 巨大, 偉大, 積小成大
⑥	犬			개	
⑦	土	土	토		
⑧	士				博士, 壯士, 兵士, 士氣

2. 다음의 밑줄친 한자어를 한자로 (　) 안에 쓰시오.

① 온갖 과일을 <u>백과</u>(㉠果)라 이르며 銀杏(은행)의 열매 또한 <u>백과</u>(㉡果)라 한다. ㉠ 및 ㉡은 字音이 같은 類字(유자)다.

② 맏누이를 <u>백자</u>(㉠姉)라 일컬으며, 잣나무 열매, 즉 잣도 <u>백자</u>(㉡子)라 한다. ㉠ 및 ㉡의 백자는 同音異義語(동음이의어 : 음은 같고 뜻이 다른 낱말)다.

③ 기둥과 주춧돌의 <u>주석</u>(㉠石) 및 글뜻을 알기 쉽게 풀이한 <u>주석</u>(㉡釋)도 同音異義語(동음이의어)다.

④ <u>주인</u>(㉠人)이 없는 <u>주택</u>(㉡宅)에서 <u>주사</u>㉢射)를 맞다.

⑤ 우리 <u>향토</u>(鄕㉠)에서 <u>천하장사</u>(㉡下壯㉢)가 나왔다.

3. 한자의 字音을 (　) 안에 쓰시오.

① 太平(　　) ② 犬馬(　　) ③ 重大(　　) ④ 夭折(　　)
⑤ 干拓(　　) ⑥ 工場(　　) ⑦ 土地(　　) ⑧ 博士(　　)

4. 다음 숙어에 관한 물음을 (보기)와 같이 빈칸에 쓰시오.

	숙어	字音	(가)	(나)
(보기)	(百)年偕老	백년해로	㉠	㉠
①	五穀(　)果			
②	積小成(　)			
③	(　)高馬肥			
④	(　)駒過隙			

① 숙어의 빈 (　) 안에 漢字를 기입하여 숙어를 완성하시오.

② 字音(자음)란에 字音을 쓰시오.

③ 숙어의 풀이와 관련있는 사항의 기호를 (가)항에 쓰시오.

㉠ 백년을 함께 늙다　㉡ 티끌모아 태산

㉢ 다섯 가지 곡식과 많은 과일　㉣ 달리는 말을 틈사이로 얼핏 보다

㉤ 하늘은 높고 말은 한가로워 살찌다

④ 숙어의 뜻을 이르는 관련 기호를 (나)항에 쓰시오.

㉠ 부부가 화락하게 함께 늙다를 이르다　㉡ 좋은 계절인 가을을 이르다

㉢ 적은 것을 모아 큰 것을 이루다　㉣ 온갖 곡식과 과일을 이르다

㉤ 세월(인생)이 덧없이 빨리 지나감을 이르다

제 1 절

틀리기 쉬운 同音類字

(字音이 같은 類字)

字音이 같은 類字는 字音이 서로 같고 字體(자체⇒字形(자형)) 또한 서로 類似(유사)하므로 더욱 틀리기 쉽다.

字音에 너무 執念(집념)하지 말며 文字의 구성요소인 部首(부수) 및 字畫(자획)으로 미루어 발음 및 의미(뜻)를 즉, 字音(자음) 및 字義(자의 : 한자의 뜻)를 올바르게 이해하여야 한다.

① 字音이 「가」 같은 類字

類字(部首)	可(口)	苛(艹)	呵(口)	柯(木)
字音(자음)	가			
字訓(자훈)	1) 옳을↔否(부) 2) 허락할 3) 가능	1) 가혹할 2) 까다로울	1) 꾸짖을 2) 깔깔 웃다 3) 내 불다	1) 가지 2) 도끼자루
用例(용례)	可決(가결)↔否決(부결) 許可(허가), 可能(가능) 可當(가당), 可望(가망)	苛酷(가혹), 苛察(가찰) 苛斂(가렴)-誅求(주구) 苛責(가책), 苛性(가성)	呵責(가책), 呵呵(가가) 呵凍(가동), 呵導(가도) 呵壁問天(가벽문천)	柯葉(가엽)⇒가지와 잎 柯條(가조)⇒나뭇가지 南柯一夢(남가일몽)

② 字音이 「방」 같은 類字

類字(部首)	方(方)	訪(言)	防(阝)	放(支(攵))
字音(자음)	방			
字訓(자훈)	1)모, 네모 2)방향 3)곳 4)방법 5)바야흐로 6)처방	1)찾아갈 2)널리 물음	1)막을, 방비하다 2)둑, 방죽	1)놓을 2)흩어지다 3)내쫓을 4)방자할 5)버리다
用例(용례)	方形(방형)⇒사각형, 方向(방향) 方位(방위), 方法(방법) 方針(방침), 方今(방금), 處方(처방)	訪問(방문), 訪議(방의) 來訪(내방)↔往訪(왕방) 巡訪(순방), 尋訪(심방)	防備(방비), 防音(방음) 堤防(제방)⇒둑 防火(방화) 國防(국방) 消防(소방) -署(서)	放心(방심), 追放(추방) 放射(방사), 解放(해방) 放火(방화)↔消火(소화)

③ 字音이 「청」 같은 類字

類字(部首)	青(青)	淸(氵)	晴(日)	請(言)
字音(자음)	청			
字訓(자훈)	1)푸를 2)봄, 젊음 3)동쪽 속 青	1)맑을, 깨끗할↔濁(탁) 2)끝맺을	갤, 날씨 맑을↔曇(담)	1)청할 2)묻나
用例(용례)	青山(청산)-流水(유수) 青春(청춘), 青雲(청운)-萬里(만리) 青天(청천)-白日(백일), 青史(청사)	淸泉(청천), 淸濁(청탁) 淸算(청산), 淸掃(청소) 淸廉(청렴)-潔白(결백)	快晴(쾌청), 晴嵐(청람) 晴天(청천)↔曇天(담천) 晴(青)天霹靂(청천벽력)	請求(청구), 申請(신청) 請託(청탁), 招請(초청) 請負(청부), 要請(요청)

例 題 (3)

1. 다음의 밑줄친 한자어를 한자로 (   ) 안에 쓰시오.

① 나비야 청산(㉠山)가자. 범나비 너도 가자.
② 맑게 갠 하늘의 청천(㉠天)과 맑고 깨끗한 샘의 청천(㉡泉), 즉 청천은 同音異義語(동음이의어)다.
③ 대보름날 논과 밭의 제방(堤㉠)에 농작물 해충 박멸을 위한 방화(㉡火)는 예로부터 由來(유래)되었다.
④ 가당(㉠當)치 않은 꿈으로 허송한 일이 良心(양심)의 가책(㉡責)이 되다.

2. 다음 한자의 字音을 (   ) 안에 쓰시오.

① 靑春(   )　② 請求(   )　③ 追放(   )　④ 巡訪(   )
⑤ 苛酷(   )　⑥ 可能(   )　⑦ 方法(   )　⑧ 訪問(   )

3. 다음 한자어의 반대자를 (   ) 안에 쓰시오.

① 淸(   )　② 可(   )　③ 晴(   )　④ 消火(   )　⑤ 可決(   )

4. 다음 숙어에 관한 물음의 답을 표에 쓰시오.

	숙어	字音	(가)	(나)
①	( )山流水			
②	南( )一夢			
③	( )壁問天			
④	( )天霹靂			

① 숙어의 빈 ( ) 안에 한자를 기입하여 숙어를 완성하시오.
② 字音(자음)을 쓰시오.
③ 숙어의 풀이와 연관된 기호를 (가)항에 쓰시오.
　㉠ 맑은 하늘에 벼락치다
　㉡ 느티나무 남쪽 가지 밑에서 낮잠이 들어 꿈꾸다
　㉢ 벽에다 꾸짖으며 하늘에 묻다
　㉣ 푸른 산에 물이 흐르다
④ 숙어의 뜻을 이르는 관련 기호를 (나)항에 쓰시오.
　㉠ 힘은 미치지 못하고 정의감이 북받친 의분을 이르다
　㉡ 말을 막힘없이 잘 하는 사람을 이르다
　㉢ 뜻밖의 큰 변을 이르다
　㉣ 덧없는 꿈, 또는 덧없는 부귀영화를 이르다

5. 다음 (보기)와 같이 빈칸을 채워 표를 완성하시오.

	漢字	部首	字音	字訓	用例
(보기)	防	阝	방	막을, 방비할	國防, 防音, 消防
①	可	口	가	옳을, 허가할	
②	方	方	방		方法, 方針, 方向
③	靑			푸를	
④	苛		가		苛責, 苛酷, 苛性
⑤	放	攴(攵)		놓을, 흩어질	
⑥	淸		청		

(보기) (類字) 可

〔字訓 : 漢字의 우리말 새김〕 ①옳을↔否(부) ②허락할 ③가능
〔用例 : 쓰이고 있는 예〕 可決(가결)↔否決(부결), 許可(허가), 可能(가능)
可否(가부)→是非(시비), 可當(가당), 可及的(가급적)

가

可

①옳을↔否(부) ②허락할 ③가능

可決(가결)↔否決(부결), 許可(허가), 可能(가능), 可望(가망), 可及的(가급적), 可否(가부)→是非(시비), 可當(가당)

苛

①가혹할 ②까다로울

苛酷(가혹), 苛斂(가렴) −誅求(주구), 苛稅(가세), 苛責(가책), 苛小(가소), 苛性(가성) −石灰(석회)⇒수산화칼슘

呵

①꾸짖을 ②깔깔 웃다

呵責(가책) 良心(양심)의 −, 呵呵(가가) −大笑(대소), 呵壁問天(가벽문천)

柯

①가지 ②도끼자루

柯葉(가엽)⇒가지와 잎, 南柯一夢(남가일몽)→一場春夢(일장춘몽), 柯條(가조)⇒나뭇가지

歌

노래

歌曲(가곡), 歌謠(가요), 歌手(가수), 凱歌(개가), 唱歌(창가), 軍歌(군가)

假

①거짓 ②잠시, 임시 ③빌릴 ④가령 (약)仮

假裝(가장) −行列(행렬), 假稱(가칭), 假借(가차), 假令(가령)⇒이를테면, 假量(가량)

暇

①겨를 ②한가할

閑(閒)暇(한가), 休暇(휴가), 暇日(가일), 餘暇(여가)⇒暇隙(가극)⇒겨를, 짬

加

①더할↔減(감) ②들

加減(가감), 加擔(가담), 加入(가입)↔脫退(탈퇴), 加盟(가맹), 追加(추가), 參加(참가)

架

①시렁 ②건너지를

書架(서가)⇒書閣(서각), 架設(가설), 架橋(가교), 架空(가공) −索道(삭도), 高架(고가) −道路(도로)

袈

가사

袈裟(가사)⇒중이 입는 法衣(법의)/－施主(시주)

駕

①수레, 가마 ②멍에 ③넘을

御駕(어가)⇒大駕(대가), 駕御(가어), 凌駕(능가), 駕馬(가마)⇒乘轎(승교)

迦

부처 이름

釋迦(석가) －牟尼(모니), 迦葉(가섭), 迦樓羅(가루라)⇒金翅鳥(금시조)

伽

절, 중

僧伽(승가)⇒중, 伽藍(가람), 金官伽倻(금관가야)⇒駕洛國(가락국), 伽倻琴(가야금)

枷

①항쇄, 칼 ②도리깨

枷鎖(가쇄)⇒項鎖足鎖(항쇄족쇄), 連枷(연가)⇒도리깨, 枷囚(가수)

嘉

①아름다울≒佳 ②칭찬할, 기릴 ③즐길, 경사 ④좋을

嘉(佳)言(가언), 嘉尙(가상), 嘉祥(가상)⇒吉兆(길조), 嘉名(가명), 嘉肴(가효), 嘉禮(가례), 嘉俳節(가배절)⇒한가위

家

①집 ②가문 ③학문, 기예의 전문가

草家(초가)→瓦家(와가), 家庭(가정), 家屋(가옥), 家親(가친)⇒家父(가부), 畫家(화가), 家門(가문)⇒門中(문중), 作家(작가)

嫁

①시집갈 ②떠넘길

出嫁(출가), 嫁娶(가취), 轉嫁(전가) 責任(책임)－, 改嫁(개가)⇒再嫁(재가)

稼

①농사, 심을 ②일할

稼穡(가색)→農事(농사), 稼事(가사), 稼動(가동) 工場(공장)－

각

各

각각, 따로따로, 여러

各各(각각), 各樣(각양) －各色(각색), 各種(각종), 各界(각계) －各層(각층), 各自圖生(각자도생), 各別(각별)

咯

토할≒喀(객)

咯血(각혈)⇒喀血(객혈), 咯痰(각담)⇒喀痰(객담), 咯出(각출)⇒喀出(객출)

恪 삼갈, 조심할

恪勤(각근) –勉勵(면려), 恪謹(각근)→勤愼(근신), 恪別(각별), 恪遵(각준)

閣 ①누각 ②잔도 ③내각 ④놓을≒擱

樓閣(누각), 書閣(서각), 閣僚(각료), 閣下(각하), 閣道(각도)⇒棧道(잔도), 鐘閣(종각), 內閣(내각), 閣(擱)筆(각필)

擱 놓을≒閣

擱(閣)筆(각필) 이만 –합니다, 擱坐(각좌)⇒擱岩(각암)⇒擱淺(각천)

却 ①물리칠 ②물러날

却下(각하), 棄却(기각), 退却(퇴각), 却老(각로), 忘却(망각), 賣却(매각), 却說(각설)⇒且說(차설), 燒却(소각), 消却(소각), 却步(각보)⇒退步(퇴보)↔進步(진보)

脚 ①다리, 종아리 ②발(물건의 아래 또는 토대가 되는 부분)

健脚(건각), 馬脚(마각), 脚光(각광), 脚本(각본), 脚色(각색), 脚下(각하)⇒현재, 지금 당장, 脚註(각주), 失脚(실각)

간

干 ①방패 ②간여할 ③마를 ④천간 ※ 于(우)는 다른 자

干城(간성), 干涉(간섭), 干與(간여), 干潟地(간석지), 干支(간지), 若干(약간), 干戈(간과), 欄干(난간), 干拓(간척) –地(지), 干滿(간만)

刊 ①책 펴낼 ②새길, 깎을

刊行(간행)⇒上梓(상재), 新刊(신간), 刊校(간교)⇒校正(교정), 創刊(창간), 朝刊(조간)↔夕刊(석간)

奸 ①간사할 ②범할

奸邪(간사), 奸臣(간신)⇒姦臣(간신), 奸惡(간악), 奸巧(간교), 弄奸(농간)

杆 지레 ㊀桿(간)

槓杆(공간)⇒지레, 杆(桿)棒(간봉), 欄杆(干)(난간) –童子(동자)

肝 ①간 ②마음 ③중요할

肝腸(간장) 九曲(구곡)–, 肝臟(간장), 肝銘(간명), 肝膽(간담) 相照(상조), 肝要(긴요)

竿 장대

竿頭(간두) 百尺(백척)–, 釣竿(조간), 釘竿子(정간자)⇒물렛가락, 竹竿(죽간)

揀

가릴

揀擇(간택)→揀選(간선), 分揀(분간)

諫

간할, 충고할

諫言(간언), 司諫院(사간원), 諫爭(간쟁), 諫誨(간회)

墾

개간할, 밭갈

開墾(개간), 墾田(간전), 墾植(간식)

懇

간절할, 정성

懇切(간절), 懇談(간담) 一會(회), 懇曲(간곡), 懇求(간구), 懇請(간청)

間

①사이, 틈 ②때, 동안 ③간(사방 6자) ④이간할 ⑤엿볼 ⑥섞일

間隔(간격), 近間(근간)⇒요사이, 離間(이간), 間諜(간첩), 間色(간색), 間或(간혹), 空間(공간), 期間(기간), 巷間(항간), 人間(인간), 居間(거간)

澗

①산골 물 ②물이름

澗畔(간반), 澗谷(간곡)⇒산골짜기, 山澗水(산간수)⇒澗溪(간계)

簡

①편지, 서책 ②간략할 ③분별할, 가릴

簡策(간책), 簡略(간략), 簡素(간소), 簡拔(간발), 簡單(간단), 簡易(간이)

癎

①간기 ②간질, 지랄병

癎病(간병)⇒驚風(경풍), 癎疾(간질)⇒癲癎(전간), 癎癖(간벽)

갈

喝

①꾸짖을 ②고함치다

喝破(갈파), 喝取(갈취) 金品(금품)을 ㅡ, 喝采(갈채) 拍手(박수)ㅡ, 恐喝(공갈), 喝道(갈도), 一喝(일갈)

渴

목마를

渴症(갈증), 枯渴(고갈), 渴望(갈망)⇒熱望(열망), 解渴(해갈) IMF寒波(한파ㅡ, 飢渴(기갈)

竭

다할

竭力(갈력), 耗竭(모갈), 竭忠報國(갈충보국)⇒盡忠報國(진충보국), 竭盡(갈진)

褐 ①털베(굵은 베옷) ②갈색

褐色(갈색), 褐斑(갈반), 褐炭(갈탄), 釋褐(석갈), 褐巾(갈건)

碣 ①비석, 둥근 비석 ②선돌

墓碣(묘갈), 碣石(갈석), 碑碣(비갈), 苔碣(태갈)

葛 칡

葛根(갈근)⇒칡뿌리, 葛藤(갈등), 葛布(갈포), 葛巾(갈건)

감

敢 ①감히 ②굳센

敢行(감행), 果敢(과감), 焉敢(언감) －生心(생심), 勇敢(용감) －無雙(무쌍)

橄 감람나무

橄欖樹(감람수), 橄欖油(감람유)⇒올리브기름, 橄欖石(감람석)

瞰 내다볼, 굽어볼

俯瞰(부감) －圖(도)⇒鳥瞰圖(조감도), 瞰下(감하), 窺瞰(규감)

感 ①느낄 ②감동할 ③고맙게 여길

感想(감상), 感動(감동), 感激(감격), 感覺(감각), 感電(감전), 感懷(감회), 敏感(민감)↔鈍感(둔감), 感慨(감개) －無量(무량), 感謝(감사), 感歎(감탄), 感染(감염)

憾 한할, 섭섭해 할

遺憾(유감) －千萬(천만), 憾情(감정), 憾悔(감회)

撼 흔들, 움직일

撼天動地(감천동지)⇒震天動地(진천동지), 搖撼(요감)⇒흔듦

減 덜, 덜할↔增(증)

減員(감원), 增減(증감), 削減(삭감), 蕩減(탕감), 減少(감소)

甘 달, 맛좋을

甘受(감수), 甘雨(감우), 甘味(감미), 甘言利說(감언이설), 苦盡甘來(고진감래), 甘呑苦吐(감탄고토)

紺

감색, 반물색

紺色(감색), 紺青(감청), 紺瞳(감동)⇒검푸른 눈동자, 紺宇(감우)⇒紺園(감원)

柑

감자(귤의 한가지)

柑子(감자), 蜜柑(밀감)⇒귤나무, 柑橘(감귤), 柑果(감과)⇒귤, 柑子(감자) 및 柚子(유자) 따위

酣

①술 즐길 ②술 취한 ③한창 무르익다

酣飮(감음), 酣醉(감취), 酣睡(감수), 酣春(감춘), 方酣(방감), 酣紅爛紫(감홍난자), 酣戰(감전)

嵌

①깊은 골 ②새겨 넣을

嵌工(감공), 嵌空(감공), 象嵌(상감) －青瓷(청자)

勘

①헤아릴 ②정하다

勘案(감안), 勘決(감결), 勘處(감처)⇒勘斷(감단), 勘罪(감죄), 勘合(감합), 磨勘(마감)

堪

①견딜 ②하늘

堪耐(감내), 堪當(감당), 難堪(난감), 堪輿(감여)⇒天地(천지)⇒乾坤(건곤)

戡

①이길 ②죽일

戡定(감정), 戡夷(감이), 戡殄(감진)⇒沒殺(몰살)

監

①볼, 살필 ②거울 ③감옥 ④벼슬

監査(감사) 國政(국정)－, 監戒(감계), 監督(감독), 監獄(감옥)

鑑

①거울, 모범, 경계 ②비칠, 살필

龜鑑(귀감)⇒모범, 鑑別(감별), 鑑賞(감상), 鑑定(감정)

갑

甲

①갑옷 ②첫째 ③껍질 ④아무개

甲冑(갑주), 甲富(갑부), 還甲(환갑)⇒回甲(회갑), 甲殼(갑각), 甲骨文字(갑골문자), 甲論乙駁(갑론을박), 甲長(갑장)⇒同甲(동갑), 甲男乙女(갑남을녀)⇒張三李四(장삼이사)

匣

갑, 궤

文匣(문갑), 紙匣(지갑), 漆匣(칠갑), 匣劍帷燈(갑검유등)

岬

곶

岬角(갑각)⇒곶, 地嘴(지취), 長山岬(장산갑=장산곶)

胛

어깨뼈

胛骨(갑골)⇒肩胛骨(견갑골)⇒肩骨(견골)

閘

수문

閘門(갑문)⇒水門(수문)/－式運河(갑문식운하)

강

岡

메, 산등성이, 언덕 ㊗ 崗

岡陵(강릉)⇒丘陵(구릉), 岡巒(강만)⇒丘山(구산)⇒언덕과 산, 花岡(崗)岩(화강암)

剛

굳셀, 강할

剛健(강건), 剛直(강직), 剛蹇(강건), 外柔內剛(외유내강), 剛木水生(강목수생)

綱

①벼리, 상강 ②대강

綱常(강상)⇒三綱五常(삼강오상), 綱領(강령), 大綱(대강)⇒大略(대략), 紀綱(기강), 三綱(삼강) －五倫(오륜), 要綱(요강) 入試(입시)－

鋼

강철

鋼鐵(강철), 鋼筆(강필)⇒烏口(오구)⇒鐵筆(철필), 鋼滓(강재), 鐵鋼工場(철강공장)

薑

새앙

生薑(생강)⇒새앙⇒생, 薑汁(강즙)⇒생강즙, 薑桂之性(강계지성), 乾薑(건강)

彊

①굳셀≒强 ②힘쓸

彊(强)弩(강노), 彊(强)食自愛(강식자애), 自彊(强)(자강) －不息(불식), 彊(强)要(강요)

疆

지경, 변방

疆域(강역)⇒疆土(강토)⇒領土(영토), 疆界(강계), 邊疆(변강)⇒邊境(변경), 萬壽無疆(만수무강)

殭

①죽어 뻣뻣해질≒僵 ②말라죽은 누에

殭(僵)屍(강시)⇒凍屍(동시), 殭蠶(강잠)

康

①편안할 ②건강할 ③오거리
小康(소강), 健康(건강), 康寧(강녕), 康衢(강구) -煙月(연월)

慷

강개할, 개탄할
慷慨(강개) 悲憤(비분)-/-之士(지사)

糠

①겨 ②자잘할
糟糠(조강) -之妻(지처), 糠雨(강우)⇒가랑비, 糠粃(강비), 米糠(미강)=쌀겨

개

漑

물댈=溉
灌漑(관개) -用水(용수)/-地(지), 漑田(개전), 滌漑(척개)

槪

①대개 ②절개, 기개=概
大槪(대개), 槪念(개념), 槪觀(개관), 節槪(절개), 槪況(개황), 槪略(개략), 氣槪(기개) 한국 남아의 -

慨

슬퍼할, 개탄할=慨
憤慨(분개), 慨嘆(歎)(개탄), 慷慨(강개) 悲憤(비분) -, 感慨(감개) -無量(무량), 慨然(개연)

豈

①어찌(㉠기) ②이기다(㉡개)≒凱, 愷
豈敢(기감)→어찌 감히, 천만에, 豈不(기불)→어찌 ~이 아니겠는가, 豈樂(개악)

凱

①즐길 ②싸움에 이길
凱旋(개선) -門(문), 凱歌(개가), 凱(愷)弟(개제) 凱風(개풍)⇒南風(남풍)

鎧

갑옷
鎧甲(개갑)⇒갑옷, 鎧馬(개마)⇒介馬(개마), 鐵馬(철마), 鎧冑(개주)

愷

①편안할, 즐거울 ②싸움이긴 풍류≒凱
愷悌(弟)(개제), 愷樂(개악), 愷歌(개가)⇒凱歌(개가)

객

客

①손, 나그네↔主(주) ②붙이다 ③지나가다
主客(주객), 客地(객지)⇒他鄉(타향), 客觀(객관)↔主觀(주관), 客年(객년)⇒昨年(작년), 客土(객토), 顧客(고객), 說客(세객)

喀

토할, 뱉다
喀血(객혈)⇒咯血(각혈), 喀痰(객담)⇒咯痰(각담)

거

居

①살 ②있을 ③어조사
居住(거주)⇒住居(주거), 居處(거처)⇒居所(거소), 居留(거류) －地(지), 居喪(거상), 居之半(거지반)⇒居半(거반)→殆半(태반), 同居(동거)

倨

①거만할, 뽐낼 ②걸터앉을=踞
倨慢(거만)⇒驕慢(교만)↔謙遜(겸손), 倨傲(거오), 箕倨(踞)(기거)

据

①힘써 일할 ②그대로 둘
拮据(길거), 据置(거치) －預金(예금), 据銃(거총)

鋸

톱
鋸刀(거도)⇒톱날, 鋸齒(거치)⇒톱니, 鋸屑(거설)⇒톱밥

巨

클≒鉅
巨大(거대), 巨物(거물), 巨匠(거장), 巨額(거액)⇒巨款(거관)

拒

①막을 ②물리칠
抗拒(항거), 拒絶(거절), 拒否(거부) －反應(반응), 拒逆(거역), 拒戰(거전)

距

①떨어질 ②막을 ③며느리발톱
距離(거리), 距今(거금) 十年(십년), 距爪(기조)→며느리발톱

炬

횃불
炬火(거화)⇒횃불, 炬燭(거촉)⇒횃불과 촛불

據

①의거할, 웅거할 ②의지할 ㉠ 拠

依據(의거), 雄據(웅거), 根據(근거), 據點(거점), 典據(전거), 證據(증거)

醵

추렴할, 거둘(㉠갹, ㉡거)

醵出(갹출·거출), 醵金(갹금·거금)

遽

①급할, 바쁠 ②두려워할 ③역말

急遽(급거), 遽然(거연), 遽人(거인)⇒驛卒(역졸)

건

建

세울, 일으킬

建設(건설)↔破壞(파괴), 建國(건국)⇒肇國(조국), 建築(건축), 封建(봉건), 創建(창건), 再建(재건)

健

①건강할 ②잘, 잘할

健康(건강), 健全(건전), 健鬪(건투), 健忘(건망) –症(증), 穩健(온건)↔過激(과격)

鍵

①자물쇠 ②빗장

關鍵(관건), 鍵盤(건반) –樂器(악기)

蹇

①절름거릴 ②괴로워할 ③충직할 ④둔할

蹇脚(건각)⇒절름발이, 蹇連(건련), 蹇士(건사), 蹇劣(건열)

騫

①이지러질 ②둔한 말

騫汚(건오), 騫馬(건마)⇒둔한 말

검

儉

①검소할 ②절약하다

儉素(검소), 儉約(검약)⇒節儉(절검), 勤儉節約(근검절약)

檢

검사할

檢查(검사), 檢閱(검열), 檢問(검문) –所(소), 檢診(검진), 檢擧(검거), 檢事(검사)

劍

칼 = 劒

劍道(검도)→劍術(검술), 劍戟(검극), 短劍(단검)↔長劍(장검), 匣劍帷燈(갑검유등)

겁

劫

①겁탈할 ②위협할 ③부지런할 ④겁=刦

劫奪(겁탈), 劫迫(겁박), 劫劫(겁겁), 永劫(영겁), 劫運(겁운), 億千萬劫(억천만겁)

怯

겁낼, 비겁할

卑怯(비겁), 怯夫(겁부), 怯怖(겁포), 怯劣(겁렬), 懦怯(나겁)

격

激

①심할 ②물결 부딪칠 ③격할

過激(과격), 激浪(격랑), 激勵(격려) －辭(사), 激昻(격앙), 感激(감격), 衝激(충격), 激烈(격렬)

檄

격문, 격서

檄文(격문)⇒檄書(격서), 飛檄(비격), 檄召(격소)

견

遣

보낼

派遣(파견), 遣歸(견귀)⇒돌려보냄, 遣奠祭(견전제)⇒路祭(노제)

譴

꾸짖을

譴責(견책), 譴訶(견가)⇒꾸짖음, 怒譴(노견), 譴謫(견적)

결

抉

도려 낼, 들추어 낼

剔抉(척결) 不正行爲(부정행위) －, 抉摘(결적), 探抉(탐결)

決 ①정할 ②끊을, 끊어질
決心(결심)⇒決意(결의), 決裂(결렬) 會談(회담) –, 判決(판결), 決斷(결단), 決勝(결승) –戰(전), 決定(결정), 解決(해결)

訣 ①이별할 ②비결
訣別(결별)→袂別(메별)⇒離別(이별), 秘訣(비결), 永訣(영결)⇒死別(사별), 要訣(요결)⇒訣要(결요)⇒秘法(비법)

缺 ①이지러질 ②모자랄 ③빌
缺點(결점)↔長點(장점), 缺陷(결함), 缺損(결손), 補缺(보결), 缺勤(결근)↔出勤(출근)

겸

兼 겸할, 아우를
兼備(겸비), 兼任(겸임)↔專任(전임), 兼容(겸용), 兼用(겸용), 兼全(겸전)

傔 시중들, 따를
傔從(겸종)⇒下人(하인), 傔卒(겸졸)⇒護衛兵(호위병)

慊 ①싫을, 마음에 덜 찰(㉠겸) ②의심할(㉡혐≒嫌)
慊如(겸여), 慊然(겸연) –쩍다

謙 겸손할, 사양할
謙遜(겸손)↔倨慢(거만), 謙讓(겸양), 謙虛(겸허), 謙稱(겸칭)

경

徑 ①지름길 ②곧을 ③지름 약径
捷徑(첩경)↔迂路(우로), 徑情直行(경정직행), 直徑(직경)⇒지름, 半徑(반경)

涇 ①통할 ②물이름
涇流(경류), 涇渭(경위) –가 밝다/無(무)–

經 ①경서, 책 ②날줄 ③다스릴 ④지날
經典(경전), 經緯(경위), 經常(경상)↔臨時(임시), 經過(경과), 經由(경유), 經驗(경험), 經絡(경락), 經綸(경륜), 經濟(경제), 月經(월경) ※月頃(월경)과 다름

脛

종아리, 정강이

脛骨(경골)⇒정강이뼈, 脛巾(경건)⇒행전, 脚絆(각반)

輕

①가벼울 ②업신여길 ③경솔할

輕重(경중), 輕蔑(경멸), 輕率(경솔)⇒輕遽(경거), 輕擧妄動(경거망동), 輕油(경유)↔重油(중유), 輕快(경쾌)

逕

길, 좁은 길

石逕(석경), 雪逕(설경), 逕庭(경정), 樵逕(徑)(초경)⇒樵路(초로)

勁

굳셀

勁健(경건), 勁敵(경적)⇒强敵(강적), 勁(梗)直(경직), 勁草(경초), 勁筆(경필), 勁捷(경첩), 强勁(硬)(강경)

頸

목

頸骨(경골)⇒목뼈, 頸圍(경위)⇒목둘레, 頸筋(경근), 刎頸(문경) −之交(지교), 齒頸(치경)⇒齒冠(치관)과 齒根(치근)의 경계 부분, 頸動脈(경동맥)

莖

줄기

根莖(근경), 地下莖(지하경), 莖葉(경엽)⇒줄기와 잎, 陰莖(음경)⇒玉莖(옥경)⇒자지, 齒莖(치경)⇒잇몸

哽

목멜, 목 막힐

哽塞(경색), 哽咽(경열)→嗚咽(오열), 悲哽(비경)

梗

①대개 ②곧을 ③막힐 ④가시

梗槪(경개)⇒大略(대략), 梗直(경직), 梗林(경림), 梗塞(경색) 政局(정국)−/金融(금융)−/心筋(심근)−

硬

굳을, 강할, 단단할

硬化(경화), 動脈(동맥)−, 强硬(강경)↔宥和(유화), 硬骨(경골)↔軟骨(연골), 硬直(경직)⇒强直(강직)/死後(사후)−, 硬便(경변)⇒된똥

更

①고칠 ②바꿀(㉠경) ③다시(㉡갱)

更張(경장) 甲午(갑오)−, 更迭(경질), 更新(경신) 免許證(면허증)−, 變更(변경) 住所(주소)−, 更生(갱생) 自力(자력)−, 更新(갱신) 記錄(기록)−

竟

①마침내 ②다할, 끝날

畢竟(필경)⇒마침내, 竟夜(경야), 究竟(구경), 竟日(경일)⇒하루 동안

境

①지경, 경계 ②형편, 경우

國境(국경), 境界(경계), 境遇(경우), 環境(환경), 境地(경지)

鏡

①거울 ②본받다

鏡鑑(경감)⇒①거울 ②본보기, 鏡臺(경대), 鏡中美人(경중미인), 眼鏡(안경)

競

다툴, 겨룰

競技(경기), 競賣(경매), 競爭(경쟁), 競合(경합), 競馬(경마)

頃

①잠깐, 요즈음(㉠경) ②반걸음, 100이랑(㉡규)

頃刻(경각), 頃者(경자)⇒요즈음, 近者(근자), 頃步(규보)

傾

①기울어질 ②위태로울

傾斜(경사), 傾注(경주), 傾向(경향), 左傾(좌경), 傾國之色(경국지색), 傾聽(경청)

京

①서울 ②클, 높을 ③경(兆(조)의 1만배) ※一京(일경)=10,000兆(조)

京鄕(경향)⇒서울과 지방, 京府(경부)⇒서울 首都(수도)

景

①별빛 ②경치 ③클 ④우러를

景光(경광)⇒①瑞光(서광) ②恩德(은덕), 景槪(경개)⇒景致(경치), 景氣(경기), 景品(경품), 絶景(절경), 背景(배경), 光景(광경), 景福(경복), 風景(풍경)

憬

①깨달을 ②동경할

憬悟(경오), 憧憬(동경), 憬集(경집)

鯨

고래

捕鯨(포경) -船(선), 鯨飮(경음), 鯨戰蝦死(경전하사)⇒고래싸움에 새우가 등 터져 죽음

敬

공경할, 삼갈

恭敬(공경), 敬虔(경건), 敬啓(경계), 敬具(경구), 尊敬(존경), 敬意(경의), 敬畏(경외)

警

①경계할 ②깨달을

警戒(경계), 警報(경보) 非常(비상)-, 警世(경세), 警備(경비), 巡警(순경)

驚

①놀랄 ②경기, 경풍

驚愕(경악), 驚異(경이), 驚歎(경탄), 驚風(경풍)⇒驚氣(경기), 驚枕(경침)

계

溪

시내, 냇물≒谿
溪(谿)谷(계곡), 溪流(계류), 碧溪(벽계) －水(수)

鷄

닭＝雞
鷄冠(계관), 鷄卵(계란)⇒달걀, 鷄肋(계륵), 群鷄一鶴(군계일학)

系

①이을 ②계통, 혈통
系統(계통), 系列(계열), 系譜(계보) －圖(도), 家系(가계), 直系(직계)

係

①이을, 걸릴, 관계될 ②계
關係(관계), 係累(계루), 係爭(계쟁), 戶籍係(호적계), 係員(계원)

繫

맬, 얽을, 묶을
繫累(계루), 繫留(계류), 繫辭(계사), 囚繫(수계), 繫戀(계련), 連繫(연계)

季

①끝, 막내 ②철, 계절
季子(계자), 季節(계절) 四(사)－, 季父(계부) 伯父(백부) 叔父(숙부) －, 季世(계세)

悸

①두근거릴 ②두려워할
動悸(동계), 悚悸(송계), 驚悸(경계)

稽

①생각할, 상고할 ②머무를 ③조아릴
稽古(계고), 稽留(계류)⇒滯留(체류), 滑稽(골계)⇒익살, 稽首(계수)

고

古

옛↔今(금), 옛날, 옛것
古今(고금), 古宮(고궁), 古墳(고분), 古來(고래), 古稀(고희), 稽古(계고), 古代(고대)

姑

①시어미 ②고모 ③아직, 잠깐
姑婦(고부)⇒姑媳(고식), 姑母(고모), 姑息(고식) －之計(지계), 姑捨(고사)하고⇒그만두고

枯

①마를 ②죽을

枯渴(고갈), 枯骨(고골), 枯卉(고훼), 榮枯(영고) －盛衰(성쇠), 枯木生花(고목생화)

詁

주달, 훈고

訓詁(훈고) －學(학), 解詁(해고)

故

①연고 ②옛 ③죽다 ④짐짓

緣故(연고), 故事(고사)⇒古事(고사), 故人(고인), 故意(고의), 故鄕(고향), 無故(무고)

固

①굳을, 단단할 ②완고할 ③굳이

堅固(견고)⇒鞏固(공고), 頑固(완고), 固有(고유), 固執(고집), 固疾(고질), 固陋(고루)

苦

①괴로울 ②쓸↔甘(감)

苦悶(고민), 苦痛(고통), 苦味(고미)↔甘味(감미), 苦待(고대), 勞苦(노고)

罟

그물

罟罔(고망)⇒그물과 망, 罟師(고사)⇒漁夫(어부), 罟穫陷穽(고확함정), 數罟(촉고)

辜

허물

無辜(무고), 罪辜(죄고)⇒罪過(죄과), 辜較(고교)⇒대개, 대략

固

①굳을, 단단할 ②완고할

固體(고체), 頑固(완고), 堅固(견고), 固有(고유), 確固(확고), 固陋(고루)

痼

고질

痼疾(고질)⇒宿疾(숙질), 痼癖(고벽), 痼弊(고폐)

錮

①땜질할 ②가둘 ③오랜 병≒痼

禁錮(금고) －刑(형), 錮疾(고질)→痼疾(고질)

雇

①품팔 ②더부살이

雇傭(고용), 雇用(고용), 解雇(해고), 日雇(일고)⇒날품팔이

顧

①돌아볼, 돌볼 ②생각할, 마음쓸

回顧(회고), 顧慮(고려), 顧問(고문), 三顧(삼고) －草廬(초려)

高

①높을↔低(저) ②비쌀 ③뛰어날

高架(고가) −道路(도로), 高價(고가), 高低(고저), 最高(최고), 高邁(고매), 高尙(고상)↔低俗(저속), 登高自卑(등고자비)

敲

두드릴

敲門(고문), 推敲(퇴고), 僧敲月下門(승고월하문)

稿

①볏짚=藁 ②원고

稿葬(고장), 稿草(고초), 原稿(원고) −料(료), 脫稿(탈고), 稿索捕虎(고삭포호), 席藁(稿)待罪(석고대죄)

膏

①기름, 기름질 ②명치끝 ③은혜

膏血(고혈), 膏土(고토), 膏粱珍味(고량진미), 膏藥(고약), 軟膏(연고), 膏澤(고택)⇒恩惠(은혜), 膏肓(고황) 泉石(천석)−/⇒煙霞痼疾(연하고질), 絆瘡膏(반창고)

鼓

①북 ②북칠

鼓角(고각), 鼓動(고동), 鼓舞(고무)⇒激勵(격려), 鼓盆之痛(고분지통)

瞽

장님

瞽者(고자)⇒장님, 瞽馬聞鈴(고마문령), 矇瞽(몽고)⇒소경, 장님

考

①생각할 ②죽은 부모 ③장수할

思考(사고), 考慮(고려), 考察(고찰), 先考(선고)↔先妣(선비), 參考(참고)

拷

두드릴, 때릴

拷問(고문) −致死(치사), 拷掠(고략)⇒奪取(탈취)

孤

①외로울 ②홀로

孤立(고립), 孤兒(고아), 孤寂(고적), 孤獨(고독), 孤掌(고장) −難鳴(난명)

呱

울다, 어린아이 울음소리

呱呱(고고) −之聲(지성)

觚

①술산 ②대쪽, 책

觚牘(고독), 操觚(조고) −界(계), 觚不觚(고불고)⇒有名無實(유명무실)

곡

告

①알릴 ②고소할(㉠고) ③뵙고 청할(㉡곡)

報告(보고), 告發(고발), 警告(경고), 出必告(출필곡), 告知(고지) －書(서), 告訴(고소), 告白(고백), 被告(피고)↔原告(원고)

梏

수갑

桎梏(질곡), 脫梏(탈곡), 梏亡(곡망)

鵠

①고니 ②과녁

鴻鵠(홍곡) －之志(지지), 正鵠(정곡) －을 찌르다, 鵠企(곡기)⇒鵠望(곡망)

곤

昆

①맏, 형 ②벌레

昆季(곤계)⇒兄弟(형제), 昆蟲(곤충) －採集(채집), 昆布(곤포)⇒다시마

棍

①몽둥이 ②묶을

棍棒(곤봉) －體操(체조), 棍杖(곤장)⇒刑杖(형장)

공

共

함께, 같이

共存(공존) －共榮(공영), 共感(공감), 共同(공동) －生活(생활), 公共(공공) －施設(시설)

恭

공손할, 삼갈

恭遜(공손), 恭敬(공경), 恭賀(공하)⇒謹賀(근하)/－新年(신년), 不恭(불공)

供

①이바지할 ②바칠 ③진술할

提供(제공), 供給(공급), 供物(공물), 供養(공양), 供述(공술), 佛供(불공)

拱

①팔짱 낄 ②아름

拱手(공수), 拱木(공목)⇒아름드리나무, 拱把(공파)⇒한아름

工

①장인 ②공교할

工匠(공장)⇒匠人(장인), 工業(공업), 工巧(공교), 工具(공구), 起工(기공)↔竣工(준공)

功

공, 공적

功勞(공로), 功過(공과), 功績(공적), 功勳(공훈), 功致辭(공치사)

攻

①칠↔守(수) ②닦을

攻擊(공격)↔守備(수비), 攻駁(공박), 專攻(전공), 攻玉(공옥), 侵攻(침공)

貢

바칠, 공물

貢物(공물), 貢獻(공헌), 朝貢(조공), 租貢(조공), 納貢(납공), 貢賦(공부)

恐

두려울

恐喝(공갈), 恐怖(공포), 恐慌(공황), 惶恐(황공), 恐水病(공수병)

鞏

굳을, 견고할

鞏固(공고), 鞏膜(공막) －炎(염)

空

①빌 ②하늘, 공중 ③헛될, 부질없을

空間(공간), 空中(공중), 空想(공상), 虛空(허공), 空日(공일)⇒休日(휴일), 空腹(공복), 空氣(공기), 空中樓閣(공중누각), 空洞(공동)

控

①당길 ②고할 ③덜

控弦(공현), 控訴(공소)⇒抗訴(항소), 控除(공제) －金(금)

과

誇

①자랑할 ②클

誇大(과대) －妄想(망상), 誇張(과장) －宣傳(선전), 誇示(과시), 誇矜(과긍)

跨

①걸터앉을 ②넘을 ③탈

跨據(과거), 跨年(과년), 跨鶴(과학), 跨線橋(과선교)

果

①과실 ②결과 ③결단할 ④과연

果實(과실), 結果(결과), 果斷(과단), 果然(과연), 茶果(다과), 因果(인과), 效果(효과)

菓 ①과실=果 ②과자
菓品(과품), 菓子(과자), 銘菓(명과), 茶菓(다과), 乳菓(유과), 製菓(제과)

夥 ①많을 ②동무
夥多(과다), 夥伴(과반), 夥人(과인)⇒同志(동지)

顆 ①낟알 ②덩어리
顆粒(과립), 飯顆(반과)⇒밥알, 玉顆(옥과)

課 ①공부 ②과목 ③부과할, 매길
課目(과목), 課題(과제), 日課(일과), 賦課(부과), 課稅(과세)

곽

郭 ①성, 성곽, 바깥성 = 廓 ②성(姓)씨
城郭(성곽), 外郭(외곽) －團體(단체), 郭公(곽공)⇒뻐꾸기, 郭巨之孝(곽거지효)

廓 ①둘레(㉠곽) ②클, 넓을 ③바로잡을(㉡확)
廓大(확대), 廓然(확연), 廓正(확정), 廓淸(확청), 輪廓(윤곽)

관

官 ①벼슬 ②기관
官吏(관리), 器官(기관) 呼吸(호흡)－, 官僚(관료), 長官(장관) 法務部(법무부)－, 任官(임관)

棺 관, 널
棺柩(관구)⇒棺(관)⇒널, 入棺(입관), 棺槨(관곽)

館 큰집 ㊔ 舘
公館(舘)(공관), 會館(회관)⇒會堂(회당), 館員(관원), 旅館(여관)

管 ①대롱 ②주관할
管絃(관현) －樂團(악단), 管理(관리), 主管(주관)→管掌(관장), 管轄(관할) －區域(구역)

灌

①물댈 ②씻을 ③떨기나무

灌漑(관개) －水(수), 灌腸(관장), 灌木(관목), 灌水(관수), 灌佛(관불) －會(회)

觀

①볼 ②생각 ③경치 모습 약 観

觀察(관찰), 觀光(관광), 觀念(관념), 觀覽(관람), 觀衆(관중), 觀世音菩薩(관세음보살)

顴

광대뼈

顴骨(관골)⇒광대뼈/－筋(근)

貫

①뀁, 꿰뚫을 ②지위 ③관, 무게

貫通(관통) －傷(상), 貫徹(관철) 初志(초지)－, 一貫(일관)＝3.75kg, 貫祿(관록), 一以貫之(일이관지)준 一貫(일관)

慣

익숙할, 버릇

慣習(관습), 習慣(습관), 慣例(관례), 慣性(관성)⇒惰性(타성)

괄

刮

①비빌, 닦을 ②깎을, 갈

刮目(괄목) －相待(상대), 刮摩(磨)(괄마), 刮腸洗胃(괄장세위)

括

쌀, 맺을, 묶을

槪括(개괄)↔限定(한정), 括約(괄약), 括弧(괄호)⇒( ) [ ], 一括(일괄) －處理(처리), 包括(포괄)

광

廣

①넓을↔狹(협) ②널리 ③넓이 약 広

廣大(광대)↔狹小(협소), 廣告(광고), 廣輪(광륜), 廣闊(광활), 長廣舌(장광설)

曠

①밝을, 넓을 ②비다 ③멀, 오랠 ④홀아비

曠野(광야), 曠古(광고)⇒未曾有(미증유), 曠夫(광부)⇒홀아비, 曠年(광년), 曠劫(광겁)⇒永劫(영겁), 曠世(광세) －英雄(영웅)/－之才(지재), 曠日彌久(광일미구)

壙

①광중, 구덩이 ②텅 빈

壙中(광중)⇒무덤 속, 壙穴(광혈)⇒墓穴(묘혈), 壙壙(광광)⇒茫茫(망망)

鑛 광물, 광석 약 鉱
鑛物(광물), 鑛山(광산), 炭鑛(탄광), 採鑛(채광), 鑛夫(광부), 金鑛(금광), 鑛産(광산) －業(업)

괘

卦 점괘
占卦(점괘), 卦辭(괘사), 卦象(괘상)⇒卦兆(괘조), 吉卦(길괘), 八卦(팔괘)

罫 줄, 선
罫線(괘선), 罫紙(괘지) 兩面(양면)－, 方罫(방괘), 細罫(세괘)

挂 걸, 달다
挂冠(괘관), 挂帆(괘범), 挂鐘(괘종), 挂綬(괘수), 挂錫(괘석)

掛 걸다≒挂
掛圖(괘도), 掛金(괘금)⇒노름, 掛念(괘념)⇒掛意(괘의), 掛書(괘서)⇒大字報(대자보)

괴

傀 ①꼭두각시 ②기이할 ③클
傀儡(괴뢰) －軍(군), 傀奇(괴기)⇒奇異(기이), 傀然(괴연)

愧 부끄러워할
羞愧(수괴)⇒羞恥(수치), 愧色(괴색)⇒慙色(참색), 愧赧(괴난), 慙愧(참괴), 自愧(자괴), 面愧(면괴)⇒面灸(면구)

塊 덩어리, 흙덩어리
土塊(토괴), 金塊(금괴), 塊狀(괴상)⇒塊形(괴형), 塊石(괴석), 塊炭(괴탄)↔粉炭(분탄)

魁 ①우두머리 ②높고 클 ③뛰어날 ④조개
魁首(괴수)⇒首魁(수괴), 魁偉(괴위), 魁擢(괴탁), 魁蛤(괴합)⇒고막, 살조개, 魁榜(괴방)

瑰 ①진기할 ②매괴
瑰奇(괴기), 瑰才(괴재), 玫瑰(매괴)⇒海棠花(해당화)

교

交

①사귈 ②섞일 ③바꿀 ④흘레할

社交(사교), 交通(교통), 交換(교환)→交替(교체), 交易(교역), 交尾(교미)

咬

①물, 깨물 ②새 지저귈

咬傷(교상), 咬咬(교교), 咬齒(교치), 咬創(교창)

狡

교활할, 간사하다

狡猾(교활), 狡智(교지), 狡獪(교회), 狡寇(교구)

校

①학교 ②교정 볼 ③장교

學校(학교) 初等(초등)－, 校閱(교열)→校正(교정), 將校(장교) 陸軍(육군)－, 校庭(교정), 校訂(교정)

皎

①휠 ②밝을

皎皎(교교) －月色(월색), 皎月(교월)⇒皓月(호월)⇒明月(명월)

絞

①목맬, 목매어 죽일(㉠교) ②염포(㉡효)

絞首(교수) －刑(형), 絞殺(교살), 絞布(효포)⇒殮布(염포)

較

①비교할 ②대략 ③밝을, 뚜렷할

比較(비교), 較量(교량), 較略(교략)⇒大略(대략), 較然(교연)⇒瞭然(요연)

郊

들, 교외

郊外(교외)→野外(야외), 近郊(근교)↔遠郊(원교), 郊行(교행)

喬

①높을, 높이 솟을 ②교만할≒驕

喬木(교목)↔灌木(관목)/－世臣(세신), 喬(驕)志(교지)

僑

객지에 살, 붙어 살

僑胞(교포), 華僑(화교), 僑民(교민), 僑中(교중)⇒客中(객중)⇒旅中(여중), 韓僑(한교)

嬌

아름다울, 맵시

嬌態(교태)⇒嬌姿(교자), 嬌童(교동), 嬌媚(교미), 嬌聲(교성)

橋 다리

橋梁(교량)⇒다리, 漢江橋(한강교), 架橋(가교), 橋脚(교각)

矯 바로잡을

矯正(교정) -視力(시력), 矯導(교도) -所(소), 矯世(교세), 矯角殺牛(교각살우)

轎 가마

轎輿(교여), 轎軍(교군)⇒轎丁(교정), 轎子(교자)

驕 교만할

驕慢(교만)↔謙遜(겸손), 驕態(교태), 驕逸(교일)⇒驕恣(교자), 驕氣(교기)

구

九 ①아홉 ②많을

九月九日(구월구일), 九死一生(구사일생), 九牛一毛(구우일모), 九重(구중) -宮闕(궁궐), 十中八九(십중팔구), 九曲肝腸(구곡간장)

仇 ①원수, 적 ②짝 ③미워할

仇怨(구원)⇒怨讐(원수), 仇匹(구필), 仇視(구시)

究 ①궁구할 ②끝내다

窮究(궁구), 究竟(구경)⇒맨 마지막=窮極(궁극)≒畢竟(필경), 硏究(연구), 追究(추구)

鳩 ①비둘기 ②모을 ③편안할

鳩巢(구소), 鳩合(구합)⇒鳩集(구집), 鳩首(구수) -會議(회의), 鳩尾(구미)

勾 굽을

勾配(구배)⇒기울기⇒물매, 勾股(구고)⇒직각삼각형

句 글귀, 구절

字句(자구), 句節(구절), 句句節節(구구절절), 句讀法(구두법), 文句(문구)⇒글귀

佝 꼽추=傴, 痀

佝(傴, 痀)僂(구루)⇒꼽추, 곱사등이, 佝僂病(구루병)

拘 ①거리낄 ②잡을
拘礙(구애), 拘束(구속)→拘禁(구금), 拘置(구치) -所(소), 不拘(불구) -하고

枸 구기자
枸杞子(구기자)⇒구기자나무, 구기자나무의 열매, 枸櫞酸(구연산)⇒레몬酸(산)

狗 개, 강아지
走狗(주구), 海狗(해구)⇒물개, 黃狗(황구), 狗尾續貂(구미속초), 堂狗風月(당구풍월)

鉤 ①갈고리, 낚싯바늘 ②옭아 당길
鉤餌(구이), 鉤針(구침), 帶鉤(대구)

駒 망아지
白駒過隙(백구과극)㊟駒隙(구극), 千里駒(천리구)⇒千里馬(천리마)

苟 ①진실한 ②구차히, 다만
苟且(구차) -하다, 苟安(구안), 苟免(구면), 苟延歲月(구연세월)

構 ①이룰, 맺다 ②꾀할 ③집, 건물
構想(구상), 構圖(구도), 構成(구성), 構築(구축), 構內(구내) -食堂(식당)

溝 ①도랑 ②해자
溝渠(구거)⇒도랑, 개골창, 溝池(구지)⇒垓字(해자), 排水溝(배수구)

購 ①구매할 ②현상 걸다
購買(구매)⇒購入(구입)⇒買入(매입), 購捕(구포), 購讀(구독)

媾 ①화친할 ②교접한
媾和(구화)⇒講和(강화)/-條約(조약), 媾合(구합)⇒交接(교접) 交合(교합)

區 ①나눌 ②구역 ③조그마할 ㊣区
區分(구분), 區別(구별), 區域(구역), 地區(지구), 區區(구구), 區劃(구획), 選擧區(선거구)

傴 구부릴, 곱추
傴僂(구루)⇒傴背(구배)⇒곱추, 곱사등이

嘔

토할

嘔吐(구토) －泄瀉(설사), 嘔逆(구역)

嶇

산 험할

嶇路(구로), 嶇岑(구잠), 崎嶇(기구) －罔測(망측)

嫗

할미

老嫗(노구)⇒할멈, 翁嫗(옹구)⇒老翁(노옹)과 老嫗(노구)

謳

노래할

謳歌(구가) 自由(자유)를 －하다, 謳唱(구창)⇒謳謠(구요)

軀

몸, 신체

體軀(체구), 軀幹(구간)⇒몸통, 老軀(노구), 病軀(병구), 長軀(장구)↔短軀(단구)

驅

①몰 ②내칠

驅逐(구축) －艦(함), 驅使(구사), 驅蟲(구충), 驅步(구보), 驅迫(구박), 長驅(장구), 驅除(구제)

歐

①토할 = 嘔 ②유럽

歐(嘔)吐(구토), 歐洲(구주)⇒西歐(서구)⇒유럽, 歐美(구미)⇒유럽과 미국

毆

때릴

毆打(구타), 毆殺(구살)⇒打殺(타살), 毆罵(구매)

鷗

갈매기

白鷗(백구), 鷗鷺(구로)⇒갈매기와 해오라기, 鷗汀(구정)

求

구할, 탐낼

要求(요구), 求乞(구걸), 求職(구직), 追求(추구), 欲求(욕구)

球

①구슬, 둥글 ②공

球根(구근), 野球(야구), 球技(구기), 蹴球(축구), 電球(전구)

救

구원할, 도울

救援(구원), 救護(구호), 救急(구급) －車(차), 救濟(구제)

久 오랠
悠久(유구), 恒久(항구), 永久(영구)⇒沒世(몰세), 久阻(구조), 久旱甘雨(구한감우)

灸 ①구울 ②뜸
灸甘草(구감초), 灸穴(구혈)⇒灸所(구소), 鍼灸(침구)⇒침 및 뜸

疚 ①오랜 병 ②괴로울 ③상중(喪中)
疚心(구심), 疚懷(구회), 疾疚(질구)

咎 ①허물 ②재앙 ③꾸짖을
咎悔(구회), 咎徵(구징), 誰怨誰咎(수원수구)

柩 관, 널
靈柩(영구), 運柩(운구), 柩衣(구의), 柩肉未冷(구육미랭), 柩車(구거)

具 ①갖출≒俱 ②그릇, 연장 ③자세히
具備(구비), 器具(기구), 具申(구신), 具體(구체)↔抽象(추상), 具現(구현), 道具(도구)

俱 ①함께 ②갖출≒具
俱存(구존)↔俱沒(구몰), 俱樂部(구락부), 俱(具)現(구현), 俱全(구전), 玉石俱焚(옥석구분), 不俱戴天之讎(불구대천지수) 준 不具戴天(불구대천)

懼 두려워할 약 惧
悚懼(송구), 疑懼(의구), 懼懣(구만), 懼然(구연)

衢 네거리, 거리
衢巷(구항)⇒길거리, 街巷(가항), 街衢(가구)⇒길거리, 市井(시정), 康衢煙月(강구연월)

국

菊 국화
菊花(국화), 菊月(국월)⇒음력 9월, 秋菊(추국), 黃菊(황국)

掬 움켜 뜰
掬水(국수), 掬月(국월), 掬飮(국음), 掬壤(국양)

鞠

①가를 ②굽힐 ③공, 차다 ④국문할

鞠育(국육), 鞠躬(국궁) －盡瘁(진췌), 鞠(鞫)問(국문), 蹴鞠(축국)

麴

누룩＝麯

麴子(국자)⇒누룩, 麴君(국군)⇒술의 미칭, 麴母(국모)⇒누룩 밑

군

君

①임금 ②남편 ③그대, 자네 ④어진이

君主(군주), 郎君(낭군), 夫君(부군), 諸君(제군), 君子(군자), 金(朴)君(김(박)군)

窘

①군색할 ②괴로워할

窘塞(군색)→困窘(곤군), 窘境(군경), 窘乏(군핍)→窮乏(궁핍)

群

무리, 떼, 많을

群鷄一鶴(군계일학), 群衆(군중) －心理(심리), 拔群(발군)⇒逸群(일군)

郡

고을

江華郡(강화군), 郡守(군수), 郡民(군민), 隣郡(인군)

굴

屈

①굽을, 굽힐 ②다할 ③강할

屈指(굴지), 屈從(굴종)⇒屈服(굴복), 屈伸(굴신), 屈力(굴력), 屈强(굴강)

窟

굴, 움

洞窟(동굴), 石窟庵(석굴암), 土窟(토굴)→石窟(석굴), 巢窟(소굴)

掘

팔, 파낼

發掘(발굴) 古墳(고분)－, 採掘(채굴) 金鑛(금광)－, 掘鑿(굴착)

궁

弓

①활 ②궁술

弓術(궁술), 弓矢(궁시)⇒활과 화살, 弓腰(궁요), 弓折箭盡(궁절전진), 洋弓(양궁)

穹

①높을, 하늘 ②활 모양

穹蒼(궁창)⇒穹天(궁천)⇒蒼空(창공), 穹窿(궁륭)⇒아치(arch), 穹壤(궁양)

窮

①궁할, 막힐 ②궁리할

困窮(곤궁), 無窮(무궁) —無盡(무진)/—花(화), 窮地(궁지), 推窮(추궁)

권

券

문서

券面(권면), 株券(주권), 旅券(여권), 割引券(할인권), 證券(증권) —去來所(거래소)

卷

①책 ②마를(접을)≒捲

卷數(권수), 卷頭(권두) —言(언), 卷軸(권축), 席卷(捲)(석권)

眷

①돌볼 ②권속

眷念(권념), 眷屬(권속), 眷率(권솔), 眷眷(권권) —不忘(불망), 眷顧(권고) —之恩(지은)

拳

①주먹 ②마음먹을

拳鬪(권투) —試合(시합), 拳銃(권총), 拳拳(권권) —服膺(복응)

圈

①우리 ②둘레, 범위

圈牢(권뢰), 圈內(권내)↔圈外(권외), 生活圈(생활권), 勢力圈(세력권)

倦

게으를, 싫증날

倦怠(권태) —期(기), 倦厭(권염), 倦憩(권게)

捲

걷을, 말(접을)

捲土(권토) —重來(중래), 捲簾(권렴), 捲線(권선)⇒코일

勸

권할 약 勧

勸告(권고), 勸善(권선) －懲惡(징악), 强勸(강권), 勸士(권사), 勸誘(권유), 勸諭(권유)

權

①권세 ②저울추 약 権

權利(권리), 權限(권한), 權威(권위), 民權(민권), 權謀(권모) －術數(술수)

궐

厥

①그, 그것 ②짧을 ③숙일 ④나라이름

厥後(궐후)⇒그 이후↔厥初(궐초), 厥尾(궐미), 厥角(궐각), 厥者(궐자)↔厥女(궐녀), 突厥(돌궐)

蕨

고사리

蕨菜(궐채)⇒고사리(나물), 蕨筍(궐순), 蕨手(궐수)

蹶

①넘어질 ②뛸, 일어날

蹶起(궐기) －大會(대회), 蹶然(궐연)

獗

날뛸

猖獗(창궐) 傳染病(전염병)이 －하다

闕

①대궐 ②문 ③빠질

宮闕(궁궐)⇒宮殿(궁전), 闕門(궐문)⇒宮門(궁문), 闕食(궐식), 闕員(궐원)⇒缺員(결원), 闕席(궐석)⇒缺席(결석)/－裁判(재판), 補闕(보궐)⇒ 補缺(보결)

궤

詭

속일, 어그러질

詭辯(궤변), 詭術(궤술)⇒詭策(궤책), 詭譎(궤휼), 詭遇(궤우)

跪

꿇어앉을

跪坐(궤좌), 跪拜(궤배), 跪伏(궤복), 拜跪(배궤)

潰

①무너질 ②흩어질

潰滅(궤멸), 潰散(궤산), 潰決(궤결), 潰亂(궤란), 潰爛(궤란), 崩潰(붕궤)⇒崩壞(붕괴)

憒

심란할

憒亂(궤란)⇒亂憒(난궤), 煩憒(번궤), 憂憒(우궤)

饋

①진지 올릴 ②음식 보낼

饋饌(궤찬), 饋恤(궤휼), 饋電線(궤전선)⇒給電線(급전선)

匱

①궤, 함, 상자=櫃 ②다할, 없어질

匱(櫃)櫝(궤독)⇒함, 상자, 갑, 匱乏(궤핍)⇒窮乏(궁핍), 金(匱)櫃(금궤)

규

叫

①부르짖을 ②종달새

絶叫(절규), 叫喚(규환) 阿比(아비)－, 叫號(규호), 叫天子(규천자)⇒종달새

糾

①밝힐, 살필 ②얽힐 ③모을

糾明(규명)→糾察(규찰), 紛糾(분규), 糾合(규합), 糾彈(규탄) －大會(대회)

規

①법 ②바로잡을

規範(규범), 規定(규정), 規格(규격), 規則(규칙), 規模(규모), 規律(규율)

窺

엿볼

窺視(규시)⇒覘視(점시)⇒엿봄, 窺聽(규청), 窺伺(규사)

圭

①서옥, 홀 ②저울의 눈금단위 ③모날, 모

圭角(규각), 刀圭(도규) －家(가)⇒醫師(의사), 圭復(규복)

奎

문물을 관장하는 별

奎文(규문), 奎章(규장) －閣(각)

閨

안방, 규방

閨房(규방)⇒안방, 閨秀(규수) －作家(작가), 閨閤(규합)

극

克
①이길≒剋 ②능할
克服(극복), 克己(극기) －訓練(훈련), 克明(극명), 超克(초극)

剋
①이길≒克 ②새길
下剋上(하극상), 剋(克)服(극복), 剋(克)復(극복)

棘
가시나무
荊棘(형극), 棘針(극침), 棘皮動物(극피동물)

근

斤
근, 무게 단위
一斤(한근)⇒600g, 斤量(근량)

芹
①미나리 ②충성
芹菜(근채)⇒미나리나물, 水芹(수근)⇒미나리, 芹誠(근성)

近
가까울
遠近(원근), 近來(근래)⇒요즈음, 近似(근사), 近親(근친), 近況(근황)

槿
무궁화나무
槿花(근화)⇒무궁화, 槿域(근역)⇒槿花鄕(근화향)⇒우리나라, 槿籬(근리), 槿花一日榮(근화일일영)

僅
①겨우 ②조금
僅僅(근근) －得生(득생), 僅少(근소) －한 差(차), 僅僅扶持(근근부지)

瑾
아름다운 옥
瑕瑾(하근)⇒흠, 단점, 瑾瑜匿瑕(근유익하)⇒옥에도 티가 있음

謹
삼갈, 공경할
謹愼(근신), 謹賀(근하) －新年(신년), 謹呈(근정), 謹啓(근계)

饉 흉년들
飢(饑)饉(기근) －輸出(수출)⇒飢餓輸出(기아수출), 餓饉(아근)

勤 ①부지런할 ②근무할
勤勉(근면), 勤儉(근검) －節約(절약), 勤務(근무), 皆勤(개근), 出勤(출근), 夜勤(야근), 勤勞(근로) －奉仕(봉사), 勤行(근행)

覲 뵈올
覲親(근친)⇒歸寧(귀녕), 覲參(근참), 覲行(근행)

금

禽 ①새, 날짐승 ②사로잡을
禽獸(금수), 家禽(가금)↔野禽(야금), 禽犢之行(금독지행)

擒 사로잡을, 잡을
生擒(생금), 擒縱(금종), 七縱七擒(칠종칠금)⇒비상한 재주

今 ①이제, 오늘↔昔(석) 古(고) ②바로, 곧
今般(금반), 今時(금시) －初聞(초문), 昨今(작금), 只今(지금), 至今(지금)

衿 옷깃≒襟, 옷고름
衿喉(금후)⇒要害地(요해지), 解衿(해금), 衿契(금계)

衾 이불
衾枕(금침) 鴛鴦(원앙)－, 衾褥(금욕)⇒이불과 요, 羅衾(나금)

琴 거문고
琴瑟(금슬) －之樂(지락), 彈琴(탄금), 風琴(풍금)⇒오르간

禁 ①금할, 금지할 ②대궐
禁止(금지), 禁煙(금연), 禁中(금중)⇒宮中(궁중), 拘禁(구금)

噤 ①입 다물 ②닫을
噤口(금구), 噤門(금문)⇒閉門(폐문), 噤吟(금음)

襟 ①옷깃＝衿 ②가슴, 생각
襟帶(금대), 襟度(금도), 胸襟(흉금)⇒心襟(심금), 襟懷(금회)

급

及 ①미칠, 이를 ②및, 와(과)
言及(언급), 普及(보급), 及其也(급기야)⇒끝내는, 波及(파급), 及第(급제)↔落第(낙제), 遡及(소급), 追及(추급)

汲 ①물 길을 ②힘쓸, 바쁠
汲水(급수) ∴給水(급수)와 다름, 汲汲(급급) 변명하기에 －하다, 汲引(급인), 樵童汲婦(초동급부)

級 ①등급, 층 ②목, 수급
進級(진급)⇒昇級(승급), 學級(학급), 級友(급우), 首級(수급)

扱 ①다룰 ②거둘
取扱(취급) 火藥(화약)을 －하다/－所(소)/어린애 －하다

기

己 ①몸, 자기 ②여섯째 천간
自己(자기), 知己(지기), 利己(이기), 己未(기미) －三一運動(삼일운동), 克己(극기)

忌 ①꺼릴 ②기일
忌憚(기탄), 忌避(기피), 忌祭(기제), 禁忌(금기), 忌日(기일)⇒제삿날, 猜忌(시기)

紀 ①벼리, 규율 ②적을, 기록할 ③해
紀綱(기강), 紀行(기행) －文(문), 紀元(기원), 紀(記)念(기념) －寫眞(사진), 國紀(국기), 風紀(풍기), 世紀(세기)

記 ①기록할 ②기억할
記錄(기록) －更新(갱신), 記者(기자) 新聞(신문)－, 記憶(기억), 記念(기념) －品(품), 登記(등기), 筆記(필기), 日記(일기), 暗記(암기)

起 ①일어날, 설 ②일으킬, 시작할
起居(기거), 起立(기립), 起用(기용) 人才(인재)－, 起色(기색), 起草(기초)⇒起稿(기고), 起訴(기소), 蜂起(봉기), 起死回生(기사회생)

杞

①구기자 ②나라이름 ③갯버들

枸杞子(구기자), 杞憂(기우), 杞柳(기류)

奇

①기이할 ②홀수 ③운수 사나울

奇蹟(기적), 奇數(기수)⇒홀수↔偶數(우수), 奇薄(기박), 珍奇(진기), 奇異(기이), 奇想天外(기상천외), 神奇(신기), 奇奇妙妙(기기묘묘)

寄

①부칠, 맡길 ②의뢰할

寄稿(기고), 寄生(기생) －蟲(충), 寄附(기부) －金(금), 寄宿(기숙) －舍(사), 寄寓(기우), 寄與(기여), 投寄(투기), 寄託(기탁)

畸

①불구, 병신 ②기이할

畸人(기인)⇒奇人(기인)→불구자, 畸形(기형)⇒奇形(기형)/－兒(아)

綺

①비단 ②고울

綺羅(기라) －星(성), 綺語(기어), 綺年(기년)⇒少年(소년), 綺花(기화)

騎

①말탈 ②말탄 군사

騎馬(기마) －兵(병), 騎虎(기호) －之勢(지세), 一騎(일기) －當千(당천), 騎馬欲率奴(기마욕솔노)

崎

험할, 산길 험할

崎嶇(기구) －한 運命(운명), 崎險(기험)

耆

늙은이, 60세의 늙은이

耆老(기로)⇒耆(기)는 60세, 老(노)는 70세 노인, 耆年(기년), 耆耉(기구), 耆艾(기애)

嗜

즐길, 좋아할, 욕심낼

嗜好(기호) －品(품), 嗜僻(기벽), 嗜慾(기욕), 貪嗜(탐기)

鰭

지느러미

鰭狀(기상), 尾鰭(미기), 鱗鰭(인기)

技

재주, 재능, 기술≒伎

技能(기능)⇒技(伎)倆(기량), 技術(기술), 演技(연기), 競技(경기), 特技(특기), 多技(다기) －多能(다능)

妓

①기생 ②창녀

妓生(기생), 娼妓(창기)⇒娼女(창녀), 妓女(기녀)⇒女妓(여기)

岐

가닥 나뉠

分岐(분기) －點(점), 岐路(기로), 多岐(다기) 複雜(복잡)－, 多岐亡羊(다기망양)

幾

①얼마, 몇 ②기미, 거의

幾日(기일)⇒며칠, 幾何(기하), 幾微(기미)⇒낌새, 幾死僅生(기사근생)

畿

경기

京畿(경기) －道(도), 畿湖(기호), 畿疆(기강)⇒境界(경계)⇒疆界(강계), 畿內(기내)

機

①기계 ②기회 ③동력

機械(기계), 機關(기관) －車(차), 機動(기동) －性(성), 機會(기회), 機銃(기총)

譏

①나무랄 ②살필, 조사하다

譏謗(기방)⇒誹謗(비방), 譏察(기찰), 譏訶(기가), 譏呵(기가)

饑

①굶주릴 ②흉년=飢

饑饉(기근), 饑餓(기아), 饑渴(기갈), 饑(飢)年(기년)⇒凶年(흉년)

其

①그 ②어조사

其他(기타), 其間(기간)⇒그 사이, 其實(기실), 誰其然乎(수기연호)

基

터, 바탕

基礎(기초) －工事(공사), 基幹(기간) －産業(산업), 基本(기본)⇒根本(근본), 國基(국기)

期

①기약할 ②기간 ③돌≒朞

期約(기약), 期待(기대), 期間(기간)⇒時期(시기), 期必(기필), 期年(기년)⇒滿一年(만일년)

欺

속일, 거짓말할

詐欺(사기), 欺瞞(기만)⇒欺罔(기망), 欺弄(기롱)

棋

바둑=碁

棋局(기국), 圍棋(위기), 棋譜(기보), 棋壇(기단)⇒棋界(기계)

旗

기, 표지

國旗(국기)⇒太極旗(태극기), 白旗(백기), 旗艦(기함), 旗幟(기치)

琪 ①옥 이름 ②아름다울

琪花(기화)⇒고운 꽃/－瑤草(요초)

箕 ①키 ②쓰레받기

箕踞(기거), 箕帚(기추) －妾(첩), 箕子(기자), 箕城(기성)⇒平壤(평양)

麒 기린

麒麟(기린) －兒(아)⇒鳳雛(봉추)

羇 나그네 ㊗ 羈

羇寓(기우)⇒타향살이, 羇愁(기수)⇒旅愁(여수) 客愁(객수), 羇客(기객)⇒旅客(여객), 나그네

羈 굴레 ㊗ 羇

羈絆(기반)⇒굴레⇒羈縻(기미), 羈束(기속)

길

吉 ①길할↔凶(흉) ②예식

吉凶(길흉), 吉禮(길례), 不吉(불길), 吉兆(길조), 吉慶(길경)

拮 ①바쁘게 일할 ②죄어질, 버틸

拮据(길거), 拮抗(길항) －作用(작용), 拮抗筋(길항근)

桔 ①도라지 ②두레박 틀

桔梗(길경)⇒도라지, 桔槔(길고)

例 題 (4)

1. 밑줄친 한자의 **字音**을 (　　) 안에 쓰시오.

① 比較(비　　)　② 輕油(　　유)　③ 技能(　　능)　④ 夥多(　　다)
⑤ 規則(　　칙)　⑥ 强硬(강　　)　⑦ 取扱(취　　)　⑧ 休暇(휴　　)
⑨ 記錄更新(기록　　신)　⑩ 住所變更(주소변　　)

2. (보기)와 같이 밑줄친 **誤字**(오자 : 틀린 글자)를 바르게 (　　) 안에 고쳐 쓰시오.

(보기) 日紀(記)는 당일 쓰는 데 뜻이 있다.
① 非理(비리)는 叫明(　　)되어야 한다.
② 공과금을 欺間(　　) 안에 납부하여야 한다.
③ 부정행위를 剔決(　　)하였다.
④ 김씨의 跪辯(　　)이 아주 능숙하다.
⑤ 외국 旅眷(　　)을 발급 받았다.

3. (보기)와 같이 반대어는 ↔표, **同義語**(동의어 : 뜻이 같은 말)는 ⇒표, 그리고 **類義語**(유의어 : 뜻이 비슷한 말)는 →표로 **左右**(좌우)를 연결하시오.

(보기) 先祖(선조)⇒祖上(조상), 賤待(천대)→薄待(박대), 收入(수입)↔支出(지출)

① 可否	是非	② 加入	脫退	③ 交替	交換
④ 經常	臨時	⑤ 昆季	兄弟	⑥ 被告	原告
⑦ 郊外	野外	⑧ 窘塞	困窮	⑨ 拘束	拘禁

4. **同音異議語**(동음이의어 : 자음은 같고 뜻이 다른 말)를 (　　) 안에 쓰시오.

① 苦待 (　　)　② 汲水 (　　)　③ 曠夫 (　　)　④ 多岐 (　　)
⑤ 校庭 (　　)　⑥ 其間 (　　)　⑦ 景氣 (　　)　⑧ 脚下 (　　)

5. 다음 숙어에 대한 물음을 (보기)와 같이 빈칸에 답을 쓰시오.

	숙어	字音	(가)	(나)
(보기)	(甲)男乙女	갑남을녀	㉠	㉠
①	(　)死回生			
②	(　)鷄一鶴			
③	(　)呑苦吐			
④	(　)曲肝腸			

① 숙어의 ( ) 안에 한자를 기입하여 숙어를 완성하시오.
② 字音(자음)을 쓰시오.
③ 숙어의 풀이와 관련된 기호를 (가)항에 쓰시오.
㉠ 갑이란 남자와 을이란 여자 ㉡ 달면 삼키고 쓰면 뱉는다.
㉢ 많은 닭무리 가운데 한 마리의 학 ㉣ 아홉 번 굽어진 간장
㉤ 거의 다 죽게 되었다가 다시 살아나다.
④ 숙어의 뜻을 풀이와 관련된 기호를 (나)항에 쓰시오.
㉠ 이름도 알려지지 않은 평범한 사람들
㉡ 여럿 가운데 유독 빼어남을 이르다.
㉢ 利己的(이기적)인 처세나 야박한 世情(세정)을 이르다.
㉣ 깊은 마음속(굽이굽이 사무친 마음)을 이르다.
㉤ 사업 따위가 일어설 수 없게 된 것을 다시 일으켜 세움을 이르다.

6. 다음 한자와 반대되는 한자를 ( ) 안에 쓰시오.

① 古( ) ② 客( ) ③ 高( ) ④ 加( ) ⑤ 廣( )

7. 다음 한자의 略字(약자)를 ( ) 안에 쓰시오.

① 假( ) ② 經( ) ③ 廣( ) ④ 觀( )

8. (보기)와 같이 빈칸을 채워 완성하시오.

	漢字	部首	字訓	字音	用例
(보기)	決	氵	정할, 끊다	결	決心, 決定, 決裂, 判決
①	各				各種, 各界, 各色, 各樣
②	共	八	함께, 같이	공	
③	空				空間, 空軍, 蒼空, 空想
④	基	土	터, 기초, 근본	기	
⑤	記	言	기록할, 기억할	기	

납

吶

①고함칠(㉠납) ②말 더듬을(㉡눌)

吶喊(납함), 吶吃(눌흘)⇒말을 더듬거림, 일 되어 나가는 것이 더디고 잘 안됨

納

①들일, 받을 ②바칠

出納(출납), 納稅(납세), 納得(납득), 納入(납입)⇒納付(납부)

衲

①장삼 ②중

衲衣(납의)⇒長衫(장삼), 衲子(납자)⇒禪僧(선승)⇒衲僧(납승)

념

念

①생각할 ②읽을 ③스물

念慮(염려), 念願(염원), 念佛(염불), 念日(염일)⇒20日(일), 觀念(관념), 信念(신념), 記念(기념) －日(일)

捻

비틀, 꼴

捻出(염출) 費用(비용)을 －, 捻挫(염좌)⇒挫閃(좌섬)

노

奴

①사내 종 ②놈(낮추어 이르는 말)

奴隷(노예), 奴婢(노비), 匈奴(흉노), 守錢奴(수전노), 奴僕(노복)

弩

쇠뇌

弓弩(궁노)⇒활과 쇠뇌, 弓弩手(궁노수)⇒弩手(노수), 弩砲(노포)⇒쇠뇌

努

힘쓸

努力(노력), 努肉(노육)⇒굳은살, 努目(노목)

怒

①성낼 ②세찰

怒發大發(노발대발)→怒髮衝冠(노발충관), 忿怒(분노), 怒濤(노도), 怒甲移乙(노갑이을), 怨怒(노원), 怒罵(노매), 怒氣(노기)

帑 ①처자(㉠노) ②나라 금고(㉡탕)
妻帑(처노)⇒妻子(처자), 內帑金(내탕금), 帑庫(탕고)

농

農 농사, 농사 지음
農業(농업), 農場(농장)⇒農園(농원), 農産物(농산물), 農繁期(농번기), 農者天下之大本(농자천하지대본)

濃 ①짙을↔淡(담) ②무르익다
濃厚(농후)↔稀薄(희박), 濃霧(농무), 濃縮(농축) －우라늄, 濃淡(농담) 빛깔의 －

膿 고름
膿血(농혈)⇒피고름, 膿瘍(농양), 化膿(화농), 膿汁(농즙)⇒고름

뇌

惱 괴로워할
苦惱(고뇌)→苦悶(고민), 煩惱(번뇌), 惱殺(뇌쇄)

腦 머릿골, 뇌
頭腦(두뇌), 腦裏(裡)(뇌리), 腦溢血(뇌일혈)⇒腦出血(뇌출혈), 腦炎(뇌염)

단

壇 ①제터 ②높은 단
祭壇(제단), 演壇(연단), 文壇(문단), 敎壇(교단), 花壇(화단)

檀 박달나무, 향나무
檀木(단목)⇒박달나무, 檀君(단군) －神話(신화), 黑檀(흑단), 栴檀(전단)⇒檀香木(단향목)

湍 여울
湍水(단수)⇒急流(급류), 飛湍(비단)⇒急湍(급단), 湍瀧(단랑)→淺灘(천탄)⇒여울

端

①끝 ②단정할 ③실마리

末端(말단)⇒末尾(말미), 端正(단정) 容儀(용의)－, 端緖(단서), 發端(발단), 端雅(단아)

旦

아침

旦暮(단모)⇒朝夕(조석), 元旦(원단)⇒正朝(정조)/甲子(갑자)－, 明旦(명단) ⇒明朝(명조)

但

다만, 그러나

但只(단지)⇒다만, 오직, 但(단)만으로도 쓰임(가도 좋다. 但 일찍 돌아오너라) 非但(비단), 但書(단서), 一但(일단)

袒

웃통벗을

袒肩(단견), 袒跣(단선), 裸袒(나단)

段

①층계, 차례 ②조작, 구분 ③수단 ④등급

階段(계단), 段落(단락), 手段(수단), 初段(초단), 段階(단계)

緞

비단

緋緞(비단), 紬緞(주단), 綢緞(주단), 綵緞(채단), 緞子(단자), 絨緞(융단) －爆擊(폭격)

鍛

단련할, 쇠불릴

鍛鍊(단련), 鍛冶(단야), 鍛鐵(단철)

달

達

①통달할, 깨달을 ②출세할 ③이를 ④능숙할

達人(달인), 通達(통달), 達成(달성), 達筆(달필), 到達(도달), 發達(발달), 傳達(전달), 配達(배달)

撻

종아리 칠, 매질할

鞭撻(편달) 指導(지도)－, 撻脚(달각), 撻楚(달초)

담

淡

①묽을, 싱거울↔濃(농) ②민물

淡白(담백)⇒淡泊(담박), 淡水(담수)↔鹹水(함수), 淡淡(담담), 雅淡(澹)(아담), 濃淡(농담), 冷淡(냉담) ∴ 冷痰(냉담)과 다름

談

말씀, 말하다

談話(담화), 面談(면담), 談判(담판), 相談(상담), 會談(회담), 俗談(속담)

痰

담, 가래

痰涎(담연)⇒가래, 담, 血痰(혈담), 喀痰(객담), 痰結(담결), 冷痰(냉담)

擔

①멜, 맡다 ②책임 약 担

擔當(담당), 擔任(담임) -先生(선생), 加擔(가담), 擔保(담보), 擔雪塞井(담설색정)

澹

①담박할≒淡 ②물 흔들리는 모양

澹(淡)泊(담박)⇒淡白(담백), 暗澹(암담), 澹(淡)味(담미), 澹澹(담담), 雅淡(澹)(아담)

膽

①쓸개 ②담력

膽汁(담즙), 膽力(담력)→大膽(대담), 肝膽(간담), 落膽(낙담), 熊膽(웅담)

儋

①멜 ②작은 항아리

儋石(담석) -之祿(지록)→薄俸(박봉)

憺

①편안할 ②두려워할

慘憺(澹)(참담) -한 敗北(패배)/苦心(고심)-

覃

①깊을 ②뻗다, 미칠

覃思(담사), 覃恩(담은), 遠覃(원담)

潭

①못 ②깊을 ③물가

潭水(담수), 潭淵(담연), 담심(潭心)

禫

단제

禫祭(담제)⇒禫祀(담사), 禫服(담복)

譚

①깊을 ②말씀≒談

譚思(단사), 譚詩(담시)⇒발라드(ballade), 民譚(민담), 菜根譚(채근담)

답

沓

①합할 ②겹칠

雜沓(잡답)⇒紛沓(분답), 合沓(합답)

畓

논

田畓(전답)⇒밭과 논, 畓穀(답곡), 沃畓(옥답), 天水畓(천수답)

踏

밟을

踏步(답보), 踏查(답사), 踏襲(답습), 踏破(답파), 踏橋(답교)⇒다리밟기

당

幢

①기 ②수레 휘장

幢竿(당간) -支柱(지주), 幢戟(당극), 幢容(당용)

撞

칠, 두드릴

撞球(당구) -場(장), 撞着(당착) 自家(자가)-, 撞破(당파)

堂

①집 ②당당할 ③근친

堂上(당상)↔堂下(당하), 堂堂(당당) 正正(정정)-, 堂叔(당숙), 堂兄弟(당형제), 食堂(식당)

當

①마땅할 ②당할 ③저당 ④이, 그 약当

當然(당연), 當爲(당위), 該當(해당), 抵當(저당), 當否(당부), 當日(당일), 適當(적당), 當惑(당혹)

螳

사마귀, 버마재비

螳螂(당랑)⇒사마귀, 미얀마재비, 螳螂拒轍(당랑거철), 螳螂窺蟬(당랑규선), 螳螂之力(당랑지력)

黨

무리 약党

政黨(정당), 黨派(당파), 與黨(여당)↔野黨(야당), 朋黨(붕당), 脫黨(탈당)↔入黨(입당)

唐

①당나라 ②황당할 ③갑자기

隋唐(수당), 唐突(당돌), 荒唐(황당), 唐慌(惶)(당황), 唐麵(당면)

塘

①못 ②방죽

池塘(지당)⇒못, 저수지, 塘報手(당보수), 蓮塘(연당)⇒연못

糖

사탕

砂糖(사당→사탕), 糖分(당분), 糖蜜(당밀), 糖尿(당뇨) －病(병), 葡萄糖(포도당)

대

代

①대신할 ②교대할 ③시대 ④세대 ⑤값, 대금

代理(대리), 交代(교대), 現代(현대), 代代(대대), 代金(대금)

垈

터

垈地(대지)⇒집터, 垈田(대전)⇒텃밭, 집터와 밭, 家垈(가대)

袋

자루, 주머니

布袋(포대), 麻袋(마대), 纏袋(전대)⇒肩袋(견대)

貸

빌릴↔借(차)

貸借(대차), 貸與(대여), 貸付(대부), 賃貸(임대) －借契約(차계약)

도

到

①이를 ②주밀할

到處(도처)⇒坊坊曲曲(방방곡곡), 到着(도착), 周到(주도) 用意(용의)－

倒

①넘어질 ②거꾸로

倒壞(도괴), 壓倒(압도), 倒産(도산)⇒破産(파산), 倒立(도립), 罵倒(매도)

淘

일다

淘汰(도태) 自然(자연)－, 淘金(도금) ∴鍍金(도금)과 다름, 淘淸(도청)

陶

①질그릇 ②즐길 ③가르칠 ④답답할

陶瓷(磁)器(도자기), 陶醉(도취), 陶冶(도야), 鬱陶(울도)

擣 ①찧을=搗 ②다듬이질할
擣藥(도약), 擣衣(도의), 擣肉(도육), 擣虛(도허)

濤 큰 물결, 파도
怒濤(노도), 波濤(파도)⇒큰 물결, 濤聲(도성)⇒파도 소리

禱 빌다, 기도할
祈禱(기도), 默禱(묵도), 祝福祈禱(축복기도)⇒祝禱(축도)

滔 ①물 넘칠 ②물이 세차게 흐르는 모양
滔滔(도도) -하다, 滔天(도천), 滔蕩(도탕)

稻 벼
稻作(도작)⇒벼농사, 稻熱病(도열병), 陸稻(육도)

蹈 ①밟을 ②이행할
舞蹈(무도) -會(회), 蹈義(도의), 蹈襲(도습)⇒蹈常襲故(도상습고)

韜 ①감출, 쌀 ②칼집, 활집
韜面(도면), 韜晦(도회), 韜略(도략)⇒六韜(육도)와 三略(삼략)

桃 복숭아
桃花(도화), 桃仁(도인), 桃色(도색), 櫻桃(앵도), 桃源(도원) -境(경)

挑 ①돋을 ②도전할
挑發(도발) 戰爭(전쟁)-, 挑戰(도전) 頂上(정상)에 -하다

跳 뛸
跳躍(도약), 跳踉(도량) -放恣(방자), 跳開橋(도개교)

逃 달아날, 도망할
逃亡(도망)⇒逃走(도주), 逃避(도피) -行脚(행각), 逃遁(도둔)⇒逃匿(도닉)

都 ①도읍 ②모두
都邑(도읍)⇒首都(수도)⇒서울, 都合(도합)⇒都總(도총), 都給(도급), 都大體(도대체), 都是(도시)⇒도무지

睹 볼=覩
目睹(목도)⇒目擊(목격)⇒目見(목견), 逆睹(역도)⇒豫測(예측), 睹聞(도문)

堵 ①담 ②편안할
堵牆(도장)⇒담, 울타리, 堵列(도열), 安堵(안도) -感(감)

賭 도박, 내기
賭博(도박), 賭租(도조), 賭地(도지), 競賭(경도)

屠 ①죽일 ②백정, 잡다
屠殺(도살), 屠戮(도륙), 屠肆(도사)⇒精肉店(정육점)⇒푸줏간, 屠漢(도한)⇒白丁(백정)⇒백장, 浮屠(부도), 屠畜(도축) -場(장)

途 길, 도로
途上(도상), 途中(도중) 進行(진행)-, 前途(전도) -洋洋(양양), 途轍(도철)⇒道理(도리)

塗 ①바를, 칠할 ②진흙
塗料(도료), 塗褙(도배), 塗炭(도탄), 糊塗(호도), 道聽塗說(도청도설)

道 ①길 ②도리 ③재주 ④도(행정구역)
道路(도로), 道理(도리), 道德(도덕), 跆拳道(태권도), 江原道(강원도), 人道(인도)

導 인도할, 끌
引導(인도), 導入(도입) 技術(기술)-, 善導(선도), 導火(도화) -線(선)

島 섬
島嶼(도서), 半島(반도) 韓(한)-, 列島(열도), 無人島(무인도)

搗 찧을=擣, 방망이질할
搗精(도정), 搗(擣)衣(도의), 搗藥(도약), 搗砧(도침)

度 ①법도 ②자 ③도수, 횟수 ④모양(㉠도) ⑤헤아릴(㉡탁)
制度(제도), 度量衡(도량형), 態度(태도), 程度(정도), 度地(탁지)

渡 ①건널 ②건넬 ③나루
渡江(도강), 賣渡(매도), 渡來(도래), 渡船(도선)⇒나룻배, 引渡(인도)

鍍 도금할
鍍金(도금) –液(액) ∴淘金(도금)과 다름

독

瀆 ①더럽힐 ②도랑 약 渎
冒瀆(모독), 瀆職(독직)→汚職(오직), 瀆溝(독구)⇒도랑, 개천

讀 ①읽을(㉠독) ②구절(㉡두)
讀書(독서) –三昧(삼매), 讀經(독경)→看經(간경), 句讀法(구두법)

犢 송아지
犢牛(독우)⇒송아지, 舐犢之情(지독지정)⇒舐犢之愛(지독지애)

牘 ①편지 ②문서
簡牘(간독), 牘書(독서)⇒文書(문서), 편지

돈

沌 ①흐릴 ②막힐
混(渾)沌(혼돈), 混沌皮(혼돈피)⇒胞衣(포의)

頓 ①조아릴 ②머무를, 묵을 ③갑자기 ④곤할, 고생할 ⑤가지런히 할
頓首(돈수), 頓舍(돈사), 頓死(돈사), 頓絶(돈절), 整頓(정돈) 整理(정리)–, 斗頓(두돈→두둔) –百拜(백배)

동

童 ①아이 ②민둥민둥할
童心(동심), 童謠(동요), 童濯(동탁), 童話(동화), 童子(동자) 三尺(삼척)–

憧 ①그리워할 ②마음 들뜰
憧憬(동경) 머나먼 –의 나라, 憧憧(동동)

僮

①하인 ②아이≒童

家僮(가동), 僮(童)僕(동복)⇒僮(童)豎(동수)

瞳

눈동자

瞳孔(동공)⇒瞳子(동자), 明瞳(명동)↔昏瞳(혼동)

同

①한 가지, 함께, 같을=仝 ②화할

同年(동년)⇒同齡(동령)⇒同榜(동방), 同化(동화) – 作用(작용), 同苦同樂(동고동락), 同價紅裳(동가홍상), 同棲(동서), 同壻(동서)

洞

①골, 구렁 ②깊을 ③마을(㉠동) ④통할(㉡통)

洞窟(동굴), 洞房(동방) –華燭(화촉), 洞里(동리), 洞察(통찰), 洞燭(통촉)

桐

오동나무

梧桐(오동)⇒오동나무, 桐梓(동재), 碧梧桐(벽오동)

胴

①큰 창자 ②몸통

胴體(동체)⇒胴部(동부)⇒몸통, 胴衣(동의)⇒조끼, 胴金(동금)

銅

구리

銅錢(동전)⇒銅貨(동화), 銅像(동상), 銅版(동판), 靑銅(청동) –器(기)

東

동녘

東西南北(동서남북), 東洋(동양), 東海(동해), 東問西答(동문서답), 馬耳東風(마이동풍)

凍

얼다, 얼음

冷凍(냉동), 凍結(동결), 凍土(동토), 凍氷寒雪(동빙한설), 凍足放尿(동족방뇨)

棟

마룻대, 채

棟樑(梁)(동량) –之材(지재), 病棟(병동), 棟折榱崩(동절최붕)

두

肚

①배 ②밥통

肚裏(裡)(두리)⇒腹中(복중)⇒心中(심중), 肚裏淚落(두리누락)

杜

①막을 ②아가위나무 ③성씨

杜絶(두절)→斷絶(단절), 杜門不出(두문불출), 杜撰(두찬), 杜氏(두씨), 杜鵑花(두견화)⇒진달래꽃

斗

①말 ②별이름 ③우뚝 솟을

斗量(두량), 斗牛(두우)⇒北斗星(북두성)과 牽牛星(견우성), 斗起(두기), 斗屋(두옥)

枓

주두(柱枓)

柱枓(주두)⇒柱頭(주두), 枓栱(두공)⇒杜空(두공)

蚪

올챙이

蝌蚪(과두)⇒올챙이/－文字(문자), 蝌蚪時節(과두시절)

豆

①콩 ②제기(祭器)

豆太(두태)⇒콩과 팥, 豆腐(두부), 綠豆(녹두), 大豆(대두)⇒콩

頭

①머리 ②우두머리 ③변두리 ④처음 ⑤마리(단위)

頭角(두각), 頭目(두목), 街頭(가두), 先頭(선두), 念頭(염두)

逗

머무를

逗留(遛)(두류)⇒머무름, 逗撓(두뇨)

둔

屯

①모일 ②진칠(㉠둔) ③어려울(㉡준)

屯聚(둔취), 屯營(둔영), 屯田(둔전), 屯兵(둔병), 屯險(둔험), 駐屯(주둔) －軍(군)

鈍

①둔할 ②무딜

鈍才(둔재)⇒鈍智(둔지), 鈍器(둔기), 鈍化(둔화), 鈍筆(둔필) －勝聰(승총), 愚鈍(우둔)

등

謄

베낄, 등사할

謄寫(등사) －機(기), 謄本(등본) 戶籍(호적)－/登記簿(등기부)－

騰

오를

昻騰(앙등)⇒騰貴(등귀)↔下落(하락), 沸騰(비등), 騰落(등락), 反騰(반등)↔反落(반락)

藤

등나무

藤架(등가), 藤蘿(등라), 葛藤(갈등), 藤牀(등상)

登

①오를 ②나아갈 ③기재할 ④보탤

登山(등산), 登校(등교), 登錄(등록), 登記(등기), 登高自卑(등고자비)

燈

등잔, 등불

燈盞(등잔), 燈下不明(등하불명), 電燈(전등), 街路燈(가로등)

橙

귤, 등자나무

橙色(등색)⇒오렌지색, 橙子(등자)⇒등자나무 열매, 橙黃色(등황색)

락

洛

①물이름 ②도읍

京洛(경락)⇒首都(수도)⇒서울, 上洛(상락)⇒上京(상경), 洛陽紙價貴(낙양지가귀), 洛東江(낙동강)

落

①떨어질 ②마을 ③비로소 ④쓸쓸할

落選(낙선), 部落(부락), 落成(낙성)↔起工(기공), 落莫(낙막)⇒寂莫(적막)

烙

지질

烙刑(낙형), 烙印(낙인)⇒火印(화인)⇒燒印(소인), 炮烙(포락)

酪

①소젖 ②술

酪農(낙농), 酡酪(타락)⇒牛乳(우유), 酪母(낙모)⇒술찌꺼기

絡

①이를, 연락할 ②두를, 감을 ③맥

連絡(연락), 絡繹(낙역) －不絶(부절), 脈絡(맥락) －貫通(관통), 籠絡(농락)

駱

낙타

駱駝(낙타), 駱馬(낙마)⇒가리온

란

蘭

난초, 모란꽃

蘭草(난초), 蘭客(난객), 蘭交(난교)⇒金蘭之交(금란지교), 蘭秋(난추), 蘭折玉摧(난절옥최)

瀾

큰 물결

波瀾(파란) –曲折(곡절)/–萬丈(만장), 狂瀾(광란)⇒狂濤(광도), 瀾文(난문)⇒波紋(파문)

爛

①빛날, 밝을 ②헐, 문드러질 ③무르녹을

爛漫(난만) 天眞(천진)–, 腐爛(부란), 爛熟(난숙), 絢爛(현란), 燦爛(찬란), 爛商(난상) –討議(토의), 能爛(능란) 能手(능수)–

欄

①난간 ②테, 테두리 ③난(글, 그림을 싣기 위해 나눠놓은 구획)

欄干(난간)⇒欄檻(난함), 空欄(공란), 註釋欄(주석란), 石欄(석란)

랄

剌

①어그러질 ②물고기 뛰는 소리 ※刺(자, 척, 라)는 다른 자

剌戾(날려), 潑剌(발랄) –한 젊은이, 剌謬(날류)⇒相反(상반)

辣

매울

辛辣(신랄) –한 批判(비판), 惡辣(악랄) –한 수단을 쓰다, 辣手(날수)⇒辣腕(날완)

람

籃

①바구니 ②큰 배롱

籃輿(남여)⇒竹輿(죽여), 搖籃(요람) –에서 무덤까지, 籃球(남구)⇒농구

藍

①쪽, 쪽빛 ②절

藍實(남실), 藍色(남색), 伽藍(가람)⇒寺刹(사찰)⇒절, 藍本(남본)⇒原本(원본), 青出於藍(청출어람)

濫

①넘칠 ②지나칠

氾濫(범람), 濫用(남용), 濫讀(남독), 濫觴(남상)⇒始初(시초)⇒起源(기원), 濫獲(남획), 濫發(남발), 猥濫(외람)

襤

남루할, 누더기

襤褸(남루) －한 옷차림

覽

볼, 두루 볼

觀覽(관람) 映畵(영화)－, 閱覽(열람), 展覽(전람) － 會(회), 一覽(일람) 名單(명단)－, 回覽(회람) －하다, 總覽(총람)

攬

가질, 모을, 잡아당길

攬要(남요), 收攬(수람) 人心(인심)을 －하다, 攬筆(남필)⇒執筆(집필), 攬轡澄淸(남비징청), 總攬(총람)⇒總括(총괄)

欖

감람나무

橄欖樹(감람수)⇒감람나무[올리브], 橄欖油(감람유), 橄欖石(감람석)

纜

닻줄

解纜(해람)↔繫纜(계람), 收纜(수람)

랑

浪

①물결 ②방랑할 ③함부로 ④터무니없을

風浪(풍랑), 浪人(낭인)⇒浪客(낭객), 浪費(낭비)→虛費(허비), 浪說(낭설), 流浪(유랑), 浪漫(낭만), 滄浪(창랑)⇒滄波(창파), 浪浪(낭랑), 放浪(방랑)

狼

①이리 ②허둥지둥할 ③어지러울

豺狼(시랑), 狼狽(낭패), 狼藉(낭자), 狼子野心(낭자야심), 狼貪虎視(낭탐호시)

郞

①사내 ②남편 ③벼슬

郞子(낭자), 新郞(신랑), 郞君(낭군), 郞官(낭관), 冶遊郞(야유랑)

朗

밝을, 맑을

明朗(명랑), 朗報(낭보), 朗讀(낭독), 朗月(낭월)→明月(명월), 朗朗(낭랑) －한 목소리

廊

행랑, 곁채

廊下(낭하)⇒行廊(행랑)→複道(복도), 畫廊(화랑), 廊廟(낭묘)⇒朝廷(조정)

량

涼

①서늘할 ②얇을 ③쓸쓸할 속 凉

涼風(양풍), 涼德(양덕)⇒薄德(박덕), 荒涼(황량), 凄涼(처량), 納涼(납량)

諒

살필, 믿다

諒察(양찰)=洞燭(통촉), 諒解(양해), 諒知(양지)⇒察知(찰지), 海諒(量)(해량)

亮

맑을, 알다

亮察(양찰), 明亮(명량), 亮許(양허)⇒容恕(용서), 亮直(양직)

梁

①들보 = 樑 ②다리 ③어량

棟梁(樑)(동량) -之材(지재), 橋梁(교량), 魚梁(어량), 梁上君子(양상군자)⇒도둑, 쥐

粱

조

高粱(고량)⇒수수/-酒(주), 粱肉(양육), 膏粱(고량) -珍味(진미)

려

呂

①풍류, 음률 ②성씨

律呂(율려)⇒呂律(여율), 呂氏鄕約(여씨향약), 呂氏春秋(여씨춘추)

侶

짝, 벗

伴侶(반려)⇒짝이 되는 벗, 同侶(동려), 僧侶(승려)⇒중, 行侶(행려)

閭

①마을 ②마을 문

閭巷(여항)⇒동네, 민간, 閭閻(여염), 閭門(여문)⇒里門(이문)⇒마을 입구

慮

①생각할 ②염려할

思慮(사려), 考慮(고려), 心慮(심려), 憂慮(우려), 配慮(배려)

濾

거를

濾過(여과) -器(기), 濾光板(여광판), 濾過池(여과지)

廬

①오두막집 ②주막, 여인숙
廬幕(여막), 草廬(초려)⇒초가집/三顧(삼고)－, 廬舍(여사)

驢

당나귀
驢馬(여마)⇒당나귀와 말, 驢鳴犬吠(여명견폐)

麗

①고울, 나라이름(㉠려) ②붙을, 잇다(㉡리)
麗句(여구) 美辭(미사)－, 麗人(여인)⇒美人(미인), 高麗(고려), 魚麗(어리)

儷

짝
儷匹(여필)⇒夫婦(부부), 儷皮(여피), 騈儷文(변려문)

력

歷

①지낼, 겪을 ②두루, 차례차례 ③분명할
歷史(역사) －小說(소설), 歷訪(역방), 經歷(경력), 歷歷(역력), 來歷(내력)

曆

①책력 ②운수
冊曆(책력)⇒曆書(역서), 陽曆(양력)↔陰曆(음력), 曆數(역수)

瀝

①새다 ②물방울 떨어질 ③쏟다
瀝靑(역청)⇒피치(Pitch), 瀝滴(역적), 瀝血(역혈), 披瀝(피력) 所感(소감)을 －하다

櫪

①마구간 ②상수리나무 = 櫟
槽櫪(조력)⇒馬廐(마구)⇒마구간, 櫪馬(역마), 樗櫪(櫟)之材(저력지재)

靂

벼락
霹靂(벽력)⇒벼락, 靑天霹靂(청천벽력), 雷霆霹靂(뇌정벽력)

礫

조약돌, 자갈
礫岩(역암), 瓦礫(와력(륵)), 砂礫(사력) －地(지), 礫石(역석)⇒조약돌, 자갈

轢

치일, 깔릴
轢死(역사), 轢殺(역살), 軋轢(알력)※알륵이 아님

련

煉

①쇠불릴≒錬 ②반죽할, 달일

煉炭(연탄)⇒九孔炭(구공탄), 煉獄(연옥), 煉乳(연유)⇒糖乳(당유), 煉瓦(연와)⇒벽돌

錬

①단련할 ②쇠불릴≒煉 ③수련할

鍛錬(단련)→錬磨(연마), 錬金(연금), 修錬(練)(수련)

練

①익힐 ②상복 ③고를 ④단련할≒錬

練武(연무) －臺(대), 練習(연습) －問題(문제), 練服(연복), 練日(연일)⇒擇日(택일), 訓練(錬)(훈련), 未練(미련)

連

잇닿을, 이을, 붙다

連結(연결), 連鎖(연쇄) －反應(반응), 連帶(연대) －保證(보증), 牽連(견련), 連署(연서), 連絡(연락) －處(처), 連累(연루)

蓮

연

蓮花(연화)⇒연꽃, 蓮根(연근)⇒연뿌리, 蓮塘(연당)⇒연못, 蓮池(연지)

렬

列

①벌일, 나란히 설 ②여러 ③줄 ④차례

羅列(나열), 列強(열강), 堵列(도열), 序列(서열)→順序(순서), 陳列(진열), 列傳(열전), 列擧(열거), 整列(정렬)

烈

①매울 ②절개 굳을 ③공적 ④아름다울

猛烈(맹렬)⇒痛烈(통렬), 烈士(열사), 烈火(열화), 烈祖(열조), 烈女(열녀), 激烈(격렬), 熱烈(열렬), 熾烈(치열), 壯烈(장렬)

裂

찢을, 터질

破裂(파열), 分裂(분열)→四分五裂(사분오열), 龜裂(균열), 決裂(결렬), 滅裂(멸렬) 支離(지리)－, 裂果(열과)

렴

廉

①청렴할 ②값쌀 ③살필 ④모가 나다

淸廉(청렴) －潔白(결백), 廉價(염가), 廉探(염탐), 廉恥(염치) 破(파)－, 廉隅(염우), 低廉(저렴)

簾 발, 주렴

珠簾(주렴), 簾幕(염막), 簾政(염정)⇒垂簾聽政(수렴청정), 竹簾(죽렴)

斂 ①거둘, 모을 ②감출 ③염할≒殮

出斂(추렴), 斂跡(염적), 苛斂(가렴) －誅求(주구), 斂襟(염금), 收斂(수렴) 意見(의견)－

殮 염습할

殮襲(염습)⇒殮(염), 殮布(염포), 殮葬(염장)⇒염장이

령

令 ①시킬, 명령할 ②법령 ③가령 ④하여금 ⑤남을 높임

命令(명령), 法令(법령), 假令(가령), 令狀(영장), 口令(구령), 令夫人(영부인)

伶 ①영리할=怜 ②광대, 악공

伶(怜)俐(영리), 女伶(여령), 伶人(영인)⇒樂士(악사), 광대

囹 감옥, 교도소

囹圄(영어)⇒옥, 감옥, 교도소, 囹圄空虛(영어공허)

玲 옥 소리, 선명하다

玲瓏(영롱), 玲玲(영령), 玲琅(영랑)

鈴 방울

電鈴(전령)⇒電鐘(전종), 搖(鐃)鈴(요령), 懸鈴(현령)

領 ①옷깃 ②목 ③요소 ④거느릴 ⑤받을 ⑥우두머리 ⑦계급(군대)

領袖(영수), 綱領(강령), 領域(영역), 大統領(대통령), 領收(영수), 大領(대령)

齡 나이 약 齢

年齡(연령)⇒나이, 妙齡(묘령), 老齡(노령)

零 ①떨어질 ②작을 ③없다

零落(영락), 零細(영세), 零點(영점)⇒제로(zero), 零下(영하)↔零上(영상)

嶺

고개, 재

峻嶺(준령) 泰山(태산)－, 分水嶺(분수령), 嶺東(영동) －八景(팔경)

로

盧

①검을 ②성(姓)

盧弓盧矢(노궁노시), 盧生之夢(노생지몽)⇒邯鄲之夢(한단지몽), 盧子(노자)⇒검은 눈동자

蘆

갈대

蘆頭(노두), 蘆笛(노적), 蘆花(노화)⇒갈대꽃, 蘆笠(노립), 匏蘆(포로)⇒박

虜

①사로잡을=擄 ②포로

虜(擄)掠(노략), 虜獲(노획)※鹵獲(노획)과 다름, 捕虜(포로) －收容所(수용소)

爐

화로

火爐(화로), 煖爐(난로)⇒스토브(stove), 香爐(향로), 爐邊(노변) －談話(담화), 冬扇夏爐(동선하로)

路

①길 ②도리

道路(도로), 路傍(노방)⇒路邊(노변), 岐路(기로), 末路(말로), 街路(가로), 進路(진로), 通路(통로)

露

①이슬 ②드러날

草露(초로), 露骨(노골), 露店(노점) －商(상), 露出(노출), 露宿(노숙), 暴露(폭로), 露呈(노정)

鷺

백로, 해오라기

白鷺(백로)⇒해오라기, 鷗鷺(구로)⇒갈매기와 해오라기, 鷺序(노서), 鷺汀(노정)

록

祿

녹, 급료

祿俸(녹봉)⇒祿(녹), 祿爵(녹작), 國祿(국록)→官祿(관록), 貫祿(관록)

綠

푸를, 초록빛

綠色(녹색) －植物(식물), 綠陰(녹음)⇒翠陰(취음), 綠衣紅裳(녹의홍상), 綠茶(녹차), 綠化(녹화) 山林(산림)－

錄

①기록할 ②문서 ③목록 ④역사

記錄(기록), 登錄(등록) －金(금), 目錄(목록) 圖書(도서)－, 實錄(실록) 世宗(세종)－, 錄音(녹음) －器(기), 錄畵(녹화) －放送(방송)

鹿

사슴

鹿角(녹각), 鹿茸(녹용), 馴鹿(순록)⇒토나카이, 逐鹿(축록)

漉

거를(술 따위를)

漉酒(녹주), 漉漉(녹록), 淘漉(도록)

麓

산기슭, 숲

山麓(산록)⇒산기슭, 翠麓(취록), 林麓(임록)

롱

籠

①새장, 바구니 ②쌀, 들어박힐

籠球(농구) －競技(경기), 籠絡(농락)⇒牢籠(뇌롱), 籠城(농성), 籠鳥戀雲(농조연운)

壟

①밭두둑 ②언덕

壟畝(농묘)⇒밭, 시골, 壟斷(농단)⇒獨占(독점)/운영권을 －하다, 壟畔(농반)⇒밭이랑, 밭두둑

聾

귀먹을

聾兒(농아)⇒귀머거리와 벙어리/－者(자), 聾盲(농맹)⇒귀머거리와 장님

瀧

①비오는 모양(㉠롱) ②여울(㉡랑)

瀧瀧(농롱), 瀧船(낭선)⇒여울을 거슬러 오르는 배

朧

달빛 흐릿할

朦朧(몽롱) －世界(세계), 朧月(농월)

瓏

환할

玲瓏(영롱) －한 아침이슬, 瓏瓏(농롱)

료

僚

①동료 ②관리

同僚(동료), 官僚(관료), 幕僚(막료)⇒裨將(비장), 僚友(요우)⇒僚輩(요배)

燎

불놓을, 불탈

燎原(요원) -의 불길, 燎亂(요란) ∴擾(搖)亂(요란)과 다름

瞭

①밝을, 눈 밝을 ②멀

明瞭(명료) 簡單(간단)-, 瞭然(요연) 一目(일목)-, 瞭望(요망)

潦

①큰비, 장맛비 ②길바닥에 괸 물(㉠로) ③물이름(㉡료)

潦水(요(노)수), 潦熱(요열)⇒潦炎(요염)

療

병 고칠

治療(치료), 療養(요양) -院(원), 療飢(요기), 療飢次(요기차) ㊟療次(요차)

寮

①동관, 벼슬아치 ②집, 작은 창문

寮友(요우), 寮舍(요사)⇒寄宿舍(기숙사), 學寮(학료)

遼

①멀 ②땅이름 ③강 이름

遼(遙)遠(요원) 前途(전도)-, 遼河(요하), 遼東(요동)

루

屢

자주, 여럿≒累 ㉽屡

屢(累)次(누차), 屢年(누년)⇒累歲(누세), 屢屢(누누)히⇒여러번

瘻

①부스럼 ②오래된 종기

瘻癘(누려), 痔瘻(치루), 腸瘻(장루), 瘻官(누관)

僂

곱사등이, 구부릴 ㉽偻

佝(傴)僂(구루)⇒痀僂(구루)⇒곱추, 곱사등이, 僂指(누지), 僂背(누배)

樓 다락, 다락집

樓閣(누각) 砂上(사상)−, 望樓(망루)→樓臺(누대), 鐘樓(종루)

縷 ①실 ②자세할

一縷(일루) −의 希望(희망), 縷述(누술)⇒縷陳(누진), 縷言(누언)

褸 남루할, 누더기

襤褸(남루)⇒누더기/−한 옷차림

鏤 새길

刻鏤(각루)⇒鏤刻(누각), 鏤身(누신)⇒文身(문신), 彫鏤(조루), 彫心鏤骨(조심누골)=몹시 고심함

류

流 ①흐를 ②떠돌아다닐 ③귀양 보낼 ④품격, 계층

流通(유통), 流浪(유랑)⇒放浪(방랑), 流配(유배), 上流(상류), 流暢(유창), 流言(유언) −蜚語(비어), 流行(유행), 交流(교류), 流産(유산)

琉 유리=瑠

琉璃(유리) −窓(창)/−管(관)/−그릇, 琉球(유구) −列島(열도)

硫 유황

硫黃(유황)⇒黃(황)/−泉(천), 硫安(유안)⇒황산암모늄, 硫酸(유산)

留 머무를, 묵을

留宿(유숙), 留學(유학), 留念(유념)⇒留意(유의), 保留(보류), 停留場(정류장), 滯留(체류), 挽留(만류), 押留(압류)

溜 ①물방울 ②김서림

蒸溜(증류) −水(수), 溜滴(유적), 溜槽(유조), 溜水(유수)

榴 석류나무

石榴(석류)⇒석류나무 열매, 榴花(유화)⇒석류꽃, 榴彈(유탄)

遛 머무를=留

逗遛(留)(두류)⇒滯留(체류)

륜

倫

①인륜, 윤리 ②무리, 또래

人倫(인륜), 倫理(윤리) －道德(도덕), 倫匹(윤필)⇒配匹(배필), 五倫(오륜)

淪

①빠질 ②잔물결

淪落(윤락) －女性(여성), 沈淪(침륜)⇒沈沒(침몰), 淪漣(윤련)

綸

①인끈 ②다스릴 ③임금의 말씀(㉠륜) ④관건(㉡관)

綸綬(윤수), 經綸(경륜) －家(가), 綸音(윤음)⇒綸言(윤언)/－如汗(여한), 綸巾(관건)⇒비단두건

輪

①바퀴 ②둘레 ③차례로 돌

輪禍(윤화), 輪廓(윤곽), 輪番(윤번), 輪廻(윤회) －生死(생사), 車輪(차륜)⇒수레바퀴, 法輪(법륜)

륵

肋

갈빗대

肋骨(늑골)⇒갈비뼈, 肋膜(늑막) －炎(염), 鷄肋(계륵)

勒

①굴레 ②억지로 할 ③다스릴 ④새길

勒買(늑매), 勒兵(늑병), 勒銘(늑명), 勒限(늑한)

름

稟

①녹(㉠품) ②곳집(㉡름) 속 禀

氣稟(기품), 稟達(품달)⇒稟議(품의), 天稟(천품), 稟給(늠급)

凜

①찰 ②늠름할

凜凜(늠름) 우리 선수들의 －한 모습, 凜烈(例)(늠렬), 凄凜(처름)

廩

①곳집, 미곡 창고 ②녹미

倉廩(창름)⇒곳집⇒廩庫(늠고), 廩料(늠료), 廩粟(늠속)

릉

菱 마름 = 蔆

菱形(능형)⇒마름모꼴, 菱花(능화)⇒마름의 꽃, 菱鐵(능철)⇒마름쇠, 菱實(능실)⇒마름열매

凌 ①능가할 ②업신여길 ③범할 ④심할

凌駕(능가), 凌辱(능욕), 凌侮(능모)⇒凌蔑(능멸), 凌雨(능우)⇒暴雨(폭우)

陵 ①언덕 ②능, 임금의 무덤 ③업신여길≒凌

丘陵(구릉)⇒언덕, 陵(능)⇒陵墓(능묘), 陵寢(능침), 陵(凌)侮(능모), 陵遲(능지) −處斬(처참)

綾 비단

綾羅(능라) −錦繡(금수), 綾紗(능사), 綾緞(능단)⇒綾羅(능라)

稜 ①모 ②위엄

稜角(능각)⇒모서리각, 稜線(능선)⇒山稜(산릉), 稜威(능위)⇒威光(위광)

리

里 ①마을 ②이수

洞里(동리), 里數(이수)⇒道程(도정), 鄕里(향리)⇒故鄕(고향), 里巷(이항)

俚 속될

俚諺(이언)⇒俗談(속담) 俗諺(속언), 俚言(이언), 鄙俚(비리)

理 ①다스릴 ②도리 ③깨닫다 ④정리할

理事(이사), 理致(이치), 道理(도리), 理解(이해), 整理(정리), 地理(지리), 修理(수리), 受理(수리)

裏 속, 안 ㊟裡

裏面(이면)↔表面(표면), 裏書(이서), 表裏(표리), 腦裏(裡)(뇌리)

鯉 잉어, 편지

鯉魚(이어)⇒잉어, 鯉素尺素(이소척소) ㊂鯉素(이소)⇒편지, 鯉庭(이정)

利

①이로울 ②날카로울 ③편리할 ④이자

利益(이익), 利劍(이검), 便利(편리), 利子(이자)⇒利息(이식), 利尿(이뇨), 權利(권리)

梨

배, 배나무

梨花(이화)⇒배꽃, 梨雪(이설), 梨園(이원), 棠梨(당리)⇒팥배

痢

이질

痢疾(이질)⇒痢症(이증), 痢漸(이점), 赤痢(적리)

離

①떠날, 떨어질 ②밝을, 분명할 ③만날, 조우

離別(이별), 距離(거리), 分離(분리), 離婚(이혼), 離憂(이우), 乖離(괴리)

籬

울타리

籬垣(이원)⇒籬藩(이번)⇒울타리, 籬牆(이장)⇒울타리, 담장, 籬菊(이국)

린

隣

이웃, 이웃할

隣近(인근)⇒이웃, 隣村(인촌), 隣接(인접), 善隣(선린), 隣家(인가)

燐

①도깨비불 ②원소 이름

燐光(인광), 燐火(인화)⇒陰火(음화), 燐酸(인산), 黃燐(황린), 鬼燐(귀린)⇒도깨비불

鱗

비늘

鱗甲(인갑), 鱗介(인개)⇒魚類(어류)와 貝類(패류), 鱗毛(인모), 鱗鴻(인홍)⇒편지

麟

기린

麒麟(기린), 麟角(인각) 鳳毛(봉모)－, 鳳麟芝蘭(봉린지란)

림

林

①수풀 ②빽빽할

林野(임야), 森林(삼림), 林立(임립), 山林(산림), 樹林(수림)

淋

①질척할 ②임질≒痲

淋漓(임리), 淋(痲)疾(임질), 淋巴管(임파관), 淋巴液(임파액)⇒림프

霖

장마

霖雨(임우)⇒장맛비, 霪雨(음우), 霖濕(임습), 夏霖(하림)⇒여름장마

립

立

①설, 세울 ②바로, 곧 ③리터(*l*)의 약호

獨立(독립), 立志(입지), 立法(입법), 確立(확립), 成立(성립)

笠

삿갓

笠帽(입모)⇒갈모, 笠子(입자)⇒갓, 蓑笠(사립)⇒도롱이와 삿갓, 草笠(초립)

粒

낟알, 쌀 낟알

米粒(미립)⇒쌀알, 粒子(입자), 微粒(미립), 顆粒(과립)

마

麻

①삼 ②저릴≒痲

麻布(마포)⇒삼베, 麻袋(마대), 麻(痲)疹(마진)⇒홍역, 麻立干(마립간), 麻(痲)藥(마약)⇒마리화나, 코카인, 모르핀 따위, 麻中之蓬(마중지봉)

摩

문지를, 어루만질

按摩(안마) -術(술), 摩擦(마찰), 摩天(마천) -樓(루), 撫摩(무마)

磨

①갈 ②연자방아

磨滅(미멸), 磨石(마석)⇒맷돌, 磨崖(마애) -佛(불), 硏磨(摩)(연마), 磨勘(마감)

痲

①홍역 ②저리다, 마비할 ※痳(림)은 다른 자(痳疾(임질))

痲疹(마진)⇒紅疫(홍역), 痲醉(마취) -劑(제), 痲(麻)痹(마비)

魔

①마귀 ②마술, 요술

魔鬼(마귀), 魔術(마술) -師(사), 魔窟(마굴), 魔手(마수), 病魔(병마)

막

莫

①아닐, 없을 ②더할 수 없을(㉠막) ③저물(㉡모 = 暮)

莫論(막론), 莫大(막대), 莫上莫下(막상막하)⇒難兄難弟(난형난제)⇒伯仲(백중), 莫莫强兵(막막강병)⇒莫强之兵(막강지병), 莫(暮)春(모춘)⇒晩春(만춘), 莫重(막중), 莫逆(막역), 莫無可奈(막무가내)⇒無可奈何(무가내하), 索莫(삭막)

幕

①휘장, 장막 ②군막 ③막

幕舍(막사), 幕僚(막료)⇒裨將(비장), 幕下(막하), 幕後(막후) －交涉(교섭), 天幕(천막), 開幕(개막)↔閉幕(폐막)

寞

고요할, 쓸쓸할

寂寞(적막), 索寞(莫, 漠)(삭막), 寞寞(막막) －窮山(궁산)

漠

①사막 ②아득할

砂漠(사막) 아라비아 －, 漠漠(막막) 浩浩(호호)－, 漠然(막연) －한 생각, 漠漠大海(막막대해)→茫茫大海(망망대해)

膜

①꺼풀, 막(㉠막) ②큰절할(㉡모)

角膜(각막)⇒眼膜(안막), 肋膜(늑막) －炎(염), 膜拜(모배), 結膜(결막) －反射(반사), 鼓膜(고막)

만

曼

①길 ②아름다울

曼衍(만연), 曼辭(만사), 曼理皓齒(만리호치), 曼茶(陀)羅(만다라) －畵(화)

蔓

①덩굴 ②퍼질

蔓草(만초), 蔓延(衍)(만연), 蔓性(만성), 蔓茂(만무), 蔓蘿(만라)⇒담쟁이덩굴

慢

①거만할 ②게으를 ③느릴 ④업신여길

倨慢(거만)↔謙遜(겸손), 怠慢(태만), 慢性(만성)↔急性(급성), 侮慢(모만), 緩慢(완만), 自慢(자만), 傲慢(오만) －不遜(불손)

漫

①부질없을 ②물 질펀할 ③흩어질

漫畵(만화) －家(가), 漫評(만평), 散漫(산만) 注意(주의)－, 浪漫(낭만), 放漫(방만), 彌漫(滿)(이만), 漫然(만연), 漫談(만담)

饅

만두

饅頭(만두) －소/－皮(피)

滿

①찰, 가득할 ②풍족할

滿場(만장) ――致(일치), 滿員(만원), 滿足(만족), 滿潮(만조), 滿腔(만강), 干滿(간만), 圓滿(원만), 未滿(미만)

瞞

①속일(㉠만) ②부끄러워할(㉡문)

欺瞞(기만)⇒欺罔(기망), 瞞過(만과), 瞞然(문연), 瞞報(만보)

晩

늦을, 저물

晩成(만성) 大器(대기)―/↔速成(속성), 晩年(만년), 早晩(조만) ―間(간), 晩秋(만추)↔孟秋(맹추), 晩餐(만찬)

挽

①당길, 끌 ②애도할

挽留(만류)⇒挽止(만지), 挽引(만인), 挽詞(만사), 挽歌(만가), 挽回(만회)

輓

①끌다≒挽 ②애도할≒挽 ③늦을≒挽

輓(挽)歌(만가), 輓(挽)詞(만사), 輓(挽)章(만장), 輓近(만근)⇒近來(근래), 最近(최근)

娩

①해산할 ②수더분할

分娩(분만)⇒解産(해산), 婉娩(완만), 娩痛(만통)⇒産痛(산통)

彎

①굽을 ②활시위를 당김 약 弯

彎曲(만곡), 彎弓(만궁), 彎月(만월)⇒초승달, 그믐달, 彎環(만환)

巒

산봉우리, 멧부리

峰巒(봉만)⇒巒峯(만봉), 巒岡(만강)⇒언덕, 巒嶼(만서)

蠻

오랑캐

野蠻(야만)↔文明(문명), 蠻勇(만용), 蠻行(만행), 蠻夷(만이)⇒오랑캐, 미개인

灣

물굽이

港灣(항만), 灣流(만류) 멕시코 ―, 海灣(해만), 灣泊(만박)

말

末

①끝 ②마치다 ③가루

末端(말단)⇒末尾(말미), 始末(시말), 粉末(분말)⇒가루, 結末(결말), 末梢(말초) ―神經(신경)

抹

①바를, 칠할 ②지울, 없앨 ③스칠

塗抹(도말), 抹殺(말살), 一抹(일말)⇒若干(약간)⇒조금, 抹消(말소)

沫

①거품, 물거품 ②침

泡沫(포말), 飛沫(비말) -感染(감염), 涌沫(용말), 噴沫(분말)

椺

기둥, 표말뚝

標椺(표말)⇒標木(표목)⇒푯말→里程標(이정표)

망

亡

①망할 ②잃을, 없다 ③달아나다 ④죽다

興亡(흥망) -盛衰(성쇠), 存亡(존망), 逃亡(도망), 亡室(망실)⇒亡妻(망처), 亡者(망자), 亡靈(망령), 亡羊(망양) -之歎(지탄), 亡子計齒(망자계치), 亡失(망실)⇒잃어버림, 亡身(망신) -을 당하다

芒

①까끄라기 ②칼날 ③넓은 모양

芒種(망종), 芒刃(망인), 芒鞋(망혜) 竹杖(죽장)-, 舌芒于劍(설망우검), 芒芒(망망), 芒刺在背(망자재배)

妄

망령될, 허망할

妄靈(망령), 妄想(망상) 過大(과대)-, 虛妄(허망), 老妄(노망), 妄動(망동) 輕擧(경거)-, 妖妄(요망), 妄發(망발)⇒妄言(망언), 妄信(망신)

忘

잊을

忘却(망각)⇒忘失(망실), 健忘(건망) -症(증), 備忘(비망) -錄(록), 忘我(망아)⇒沒我(몰아)

忙

바쁠

多忙(다망), 慌忙(황망), 怱忙(총망), 忙中閑(망중한), 奔忙(분망)

茫

망망할, 멀, 넓을

茫茫(망망) -大海(대해), 茫漠(망막), 茫然(망연) -自失(자실), 茫蒼(망창)

望

①바랄 ②바라볼 ③원망할 ④보름

希望(희망), 望臺(망대)⇒望樓(망루), 怨望(원망), 遠望(원망), 望鄕(망향), 絶望(절망)

罔

①그지없을 ②그물=網

罔極(망극)⇒無窮(무궁)/昊天(호천)-, 罔罟(망고), 罔測(망측) 奇怪(기괴)-

惘

실망할

惘然(망연) －自失(자실), 憫惘(민망)

網

그물=罔 ※綱(강)은 다른 자

網罟(망고)⇒그물, 網羅(망라) 總(총)－, 網紗(망사), 網膜(망막), 投網(투망)

매

妹

아랫누이, 누이동생

姉妹(자매), 妹弟(매제), 妹兄(매형)⇒姊兄(자형), 妹夫(매부), 男妹(남매)

昧

어두울

昧事(매사), 愚昧(우매), 昧旦(매단), 蒙昧(몽매) 無知(무지)－, 昏昧(혼매), 曖昧(애매) －模糊(모호)

魅

①홀릴 ②도깨비

魅惑(매혹), 魅了(매료), 魅力(매력) －滿點(만점), 妖魅(요매)

寐

잠잘

寤寐(오매) －不忘(불망), 夢寐(몽매), 寐語(매어)⇒잠꼬대

媒

중매

仲媒(중매) －結婚(결혼), 媒介(매개), 媒婆(매파), 媒染(매염) －料(료), 觸媒(촉매)

煤

①그을음 ②석탄

煤煙(매연), 煤炭(매탄)⇒石炭(석탄), 煤氣(매기), 煤田(매전)⇒炭田(탄전)

每

매양, 항상, 마다

每樣(매양), 每事(매사) －不成(불성), 每期(매기), 每朔(매삭)⇒每月(매월)

莓

①딸기=苺 ②이끼 ③밭 걸찰

莓苔(매태)⇒이끼, 莓莓(매매), 蛇莓(苺)(사매)⇒뱀딸기

梅

①매화 ②절후 이름 ③성병

梅花(매화), 梅實(매실), 梅毒(매독), 梅雨(매우), 梅妻鶴子(매처학자)

買

살↔賣(매)

買受(매수)↔賣渡(매도), 賣買(매매), 買占(매점) －賣惜(매석), 購買(구매)

賣

팔↔買(매)

賣盡(매진), 賣却(매각), 競賣(경매), 賣店(매점), 販賣(판매) －店(점)

맹

孟

①맏, 큰 ②성 ③맹랑할

孟仲叔季(맹중숙계), 孟子(맹자), 孟冬(맹동), 孟浪(맹랑)

猛

①사나울 ②날랠, 용감할 ③엄할

猛獸(맹수), 勇猛(용맹), 猛烈(맹렬), 猛虎爲鼠(맹호위서)

萌

①싹, 싹틀 ②백성

萌芽(맹아), 萌黎(맹려)⇒百姓(백성), 萌兆(맹조), 萌動(맹동)

盟

맹세할

盟誓(맹서→맹세), 盟邦(맹방), 同盟(동맹) －罷業(파업), 聯盟(연맹)

면

免

①면할, 벗을 ②허가할 속免

免除(면제) 兵役(병역)－, 免許(면허), 免疫(면역), 赦免(사면), 罷免(파면)

俛

①머리 숙일 ②힘쓸≒勉

俛仰(면앙)⇒俯仰(부앙), 俛首(면수), 俛焉(면언)

勉

힘쓸, 부지런할

勤勉(근면), 勉勵(면려) 刻苦(각고)－, 勉學(면학), 勉行(면행), 勉從(면종)

棉

목화, 목화나무

木棉(목면)⇒木花(목화), 棉作(면작), 棉實(면실)⇒목화의 씨

綿 ①솜 ②잇닿을 ③자세할 ④얽힐
綿絲(면사), 連綿(연면), 綿綿(면면), 綿密(면밀)⇒緻密(치밀), 纏綿(전면)

面 ①낯, 얼굴 ②탈 ③대할, 볼 ④겉, 표면 ⑤행정구역 약面
面識(면식), 假面(가면), 面會(면회), 表面(표면), 面長(면장)

緬 ①아득할, 멀 ②가는 실 ③이장(移葬)
緬然(면연), 緬羊(면양), 緬禮(면례)⇒緬葬(면장), 緬憶(면억)

麵 국수, 밀가루=麪
麵(麪)麴(면국), 麵(麪)麭(면포)⇒빵, 索麵(麪)(삭면)

명

名 ①이름 ②사람 수
姓名(성명), 名銜(명함), 名人(명인), 名聲(명성), 地名(지명), 七名(칠명)

茗 찻잎, 차
茗香(명향)⇒茶香(다향), 茗果(명과), 茗樹(명수), 茗宴(명연)

酩 술취할
酩酊(명정)⇒大醉(대취), 飮酩(음명)

銘 ①새길 ②금석(金石)에 새긴 글 ③교훈의 말
銘心(명심)⇒銘佩(명패), 銘旌(명정), 碑銘(비명), 座右銘(좌우명), 銘酒(명주), 感銘(감명), 刻銘(각명), 銘文(명문)

冥 ①어두울 ②아득할 ③서승
冥漠(명막), 冥想(명상), 幽冥(유명), 冥福(명복), 冥感(명감), 冥婚(명혼)

溟 ①바다 ②보슬비
溟洲(명주), 溟濛(명몽), 溟渤(명발)⇒滄海(창해), 溟溟(명명)⇒冥冥(명명)

瞑 ①눈 감을 ②눈 어두울
瞑想(명상)⇒冥想(명상), 瞑目(명목), 瞑眩(명현), 聾瞑(농명)

螟 마디충, 명충
螟蟲(명충) 二化(이화)－, 螟蛉(명령), 螟蛉子(명령자)⇒螟嗣(명사)⇒양아들

모

暮 ①저물 ②늦을 ③늙을
歲暮(세모)⇒年末(연말), 暮春(모춘), 暮景(모경), 暮境(모경), 暮齒(모치)⇒晩年(만년)

募 모을, 널리 구할
募集(모집) 社員(사원)－, 公募(공모) 懸賞(현상)－, 募金(모금), 應募(응모)

慕 사모할, 생각할
思慕(사모) －不忘(불망), 追慕(추모), 欣慕(흔모)⇒欽慕(흠모), 戀慕(연모)

摸 ①본뜰≒模 ②더듬을
摸(模)倣(모방), 摸(模)寫(모사), 摸索(모색) 暗中(암중)－, 摸(模)刻(모각)

模 ①법 ②본뜰≒摸 ③거푸집 ④모호할
模範(모범), 模型(모형), 模造(모조), 模樣(모양), 模糊(모호) 曖昧(애매)－, 規模(규모)

謨 꾀
謨訓(모훈), 宏謨(굉모), 雄謨(웅모), 睿謨(예모)

母 ①어머니 ②모체, 근본 ※毌(관)은 다른 자
父母(부모), 母性(모성) －愛(애), 母體(모체), 母國(모국), 姑母(고모)

侮 업신여길, 깔보다
侮辱(모욕), 侮蔑(모멸), 侮弄(모롱), 凌侮(능모), 受侮(수모)

姆 여스승, 유모
姆敎(모교), 保姆(보모)

冒 ①무릅쓸 ②가릴
冒險(모험), 冒瀆(모독), 冒頭(모두), 冒年(모년), 冒耕(모경), 冒名(모명), 冒寒(모한)

帽

모자, 사모

帽子(모자), 紗帽(사모), 脫帽(탈모), 校帽(교모)

毛

①털, 터럭 ②가늘, 작을 ③식물, 풀

毛髮(모발), 毛細管(모세관), 不毛(불모) -地(지), 毛織(모직), 毛布(모포)⇒담요

眊

눈흐릴

眊眩(모현), 昏眊(혼모), 眊悖(모패)

耗

①덜릴, 소모할 ②어지러울

消耗(소모) -品(품), 耗亂(모란), 損耗(손모), 磨耗(마모)

목

木

①나무 ②별이름 ③오행의 하나

樹木(수목), 材木(재목), 木星(목성), 木克土(목극토), 草木(초목)

沐

목욕할, 머리감을

沐浴(목욕), 沐雨(목우) -櫛風(즐풍), 沐恩(목은)⇒浴恩(욕은)

몽

蒙

①어릴 ②어리석을 ③입을 ④무릅쓸

童蒙(동몽) -先習(선습), 蒙昧(몽매) 無知(무지)-, 蒙利(몽리) -畓(답), 蒙塵(몽진), 啓蒙(계몽)

朦

①흐릿할 ②달빛 희미할

朦朧(몽롱) -世界(세계), 朦昏(몽혼)⇒痲醉(마취)/-藥(약)

矇

①소경, 청맹과니 ②어두울, 어리석을

矇瞽(몽고)⇒소경, 장님, 矇昧(몽매), 愚矇(우몽)

묘

苗

①싹 ②자손 ③종족 이름

苗木(묘목), 苗裔(묘예)⇒苗胤(묘윤), 苗族(묘족), 苗板(묘판), 種苗(종묘)

描

그릴

描寫(묘사) 自然(자연)－, 描蛇添足(묘사첨족), 素描(소묘)⇒데생(dessin)↔彩色畵(채색화)

猫

고양이

犬猫(견묘)⇒개와 고양이, 猫睛(묘정) －石(석)⇒猫眼石(묘안석)⇒보석의 한 가지, 猫頭懸鈴(묘두현령)⇒卓上空論(탁상공론)

錨

닻

錨地(묘지)⇒碇(渟)泊地(정박지), 投錨(투묘)↔拔錨(발묘)

妙

①묘할 ②예쁠 ③젊을

巧妙(교묘), 奧妙(오묘), 妙態(묘태), 妙齡(묘령), 妙味(묘미), 絶妙(절묘)

眇

①애꾸눈 ②적을 ③아득할 = 渺

眇目(묘목)⇒애꾸눈⇒斜視眼(사시안)⇒사팔뜨기, 眇福(묘복)

渺

아득할

渺然(묘연)→杳然(묘연), 渺茫(묘망)⇒渺渺(묘묘)

무

無

없을↔有(유)

無窮(무궁) －花(화)/－無盡(무진), 無聊(무료), 虛無(허무), 有備無患(유비무환), 無常(무상) －出入(출입)/人生(인생)－, 無料(무료) －入場(입장)

蕪

①거칠 ②순무

荒蕪(황무) －地(지), 蕪穢(무예), 蕪辭(무사), 蕪菁(무정)⇒순무

撫

어루만질≒憮, 위로할

撫摩(무마), 愛撫(애무), 宣撫(선무) －工作(공작), 撫恤(무휼)→救恤(구휼), 撫育之恩(무육지은)⇒父母(부모)의 恩惠(은혜), 按撫(안무), 慰撫(위무)

舞 ①춤출, 춤 ②환롱할
舞踊(무용)⇒舞蹈(무도)⇒춤, 舞臺(무대) 活動(활동)－, 歌舞(가무), 舞文弄筆(무문농필) ㊟ 舞弄(무롱), 舞筆(무필)⇒曲筆(곡필), 舞童(무동)

巫 무당
巫堂(무당)⇒巫女(무녀), 巫俗(무속), 巫覡(무격)⇒무당과 박수(남자 무당)

誣 무고할, 속일
誣告(무고) －罪(죄), 誣陷(무함), 誣訴(무소)

戊 다섯 번째 천간
戊辰(무진), 戊夜(무야)⇒五更(오경), 새벽 3~5시, 戊午士禍(무오사화)

茂 ①무성할, 우거질 ②뛰어날 ③힘쓸
茂盛(무성), 茂蔭(무음), 茂才(무재), 茂學(무학), 繁茂(번무)

毋 말다≒無, 없을 ※毌(관), 母(모)와 다른 자
毋(無)慮(무려) －十萬名(십만명), 毋(無)論(무론)⇒勿論(물론)

拇 엄지손가락
拇指(무지)⇒엄지손가락, 拇印(무인)⇒손도장

務 ①힘쓸 ②일, 직무
務望(무망), 公務(공무), 事務(사무), 職務(직무), 勤務(근무), 義務(의무), 服務(복무)

霧 안개
霧散(무산), 五里霧中(오리무중), 雲霧(운무), 濃霧(농무)

문

文 ①글, 글자, 책 ②꾸밀, 수식
文字(문자), 文學(문학), 文獻(문헌), 文化(문화), 作文(작문), 漢文(한문), 文飾(문식), 文身(문신), 文樣(문양)⇒무늬

紊 어지러울, 얽힐
紊亂(문란) 風紀(풍기)－, 繁紊(번문), 堙紊(인문)

紋 무늬
紋樣(문양)⇒무늬의 모양, 紋采(문채), 指紋(지문), 紋織(문직), 波紋(파문)

蚊 모기
蚊陣(문진)⇒모기떼, 見蚊拔劍(견문발검), 蚊蚋負山(문예부산)

門 ①문 ②집안 ③동문 ④전문
門戶(문호) －開放(개방), 門閥(문벌)⇒家門(가문), 同門(동문)⇒同窓(동창), 專門(전문)

問 ①물을↔答(답) ②문초할 ③방문할
問答(문답), 質問(질문), 問招(문초)→訊問(신문), 訪問(방문), 東問西答(동문서답)

聞 들을, 들릴, 널리 알려진
見聞(견문), 新聞(신문), 風聞(풍문), 聞望(문망), 名聞天下(명문천하)

물

勿 ①말라 ※금지하는 조사 ②없을
勿驚(물경), 勿論(물론), 勿禁(물금), 勿失好機(물실호기)

物 ①만물, 물건 ②사물, 일 ③살필, 헤아릴
萬物(만물), 物情(물정), 物色(물색), 物質(물질), 貨物(화물)

미

眉 눈썹
眉間(미간) 兩(양)－, 展眉(전미), 眉目(미목) －秀麗(수려), 白眉(백미), 眉毛(미모)⇒눈썹, 眉月(미월)⇒초승달, 鬚眉(수미)⇒수염과 눈썹

媚 ①아첨할 ②예쁠
媚態(미태)→嬌態(교태), 媚笑(미소), 明媚(명미) 風光(풍광)－, 百媚(백미)

縻 ①얽어 맬 ②고삐, 끈
繫縻(계미), 羈縻(기미)⇒羈絆(기반)⇒굴레

靡

①쓰러질, 쏠릴 ②없을 ③아름다울

風靡(풍미), 靡寧(미령), 萎靡(위미) ―不振(부진), 靡麗(미려)

糜

①죽 ②문드러질

糜粥(미죽)⇒죽, 糜散(미산), 糜爛(미란), 糜沸(미비)⇒鼎沸(정비)

未

①아닐 ②여덟째 지지(양띠)

未來(미래)⇒將來(장래), 未決(미결), 未洽(미흡), 未曾有(미증유), 己未(기미), 未久(미구), 未安(미안)

味

①맛 ②기분, 뜻

味覺(미각), 意味(의미)⇒意義(의의), 氣味(기미), 趣味(취미), 吟味(음미)

米

①쌀 ②미터

米穀(미곡), 米糠(미강)⇒쌀겨, 玄米(현미), 百米競走(100m경주)

迷

①미혹할 ②흐릴

迷信(미신) ―打破(타파), 迷路(미로), 昏迷(혼미), 迷宮(미궁)

민

悶

번민할, 고민

煩悶(번민), 苦悶(고민), 悶懣(민만), 憂悶(우민), 悶歎(민탄)

憫

①불쌍히 여길 ②근심할

憫惘(민망), 憐憫(연민), 憫迫(민박), 憫恤(민휼), 悽憫(처민)

民

백성, 국민

國民(국민), 民間(민간), 農民(농민), 民法(민법), 民生(민생), 民族(민족)

泯

①빠질 ②망할

泯亂(민란) ※民亂(민란)⇒民擾(민요)와 다름, 泯滅(민멸)⇒泯沒(민몰)

愍

불쌍할

憐愍(연민), 愍然(민연), 惜愍(閔)(석민), 愍凶(민흉)

밀

密

①빽빽할, 촘촘할 ②비밀 ③가까울
稠密(조밀), 秘密(비밀), 親密(친밀), 綿密(면밀), 緊密(긴밀), 密林(밀림), 密接(밀접)

蜜

꿀
蜂蜜(봉밀)⇒벌꿀, 蜜月(밀월) ―旅行(여행), 蜜語(밀어), 蜜柑(밀감)⇒귤, 귤나무

박

博

①넓을 ②노름
博愛(박애), 博識(박식), 博士(박사), 該博(해박), 博覽(박람) ―會(회), 賭博(도박), 博涉(박섭)

搏

칠, 두드릴
搏殺(박살), 相搏(상박) 龍虎(용호)―, 搏動(박동), 搏鬪(박투), 脈搏(맥박)

縛

묶을
捕縛(포박), 束縛(속박)→拘束(구속), 毆縛(구박) ∴驅迫(구박)과 다름, 結縛(결박)

薄

①엷을 ②작을 ③야박할 ④메마를
薄德(박덕)↔厚德(후덕), 薄福(박복)↔多福(다복), 薄利多賣(박리다매), 刻薄(각박), 薄待(박대)↔厚待(후대), 薄土(박토)↔沃土(옥토), 肉薄(육박) ―戰(전)

撲

두드릴, 칠
撲殺(박살), 打撲(타박) ―傷(상), 撲滅(박멸) 害蟲(해충)―

樸

①순박할≒朴 ②통나무
質樸(朴)(질박), 樸直(박직), 樸桷(박각), 素樸(朴)(소박)

璞

①옥돌 ②소박하다
璞玉(박옥)⇒다듬지 않은 옥 덩어리, 璞玉渾金(박옥혼금)

泊

①배댈 ②머무를 ③떠돌다 ④고요하다
碇泊(정박), 宿泊(숙박), 漂泊(표박)⇒漂流(표류), 淡泊(담박)

拍 ①손뼉 칠 ②장단, 가락

拍手(박수) -喝采(갈채), 拍子(박자), 拍車(박차), 拍掌(박장) -大笑(대소)

粕 ①지게미 ②깻묵

糟粕(조박)⇒찌꺼기, 大豆粕(대두박)⇒콩깻묵, 酒粕(주박)⇒지게미

迫 핍박할, 다가올

逼迫(핍박), 迫頭(박두)⇒迫近(박근), 迫力(박력), 迫切(박절), 迫害(박해), 迫眞(박진) -感(감), 促迫(촉박), 切迫(절박), 脅迫(협박)

舶 큰 배, 배

船舶(선박), 舶用(박용), 舶趠風(박초풍), 舶來品(박래품)⇒輸入品(수입품)

반

半 반, 절반, 가운데

半月(반월)⇒반달, 半世紀(반세기), 半子(반자), 半信半疑(반신반의), 半島(반도) 韓(한)-

畔 ①물가 ②밭두둑, 논두렁

湖畔(호반) -의 別莊(별장), 畦畔(휴반)⇒밭두둑, 畔路(반로)

絆 ①얽을, 옭아맬 ②줄, 끈

羈絆(기반)⇒羈縻(기미), 絆緣(반연), 絆瘡膏(반창고)

胖 ①살찔, 클 ②넉넉할, 편안할

胖大(반대)→肥大(비대), 心廣體胖(심광체반)

伴 ①짝, 동무 ②따를, 따라갈

伴侶(반려), 伴奏(반주) 피아노-, 伴直(반직), 伴寢(반침)⇒同宿(동숙), 同伴(동반), 隨伴(수반)

反 ①돌이킬 ②되풀이할(㉠반) ③뒤집다(㉡번)

反省(반성), 反對(반대), 反復(반복), 謀反(叛)(모반), 反畓(번답), 反耕(번경)

叛 배반할≒反

背叛(反)(배반), 叛逆(반역), 謀叛(모반), 叛軍(반군), 離叛(反)(이반)

飯

①밥 ②먹다 ③기르다

飯囊(반낭), 飯饌(반찬)⇒副食(부식), 素飯(소반), 飯牛(반우), 朝飯(조반)

返

돌이킬

返戾(반려), 返還(반환), 返納(반납), 返信(반신), 返品(반품)

班

①나눌 ②반 ③돌릴 ④양반 ⑤얼룩≒斑

班給(반급), 班長(반장), 班師(반사)⇒回軍(회군), 兩班(양반), 班常(반상), 東班(동반)↔西班(서반)

斑

얼룩질

斑點(반점)⇒얼룩점, 斑白(반백)⇒半白(반백), 斑駁(반박) -之歎(지탄), 斑髮(반발)

般

①일반 ②돌, 돌릴

一般(일반)→全般(전반)→普遍(보편), 般若(반야) -心經(심경), 萬般(만반)→諸般(제반)

搬

운반할, 옮길

運搬(운반) -船(선), 搬出(반출)↔搬入(반입), 搬移(반이)

盤

①쟁반 ②받침, 바탕 ③큰 돌≒磐

小盤(소반), 基盤(기반) 經濟的(경제적) -, 盤(磐)石(반석), 盤溪曲徑(반계곡경), 圓盤(원반) -던지기, 落盤(磐)(낙반), 岩盤(암반)

攀

휘어잡을, 당길

登攀(등반), 攀緣(반연) -植物(식물), 攀桂(반계)

礬

백반, 명반

礬石(반석)⇒白礬(백반)⇒明礬(명반), 礬紅(반홍)

발

拔

①뺄, 뽑아낼 ②빼어날

拔本(발본) -塞源(색원), 拔群(발군), 選拔(선발) 選手(선수)-, 拔萃(발췌), 拔擢(발탁)

跋

①밟을, 걸을 ②사나울 ③발문

跋涉(발섭), 跋扈(발호), 跋文(발문)⇒後記(후기)↔序文(서문)

勃 ①발끈할=浡 ②성할
勃起(발기), 勃(浡)然(발연) －大怒(대노), 勃勃(발발), 勃興(발흥) 民主主義의 －, 勃發(발발), 牛溲馬勃(우수마발)

渤 바다이름
渤海(발해)

發 ①필 ②쏠 ③일어날 ④들어낼 약 発
發達(발달), 發砲(발포) －命令(명령), 發生(발생), 發掘(발굴), 摘發(적발), 發明(발명), 發展(발전), 突發(돌발), 出發(출발)↔到着(도착), 啓發(계발) －教育(교육), 怒發大發(노발대발)

撥 ①다스릴 ②없앨 ③퉁길 ④채
撥亂(발란), 撥憫(발민), 反撥(반발), 撥木(발목), 擺撥(파발) －馬(마)

潑 ①물뿌릴 ②사나울 ③기세 성할
潑水(발수)⇒撒水(살수), 潑皮(발피)⇒건달, 活潑(활발), 潑剌(발랄)

醱 술괼
醱酵(발효) －食品(식품)/－菌(균)/－乳(유)

방

旁 ①곁≒傍 ②두루
旁(傍)註(방주), 旁求(방구), 旁支(방지), 旁通(방통)

傍 ①곁 ②의지할
傍觀(방관)⇒傍參(방참)/袖手(수수)－, 傍系(방계), 傍若無人(방약무인), 傍聽(방청) －席(석), 傍證(방증), 近傍(方)(근방)⇒近處(근처), 傍助(방조)

謗 헐뜯을, 욕할
誹謗(비방), 毁謗(훼방) －꾼, 謗議(방의), 謗訕(방산)

榜 ①패(牌), 방 ②배 저을 ③매질할
榜文(방문)⇒榜(방), 榜人(방인)⇒뱃사공, 榜笞(방태), 標榜(표방), 落榜(낙방)↔及第(급제), 紙榜(지방)

膀 오줌통
膀胱(방광) －炎(염)/－結石(결석)

滂 물 흐를, 비 퍼부을
滂沱(방타), 滂澤(방택), 滂沛(방패)

方 ①모, 네모 ②방향 ③곳 ④방법
方寸(방촌), 方向(방향), 近方(근방), 方法(방법), 方案(방안), 處方(처방)

芳 ①꽃다울 ②이름 빛날
芳年(방년), 芳名(방명) －錄(록), 芳草(방초) 綠陰(녹음)－, 芳香(방향)

房 방, 내실
煖房(난방), 茶房(다방), 廚房(주방)⇒부엌, 文房(문방) －具(구)

彷 ①거닐 ②비슷할 = 髣
彷徨(방황)→徘徊(배회), 彷彿(방불)⇒髣髴(방불)

坊 동네
坊坊曲曲(방방곡곡), 坊長(방장), 坊舍(방사), 坊內(방내) 洞內(동내)－

妨 ①방해할, 훼방할 ②거리낄
妨害(방해) 安眠(안면)－, 無妨(무방), 妨礙(방애) －物(물)

紡 잣을, 실 뽑을
紡績(방적) －機械(기계), 紡織(방직) －工業(공업), 紡錘(방추)

防 ①막을 ②둑, 방죽
防備(방비), 防諜(방첩) －部隊(부대), 堤防(제방)⇒둑, 방죽, 消防(소방), 豫防(예방), 防衛(방위), 防止(방지), 國防(국방)

訪 ①찾을, 뵈올 ②널리 물을
訪問(방문) 家庭(가정)－, 探訪(탐방) －記(기), 來訪(내방), 尋訪(심방)

肪 기름
脂肪(지방), 松肪(송방)⇒松脂(송지)⇒松津(송진)

枋 박달나무
中枋(중방)⇒中人枋(중인방), 枋底(방저)⇒방 밑

放

①놓을 ②내쫓을 ③방자할 ④내버려둘

放心(방심)⇒釋慮(석려), 追放(추방), 放蕩(방탕), 放任(방임), 放射(방사) －能(능), 放火(방화)↔消火(소화), 放言(방언), 放送(방송) －局(국)

倣

본받을

模倣(모방)↔創造(창조), 倣似(방사), 倣效(방효)

배

倍

①곱, 갑절 ②더할

百倍(백배) －萬倍(만배), 倍加(배가), 倍騰(배등), 倍前(배전), 倍達民族(배달민족)

培

북돋을, 가꿀

栽培(재배) 人蔘(인삼)－, 培養(배양), 肥培(비배) －管理(관리), 培植(배식)

陪

①도울, 따를, 모실 ②거듭할, 더할

陪審(배심) －員(원)/－裁判(재판), 陪席(배석), 陪賓(배빈), 陪星(배성)⇒衛星(위성), 陪行(배행)

賠

배상할, 물어줄

賠償(배상) 損害(손해)－/－金(금), 賠還(배환)→償還(상환)

俳

①광대, 배우 ②배회할

俳優(배우)⇒광대, 俳諧(배해)⇒弄談(농담)↔眞談(진담), 俳詼(배회)

徘

어정거릴, 거닐

徘徊(배회)⇒遲徊(지회)/－顧眄(고면)/밤거리를 －하다

排

①물리칠 ②밀어낼 ③벌릴

排斥(배척)⇒擯斥(빈척), 排泄(배설)⇒排出(배출), 按排(안배), 排球(배구) －競技(경기)

輩

①무리, 동배 ②떼지을

同輩(동배)⇒同流(동류), 先輩(선배)↔後輩(후배), 輩出(배출) 人材(인재)－

背

①등 ②등질 ③어길

背景(배경), 背水陣(배수진), 背叛(배반), 背信(배신), 背囊(배낭)

褙

①속옷, 배자 ②표구할

褙子(배자), 塗褙(도배) −紙(지), 褙接(배접)

백

白

①희다 ②깨끗할 ③밝다 ④없다

白眉(백미), 靑白(청백), 潔白(결백), 明白(명백), 告白(고백), 餘白(여백)⇒空白(공백)

百

①일백(100) ②많을

百世(백세), 百事(백사)⇒萬事(만사), 百發百中(백발백중), 百姓(백성), 百穀(백곡), 百歲(백세), 百科(백과) −事典(사전), 百年偕老(백년해로)

伯

①맏 ②우두머리 ③으뜸

伯兄(백형)⇒맏형, 畫伯(화백), 道伯(도백), 伯仲(백중) −叔季(숙계), 伯父(백부)

帛

①비단 ②폐백

帛書(백서), 帛絲(백사)⇒명주실, 帛巾(백건)⇒비단, 絹織物(견직물), 幣帛(폐백)

柏

잣나무≒栢

松柏(송백)⇒소나무와 잣나무/−之節(지절), 柏葉壽(백엽수), 冬柏(동백)

魄

①넋, 혼(㉠백) ②영락할(㉡탁)

魂魄(혼백)⇒넋, 魂飛魄散(혼비백산), 落魄(낙탁)

번

番

①차례 ②번 ③횟수

番號(번호), 順番(순번), 番地(번지), 當番(당번), 輪番(윤번), 番次(번차)

蕃

①무성할, 번성할 ②울타리 ③오랑캐

蕃盛(번성)⇒繁茂(번무), 蕃屛(번병), 蕃人(번인), 蕃(繁)昌(번창), 蕃國(번국)

藩

①울타리 ②지키다

藩籬(번리)⇒울타리, 藩國(번국), 藩屛(번병), 藩車(번거)⇒덮개가 있는 수레

幡

①기, 표기 ②나부끼다

幡旗(번기), 幡然(번연) －開悟(개오), 幡幟(번치)⇒旗幟(기치)

燔

구울, 지지다

燔肉(번육)⇒구운 고기, 燔造(번조), 燔土(번토), 燔灼(번작), 燔師(번사)

翻

①날다 ②뒤집다 = 反(번) ③번역 = 飜(번)

翻覆(번복), 翻意(번의), (翻)飜譯(번역), 翻雲覆雨(번운복우)

벌

伐

①칠, 공격할 ②벨 ③훈공

征伐(정벌), 討伐(토벌), 盜伐(도벌), 伐草(벌초), 不伐不德(불벌부덕)

筏

떼, 뗏목

筏夫(벌부), 筏舫(벌방)⇒뗏목, 船筏(선벌)

閥

①가문, 문벌 ②무리

門閥(문벌), 財閥(재벌), 派閥(파벌), 學閥(학벌), 閥族(벌족)

범

凡

①무릇 ②대강 ③평범할 ④모두

大凡(대범)⇒무릇, 凡例(범례), 平凡(평범)↔非凡(비범), 凡事(범사), 凡人(범인)

帆

돛

帆船(범선)⇒돛단배, 出帆(출범)⇒出港(출항), 帆檣(범장)⇒돛대

汎

①뜰, 띄울 ②넓을 = 氾 · 泛

汎(泛)舟(범주), 汎愛(범애)⇒博愛(박애), 汎(氾 · 泛)論(범론), 汎稱(범칭), 汎(氾)濫(범람) 外來品(외래품)－

梵

범어, 중의 글

梵語(범어), 梵鐘(범종), 梵閣(범각), 梵音(범음)⇒梵語(범어)

氾

①넘칠 ②뜰 ③넓을 = 汎 · 泛

氾(汎)濫(범람), 氾溢(범일), 氾然(범연), 氾(汎, 泛)論(범론)

犯

①범할 ②죄, 죄인

侵犯(침범), 犯罪(범죄), 犯人(범인), 犯法(범법) －者(자), 共犯(공범)

範

①법, 틀, 본보기 ②한계, 범위

模範(모범), 範圍(범위), 示範(시범), 規範(규범), 範疇(범주)

벽

辟

①물리칠 ②임금 ③부를(㉠벽) ④피할(㉡피 ≒ 避)

辟邪(벽사) －文(문), 辟王(벽왕)⇒임금, 辟召(벽소), 辟歷(벽력)⇒벼락, 霹靂(벽력), 辟世(피세)⇒避世(피세), 辟忌(피기)⇒忌避(기피)

壁

①벽, 담 ②진터

壁畵(벽화), 壁報(벽보) －板(판), 壁壘(벽루)⇒城砦(성채), 岸壁(안벽), 塗壁(도벽), 岩壁(암벽)

璧

둥근 옥

璧侑(벽유), 璧月(벽월), 完璧(완벽), 雙璧(쌍벽)⇒聯璧(연벽)

劈

쪼갤

劈頭(벽두) 新年(신년)－, 劈開(벽개)↔裂開(열개), 劈鍊(벽련)→뗏목, 劈碎(벽쇄)

甓

벽돌

甓瓦(벽와)⇒벽돌, 塼(甎)甓(전벽)⇒벽돌로 쌓은 벽

僻

①궁벽할 ②치우칠(㉠벽) ③성가퀴(㉡피)

僻村(벽촌)→僻邑(벽읍), 僻地(벽지) 山間(산간)－, 僻見(벽견), 僻倪(피예)⇒성가퀴, 偏僻(편벽), 窮僻(궁벽)

癖

①버릇 ②오래된 병

潔癖(결벽)→性癖(성벽), 癖痼(벽고)⇒痼疾(고질), 酒癖(주벽), 盜癖(도벽)

霹

벼락

霹靂(벽력)⇒벼락/雷聲(뇌성)－, 霹棗木(벽조목), 靑天霹靂(청천벽력)

闢

①열 ②물리칠, 피할

開闢(개벽) 天地(천지)－, 闢土(벽토) －拓地(척지), 闢邪(벽사)

변

辨

분별할≒辯, 辧

辨別(변별)⇒識別(식별), 辨(辯)明(변명)⇒辨白(변백), 辨償(변상)⇒辨濟(변제)⇒辦償(판상)

辯

①말 잘할 ②따질 ③판별할≒辨

辯士(변사), 辯論(변론), 辯護(변호) －士(사), 達辯(달변)↔訥辯(눌변)

辮

땋을, 엮을

辮髮(변발)⇒編髮(편발)

병

丙

남녘, 셋째 천간

丙子(병자) －年(년)/－胡亂(호란), 丙寅洋擾(병인양요), 丙夜(병야)⇒三更(삼경)

柄

①자루 ②권세

斗柄(두병), 身柄(신병) －引渡(인도), 葉柄(엽병)⇒잎자루, 柄用(병용), 權柄(권병)

病

①병들 ②근심할 ③흠

病患(병환), 病原(병원), 病院(병원), 疾病(질병), 病死(병사), 身病(신병)

倂

①아우를 ②나란할＝竝(並)

合倂(합병), 倂(竝)用(병용), 倂呑(병탄), 倂科(병과), 倂發(병발)

屛

①병풍 ②울타리, 겁낼 ③물리칠 약屏

屛風(병풍), 屛氣(병기)→屛息(병식), 屛黜(병출), 屛去(병거)

甁

병, 항아리

花甁(화병)⇒꽃병, 酒甁(주병), 甁花(병화)⇒화병에 꽂은 꽃

餠

떡

麥餠(맥병), 煎餠(전병)⇒부꾸미, 畫中之餠(화중지병)⇒그림의 떡

迸

내뿜을, 솟아나올 ㊌迸

迸水(병수), 迸走(병주), 迸出(병출), 迸沫(병말)

보

補

①기울 ②도울 ③임관할

補充(보충)⇒補塡(보전), 補藥(보약), 補職(보직), 補給(보급) －品(품), 補助(보조), 補償(보상) 被害(피해)－

輔

도울

輔弼(보필), 輔(補)佐(보좌) －官(관), 輔導(보도)⇒輔翼(보익)

普

넓을, 두루

普通(보통)↔特別(특별), 普遍(보편) －妥當性(타당성), 普及(보급), 普施(보시)

譜

①계보 ②악보

系譜(계보), 族譜(족보)⇒家譜(가보), 樂譜(악보), 譜表(보표)

保

①보호할, 지킬 ②책임질 ③도울

安保(안보), 保護(보호) －者(자), 保證(보증), 保管(보관), 保姆(보모), 保留(보류)

堡

작은 성, 보루

堡壘(보루)⇒堡砦(보채), 堡礁(보초), 城堡(성보), 橋頭堡(교두보)

褓

①포대기 ②보, 보자기

襁褓(강보)⇒포대기, 褓子(보자)⇒보자기, 褓負商(보부상)

복

復

①회복할 ②아뢸 ③되풀이할(㉠복) ④다시(㉡부)

回復(회복), 復命(복명), 復讐(복수) －戰(전), 復活(부활) －節(절), 復興(부흥), 往復(왕복), 反復(반복), 克復(극복), 復習(복습)

腹 ①배 ②마음
腹痛(복통), 同腹(동복)↔異腹(이복), 腹案(복안), 心腹(심복) -部下(부하)

複 ①겹칠, 복수 ②복도
複數(복수)↔單數(단수), 複利(복리), 複寫(복사), 複雜(복잡)↔簡單(간단), 複製(복제), 重複(중복), 複道(복도)⇒廊下(낭하)

覆 ①엎을, 뒤집을 ②되풀이할 ③덮을
顚覆(전복) 列車(열차)-, 反覆(반복) -無常(무상), 覆蓋(복개) -工事(공사), 覆面(복면), 覆水不收(복수불수), 覆審(복심)⇒再審(재심), 翻(飜)覆(번복)

봉

奉 받들
奉事(봉사) -活動(활동), 奉養(봉양), 奉送(봉송) 聖火(성화)-, 信奉(신봉)

俸 봉급, 급료
俸給(봉급)⇒給料(급료), 俸祿(봉록), 薄俸(박봉), 減俸(감봉)

捧 받들
捧納(봉납)⇒捧上(봉상), 捧讀(봉독), 捧招(봉초), 捧腹絶倒(봉복절도)⇒抱腹絶倒(포복절도)

棒 ①몽둥이 ②칠
棍棒(곤봉) -體操(체조), 鐵棒(철봉), 痛棒(통봉), 棒高跳(봉고도)⇒장대높이뛰기

峯 봉우리 = 峰
峯(峰)頂(봉정)⇒峰頭(봉두), 高峯(고봉) -峻嶺(준령), 峯巒(봉만), 雲峯(운봉)

烽 봉화 = 熢
烽火(봉화)⇒烽燧(봉수)/-臺(대)⇒烽臺(봉대)⇒봉홧둑

蜂 벌
蜂蝶(봉접)⇒벌과 나비, 蜂起(봉기) 群衆(군중)-, 蜂蟻(봉의) -君臣(군신), 蜂蜜(봉밀)⇒벌꿀

鋒 ①칼날 ②선봉 ③뾰족할
鋒刃(봉인)⇒칼날, 先鋒(선봉) -將(장), 銳鋒(예봉), 筆鋒(필봉), 鍼鋒(침봉)

逢

만날

相逢(상봉)⇒서로 만남, 逢着(봉착) 危機(위기)－, 逢辱(봉욕), 遭逢(조봉)⇒遭遇(조우), 逢變(봉변)

蓬

①쑥 ②무성하다 ③흩어진 모양

蓬門(봉문), 蓬勃(봉발), 蓬頭亂髮(봉두난발) ㊟ 蓬髮(봉발)

縫

꿰맬

縫合(봉합) －手術(수술), 裁縫(재봉), 彌縫(미봉) －策(책), 假縫(가봉)

부

不

①아니다, 못할, 없을(㉠불) ②아닐(㉡부)

不可(불가), 不能(불능), 不撓不屈(불요불굴), 不正(부정), 不定(부정), 不得已(부득이)

否

①아니다, 아닐↔可(가)(㉠부) ②막힐, 괘 이름(㉡비)

否定(부정)↔肯定(긍정), 否認(부인)↔是認(시인), 否塞(비색), 否運(비운), 否決(부결)↔可決(가결)

抔

움큼, 움켜쥐다

抔飮(부음), 抔土(부토)⇒무덤

剖

쪼갤, 가를

解剖(해부) －標本(표본), 剖析(부석), 剖折(부절), 剖判(부판), 剖棺斬屍(부관참시)

部

①떼, 무리 ②구분 ③거느릴

部落(부락), 部隊(부대), 部下(부하), 部分(부분), 部署(부서), 部處(부처), 一部(일부)

富

①넉넉할 ②부자

富强(부강), 富貴(부귀), 富裕(부유), 貧富(빈부), 豊富(풍부)

副

①버금, 다음 ②머리꾸미개

副食(부식), 副作用(부작용), 副官(부관), 副産物(부산물), 副笄(부계)

付

①줄 ②청할, 부탁할 ③붙이다≒附

交付(교부), 付託(부탁), 給付(급부), 當付(당부), 送付(송부), 納付(납부) －金(금), 貼付(附)(첩부)

吩

분부할

吩咐(분부)⇒分付(분부), 咐囑(부촉)

拊

①어루만질 ②두드리다

拊育(부육)⇒撫育(무육), 拊手(부수), 搏拊(박부), 慰拊(위부)

附

①붙을≒付 ②가깝다

附加(부가)⇒添加(첨가), 附近(부근), 附記(부기), 附錄(부록), 附屬(부속), 附和雷同(부화뇌동), 牽强附會(견강부회), 阿附(아부)⇒阿諂(아첨), 附(付)着(부착)

符

①증거 ②부호 ③부적

符信(부신)⇒證據(증거), 符號(부호)⇒記號(기호), 符合(부합)⇒契合(계합), 符籍(부적), 音符(음부), 相符(상부) 名實(명실)－

府

①마을, 관청 ②창고

政府(정부) 行(행)－, 府庫(부고), 府君(부군), 府院君(부원군), 府夫人(부부인)

俯

구부릴↔仰(앙)

俯瞰(부감), 俯仰(부앙) －無愧(무괴)/－天地(천지), 俯拜(부배), 俯察(부찰)

腑

장부(臟腑), 육부

五臟六腑(오장육부), 臟腑(장부), 肺腑(폐부)

腐

①썩을 ②고심할 ③낡을

腐敗(부패) 不正(부정)－, 腐心(부심), 腐蝕(부식), 陳腐(진부), 豆腐(두부), 腐刻(부각)⇒蝕刻(식각)

俘

사로잡을, 포로

俘虜(부로)⇒捕虜(포로), 俘馘(부괵), 囚俘(수부)

浮

①뜰↔沈(침) ②떠다닐 ③가벼울, 들뜰 ④덧없을

浮力(부력), 浮浪(부랑) －輩(배), 浮薄(부박), 浮生(부생)

孵

①알 깔 ②자랄

孵卵(부란), 孵化(부화)

父

①아비, 어르신네 ②받들다

父母(부모), 祖父(조부), 父子有親(부자유친), 伯父(백부), 叔父(숙부)

斧
도끼

斧柯(부가)⇒①도끼자루 ②政權(정권), 鬼斧(귀부), 斧鉞(부월)

釜
가마솥

釜中魚(부중어), 釜中生魚(부중생어), 釜鼎器(부정기)⇒釜鼎之屬(부정지속)

傅
①스승 ②도울 ③붙을≒附

師傅(사부)⇒스승, 傅佐(부좌), 傅育(부육), 傅(附)會(부회) 牽强(견강)－, 木石難傅(목석난부)

賻
부의, 부조할

賻儀(부의)⇒香料(향료)⇒香奠(향전), 賻助金(부조금)

簿
장부, 문서

帳簿(장부), 簿記(부기), 名簿(명부), 原簿(원부)⇒元帳(원장), 公簿(공부)

敷
펼, 베풀

敷設(부설) ∴附設(부설)과 다름, 敷衍(부연), 敷地(부지), 敷土(부토)

夫
①사내 ②남편 ③인부 ④어조사

丈夫(장부) －一言重千金(일언중천금), 漁夫(어부), 人夫(인부)

芙
연꽃

芙蓉(부용)⇒연꽃/－姿(자)/－帳(장)/－香(향)

扶
도울, 부축할

扶助(부조), 扶腋(부액), 扶養(부양), 相扶(상부) －相助(상조)

趺
①책상다리할 ②발등

趺坐(부좌)⇒結跏趺坐(결가부좌), 趺骨(부골), 石趺(석부)

仆
엎드릴, 자빠질

仆伏(부복), 仆斃(부폐)⇒斃死(폐사), 仆倒(부도)⇒쓰러짐

訃
부고, 부고낼

訃告(부고)⇒訃音(부음), 告訃(고부), 訃聞(부문), 訃報(부보)

赴 ①다다를 ②이르다
赴任(부임), 赴告(부고)⇒訃告(부고), 赴援(부원)

분

奔 ①달아날 ②패할 ③달릴, 분주할
奔北(분배), 奔忙(분망), 東奔西走(동분서주), 奔走(분주), 奔放(분방) 自由(자유)－

噴 뿜을
噴火(분화) －山(산)⇒活火山(활화산), 噴出(분출) －口(구), 噴飯(분반), 噴霧(분무) －器(기)

墳 봉분, 무덤
墳墓(분묘)⇒무덤→封墳(봉분), 古墳(고분)⇒옛무덤, 墳土(분토)

憤 분할, 성낼
憤慨(분개)→憤激(분격)→憤(忿)怒(분노), 悲憤(비분) －慷慨(강개), 憤痛(분통)

濆 ①물 솟을 ②뿜을
濆水(분수) －臺(대)/－器(기), 濆泉(분천)⇒飛泉(비천)

分 ①나눌 ②구별할 ③단위 ④신분
分斷(분단) 南北(남북)－, 分別(분별), 五十分(50분), 分明(분명)⇒明白(명백), 身分(신분)

扮 꾸밀
扮裝(분장), 扮飾(분식)⇒몸치장

粉 ①가루 ②분, 분 바를 ③희다
粉末(분말)⇒가루, 粉匣(분갑), 粉壁紗窓(분벽사창), 粉碎(분쇄), 粉乳(분유), 粉筆(분필), 粉骨碎身(분골쇄신), 粉食(분식), 粉飾(분식) －會計(회계)/－決算(결산)

紛 어지러울, 엉클어질
紛紛(분분) 意見(의견)이 －하다, 紛糾(분규), 紛亂(분란)⇒紛擾(분요), 紛爭(분쟁), 紛失(분실)↔拾得(습득)

吩 분부할
吩咐(분부)⇒分付(분부)

忿

분할, 성낼

忿(憤)怒(분노), 激忿(격분)⇒激怒(격노), 忿恨(분한), 忿(憤)懣(분만)

盆

동이

花盆(화분), 盆地(분지), 盆栽(분재), 盆臺(분대)⇒화분받침

雰

①안개 ②눈이 날림

雰圍氣(분위기), 雰雰(분분), 雰虹(분홍)⇒무지개

불

佛

①부처 ②프랑스의 약칭 약 仏

佛敎(불교), 佛經(불경), 念佛(염불), 佛語(불어), 佛殿(불전)⇒佛堂(불당), 佛譯(불역), 佛式(불식)

拂

①씻을 ②거스를 ③치를

拂拭(불식), 拂曉(불효)⇒새벽, 支拂(지불)⇒支給(지급), 拂逆(불역), 拂入(불입), 拂下(불하) 國有地(국유지)-

彿

비슷할

彷彿(방불)⇒髣髴(방불)→恰似(흡사)

沸

①끓을(㉠비) ②물이 용솟을 칠(㉡불)

沸騰(비등) -點(점)↔氷點(빙점), 沸湯(비탕), 煮沸(자비), 沸石(불석), 沸乎(불호), 沸水(불수)

弗

①아닐≒不 ②어길 ③달러(dollar)

弗豫(불예), 弗素(불소)⇒플루오르, 弗貨(불화)⇒美貨(미화), dollar

붕

朋

①벗 ②무리

朋友(붕우)⇒親舊(친구)⇒벗, 朋黨(붕당)⇒黨(당), 朋輩(붕배), 朋友有信(붕우유신)

崩

①무너질 ②임금 죽을

崩壞(붕괴)⇒崩潰(붕궤), 土崩瓦解(토붕와해), 崩御(붕어)⇒晏駕(안가)

棚 ①선반, 시렁 ②비계, 잔도
棚棧(붕잔)⇒飛階(비계)⇒棧道(잔도), 大陸棚(대륙붕), 書棚(서붕)

鵬 붕새
鵬翼(붕익), 鵬程(붕정) －萬里(만리), 鵬圖(붕도)

硼 ①붕사 ②돌(이름)
硼砂(붕사), 硼酸(붕산) －水(수), 硼素(붕소)

비

匕 ①비수 ②숟가락
匕首(비수), 匕箸(비저)⇒숟가락과 젓가락

比 ①견줄 ②비례 ③무리 ④나란히 할
比較(비교)⇒比量(비량), 比例(비례) －代表(대표), 比倫(비륜)⇒比類(비류), 櫛比(즐비)

庇 덮을, 감쌀
庇護(비호), 庇佑(비우)→保護(보호), 庇蔭(비음)⇒蔭德(음덕)

批 ①비평할 ②손으로 칠 ③비답 내릴
批判(비판), 批評(비평), 批頰(비협), 批准(비준), 批正(비정)

毗 도울 = 毘
荼毗(毘)(다비)⇒火葬(화장)※불교, 毗益(비익)⇒補益(보익)

毖 ①삼갈 ②수고롭다
懲毖(징비) －錄(록), 毖湧(비용), 敦毖(돈비), 深毖(심비)

秕 ①쭉정이≒粃 ②더러울
秕(粃)糠(비강), 秕政(비정)⇒惡政(악정)

妣 죽은 어미↔考(고)
先妣(선비)↔先考(선고), 顯妣(현비)↔顯考(현고), 考妣(고비)

卑

①낮을, 천할 ②나라이름

卑賤(비천)↔尊貴(존귀), 卑怯(비겁), 卑屈(비굴), 鮮卑(선비), 卑近(비근) −한 例(예), 卑下(비하)

碑

비석

碑石(비석), 記念碑(기념비), 碑銘(비명), 口碑(구비) −文學(문학)

脾

자라, 비위

脾胃(비위) −難定(난정), 脾臟(비장)

婢

①계집종 ②여자가 자기를 낮추어 일컫는 말

婢僕(비복)⇒婢女(비녀)와 奴僕(노복)⇒奴婢(노비), 婢子(비자)

裨

도울, 더할

裨補(비보)⇒補裨(보비), 裨益(비익)⇒補益(보익), 裨將(비장)⇒幕僚(막료)

髀

넓적다리, 대퇴골

髀骨(비골)⇒넓적다리뼈⇒大腿骨(대퇴골)→腓骨(비골)⇒종아리뼈, 髀肉之嘆(비육지탄)

非

①아닐 ②어긋날 ③꾸짖을

非凡(비범)↔平凡(평범), 非行(비행)↔善行(선행), 非難(비난), 非但(비단)⇒다만, 非非(비비) 是是(시시)− 준 是非(시비), 非常(비상), 非一非再(비일비재), 非正(비정)

菲

①엷을 ②꽃다울

菲才(비재) 淺學(천학)−, 菲菲(비비), 菲食(비식), 菲德(비덕)

緋

붉은빛, 붉은빛 비단

緋衲(비납), 緋緞(비단)⇒絹織物(견직물), 緋玉(비옥)

悲

슬플, 슬퍼할

悲觀(비관)↔樂觀(낙관), 悲憤(비분) −慷慨(강개), 悲哀(비애), 慈悲(자비), 悲壯(비장) −한 覺悟(각오)

蜚

①바퀴, 벼메뚜기 ②날다≒飛

蜚蠊(비렴)⇒바퀴, 蜚(飛)騰(비등), 蜚語(비어) 流言(유언)−

誹

비방할, 그르다 할

誹謗(비방)⇒訕謗(산방), 腹誹(복비), 誹笑(비소), 誹毁(비훼)

扉 문짝, 사립문
柴扉(시비)⇒사립문, 扉戶(비호)⇒문짝, 竹扉(죽비)⇒대로 엮어 만든 사립문

匪 ①비적 ②아닐≒非(㉠비) ③나눌(㉡분)
匪賊(비적), 匪魁(비괴), 匪他(비타), 匪頒(분반)

泌 분비할
分泌(분비) 호르몬 −, 泌尿器(비뇨기) −科(과)

秘 숨길, 비밀, 신비로울 ㊍祕
秘密(비밀), 神秘(신비), 秘訣(비결) 土亭(토정)−, 秘方(비방)

臂 팔, 팔뚝
臂力(비력), 臂膊(비박)⇒팔뚝, 臂不外曲(비불외곡), 臂環(비환)⇒팔찌

譬 ①비유할 ②깨우칠
譬(比)喩(비유), 譬諭(비유), 證譬(증비)

빈

頻 자주
頻度(빈도), 頻繁(煩)(빈번)⇒頻數(빈삭), 頻出(빈출), 頻發(빈발), 頻脈(빈맥)⇒速脈(속맥)

瀕 ①물가 ②다가올, 임박할
瀕海(빈해)⇒沿海(연해), 瀕死(빈사), 沙瀕(사빈)

嚬 찡그릴 ≒ 顰
嚬蹙(빈축), 嚬笑(빈소), 嚬呻(빈신), 顰(嚬)眉(빈미)⇒눈썹을 찡그리는 모양

賓 ①손님 ②공경할 ③복종할
賓客(빈객), 貴賓(귀빈), 來賓(내빈) −祝辭(축사), 賓服(빈복)

嬪 ①궁녀 ②아내
嬪宮(빈궁)⇒世子嬪(세자빈), 妃嬪(비빈), 嬪儷(빈려)⇒夫婦(부부)

濱

①물가≒瀕 ②다가올 약 浜

海濱(해빈)⇒海邊(해변)⇒瀕海(빈해), 濱涯(빈애)⇒물가, 바닷가

擯

①물리칠, 버릴 ②손님 맞을

擯斥(빈척), 擯相(빈상), 擯不與言(빈불여언)

殯

빈소

殯所(빈소)→發靷(발인) 때까지 棺(관)을 놓아두는 방, 殯禮(빈례)⇒葬禮(장례)

빙

馮

①탈, 오를 ②걸어 건널 ③업신여길(㉠빙) ④성(姓)(㉡풍)

馮虛(빙허), 馮河(빙하), 馮陵(빙릉), 馮據(빙거), 馮夷(풍이)

憑

①의지할, 빙자할 ②증거, 증빙

憑據(빙거), 憑藉(빙자), 證憑(증빙) -書類(서류)⇒文憑(문빙)

騁

①달리다 ②펴다

馳騁(치빙), 騁志(빙지), 騁觀(빙관)⇒騁望(빙망), 騁能(빙능)

聘

①부를, 초빙할 ②장가들, 처가

招聘(초빙), 聘母(빙모)⇒丈母(장모)↔聘父(빙부), 聘問(빙문)

사

社

①모일 ②토지신(地神)

社會(사회) -生活(생활), 會社(회사), 社稷(사직), 社交(사교), 社債(사채)

祀

제사

祭祀(제사), 祀天(사천), 奉祀(봉사), 從祀(종사)⇒配享(배향)

祠

①사당 ②제사 지낼

祠壇(사단)⇒祭壇(제단), 祠堂(사당)⇒祠宇(사우) 家廟(가묘)

士
①선비 ②벼슬 ③자격 ④군사
士林(사림)⇒儒林(유림), 士大夫(사대부), 博士(박사), 兵士(병사), 壯士(장사)

仕
①벼슬 ②섬길
仕官(사관), 奉仕(봉사), 進仕(진사), 出仕(출사), 致仕(치사)

寺
①절(㉠사) ②내시≒侍(㉡시)
寺刹(사찰), 寺院(사원), 寺人(시인)⇒內侍(내시) 宦官(환관)

射
①쏠(㉠사) ②맞힐(㉡석) ③벼슬이름(㉢야) ④싫어할(㉣역)
射擊(사격), 射倖(사행), 射中(석중), 射殺(석살), 僕射(복야), 無射(무역)

謝
①사례할 ②빌, 사죄할 ③사절할
謝恩(사은) -會(회), 謝過(사과), 謝絶(사절), 感謝(감사), 謝罪(사죄), 謝禮(사례), 謝意(사의), 謝肉祭(사육제)

沙
①모래=砂 ②일(물속에 있는 것을 흔들어서 가리는 일)
沙(砂)漠(사막) 사하라-, 白沙(砂)(백사) -場(장), 沙汰(사태) 洪水(홍수)-, 沙器(사기) 粉靑(분청)-, 沙鉢(사발)

砂
①모래=沙 ②약 이름
砂(沙)漠(사막), 砂金(사금), 砂糖(사탕), 朱砂(주사)⇒丹砂(단사)

紗
깁(발이 성긴 얇은 비단)
羅紗(나사), 甲紗(갑사), 紗帽(사모) -冠帶(관대), 網紗(망사)

莎
향부자
莎草(사초), 莎鷄(사계), 莎城(사성), 莎根酒(사근주)

舍
①집 ②쉴, 놓을 ③버릴≒捨
舍宅(사택), 舍廊(사랑)↔內室(내실), 舍利(사리), 舍兄(사형)

捨
①버릴 ②베풀
取捨(취사) 選擇(선택), 喜捨(희사), 捨小取大(사소취대)↔小貪大失(소탐대실)

斜
기울, 비낄
斜陽(사양), 斜視(사시), 斜面(사면)⇒비탈, 傾斜(경사), 斜角(사각) -筋(근)

寫 ①베낄 ②사진
寫本(사본)↔原本(원본), 寫生(사생), 寫眞(사진), 複寫(복사), 謄寫(등사)

瀉 ①토할, 쏟다 ②설사하다
吐瀉(토사)⇒上吐下瀉(상토하사), 泄瀉(설사), 瀉出(사출), 澤瀉(택사), 一瀉千里(일사천리)

司 ①맡을 ②벼슬
司會(사회), 上司(상사)⇒上官(상관), 司法府(사법부), 司書(사서)

伺 ①엿볼 ②묻다 ③기다릴
窺伺(규사), 伺察(사찰), 伺隙(사극), 伺候(사후)

祠 ①사당 ②제사 지낼
祠堂(사당)⇒家廟(가묘), 祠宇(사우), 祠壇(사단)⇒祭壇(제단)

詞 ①말 ②글 ③문장
品詞(품사), 詞林(사림), 歌詞(가사), 名詞(명사), 詞彩(사채)⇒詞華(사화), 詞壇(사단)⇒文壇(문단)

飼 먹일, 기를
飼料(사료), 飼育(사육)⇒飼養(사양), 放飼(방사)

嗣 ①이을, 계승할 ②익힐
後嗣(후사), 嗣子(사자), 嗣人(사인)⇒상속인, 嗣音(사음)

산

散 ①흩어질 ②한가로울 ③가루약 ④문체
解散(해산), 散在(산재), 散策(산책)→散步(산보), 散文(산문), 散藥(산약)

繖 일산, 우산
錦繖(금산), 繖形花序(산형화서), 雨繖(傘)(우산), 繖房花序(산방화서)

霰 싸락눈
霰彈(산탄), 霰雪(산설)⇒싸라기눈, 雨霰(우산) ∴雨傘(우산)과 다름

삼

參

①셋(㉠삼) ②참여할 ③살필, 참고할(㉡참) ㉯参

參拾(삼십)⇒30, 參加(참가), 參考(참고), 參席(참석), 參與(참여)

滲

물 스밀

滲水(삼수), 滲出(삼출), 滲透(삼투) -作用(작용)

蔘

삼, 인삼

人蔘(인삼), 山蔘(산삼), 蔘圃(삼포), 紅蔘(홍삼), 蔘茸(삼용)

상

牀

평상, 마루 ㉰床

平牀(평상), 寢牀(침상)⇒臥牀(와상), 牀上施牀(상상시상)

狀

①형상, 모양(㉠상) ②문서, 편지(㉡장)

狀態(상태), 狀況(상황), 賞狀(상장), 狀啓(장계), 狀元(장원) -及第(급제)

尙

①오히려, 아직 ②숭상할 ③높을

時機尙早(시기상조) ㉷ 尙早(상조), 崇尙(숭상), 高尙(고상), 尙存(상존), 尙今(상금)⇒지금까지, 아직도

常

①떳떳할 ②항상 ③보통 ④상사람

常理(상리), 恒常(항상), 經常(경상)↔臨時(임시), 常識(상식), 常民(상민), 常套(상투) -手段(수단), 無常(무상), 非常(비상), 常存(상존)

賞

①상줄 ②구경할

賞罰(상벌), 賞春(상춘), 鑑賞(감상), 褒賞(포상), 賞狀(상장)

償

갚을

償還(상환), 報償(보상), 求償(구상), 無償(무상), 損害賠償(손해배상)

裳

치마

衣裳(의상)⇒저고리와 치마, 옷, 紅裳(홍상)⇒붉은 치마

嘗

①맛볼 ②일찍

嘗膽(상담) 臥薪(와신)－, 歆嘗(흠상), 未嘗不(미상불)⇒아닌 게 아니라, 嘗糞(상분) －之徒(지도), 嘗味(상미)

相

①서로 ②볼 ③도울 ④모습

相互(상호)⇒互相(호상), 相逢(상봉), 觀相(관상), 相扶相助(상부상조), 樣相(양상), 相續(상속) －人(인), 人相(인상) －着衣(착의)

想

생각할

想念(상념), 想像(상상), 豫想(예상), 回想(회상), 瞑想(명상)

箱

상자

箱子(상자)⇒箱篋(상협)→箱匣(상갑)

霜

①서리 ②세월

雪上加霜(설상가상), 秋霜(추상), 星霜(성상) 十餘(십여)－⇒十餘年(십여년)

孀

과부

孀婦(상부)⇒寡婦(과부)⇒홀어미, 靑孀寡婦(청상과부) ㊟ 靑孀(청상)

傷

①상할 ②해칠 ③애태울, 근심할

傷處(상처), 傷害(상해) －致死(치사), 負傷(부상)⇒傷痍(상이), 傷心(상심)

殤

어려 죽을

殤死(상사)⇒夭死(요사), 三殤(삼상)⇒上中下殤(상중하상)

觴

술잔, 술잔 권할

稱觴(칭상)⇒獻壽(헌수), 侑觴(유상), 濫觴(남상)⇒起源(기원), 流觴曲水(유상곡수)

象

①코끼리 ②형상

象牙(상아), 現象(현상), 象徵(상징)⇒表象(표상), 抽象(추상)↔具象(구상)

像

①형상 ②본뜰

形象(像)(형상), 想像(상상), 實像(실상)↔虛像(허상), 佛像(불상), 幻像(환상)

祥

①상서로울 ②조짐 ③제사이름＝祥

祥瑞(상서)⇒吉兆(길조), 吉祥(길상), 大祥(대상)⇒大朞(대기)

詳 자세할, 상세할

詳細(상세), 昭詳(소상), 仔詳(자상), 詳察(상찰), 未詳(미상) 作者(작자)-

翔 날, 빙 돌아 날

飛翔(비상), 翔空(상공), 翔禽(상금), 雲翔(운상)

새

塞 ①변방 ②요새(㉠새) ③막을(㉡색)

塞翁之馬(새옹지마), 要塞(요새), 塞源(색원) 拔本(발본)-, 窒塞(질색)

賽 굿, 굿할

賽神(새신) -萬明(만명), 賽錢(새전), 賽馬(새마), 賭賽(도새)⇒도박

僿 ①잘다(㉠새) ②자질구레하다(㉡사)

僿說(사설, 새설), 星湖僿說(성호사설)

색

嗇 ①인색할 ②탐낼 ③곡식 거둘

吝嗇(인색), 嗇夫(색부)⇒농부, 庶民(서민), 節嗇(절색)

穡 ①거둘 ②아낄 ③농사

稼穡(가색)⇒농사, 穡夫(색부)→農夫(농부)

생

生 ①날, 낳을 ②살다 ③자랄 ④설다 ⑤싱싱할 ⑥백성

生産(생산), 生命(생명), 生長(생장), 生存(생존), 生活(생활), 死生(사생), 生民(생민)

牲 희생

犧牲(희생)⇒牲牢(생뢰), 牲犢(생독)

甥

①생질 ②사위 ③외손자
甥姪(생질), 外甥(외생), 舅甥(구생)

서

暑

더울
寒暑(한서), 避暑(피서) －客(객), 暑氣(서기)↔寒氣(한기)

署

①관청 ②맡다 ③대리할 ④서명할
官公署(관공서), 副署(부서), 署理(서리), 署名(서명) －捺印(날인), 支署(지서), 部署(부서)

薯

①마 ②감자
薯蕷(서여)⇒山芋(산우)⇒마, 馬鈴薯(마령서)⇒北甘薯(북감서), 薯童謠(서동요)

曙

새벽, 밝을
曙光(서광)⇒晨光(신광), 曙天(서천)⇒새벽하늘, 曙後星孤(서후성고)

緖

①실마리, 머리 ②나머지 ③찾다 ④줄, 계통
緖論(서론)⇒序言(서언)⇒머리말, 緖風(서풍), 端緖(단서), 緖戰(서전), 情緖(정서), 頭緖(두서)

序

①차례 ②질서 ③실마리
序列(서열), 秩序(질서), 序曲(서곡), 序幕(서막), 順序(순서), 序論(서론)⇒序文(서문)

抒

①펼, 토로하다 ②당기다
抒情(서정) －詩(시), 抒題(서제)⇒序言(서언)⇒머리말

舒

①펼 ②느리다
舒眉(서미), 舒慢(서만)⇒緩慢(완만), 舒暢(서창), 舒懷(서회)

誓

맹세할, 약속
盟誓(맹서→맹세), 誓約(서약), 宣誓(선서) －文(문), 誓詞(서사)

逝

갈, 죽을
逝去(서거)⇒別世(별세), 急逝(급서), 逝川(서천)⇒逝水(서수), 逝者(서자)

敍

①베풀 ②쓰다 ㊗ 叙

敍勳(서훈), 敍述(서술), 敍事(서사) -詩(시), 追敍(추서), 敍說(서설), 敍任(서임)

徐

천천히 할

徐行(서행), 緩徐(완서), 徐徐(서서) -히, 徐羅伐(서라벌)⇒신라

석

石

①돌 ②섬

石工(석공)⇒石手(석수), 萬石(만석) ※한섬은 열말, 石炭(석탄), 石器(석기), 礎石(초석)

碩

클

碩學(석학), 碩士(석사)⇒賢士(현사), 碩儒(석유)⇒大儒(대유)

晳

밝을 = 晰

明晳(명석) -한 頭腦(두뇌)

析

쪼갤, 풀

分析(분석)↔合成(합성)/原因(원인)-, 解析(해석) -學(학), 析出(석출), 析薪(석신)

淅

①쌀 일 ②비바람소리 ③쓸쓸할

淅米(석미)⇒인 쌀, 淅淅(석석), 淅然(석연)

蜥

도마뱀

蜥蜴(석척)⇒도마뱀⇒泉龍(천룡)

선

扇

부채

扇子(선자)⇒부채, 扇風機(선풍기), 扇錘(선추)⇒扇貂(선초), 扇狀地(선상지)

煽

부추길

煽動(선동)⇒煽揚(선양), 煽惑(선혹), 煽情(선정) -小說(소설)

線

줄, 금, 실

電線(전선), 線路(선로), 脫線(탈선), 曲線(곡선), 線縷(선루), 無線(무선) -電信(전신)

腺

분비샘, 땀구멍

腺毛(선모), 腺病(선병), 甲狀腺(갑상선), 汗腺(한선), 乳腺(유선)

善

①착할↔惡(악) ②좋을 ③친할 ④잘할 ⑤옳게 여길

善良(선량), 善策(선책), 善處(선처), 親善(친선), 善用(선용), 獨善(독선), 最善(최선), 善隣(선린), 善行(선행)

羨

①부러워할 ②나머지(㉠선) ③묘도(墓道)(㉡연)

羨望(선망), 羨餘(선여)⇒剩餘(잉여)⇒나머지, 羨慕(선모), 羨門(연문)

繕

기울, 다스릴, 수선하다

修繕(수선), 營繕(영선), 繕寫(선사), 補繕(보선)→修理(수리)

膳

①반찬, 음식 = 饍 ②올릴 ③선물

膳服(선복), 膳賜(선사), 膳物(선물), 饗膳(향선)

禪

①고요할, 좌선할 ②사양할, 양위할

參禪(참선)⇒座禪(좌선), 禪位(선위), 禪宗(선종), 禪師(선사)

蟬

매미

蟬聲(선성)⇒매미 우는 소리, 蟬脫(선탈), 蟬翼(선익) -紙(지)

單

①홑 ②다할, 다만 ③외로울(㉠단) ④오랑캐 임금(㉡선)

單一(단일), 單純(단순), 單身(단신), 名單(명단), 單于(선우)

설

泄

①샐 = 洩 ②설사(㉠설) ③흩어질(㉡예)

漏泄(洩)(누설), 泄瀉(설사), 夢泄(몽설), 泄泄(예예), 排泄(배설)⇒排出(배출)

渫

치울

浚渫(준설) -機(기)/-船(선), 淸渫(청설)

섬

纖

가늘

纖維(섬유) -工業(공업), 纖細(섬세), 纖纖(섬섬) -玉手(옥수), 纖月(섬월)

殲

몰살할

殲滅(섬멸) -作戰(작전), 殲撲(섬박)

譫

중얼거릴

譫語(섬어)⇒헛소리, 잠꼬대, 譫妄(섬망) 高熱(고열)로 -상태에 빠지다

贍

①넉넉할 ②도울

贍富(섬부)⇒贍足(섬족), 贍賑(섬진)⇒贍恤(섬휼)

蟾

①두꺼비 ②달

蟾光(섬광)⇒달빛, 月光(월광), 蟾宮(섬궁), 蟾兎(섬토)⇒달

성

姓

①성, 씨 ②백성

姓名(성명)⇒姓銜(성함)→尊銜(啣)(존함), 百姓(백성)⇒國民(국민)

性

①성품, 바탕 ②성(性)

性品(성품)⇒性格(성격), 異性(이성)↔同性(동성), 性別(성별)

星

①별 ②세월

星座(성좌)⇒星辰(성신), 星散(성산), 星宿(성수), 衛星(위성) 人工(인공)-, 彗星(혜성), 星霜(성상) 十餘(십여)-

腥

①비릴, 비린내 ②날고기

腥魚(성어)⇒生鮮(생선), 腥血(성혈), 腥臭(성취)⇒비린내, 腥風(성풍)

猩

성성이

猩猩(성성) -氈(전), 猩紅熱(성홍열)

醒

①술깰 ②잠깰 ③깨달을

醒酒湯(성주탕)⇒해장국, 醒睡(성수), 醒悟(성오), 覺醒(각성) −劑(제)

成

이룰, 될

成就(성취) 所願(소원)−, 成功(성공)↔失敗(실패), 贊成(찬성), 夙成(숙성)⇒早熟(조숙), 成績(성적) 學業(학업)−, 落成(낙성)⇒竣工(준공)↔着工(착공)

城

재, 성

城郭(성곽)⇒城(성), 城砦(성채), 城址(성지), 城下之盟(성하지맹), 都城(도성), 落城(낙성)

誠

정성, 진실

精誠(정성), 誠實(성실), 誠心(성심) −誠意(성의), 至誠(지성)

盛

①성할, 많을 ②담을

盛衰(성쇠), 旺盛(왕성), 盛饌(성찬) 珍羞(진수)−, 盛水不漏(성수불루)

세

世

①세상 ②세대 ③평생 ④때

世上(세상), 世相(세상), 世代(세대), 世系(세계), 與世推移(여세추이), 世界(세계)

貰

세낼, 세

傳貰(전세), 專貰(전세), 月貰(월세), 貰家(세가)⇒셋집⇒貸家(대가)

稅

①세금, 구실(㉠세) ②벗을, 풀(㉡탈)

稅金(세금), 納稅(납세), 稅制(세제), 稅衣(탈의)⇒脫衣(탈의)

說

①말씀, 언론(㉠설) ②달랠(㉡세) ③기쁠(㉢열)

說明(설명), 說話(설화), 遊說(유세), 說客(세객), 不亦說乎(불역열호)

소

召

부를

召集(소집) 非常(비상)−, 召喚(소환), 應召(응소), 召命(소명)

沼

늪, 못

沼澤(소택)⇒沼地(소지), 沼氣(소기)⇒메탄(methane), 湖沼(호소)⇒호수와 늪

紹

①이을, 계승할 ②소개할

紹述(소술), 紹介(소개) -狀(장), 紹絶(소절), 紹擯(소빈)

昭

밝을

昭明(소명), 昭詳(소상), 昭代(소대), 昭穆(소목), 昭雪(소설)

韶

아름다울

韶光(소광)⇒봄빛, 韶顔(소안)

疏

①성길 ②소통할=疎 ③상소할

親疏(疎)(친소), 疏漏(소루), 疏通(소통) 意思(의사)-, 上疏(상소), 疏(疎)忽(소홀), 疏外(소외), 疏遠(소원), 疏(疎)脫(소탈) -한 성격, 疏明(소명)

蔬

나물, 채소

菜蔬(채소)⇒蔬菜(소채)⇒野菜(야채), 蔬飯(소반), 蔬(疏)食(소사)

小

①작다↔大(대), 잘다, 좁다 ②여리다 ③자기를 낮춤

大小(대소), 小器(소기), 小逕(徑)(소경), 弱小(약소)↔强大(강대), 小兒(소아) -科(과), 小生(소생), 小著(소저), 小乘(소승)↔大乘(대승), 小說(소설)

少

①적다↔多(다), 조금, 잠시 ②젊다, 버금

多少(다소), 少數(소수)↔多數(다수), 少量(소량)↔多量(다량), 些少(사소), 少年(소년), 少女(소녀), 少壯(소장), 少許(소허), 少額(소액)↔巨額(거액)

簫

퉁소

簫鼓(소고)⇒퉁소와 북, 簫管(소관)⇒簫笛(소적)⇒퉁소

蕭

①쓸쓸할 ②쑥

蕭條(소조)⇒蕭寂(소적)/-한 가을밤, 蕭艾(소애)⇒쑥, 蕭蕭(소소) -한 바람소리, 蕭墻之變(소장지변)→自中之亂(자중지란)

消

①끌, 꺼질, 사라질 ②삭일 ③물러설 ④줄다

消火(소화), 消極的(소극적)↔積極的(적극적), 消長(소장), 取消(취소), 消化(소화) -不良(불량), 消費(소비)↔生産(생산), 消息(소식)

宵

①밤↔晨(신) ②작을

晝宵(주소)⇒晝夜(주야)⇒밤낮, 宵人(소인)⇒小人(소인), 宵征(소정)⇒밤길, 昨宵(작소)⇒어젯밤

霄 ①하늘 ②진눈깨비
霄壤之差(소양지차)⇒天壤之差(천양지차), 霄漢(소한)⇒蒼空(창공), 雲霄(운소)

銷 ①쇠 녹일 ②끌, 꺼질≒消
銷金(소금), 銷憂(소우)⇒근심을 없앰, 銷(消)沈(소침) 意氣(의기)－

逍 노닐, 거닐
逍遙(소요) －吟詠(음영), 逍(消)風(소풍)⇒遠足(원족)

搔 ①긁을 ②시끄러울
搔癢(소양) 隔靴(격화)－, 搔擾(소요), 搔爬(소파) －手術(수술)

騷 ①시끄러울≒搔 ②풍류, 문체
騷(搔)擾(소요)⇒騷動(소동), 騷音(소음), 騷人墨客(소인묵객), 騷亂(소란)

속

束 ①묶을 ②약속하다
束縛(속박), 拘束(구속), 約束(약속), 束手無策(속수무책), 團束(단속)

速 빠를↔遲(지)
速決(속결), 速成(속성)↔晩成(만성), 迅速(신속), 拙速(졸속), 速斷(속단)

續 이을 약 続
繼續(계속), 續開(속개), 續刊(속간), 續報(속보), 續騰(속등), 相續(상속), 後續(후속)

贖 속바칠, 속전낼
贖罪(속죄), 贖良(속량)⇒贖身(속신), 贖錢(속전)⇒贖金(속금)

손

孫 손자
孫子(손자), 後孫(후손), 嫡孫(적손), 玄孫(현손), 孫康映雪(손강영설)

遜 ①겸손할 ②물러날, 피할 ③뒤떨어질
謙遜(겸손), 遜遁(손둔), 遜色(손색), 恭遜(공손), 不遜(불손)

송

訟 송사할, 시비할
訟事(송사)→訴訟(소송), 訟廷(송정)⇒法庭(법정), 爭訟(쟁송)⇒爭訴(쟁소)

頌 ①칭송할 ②문체 이름
稱頌(칭송)→頌辭(송사), 頌德(송덕) -碑(비), 頌詩(송시)→頌歌(송가), 讚頌(찬송) -歌(가)

松 소나무
松林(송림), 松栮(송이), 松柏(송백) -之茂(지무)/-操(조)

悚 두려울, 송구스러울
悚懼(송구) -스럽다, 罪悚(죄송)→悚愧(송괴), 惶悚(황송)

竦 ①두려워할 ②공경할
竦動(송동), 竦身(송신), 竦然(송연) 모골이 -하다, 竦慕(송모)

쇄

瑣 자질구레할
瑣屑(쇄설), 瑣事(쇄사)⇒些事(사사), 微瑣(미쇄), 煩瑣(碎)(번쇄)

鎖 ①쇠사슬 ②자물쇠, 잠금 (속)鎻
連鎖(연쇄) -反應(반응)/-店(점), 閉鎖(폐쇄)↔開放(개방), 鎖國(쇄국), 鎖骨(쇄골)⇒어깨 좌우의 빗장뼈, 鐵鎖(철쇄), 足鎖(족쇄), 封鎖(봉쇄) -政策(정책)

수

遂 이룰
完遂(완수), 未遂(미수), 遂行(수행) 職務(직무)-, 遂意(수의)

燧

①봉화 ②부싯돌

烽燧(봉수)⇒烽火(봉화) －臺(대), 燧石(수석)⇒부싯돌

隧

①무덤길 ②굴

隧道(수도)⇒지하통로, 무덤길, 굴

襚

수의

襚衣(수의)⇒壽衣(수의)⇒襲衣(습의), 衾襚(금수)

嗽

①기침 ㊛ 嗽 ②양치질할

咳嗽(해수)⇒기침⇒嗽咳(수해), 含嗽(함수), 嗽血(수혈), 嗽獲(수획)

漱

①양치질할 ②빨래할

漱水(수수), 漱澣(수한), 漱石枕流(수석침류), 漱刷(수쇄), 漱流(수류) 枕石(침석)－

隋

①수나라(㉠수) ②떨어질(㉡타)

隋煬帝(수양제), 隋書(수서), 수(隋)·당(唐), 隋遊(타유)

隨

①따를 ②때에 따라, 내키는 대로

隨伴(수반), 隨行(수행) －員(원), 隨時(수시), 隨筆(수필) －集(집), 隨意(수의) －契約(계약)↔競爭契約(경쟁계약)

髓

골수

骨髓(골수) －炎(염)/－分子(분자), 眞髓(진수) 民族文化(민족문화)의 －

誰

①누구 ②발어사

誰何(수하), 誰某(수모)⇒아무개, 誰怨誰咎(수원수구), 誰昔(수석)⇒옛날

雖

비록

雖然(수연)⇒그러하나, 雖乞食厭拜謁(수걸식염배알)

讎

원수 = 讐

讎仇(수구)⇒怨讎(원수)⇒讎敵(수적), 復讎(복수), 讎日(수일), 讎嫌(수혐)

垂

①드리울 ②거의

垂直(수직) －線(선), 垂成(수성), 垂楊(수양), 垂範(수범) 率先(솔선)－

睡 졸, 잠잘
睡眠(수면), 午睡(오수)⇒낮잠, 昏睡(혼수), 熟睡(숙수)⇒熟眠(숙면)

守 ①지킬, 막을 ②살필
守節(수절), 守護(수호) 祖國(조국)－, 看守(간수), 遵守(준수), 守株待兎(수주대토)

狩 ①사냥할 ②임지(任地)
狩獵(수렵)⇒사냥, 巡狩(순수)⇒巡幸(순행), 狩人(수인)⇒사냥꾼

嫂 형수
兄嫂(형수), 季嫂(계수)⇒弟嫂(제수), 嫂溺不援 是豺狼也(수익불원 시시랑야)

溲 오줌
溲便(수변)⇒오줌, 溲器(수기)⇒요강, 牛溲馬勃(우수마발)

搜 찾을
搜査(수사), 搜索(수색), 搜所聞(수소문), 搜探(수탐)

瘦 여윌
瘦軀(수구), 瘦瘠(수척), 瘦駟(수사), 瘦果(수과)

叟 늙은이
釣叟(조수), 迂叟(우수), 叟叟(수수)⇒쌀 씻는 소리

受 받을↔授(수)
授受(수수), 領受(收)(영수), 受理(수리), 接受(접수) 願書(원서)－

授 ①줄↔受(수) ②가르칠
授與(수여) －式(식), 授業(수업), 敎授(교수), 傳授(전수)

숙

孰 누구, 어느, 무엇
孰若(숙약)⇒孰與(숙여), 孰能禦之(숙능어지), 孰誰(숙수)⇒누구, 어떤 사람

塾

글방

私塾(사숙), 塾舍(숙사)⇒글방, 서당, 義塾(의숙), 鄕塾(향숙)⇒村塾(촌숙)

熟

①익을 ②익숙할 ③충분할

熟卵(숙란), 熟面(숙면)↔初面(초면), 熟眠(숙면), 熟練(숙련) －工(공), 熟考(숙고) 深思(심사)－, 熟知(숙지)

叔

아재비↔姪(질)

叔父(숙부), 叔姪(숙질), 外叔(외숙), 堂叔(당숙), 伯叔(백숙)

淑

①맑을 ②착할 ③사모할

淑淸(숙청), 貞淑(정숙), 淑女(숙녀)↔紳士(신사), 私淑(사숙)

菽

콩

菽麥不辨(숙맥불변) ㊟ 菽麥(숙맥), 菽水(숙수) －之歡(지환), 菽粟之文(숙속지문)

순

盾

방패

矛盾(모순) －撞着(당착)⇒自家撞着(자가당착), 盾戈(순과)⇒방패와 창

循

①돌 ②좇을

循環(순환) 血液(혈액)－, 循吏(순리), 因循(인순) －姑息(고식), 循次(순차)

旬

①열흘 ②십년

旬刊(순간), 七旬(칠순), 上旬(상순)⇒上澣(상한)↔下旬(하순)

筍

죽순, 대싹

竹筍(죽순) 雨後(우후)－, 筍皮(순피)⇒죽순의 껍질, 竹筍方席(죽순방석)

殉

따라 죽을, 좇을

殉死(순사), 殉職(순직), 殉愛(순애), 殉國(순국) －先烈(선열), 殉敎(순교)

詢

물을

詢問(순문)⇒下詢(하순)⇒諮詢(자순), 詢計(순계), 詢訪(순방)

淳 순박할≒醇, 純

淳朴(순박)⇒醇(純)朴(순박), 淳風(순풍), 淳良(순량)⇒醇(純)良(순량)

諄 거듭 이를, 지극할

諄諄(순순) -히 타이르다

醇 순후할≒淳

醇厚(순후) -한 人心(인심), 醇謹(순근), 醇化(순화)⇒純化(순화), 醇(純)粹(순수)

舜 ①순임금 ②무궁화

堯舜(요순), 舜英(순영)⇒무궁화꽃, 李舜臣(이순신)

瞬 눈 깜짝할

瞬間(순간), 瞬息(순식) -間(간), 瞬發力(순발력)

습

習 ①익힐, 배울 ②버릇

習得(습득), 習慣(습관)⇒習癖(습벽)⇒버릇, 慣習(관습), 習性(습성), 常習(상습), 練(鍊)習(연습)⇒演習(연습)

慴 겁낼, 두려워할

慴服(습복)⇒慴伏(습복)

褶 주름

褶曲(습곡)⇒褶襞(습벽)/-山脈(산맥)

승

蠅 파리

蠅頭微利(승두미리) ㊟ 蠅利(승리), 蒼蠅(창승)⇒쇠파리, 蠅集(승집)

繩 ①노끈, 새끼 ②먹줄

繩索(승삭)⇒밧줄, 繩矩(승구), 繩墨(승묵), 捕繩(포승)⇒縛繩(박승)⇒오라

升

①되 ②오를 = 昇 ③태평할 ④나아갈, 바칠 ⑤여물다

升斗(蠅頭)之利(승두지리), 斗升(두승), 升平(승평), 一升(일승) = 한되 = 10분의 1斗(두, 말), 升鑑(승감)⇒升啓(승계), 升堂入室(승당입실)

昇

오를 = 升, 올릴

昇降(승강) －機(기), 昇格(승격), 昇天(승천) －入地(입지), 昇進(승진)

시

侍

모실, 받들

侍奉(시봉), 侍從(시종), 侍下(시하) 層層(층층)－, 侍生(시생), 近侍(근시) 부모님을 －하다

恃

믿을, 의뢰할

恃賴(시뢰), 怙恃(호시)⇒父母(부모), 恃而不恐(시이불공)

時

때, 철

時間(시간), 時節(시절), 時期(시기), 時局(시국), 時代(시대), 時事(시사), 時時刻刻(시시각각), 常時(상시)⇒恒時(항시), 臨時(임시), 卽時(즉시)⇒곧, 바로

詩

글귀, 시

詩文(시문), 詩歌(시가), 詩伴(시반), 詩想(시상), 詩壇(시단), 漢詩(한시)

試

시험할

試驗(시험) 入學(입학)－, 試圖(시도), 應試(응시), 試金石(시금석)

弑

윗사람 죽일

弑害(시해)⇒弑殺(시살), 弑逆(시역)

식

式

①법 ②예식 ③본, 형식

法式(법식), 禮式場(예식장), 樣式(양식) 生活(생활)－, 方程式(방정식)

拭

닦을, 지울, 씻을

拭目(식목)→刮目(괄목), 拂拭(불식) 誤解(오해)를 －하다, 洗拭(세식)

息

①숨쉴 ②쉴 ③살, 생존할 ④자식 ⑤이자

窒息(질식) －死(사), 休息(휴식)⇒休憩(휴게), 棲息(서식), 姑息(고식) －之計(지계), 子息(자식)→令息(영식), 消息(소식), 利息(이식)⇒利子(이자)

熄

불 꺼질, 그칠

終熄(종식) 戰爭(전쟁)－, 熄滅(식멸)

媳

며느리

媳婦(식부)⇒며느리, 姑媳(고식)⇒姑婦(고부)

植

①심을 ②식물

植木(식목) －記念日(기념일), 植物(식물), 植樹(식수), 移植(이식)

殖

번식할

繁殖(번식)⇒蕃殖(번식), 殖産(식산), 拓殖(척식)

食

①밥, 먹다(㉠식) ②봉록 ③먹일, 기를(㉡사)

食口(식구)⇒眷屬(권속), 食福(식복), 食糧(식량), 會食(회식), 疏(蔬)食(소사), 食餌(식이) －療法(요법)

飾

꾸밀

修飾(수식), 裝飾(장식), 假飾(가식), 飾詐(식사), 扮(粉)飾(분식)

蝕

①좀먹을, 개먹을 ②일식, 월식

侵蝕(침식), 浸蝕(침식) －臺地(대지), 日蝕(일식), 月蝕(월식), 腐蝕(부식)

신

申

①납, 아홉째 지지(원숭이) ②펼, 말할

申時(신시), 申請(신청), 申告(신고) 出生(출생)－, 申聞鼓(신문고), 申申(신신) －當付(당부)

伸

①펼, 늘일 ②기지개 켤 ③말할≒申

伸張(신장) 國力(국력)－, 欠伸(흠신), 伸縮(신축) －自在(자재), 追伸(申)(추신), 伸冤(신원)

呻

끙끙거릴

呻吟(신음) 病席(병석)에서 －하다, 呻畢(신필)

神 ①귀신, 신, 신령 ②정신 ③영묘할
神靈(신령), 精神(정신), 神通(신통), 神出鬼沒(신출귀몰), 神經(신경) -痛(통), 神秘(신비)

紳 ①큰 띠 ②벼슬아치 ③점잖은 사람
紳笏(신홀), 搢(縉)紳(진신) -章甫(장보), 紳士(신사) -淑女(숙녀)

辰 ①별 ②별이름 ③날(㉠신) ④다섯째, 별(㉡진)
辰宿(진수), 北辰(북신)⇒北極星(북극성), 生辰(생신)→生日(생일), 辰時(진시)

蜃 무명조개, 대합
蜃蛤(신합)⇒무명조개⇒大蛤(대합), 蜃氣樓(신기루)⇒空中樓閣(공중누각)

宸 집, 대궐(뜻이 바뀌어 임금에 관한 접두사로 쓰임)
宸襟(신금)⇒宸旨(신지)⇒宸念(신념), 宸筆(신필)⇒宸翰(신한)

晨 새벽
晨光(신광)⇒曙光(서광), 晨昏(신혼), 晨省(신성) 昏定(혼정)-, 晨星落落(신성낙락)

娠 아이 밸
姙(妊)娠(임신)⇒孕胎(잉태)⇒懷妊(회임)⇒懷孕(회잉)/-婦(부)

訊 물을, 신문할
訊問(신문), 訊鞫(신국)⇒鞫問(국문)

迅 빠를
迅速(신속), 迅雷(신뢰), 迅風(신풍)

辛 ①매울, 괴로울 ②여덟째 천간
辛苦(신고)⇒千辛萬苦(천신만고), 辛辣(신랄) -한 批評(비평), 艱辛(간신), 辛方(신방)

新 새, 새로울↔舊(구)
最新(최신), 新綠(신록), 革新(혁신), 新年(신년), 溫故知新(온고지신), 新聞(신문)

薪 섶나무, 땔나무
薪炭(신탄)⇒柴炭(시탄)⇒땔나무와 숯, 臥薪嘗膽(와신상담), 薪水(신수)⇒①땔나무와 물 ②봉급(俸給)

例 題 (5)

1. (보기)에서 알맞은 한자를 골라 (　) 안에 쓰시오.

(보기 : 方, 防, 妨, 訪, 放, 倣, 紡, 申, 伸, 呻, 神, 紳)

① 방송(　　送)　② 방문(　　問)　③ 방해(　　害)　④ 소방(消　　)
⑤ 모방(模　　)　⑥ 방법(　　法)　⑦ 방직(　　織)　⑧ 신사(　　士)
⑨ 신음(　　吟)　⑩ 정신(精　　)　⑪ 신고(　　告)　⑫ 신축(　　縮)

2. 한자의 자음을 (　) 안에 쓰시오.

① 意味(　　)　② 曖昧(　　)　③ 洞察(　　)　④ 復興(　　)
⑤ 排泄(　　)　⑥ 姓名(　　)　⑦ 不正(　　)　⑧ 多少(　　)

3. 다음 한자어의 반대어를 (　) 안에 쓰시오.

① 失敗(　　)　② 普通(　　)　③ 消費(　　)　④ 肯定(　　)

4. 다음 한자어와 **同音異議語**(동음이의어 : 자음은 같고 뜻이 다른 말)를 (　) 안에 쓰시오.

① 放火(　　)　② 落城(　　)　③ 綠陰(　　)　④ 引導(　　)　⑤ 消火(　　)

5. (　) 안에 맞는 한자를 기입하여 숙어를 완성하시오.

① 馬耳(　)風　② 道聽(　)說　③ 時機(　)早　④ 見蚊(　)劍
⑤ 寤(　)不忘　⑥ (　)下不明　⑦ 相扶(　)助　⑧ (　)不外曲
⑨ 有備(　)患　⑩ (　)水之歎　⑪ (　)足放尿　⑫ (　)手無策

6. 다음 한자어의 반대자를 (　) 안에 쓰시오.

① 無(　)　② 善(　)　③ 問(　)　④ 濃(　)
⑤ 小(　)　⑥ 少(　)　⑦ 叔(　)　⑧ 否(　)

7. 다음 한자어의 **誤字**(오자 : 틀린 글자)를 찾아 (   ) 안에 바르게 고쳐 쓰시오.
(단, 한 글자만 오자임)

① 소년－小年(   )　　② 완벽－完壁(   )
③ 결렬－決烈(   )　　④ 양력－陽歷(   )

8. 다음 한자의 **略字**를 (   ) 안에 쓰시오.

① 擔(   )　② 發(   )　③ 濱(   )　④ 佛(   )

9. (보기)와 같이 빈칸을 채워 완성하시오.

	한자	部首	字訓	字音	用例
(보기)	洞	氵	골, 마을, 구렁, 꿰뚫을	동	洞窟, 洞里, 洞察, 洞燭
①	念				念慮, 念願, 信念, 記(紀)念
②	當		마땅할, 당할, 이, 그	당	
③	同				同感, 共同, 同苦同樂
④	問		묻다, 방문할, 문초	문	
⑤	誠				誠實, 至誠, 誠意, 忠誠

아

我

나, 우리

自我(자아)↔非我(비아), 我執(아집), 我田引水(아전인수), 我軍(아군)↔敵軍(적군), 我邦(아방)↔異邦(이방)

俄

①갑자기 ②러시아의 약칭

俄然(아연), 俄間(아간)⇒暫時(잠시), 俄刻(아각), 俄國(아국)⇒俄羅斯(아라사)⇒러시아

峨

산 높을 = 峩

峨峨(아아), 嵯峨(차아)→險峻(험준), 巍峨(외아)

餓

굶주릴

飢餓(기아)⇒굶주림, 餓鬼(아귀) －苦(고), 餓死(아사) －之境(지경)

蛾

누에나방

蛾眉(아미) －月(월), 誘蛾燈(유아등)

牙

①어금니 ②상아 ③대장기 ④거간할

齒牙(치아)⇒사람의 이, 象牙(상아), 牙城(아성), 牙錢(아전)⇒口錢(구전)⇒수수료

芽

싹

萌芽(맹아)⇒새싹, 芽椄(아접), 發芽(발아)⇒芽生(아생)

雅

①아담할 ②바를 ③평소

雅淡(澹)(아담), 雅量(아량)⇒度量(도량), 雅樂(아악), 雅趣(아취), 雅拙(아졸), 優雅(우아), 雅兄(아형), 雅號(아호)

鴉

①갈가마귀 ②검푸를

鴉陣(아진), 鴉(阿)片(아편), 鴉鬢(아빈), 飛鴉(비아)

訝

①맞을 ②의심할

訝賓(아빈), 疑訝(의아), 訝惑(아혹), 驚訝(경아)

亞

①버금 ②아시아 약 亜

亞流(아류), 亞聖(아성), 亞細亞(아세아)⇒아시아, 亞熱帶(아열대), 東亞(동아)

啞

①벙어리 ②놀랄

盲啞(맹아), 聾啞(농아)⇒啞者(아자)⇒벙어리, 啞然(아연) –失色(실색), 啞鈴(아령)

婭

동서

婭婿(아서)⇒同婿(동서), 親婭(친아), 姻婭(인아)

악

愕

놀랄, 깜짝 놀랄

驚愕(경악), 愕然(악연), 愕愕(악악)

顎

턱

顎骨(악골)⇒턱뼈, 上顎(상악)⇒위턱, 下顎(하악)

鰐

악어

鰐魚(악어)

안

安

①편안, 편안할 ②어찌 ③값쌀

安息(안식)⇒休息(휴식), 安得不然(안득불연), 安樂(안락), 安心(안심), 安價(안가)⇒廉價(염가), 安堵(안도), 安否(안부)

晏

①늦을 ②편안할

晏眠(안면), 晏駕(안가)⇒崩御(붕어), 晏然(안연), 晏息(안식)⇒安息(안식)

案

①책상 ②생각할 ③계획 ④인도할

案頭(안두)⇒案上(안상), 考案(고안), 案內(안내) –狀(장), 案席(안석)

按

①살필, 물을 ②어루만질

按覈(안핵) –使(사), 按排(안배), 按撫(안무), 按酒(안주), 按摩(안마)

鞍

안장

鞍裝(안장), 鞍馬(안마) –運動(운동), 鞍匣(안갑), 鞍傷(안상)

알

遏

막을, 그칠

遏情(알정), 防遏(방알), 遏雲(알운)

謁

아뢸, 뵈올

謁見(알현), 謁廟(알묘), 謁聖(알성) －及第(급제), 拜謁(배알)

암

暗

①어두울 ②남 몰래 ③외울

暗黑(암흑) －街(가), 暗澹(암담), 暗礁(암초), 暗算(암산), 暗示(암시), 暗記(암기), 明暗(명암)

諳

①외울 ②숙달할, 깨달을

諳記(암기), 諳誦(암송), 諳鍊(練)(암련)

압

押

①수결 들, 도장 찍을 ②누를 ③압수할

押印(압인), 押釘(압정), 押收(압수) －品(품), 畵押(화압), 花押(화압) ㊟ 押(압), 押留(압류)⇒差押(차압), 押送(압송)

狎

①친압할 ②익숙할 ③업신여길, 경망스러울

親狎(친압)→親熟(친숙), 狎褻(압설), 狎近(압근)→狎逼(압핍)

鴨

오리

家鴨(가압)⇒집오리, 黃鴨(황압)⇒오리새끼, 鴨綠江(압록강)

앙

央

가운데

中央(중앙)↔地方(지방)/－政府(정부)/－集權(집권), 震央(진앙)

怏

원망할, 앙심먹을

怏心(앙심), 怏宿(앙숙)→犬猿之間(견원지간), 怏怏(앙앙) -不樂(불락)

殃

재앙

災殃(재앙)⇒殃禍(앙화)⇒殃孼(앙얼), 殃及池魚(앙급지어), 池魚之殃(지어지앙)

秧

모, 벼의 모

移秧(이앙)⇒모내기, 秧板(앙판)⇒못자리, 秧苗(앙묘)⇒벼의 싹, 볏모

仰

우러를, 우러러볼↔俯(부)

仰望(앙망), 信仰(신앙), 俯仰(부앙) -無愧(무괴), 仰事俯畜(앙사부축)

昂

높을, 오를, 값오를

昂揚(앙양), 昂騰(앙등)⇒騰貴(등귀)↔下落(하락), 激昂(격앙)

애

崖

낭떠러지, 언덕 = 厓

斷崖(단애)⇒絶壁(절벽)⇒絶崖(절애)⇒懸崖(현애), 崖錐(애추), 磨崖佛(마애불)

涯

①물가 ②가, 끝

水涯(수애)⇒물가, 生涯(생애), 天涯(천애) -孤兒(고아), 涯角(애각), 涯岸(애안), 涯際(애제)⇒끝, 경계

愛

①사랑, 사랑할 ②즐길

愛情(애정), 愛惜(애석), 愛嬌(애교), 博愛(박애), 戀愛(연애), 敬愛(경애)

曖

흐릴, 햇빛 희미할

曖昧(애매) -模糊(모호), 曖曖(애애)⇒햇빛이 흐린 모양

액

液

진, 즙

血液(혈액)⇒피, 液體(액체)↔固體(고체), 液化(액화), 溶液(용액)

掖

①낄, 겨드랑이에 낄 ②부축할

扶掖(부액)⇒곁, 부축, 掖庭(액정), 掖門(액문)⇒夾門(협문)

腋

겨드랑이

腋窩(액와)⇒겨드랑이, 腋汗(액한)⇒겨드랑이 땀, 肘腋(주액), 腋毛(액모)⇒겨드랑이 털

搤

쥘, 잡을≒扼

搤(扼)腕(액완), 搤咽(액인) –拊背(부배), 搤(扼)要(액요)

縊

목맬

縊殺(액살)⇒絞殺(교살), 縊死(액사), 自縊(자액)

厄

재앙

厄運(액운), 厄年(액년), 災厄(재액), 厄閏(액윤) 黃楊(황양)–

扼

움켜질≒搤, 누를

扼腕(액완), 扼喉(액후) –撫背(무배), 扼守(액수)

阨

①막힐 ②좁다

阨塞(액색), 阨窮(액궁), 阨狹(액협), 困阨(厄)(곤액)

야

耶

①어조사(의문을 나타내는 조사)≒邪 ②아버지

怨耶(邪)(원야), 耶蘇(야소) –敎(교), 耶孃(야양)⇒아버지와 어머니

爺

①아비, 아버지 ②어르신네(늙은이의 존칭)

爺孃(야양)⇒耶孃(야양), 老爺(노야)⇒老翁(노옹)↔老婆(노파)

揶

희롱할 = 揶

揶(揶)揄(야유)

椰

야자나무

椰子(야자) –樹(수)/–油(유), 椰杯(야배)

양

羊 양
羊腸(양장) 九折(구절)-, 羊頭狗肉(양두구육), 羊毛(양모)⇒양털, 牧羊(목양)

恙 ①근심할 ②병
恙憂(양우)⇒근심, 無恙(무양), 微恙(미양)

養 ①기를 ②가르칠 ③다스릴 ④봉양할
養育(양육), 敎養(교양), 養病(양병), 療養(요양), 養老(양로), 修養(수양)

佯 ①거짓 ②어정거릴≒徉
佯狂(양광), 佯驚(양경), 佯怒(양노), 佯病(양병), 佯醉(양취), 徜佯(상양), 佯若不知(양약부지)

洋 ①큰 바다 ②서양 ③넓을 ④넘칠
大洋(대양), 西洋(서양)↔東洋(동양), 洋服(양복), 太平洋(태평양), 洋洋(양양)-한 바다

痒 ①가려울≒癢 ②옴, 병
痒(癢)疹(양진), 搔痒(癢)(소양) 隔靴(격화)-, 痛痒(통양) -相關(상관)

樣 모양, 본 약 様
樣式(양식), 樣姿(양자)⇒모양, 모습, 各樣(각양) -各色(각색), 模樣(모양)

陽 ①볕, 해 ②양↔陰(음), 양기 ③드러낼 ④시월 ⑤거짓 = 佯
太陽(태양)⇒해, 陽地(양지)↔陰地(음지), 陽刻(양각), 陽朔(양삭)⇒(음)10월 초하루, 陽曆(양력), 陽(佯)光(양광)

楊 버들
楊柳(양류)⇒버드나무, 楊梅(양매)⇒소귀나무(속나무), 楊枝(양지), 白楊(백양), 垂楊(수양)⇒수양버들

揚 ①날릴, 떨칠 ②높일 ③드러낼
揚名(양명) 立身(입신)-, 揚水(양수) -機(기), 止揚(지양), 宣揚(선양), 揚揚(양양) 意氣(의기)-, 讚揚(찬양), 揚湯止沸(양탕지비), 揭揚(게양) -臺(대), 浮揚(부양) 景氣(경기)-

瘍 ①머리 헐 ②종기, 부스럼
潰瘍(궤양) 胃(위)-, 腫瘍(종양)⇒肉腫(육종), 瘍痍(양이)⇒傷處(상처)

壤

부드러운 흙, 땅

土壤(토양)⇒흙⇒壤土(양토), 天壤(천양)⇒天地(천지)/－之判(지판), 沃壤(옥양)

孃

아가씨

令孃(영양)⇒令愛(영애)↔令息(영식), 貴孃(귀양), 老孃(노양)⇒爺孃(야양), 金孃(김양)

攘

①물리칠 ②훔칠

攘夷(양이), 攘斥(양척), 攘奪(양탈)⇒掠奪(약탈), 攘臂大言(양비대언)

讓

사양할, 겸손할

辭讓(사양), 讓渡(양도)↔讓受(양수), 讓步(양보), 禪讓(선양)

穰

①벼 잘 여물 ②성할

穰穰(양양), 穰歲(양세)⇒豊年(풍년)

釀

①술 빚을 ②빚을

釀造(양조) －場(장), 釀蜜(양밀), 家釀(가양) －酒(주), 釀酒(양주), 釀成(양성)

禳

①빌, 기도 ②제사

禳禱(양도), 禳災(양재), 禳禍求福(양화구복), 禳災招福(양재초복)

襄

①도울 ②오를 ③장례

襄禮(양례)⇒葬禮(장례), 襄奉(양봉)

어

御

①공경할 ②임금에 관한 경칭 ③막다≒禦

御命(어명), 御用(어용), 御者(어자), 制御(제어) －棒(봉)

禦

막을, 지킬

防禦(방어), 禦寒(어한), 禦侮(어모), 守禦(수어)

圄

감옥

囹圄(영어)⇒圄囹(어령)⇒교도소, 감옥, 空圄(공어)

語

말씀, 말할

言語(언어), 語彙(어휘), 標語(표어), 國語(국어), 語塞(어색), 語不成說(어불성설)

齬

어긋날, 이 어긋날 ㉧ 龉

齟齬(저어)⇒아랫니와 윗니가 서로 잘 맞지 아니함, 일이 서로 어긋남

魚

물고기

大魚(대어), 乾魚(건어), 魚網(어망), 養魚場(양어장), 魚頭肉尾(어두육미)

漁

①고기잡을 ②낚다

漁撈(어로), 漁夫(어부) －之利(지리), 漁港(어항), 豊漁(풍어), 漁獲(어획) －高(고)

억

億

①억 ②많은 수

億萬(억만), 億劫(억겁)⇒億千萬劫(억천만겁), 億兆蒼生(억조창생)

憶

①생각할 ②기억할

追憶(추억)⇒追想(추상), 記憶(기억), 憶昔(억석) －當年(당년), 憶鄕(억향)⇒懷鄕(회향)

臆

①가슴 ②생각, 마음

臆測(억측)⇒臆度(억탁), 臆見(억견)⇒臆想(억상), 臆說(억설), 臆塞(억색)

언

偃

①누울 ②쉴 ③거만할

偃息(언식), 偃武(언무), 偃然(언연)⇒偃蹇(언건), 偃草(언초), 偃旗息鼓(언기식고)⇒休戰(휴전)

堰

방죽, 둑 = 隁

堤堰(제언)⇒堤防(제방)⇒둑, 방죽⇒堰堤(언제)

엄

奄 ①문득 ②환관

奄忽(엄홀), 奄奄(엄엄), 奄人(엄인)⇒宦官(환관)⇒內侍(내시)

掩 ①가릴, 덮을 ②덮칠

掩蔽(엄폐)⇒掩匿(엄닉), 掩耳盜鈴(엄이도령), 掩護(엄호) -射擊(사격), 掩襲(엄습), 掩目捕雀(엄목포작)

淹 ①담글 ②머무를

淹沒(엄몰)⇒沈沒(침몰), 淹泊(엄박), 淹博(엄박)⇒淹貫(엄관)

嚴 ①엄숙할 ②혹독할 ③경계할

嚴肅(엄숙), 嚴禁(엄금), 嚴冬(엄동) -雪寒(설한), 戒嚴(계엄) -令(령), 嚴格(엄격)⇒嚴峻(엄준)

儼 공경할, 엄연할 = 嚴

儼然(엄연) -한 現實(현실), 儼存(엄존), 儼恪(엄각), 儼雅(엄아)

여

女 ①계집 ②딸 ③너≒汝

女性(여성)⇒女子(여자)⇒女流(여류) -詩人(시인), 長女(장녀), 女僧(여승)⇒比丘尼(비구니), 女息(여식), 美女(미녀), 少女(소녀), 婦女(부녀), 處女(처녀), 女史(여사) 金(김)-

汝 너

汝等(여등)⇒너희들↔余等(여등)⇒우리들, 汝吾(여오)⇒너와 나, 爾汝(이여)⇒너나들이

如 ①같을 ②어떠할 ③만일

如意(여의), 如何(여하) -間(간), 如或(여혹)⇒萬一(만일)⇒或是(혹시), 如干(여간), 如前(여전)

茹 ①먹을 ②썩을

茹菜(여채), 茹藿(여곽), 茹魚(여어), 茹腥(여성), 茹哀(여애)

與 ①주다 ②더불어 ③참여할 약 与

授與(수여) 表彰狀(표창장)-, 與黨(여당)↔野黨(야당), 參與(참여), 與件(여건), 給與(급여), 貸與(대여), 贈與(증여), 關與(관여), 與信(여신), 干與(간여)⇒干預(간예), 與否(여부)

輿 ①수레, 가마 ②많을 ③땅
喪輿(상여), 輿論(여론)⇒世論(세론), 輿地(여지) －勝覽(승람), 堪輿(감여)⇒天地(천지)/乾坤(건곤), 輿望(여망) 國民(국민)－

역

譯 통변할, 통역할
通譯(통역)⇒通辯(통변), 飜譯(번역), 內譯(내역) －書(서), 國譯(국역), 譯註(역주)

繹 ①풀, 풀릴 ②찾을 ③연달을
演繹(연역)↔歸納(귀납), 絡繹(낙역) －不絶(부절), 繹騷(역소)

驛 역말, 역, 역참, 정거장
驛馬(역마), 驛站(역참), 終着驛(종착역)↔始發驛(시발역), 驛傳競走(역전경주)

役 ①부릴 ②부역, 역사 ③일, 소임
使役(사역), 役事(역사) 大(대)－, 役員(역원), 役割(역할)⇒所任(소임)

疫 염병, 전염병
疫病(역병)⇒傳染病(전염병), 檢疫(검역), 疫痢(역리), 免疫(면역)

연

捐 버릴, 줄
義捐(의연)⇒棄捐(기연)/－金(금), 捐命(연명), 捐補(연보)⇒獻金(헌금), 出捐(출연)

涓 ①가릴 ②작은 흐름
涓吉(연길)⇒擇日(택일), 涓涓(연연), 涓埃(연애), 涓滴(연적)

娟 아름다울, 아름다운 모양
娟秀(연수), 娟娟(연연), 軟娟(연연)⇒纖娟(섬연)

然 ①그럴 ②그러면 ③상태를 나타내는 접미사 ④그러나
必然(필연)↔蓋然(개연), 自然(자연), 然則(연즉), 泰然(태연) －自若(자약), 然而(연이)⇒그러나, 果然(과연)

燃

불탈, 불태울

燃燒(연소), 燃料(연료), 燃尾之急(연미지급), 燃燈節(연등절)

延

①끌, 늘일 ②이을 ③끌어들일, 맞을

延期(연기), 延命(연명), 延見(연견), 蔓延(만연), 遲延(지연)

筵

①대자리 ②강의하는 자리

筵席(연석), 經筵(경연), 講筵(강연), 筵說(연설)

涎

①침 ②물이 졸졸 흐르는 모양

涎沫(연말)⇒침과 거품, 垂涎(수연), 流涎(유연)

열

悅

기쁠, 즐거울

喜悅(희열)⇒기쁨, 悅樂(열락), 悅口之物(열구지물), 法悅(법열)

說

①말씀 ②풀(㉠설) ③달랠(㉡세) ④기쁠(㉢열)

說話(설화), 說明(설명), 解說(해설), 演說(연설), 說客(세객), 遊說(유세), 不亦說乎(불역열호)⇒또한 기쁘지 않으랴

閱

①볼, 살필, 읽을 ②겪을, 지낼

閱覽(열람), 檢閱(검열), 閱兵(열병) -式(식), 査閱(사열)

영

永

길, 오랠

永久(영구)⇒沒世(몰세), 永劫(영겁), 永世(영세) -中立國(중립국), 永眠(영면), 永遠(영원), 永訣(영결) -式(식)

泳

헤엄칠

水泳(수영) -選手(선수)/-大會(대회), 遠泳(원영), 背泳(배영)

詠

읊을, 노래할 = 咏

詠歌(영가)⇒唱歌(창가), 吟詠(음영), 詠歎(嘆)(영탄), 誦詠(송영)

榮

①영화로울 ②성할 ③명예 약 栄

榮華(영화) 富貴(부귀)−, 繁榮(번영), 榮光(영광), 榮枯盛衰(영고성쇠), 榮利(영리) ∴營利(영리)와 다름

塋

무덤, 산소

先塋(선영)⇒先山(선산), 塋域(영역)⇒山所(산소)⇒塋墓(영묘)

營

①경영할, 다스릴 ②진(陣)

經營(경영), 兵營(병영), 營利(영리), 營繕(영선), 營業(영업), 營養(영양) −素(소), 民營(민영)↔官營(관영), 國營(국영)

예

預

①미리 ②맡길 ③참여할

預託(예탁), 預金(예금) 定期(정기)−, 參預(참예)⇒參與(참여)

豫

①미리 ②기뻐할 ③참여할 ④머뭇거릴

豫防(예방) −注射(주사), 豫測(예측)⇒豫想(예상), 猶豫(유예), 豫習(예습)↔復習(복습), 豫選(예선)↔決選(결선), 豫行(예행) −練習(연습)

오

五

다섯

五福(오복), 五十步百步(오십보백보), 五里霧中(오리무중), 三三五五(삼삼오오)

吾

나, 우리

吾等(오등)⇒余等(여등)↔汝等(여등), 吾人(오인), 吾兄(오형)

伍

①대오, 대열 ②반 ③다섯 = 五

隊伍(대오)→行伍(항오)→隊列(대열), 落伍(낙오) −兵(병)/−者(자)

悟

깨달을, 깨우쳐 줄

悔悟(회오), 悟性(오성)⇒知性(지성), 覺悟(각오), 悟道(오도)

梧

오동나무

梧桐(오동)⇒오동나무, 梧下(오하)⇒机下(궤하)⇒貴下(귀하), 梧秋(오추), 碧梧桐(벽오동)

寤

①잠깰 ②깨달을≒悟

寤寐(오매) －不忘(불망), 改寤(悟)(개오)⇒改悛(개전), 開寤(悟)(개오)

敖

①거만한 ②놀, 희롱할≒傲, 慠

敖(傲, 慠)慢(오만), 怠敖(태오)

傲

거만할≒敖

傲氣(오기), 傲霜(오상) －孤節(고절), 驕傲(교오), 傲散(오산), 傲頑(오완), 傲不可長(오불가장)

聱

①남의 말 듣지 않을 ②까다로울

聱叟(오수), 聱牙(오아)

誤

그르칠, 잘못, 틀릴

誤謬(오류), 誤解(오해)→曲解(곡해), 過誤(과오)⇒過失(과실), 錯誤(착오)

娛

즐거워할

娛樂(오락) －室(실), 娛遊(오유)

蜈

지네

蜈蚣(오공)⇒말린 지네, 蜈蚣鐵(오공철), 蜈蚣鷄(오공계)

吳

①나라이름 ②성씨

吳越同舟(오월동주), 吳牛喘月(오우천월), 吳吟(오음)

奧

①속, 깊을(㉠오) ②따스할(㉡욱)

深奧(심오), 奧妙(오묘), 奧密稠密(오밀조밀), 奧地(오지), 奧(懊)室(욱실)

懊

한탄할, 괴로워할

懊恨(오한)⇒悔恨(회한), 懊惱(오뇌)

온

溫

①따뜻할 ②부드러울 ③익히다

三寒四溫(삼한사온), 溫順(온순), 溫和(온화), 溫故知新(온고지신), 溫泉(온천), 溫度(온도)

蘊 ①쌓을 ②심오할
蘊蓄(온축), 蘊藉(온자), 蘊奧(온오), 蘊魔(온마)

옹

雍 ①화목할 ②벽옹
雍容(옹용), 雍睦(옹목)⇒和睦(화목), 辟雍(벽옹)⇒天子(천자)의 학교, 雍齒(옹치)⇒옹추/－封侯(봉후)

壅 막힐, 막을
壅拙(옹졸), 壅塞(옹색)→窘塞(군색), 壅蔽(옹폐), 壅固執(옹고집)

甕 독, 질그릇
甕器(옹기)⇒옹기그릇/－匠(장), 甕頭(옹두), 甕棺(옹관), 甕天(옹천)⇒井中之蛙(정중지와), 甕井(옹정)⇒독우물

擁 ①안을 ②부축할 ③가질 ④가릴, 막을
抱擁(포옹), 擁護(옹호) 人權(인권)－, 擁壁(옹벽), 擁立(옹립) 世子(세자)－

완

完 완전할
完全(완전), 完決(완결), 完快(완쾌)⇒完治(완치), 完璧(완벽)＝흠 없이 完全(완전)함, 完然(완연), 完遂(완수)

浣 ①씻을, 빨다 ②열흘
浣衣(완의), 浣腸(완장)⇒灌腸(관장), 浣雪(완설), 上浣(상완)⇒上旬(상순)

莞 ①웃을(㉠완) ②왕골(㉡관)
莞爾(완이)⇒莞然(완연), 莞島(완도), 莞草(관초)⇒왕골, 莞筵(관연)

玩 ①갖고 놀 ②익히다
玩具(완구)⇒장난감, 玩讀(완독), 愛玩犬(애완견), 玩物喪志(완물상지)

頑 ①완고할 ②둔할, 어리석을
頑固(완고), 頑强(완강), 頑迷(완미), 頑命(완명), 癡頑(치완)

宛

①완연할, 흡사할 ②굽을

宛然(완연)⇒①分明(분명) ②恰似(흡사)/－한 가을하늘, 宛延(완연), 宛轉(완전)⇒婉轉(완전)

婉

①아름다울 ②순할

婉美(완미), 婉娩(완만), 婉曲(완곡), 婉容(완용)

腕

①팔 ②수완, 기량

腕力(완력), 腕章(완장), 腕釧(완천)⇒팔찌, 敏腕(민완), 手腕(수완) －家(가)

왕

王

①임금 ②어른

君王(군왕), 王姑母(왕고모), 王侯將相(왕후장상), 王大人(왕대인), 王母(왕모)↔王父(왕부)

旺

왕성할

旺盛(왕성)⇒盛旺(성왕), 旺運(왕운), 興旺(흥왕)

枉

①굽을, 굽힐 ②굽히어 나아갈 ③억울할

枉法(왕법), 枉臨(왕림)⇒枉駕(왕가)⇒來臨(내림), 枉死(왕사)

왜

倭

왜국

倭國(왜국)⇒日本(일본), 倭寇(왜구), 倭政(왜정)⇒日政(일정)

矮

난쟁이, 키 작을

矮人(왜인)↔巨人(거인), 矮軀(왜구), 矮小(왜소), 矮屋(왜옥)

외

畏

두려워할

畏友(외우), 畏敬(외경)⇒敬畏(경외), 畏怯(외겁), 畏懼(외구), 畏忌(외기)

猥 ①외람할 ②추잡할

猥濫(외람), 猥褻(외설) -物(물), 猥書(외서)

隈 ①모퉁이, 구석 ②물굽이 흐를

隈曲(외곡), 隈入(외입), 城隈(성외)

요

堯 ①요임금 ②높을

堯舜(요순) -時節(시절)⇒太平聖代(태평성대), 堯堯(요요), 堯桀(요걸)

僥 요행, 거짓

僥倖(요행) -數(수)/入學試驗(입학시험)에 -으로 合格(합격)하다, 僥人(요인)⇒거짓말쟁이

撓 ①휘어질, 굽힐 ②요란할

撓改(요개), 不撓不屈(불요불굴) -의 鬪志(투지), 撓亂(요란)→擾(搖)亂(요란), 撓折(요절) -내다

繞 ①두를, 둘러쌀 ②얽힐, 감길

圍繞(위요)⇒繞匝(요잡)/-地(지), 相繞(상요) 四蛇(사사)-

饒 넉넉할, 풍족할

豊饒(풍요)⇒豊裕(풍유), 饒舌(요설), 饒居(요거), 饒貸(요대), 饒富(요부)⇒饒足(요족)⇒饒實(요실)

夭 ①일찍 죽을 ②어여쁠

夭折(요절)⇒夭死(요사), 夭夭(요요), 桃夭(도요) -時節(시절)

妖 ①요망할, 요사할 ②고울 ③요괴, 도깨비

妖妄(요망), 妖艶(요염), 妖怪(요괴), 妖邪(요사), 妖術(요술)

搖 흔들, 흔들릴

搖動(요동), 搖籃(요람) -에서 무덤까지, 動搖(동요), 搖之不動(요지부동), 搖尾乞憐(요미걸련), 搖頭轉目(요두전목), 搖(擾)亂(요란)

謠 ①노래 ②소문

民謠(민요), 童謠(동요), 歌謠(가요) -曲(곡), 謠言(요언)⇒流言(유언)

瑤 옥, 아름다운 옥

瑤臺(요대), 瑤池鏡(요지경) －속

遙 ①멀 ②거닐

遙(遼)遠(요원) 前途(전도)－, 逍遙(소요)⇒散策(산책), 遙天(요천), 遙望(요망), 遙度(요탁)

要 ①중요한 ②하여야 할 ③구할, 원할 ④모을 ⑤요긴할

重要(중요), 要綱(요강), 要注意(요주의), 要求(요구), 要約(요약), 要緊(요긴)

腰 허리

腰折(요절) －腹痛(복통), 腰痛(요통), 腰帶(요대)⇒허리띠, 腰骨(요골)

욕

浴 목욕

沐浴(목욕), 浴槽(욕조), 日光浴(일광욕), 海水浴(해수욕), 浴室(욕실)

欲 ①욕심 낼 ②하고자 할, 바랄

欲心(욕심), 欲望(욕망), 欲求(욕구) －不滿(불만), 欲界(욕계) －三欲(삼욕)

慾 욕심

慾心(욕심), 慾望(욕망), 過慾(과욕), 貪慾(탐욕)

용

庸 ①떳떳할 ②쓸 ③어리석을 ④범상할

中庸(중용), 登庸(用)(등용)→起用(기용), 庸劣(용렬), 庸才(용재), 庸人(용인)

傭 품팔이할

雇傭(고용)↔雇用(고용), 傭員(용원), 傭人(용인)

容 ①얼굴, 모양 ②넣을, 담을 ③용서할 ④쉬울

容貌(용모), 容量(용량), 容共(용공)↔反共(반공), 容易(용이)

溶 ①녹을 ②물 질펀히 흐를
溶解(용해), 溶液(용액), 溶媒(용매) －劑(제), 溶血(용혈) －性貧血(성빈혈)

鎔 ①녹일 ②거푸집 ㊄ 熔≒溶
鎔(溶, 熔)解(용해), 鎔鑛爐(용광로), 鎔岩(용암)

勇 날랠, 용맹할
勇敢(용감), 勇氣(용기), 勇斷(용단), 勇士(용사), 勇猛(용맹)

湧 물 솟을, 솟아오를 = 涌
湧出(용출)⇒迸出(병출), 湧泉(용천)

踊 ①뛸 ②춤출
舞踊(무용) －劇(극), 踊躍(용약)

慂 권할
慫慂(종용) 和解(화해)를 －하다

우

右 ①오른쪽 ②숭상할
左右(좌우), 右往左往(우왕좌왕), 右武(우무)⇒尙武(상무), 右側(우측)

佑 도울≒祐
保佑(祐)(보우), 天佑神助(천우신조), 佑啓(우계), 神佑(신우)

偶 ①짝, 배필 ②우연 ③허수아비
配偶(배우)⇒配匹(배필), 偶然(우연)↔必然(필연), 偶像(우상) －崇拜(숭배), 偶數(우수)↔奇數(기수), 偶發(우발)

隅 ①모퉁이, 구석 ②기슭 ③곁, 옆
隅曲(우곡)⇒구석, 모퉁이, 一隅(일우)⇒한구석, 廉隅(염우), 隅坐(우좌)

愚 ①어리석을 ②자기 것을 낮추는 뜻(겸양의 접두사)
愚昧(우매), 愚見(우견), 愚弟(우제), 愚弄(우롱), 愚直(우직)

遇 ①만날 ②접대할

遭遇(조우)⇒遭逢(조봉), 待遇(대우), 境遇(경우), 知遇(지우), 禮遇(예우)

寓 ①붙어 살 ②붙일

寓居(우거), 寓話(우화), 寓意(우의) -小說(소설), 寄寓(기우), 漂寓(표우)⇒漂泊(표박)

于 ①어조사(…까지, …에) ②갈(…에서)

于今(우금)→至于今(지우금) ㊟ 至今(지금), 于先(우선)⇒爲先(위선), 于歸(우귀)

宇 ①집 ②하늘, 세계 ③도량

屋宇(옥우)⇒家屋(가옥), 宇宙(우주), 宇內(우내)⇒天下(천하), 氣宇(기우)⇒氣魄(기백), 天宇(천우)

紆 ①얽을, 얽힐 ②굽을≒迂

紆繞(우요), 紆(迂)廻(回)(우회) -道路(도로)

迂 ①멀, 돌(㉠우) ②굽을(㉡오)

迂路(우(오)로)↔捷徑(첩경), 迂叟(우수), 迂餘曲折(우여곡절)

憂 ①근심 ②상제 될

憂慮(우려), 憂患(우환), 杞憂(기우), 丁憂(정우), 憂國之士(우국지사)

優 ①넉넉할 ②부드러울 ③나을↔劣(열) ④광대 ⑤머뭇거릴

優待(우대), 優雅(우아), 優劣(우열), 俳優(배우), 優柔不斷(우유부단), 優秀(우수), 優等(우등), 優遊度日(우유도일), 優先(우선)

원

媛 예쁠, 젊은 여자

才媛(재원)↔才子(재자), 媛女(원녀)⇒美人(미인)

援 ①도울 ②끌어당길

應援(응원) -團(단), 援助(원조) 經濟(경제)-, 援用(원용), 救援(구원), 後援(후원)

圓 ①둥글 ②둘레 ③원만할

圓盤(원반) 投(투)-, 一圓(일원)⇒一帶(일대), 圓熟(원숙), 圓滿(원만), 圓覺(원각), 圓光(원광), 圓滑(원활)

園

①동산 ②능 ③밭

公園(공원) -墓地(묘지), 園所(원소), 園藝(원예) -作物(작물), 田園(전원), 果樹園(과수원)

猿

원숭이

猿聲(원성), 猿臂(원비) -之勢(지세), 犬猿(견원) -之間(지간)

遠

①멀↔近(근) ②심오할, 깊을

遠近(원근), 遠隔(원격), 遠慮(원려), 遠視(원시)↔近視(근시)

原

①근원, 근본 ②둔덕, 벌판 ③용서할

原理(원리), 原則(원칙), 高原(고원), 平原(평원), 原因(원인)⇒原由(원유), 原油(원유)

源

근원

根源(근원)⇒根本(근본), 源泉(원천), 源流(원류), 起源(기원), 水源(수원) -池(지)

願

원할, 소원

念願(염원), 所願(소원), 願望(원망), 祈願(기원), 願書(원서) 入學(입학)-, 志願(지원)

愿

삼갈, 착할

愿朴(원박), 愿謹(원근), 愿恭(원공)

苑

동산≒園(원) ※주로 짐승을 기르기 위한 동산

苑(園)囿(원유), 苑池(원지), 藝苑(예원), 苑牆(원장)

怨

①원망할 ②원수

怨望(원망), 怨恨(원한), 怨讎(원수), 仇怨(구원), 怨天尤人(원천우인)

鴛

원앙새

鴛鴦(원앙)⇒원앙새, 금실 좋은 부부/-衾枕(금침), 鴛鴦塚(원앙총)

위

韋

다룸가죽

韋革(위혁), 韋編三絶(위편삼절)

圍

둘레, 둘러쌀 약 囲

周圍(주위)⇒둘레, 範圍(범위), 圍繞(위요), 圍碁(위기)⇒바둑, 包圍(포위)

偉

위대할, 훌륭할

偉大(위대), 偉人(위인) −傳(전), 偉業(위업), 偉容(위용)

緯

씨줄, 씨금

緯度(위도)↔經度(경도), 北緯(북위) −三八線(삼팔선), 經緯(경위)

衛

호위할, 지킬

防衛(방위) 國土(국토)−, 衛生(위생) −兵(병), 守衛(수위), 衛星(위성)

違

①어길 ②다르다

違反(위반) 交通(교통)−, 違法(위법), 非違(비위), 相違(상위)

委

①맡길 ②버릴 ③자세할 ④의젓할

委託(위탁), 委任(위임), 委棄(위기), 委細(위세)⇒詳細(상세), 委委(위위), 委囑(위촉)

萎

시들, 병들, 마른

萎靡(위미), 萎縮(위축), 萎落(위락), 枯萎(고위)

爲

①할, 하다 ②행위 ③짓다, 만들 ④더불어

爲國(위국), 爲政(위정) −者(자), 行爲(행위), 作爲(작위), 當爲(당위), 所爲(소위)

僞

거짓, 속일

僞造(위조), 僞裝(위장), 僞證(위증), 眞僞(진위), 虛僞(허위), 僞善(위선) −者(자)

胃

밥통, 위

胃腸(위장), 胃痛(위통), 脾胃(비위), 胃臟(위장)⇒胃(위), 胃潰瘍(위궤양)

渭

물이름

渭水(위수), 涇渭(경위) −가 밝다, 渭樹江雲(위수강운)

謂

이를, 고하다

所謂(소위), 可謂(가위), 云謂(운위) −하다

尉 벼슬이름
尉官(위관), 大尉(대위), 准尉(준위)

慰 위로할
慰勞(위로), 慰靈祭(위령제) 合同(합동)－, 慰問(위문), 慰藉(위자)

유

儒 ①선비 ②유교
儒生(유생)⇒儒者(유자)⇒儒家(유가)⇒선비, 儒佛仙三道(유불선삼도), 侏儒(주유)

濡 ①적실 ②윤택할 ③지체할
濡筆(유필), 濡染(유염), 濡滯(유체)

襦 ①저고리 ②땀받이 옷
襦衣(유의)⇒저고리, 등옷, 襦袴(유고)⇒땀받이와 바지

孺 ①젖먹이, 어린애 ②딸릴 ③사모할
孺嬰(유영)⇒孺子(유자), 孺人(유인), 孺慕(유모), 孺童(유동)⇒어린이

由 ①말미암을 ②까닭, 이유
由來(유래), 事由(사유), 由緖(유서), 由限(유한)⇒期限(기한), 由奢入儉(유사입검)

油 ①기름 ②사물의 모양
原油(원유), 油田(유전), 油脂(유지), 油粕(유박)⇒깻묵, 油印物(유인물), 油衫(유삼)

柚 ①유자(㉠유) ②도투마리(㉡축)
柚子(유자)⇒유자나무 열매, 杼柚(저축)⇒북과 도투마리, 柚皮(유피)

唯 ①오직≒惟, 維(유) ②대답할
唯一(유일) －無二(무이), 唯我獨尊(유아독존), 唯唯(유유) －諾諾(낙낙), 唯心(유심)↔唯物(유물)

維 ①맬, 묶을 ②지탱할, 이을 ③끈, 줄 ④오직
維舟(유주), 維新(유신), 纖維(섬유) －工業(공업), 維持(유지) 秩序(질서)－, 維歲次(유세차)

惟 ①생각할 ②오직

思惟(사유), 惟獨(유독), 惟正之貢(유정지공)

帷 휘장, 장막

帷子(유자), 帷幕(유막), 帷幄(유악)⇒本陣(본진), 帷房(유방)⇒閨房(규방)

喩 ①깨우칠 ②알려주다 ③비유할≒諭

訓喩(훈유), 比(譬)喩(비유)→直喩(직유), 隱喩(은유), 提喩(제유), 諷喩(풍유)

揄 ①희롱할 ②칭찬할

揶揄(야유), 揄揚(유양)⇒讚揚(찬양)

諭 ①깨우칠 ②비유할≒喩

諭示(유시)⇒諭告(유고), 曉諭(효유), 敎諭(교유), 諷諭(喩)(풍유), 說諭(설유), 勸諭(권유)

踰 넘을 = 逾(유)

踰(逾)月(유월), 踰(逾)越(유월), 踰限(유한), 踰嶺(유령)

愉 즐거울

愉快(유쾌), 愉悅(유열)⇒유쾌하고 기쁨, 愉色(유색)

愈 ①더욱 ②나을, 병 나을≒癒

愈出愈怪(유출유괴), 快愈(癒)(쾌유)⇒快差(쾌차)

癒 병 나을≒癒

快癒(쾌유), 癒合(유합), 癒着(유착) 政經(정경)－, 治癒(치유)

酉 ①닭 ②지지(닭띠) ※西(서)는 다른 자

酉時(유시), 酉月(유월)⇒음력 8월 ※仲秋(중추)

猶 ①오히려 ②같을 ③머뭇거릴 ④종족 이름

猶不足(유부족)⇒오히려 모자람, 猶豫(유예), 猶父猶子(유부유자), 猶太(유태)

有 ①있을 ②가질 ③또

有名(유명)↔無名(무명), 所有(소유), 保有(보유), 有價(유가) －證券(증권), 有功(유공) －者(자), 十有五年(십유오년)⇒十五年(십오년), 有利(유리), 有識(유식)

侑

①권할 ②도울

侑食(유식), 侑觴(유상)⇒侑飮(유음), 侑幣(유폐), 侑歡(유환), 勸侑(권유)

宥

용서할

宥罪(유죄), 宥恕(유서), 宥和(유화)↔强硬(강경)/-政策(정책), 宥免(유면)

柔

①부드러울 ②순할 ③연약할

柔軟(유연), 柔順(유순), 柔弱(유약), 柔道(유도), 柔茹剛吐(유여강토)

揉

①휠 ②비빌

揉木(유목), 揉紙(유지), 揉手(유수)

蹂

밟을, 짓밟을

蹂躪(유린), 踐蹂(천유)

윤

閏

①윤달 ②윤위

閏月(윤월)⇒윤달⇒閏朔(윤삭), 閏秒(윤초), 閏集(윤집), 閏位(윤위), 閏年(윤년)

潤

①윤택할 ②불을 ③젖을

潤澤(윤택) -한 生活(생활), 利潤(이윤) -率(율), 浸潤(침윤), 潤氣(윤기)
㊟ 潤(윤), 潤滑(윤활) -油(유)

음

陰

①그늘↔陽(양) ②음기 ③흐를 ④세월

陰陽(음양), 陰散(음산), 光陰(광음) 一寸(일촌)-不可輕(불가경), 綠陰(녹음) -芳草(방초)

蔭

①그늘 ②덮을, 가릴

蔭德(음덕)⇒陰德(음덕), 庇蔭(비음), 蔭職(음직)⇒南行(남행), 蔭官(음관)

응

應 ①응할, 대답할 ②응당 약 応
應答(응답) 質疑(질의)−, 應當(응당), 應接(응접) −室(실), 饗應(향응), 適應(적응), 應酬(응수)

膺 ①받을 ②칠
膺受(응수), 膺懲(응징), 服膺(복응)

鷹 매
鷹犬(응견), 鷹視(응시) ∴凝視(응시)와 다름, 鷹揚(응양)

의

義 ①옳을 ②실물의 대용물 ③맺을 ④뜻
正義(정의), 義理(의리), 義足(의족)⇒義脚(의각), 義父(의부), 字義(자의), 義務(의무)↔權利(권리), 義齒(의치), 意義(의의)⇒意味(의미), 뜻, 禮義(예의)

儀 ①거동 ②모형 ③본보기
儀典(의전)⇒儀式(의식), 儀表(의표), 儀容(의용), 儀範(의범), 儀仗隊(의장대), 禮儀(예의), 祝儀(축의) −金(금), 容儀(용의) −端正(단정)

蟻 개미
蟻穴(의혈)⇒蟻孔(의공), 蟻軍(의군)⇒개미떼, 蟻裳(의상)⇒검은 치마

議 의논할
議論(의논), 議事(의사) −堂(당), 協議(협의), 會議(회의), 議決(의결), 議會(의회)

疑 의심할
疑心(의심), 疑問(의문), 懷疑(회의), 質疑(질의), 半信半疑(반신반의), 疑懼(의구), 疑訝(의아)

擬 ①비길, 흉내낼 ②헤아릴
擬製(의제), 擬聲(의성), 模擬(모의) −考査(고사), 擬古(의고)

衣 ①옷, 윗옷 ②옷 입을
衣類(의류), 衣裳(의상)⇒衣服(의복), 衣食住(의식주), 衣架(의가)⇒옷걸이

依 ①의지할 ②전과 같을 ③좇을, 따를
依據(의거), 依然(의연) 舊態(구태)-, 依存(의존)⇒依支(의지)

이

爾 ①너 ②그 ③어조사
爾汝(이여)⇒너, 너희들, 爾時(이시)⇒그때, 爾後(이후)⇒其後(기후)

邇 가까울↔遐(하)
邇來(이래)⇒요즈음, 그후, 邇言(이언)⇒卑近(비근)하고 통속적인 말

飴 엿
飴糖(이당), 飴蜜(이밀)⇒엿과 꿀

餌 ①먹이, 미끼 ②먹을
食餌(식이) -療法(요법), 餌藥(이약), 餌料(이료)⇒飼料(사료)

食 ①밥(㉠식) ②먹을, 기를(㉡사) ③사람이름(㉢이)
食費(식비), 食糧(식량), 疏食(소사), 食餌(식이) -療法(요법)

익

翌 다음
翌年(익년)⇒다음해, 翌日(익일), 翌朝(익조), 翌夜(익야), 翌月(익월)

翊 도울≒翼
翊戴(익대) -功臣(공신), 翊成(익성), 輔翊(翼)(보익)⇒輔導(보도)

翼 ①날개 ②도울≒翊 ③이튿날
羽翼(우익), 翼(翊)戴(익대), 輔翼(翊)(보익)

인

刃

①칼날 ②칼질할 ㉷ 刄
刃傷(인상), 白刃(백인), 自刃(자인)

仞

길, 높다 ㉷ 仭
千仞(천인) −絶壁(절벽), 仞積(인적)

靭

질길 = 靱
靭(靱)帶(인대), 强靭(강인) −한 精神(정신)

忍

①참을 ②모질, 잔인할
忍耐(인내), 殘忍(잔인), 忍苦(인고), 忍辱衣(인욕의)⇒袈裟(가사)

認

인정할, 알
認定(인정), 認識(인식), 認可(인가), 承認(승인), 確認(확인)

因

①인할, 이어받을 ②의지할 ③까닭 ④인연
因習(인습), 因緣(인연), 原因(원인), 因果(인과) −應報(응보)

茵

①방석 ②사철쑥
茵席(인석) −之臣(지신), 茵蔯(인진)⇒사철쑥, 茵褥(인욕)

咽

①목구멍(㉠인) ②목멜(㉡연, 열)
咽喉(인후)⇒목구멍, 哀咽(애열), 嗚咽(오열), 咽咽(연연)

姻

혼인, 시집
婚姻(혼인)⇒結婚(결혼), 姻戚(인척)↔親戚(친척), 姻家(인가)

임

任

①맡길 ②맡은 일 ③마음대로 할
擔任(담임), 責任(책임) −完遂(완수), 任意(임의), 放任(방임), 任務(임무)

賃

①품팔이 ②빌리다, 세낼

賃金(임금), 賃貸(임대)↔賃借(임차)/-住宅(주택), 運賃(운임), 勞賃(노임)

妊

아이 밸 = 姙

妊(姙)娠(임신)⇒懷妊(회임)/-婦(부), 妊産(임산), 不妊(불임), 避妊(피임)

衽

옷섶, 옷깃 = 袵

斂衽(염임), 衽席(임석)⇒寢室(침실)

荏

①들깨 ②부드러울

荏子(임자)⇒들깨, 荏弱(임약), 荏苒(임염)

자

滋

①불을 ②맛 ③적실 ④더욱 ㊂滋

滋蔓(자만), 滋養(자양)→營養(영양), 滋(慈)雨(자우)⇒澤雨(택우)⇒단비, 滋甚(자심) 충격이 -하다

磁

①자석 ②자기 ㊂磁

磁石(자석)⇒磁針(자침)⇒指南鐵(지남철), 磁(瓷)器(자기), 電磁(전자) -波(파), 青磁(청자)

慈

①사랑 ②어머니 ㊂慈

慈愛(자애), 慈善(자선) -事業(사업), 慈堂(자당)→母親(모친), 仁慈(인자), 慈親(자친)↔嚴親(엄친)

子

①아들 ②당신 ③종자 ④학자 ⑤첫째 지지(쥐띠)

子孫(자손), 孔子(공자), 種子(종자), 女子(여자), 子正(자정)↔午正(오정), 原子(원자), 帽子(모자)

仔

①자세할 ②견디다 ③새끼

仔細(자세), 仔詳(자상), 仔蟲(자충)⇒幼蟲(유충)

字

①글자 ②사랑할, 기를

文字(문자), 字牧(자목), 字幕(자막), 活字(활자), 英字(영자), 字訓(자훈), 字畫(자획)

疵

①허물, 흠집 ②병

瑕疵(하자)⇒흠, 결점, 疵厲(자려)⇒병, 재앙, 災害(재해), 疵病(자병)

紫

자줏빛, 보라색

紫色(자색)⇒자줏빛, 보라색, 紫水晶(자수정), 紫外線(자외선), 紫煙(자연)

雌

①암컷↔雄(웅) ②약할, 지다

雌雄(자웅), 雌伏(자복), 雌黃(자황)

咨

①물을 = 諮 ②탄식할

諮(咨)問(자문), 咨歎(자탄), 咨周(자주), 咨文(자문)

資

①재물, 자본 ②신분, 자격

資金(자금), 資本(자본), 資格(자격), 資源(자원), 物資(물자), 資材(자재)

瓷

사기그릇, 도자기

瓷器(자기) 高麗(고려)－, 靑瓷(청자) 象嵌(상감)－, 陶瓷器(도자기)

諮

물을, 의논할

諮問(자문) －機關(기관)↔議決機關(의결기관), 諮議(자의)

姿

①맵시 ②성품

姿態(자태), 姿(資)質(자질), 姿勢(자세), 艶姿(염자), 姿貌(자모)

恣

방자할

恣行(자행), 恣意(자의), 恣逸(자일)⇒放恣(방자)/－無忌(무기), 自恣(자자)

者

①놈, 사람, 것 ②어조사

著者(저자), 記者(기자), 信者(신자), 學者(학자), 告者(고자), 近者(근자)⇒近日(근일)

煮

삶을 = 煑, 지지다

煮沸(자비), 煮茗(자명)⇒煎茶(전다), 煮醬(자장)⇒장조림, 炮煮(포자)

작

勺

①구기, 잔 ②작(10분의 1홉)

勺水不入(작수불입), 十勺(십작)⇒壹合(일홉)

芍 작약

芍藥(작약)⇒자약→함박꽃, 白芍(백작)

灼 ①구울 ②밝을

灼熱(작열) －하는 太陽(태양), 灼灼(작작)⇒화려하고 찬란하다

酌 ①따를, 잔질할 ②술 ③짐작할

酌婦(작부), 淸酌(청작), 斟酌(침작→짐작), 參酌(참작), 酌定(작정), 酬酌(수작), 酌水成禮(작수성례)

昨 어제↔今(금)

昨日(작일)⇒어제↔來日(내일), 昨今(작금)⇒어제, 오늘, 요즈음, 昨年(작년), 昨非今時(작비금시)

作 ①지을 ②일으킬 ③만들 ④일할

作家(작가) 文學(문학)－, 振作(진작), 操作(조작), 製作(제작), 豊作(풍작)↔凶作(흉작), 作業(작업) 夜間(야간)－, 名作(명작)→傑作(걸작), 作心三日(작심삼일), 作定(작정) ※酌定(작정)과 다름, 作態(작태)

炸 터질, 불 터질

炸裂(작렬) 爆彈(폭탄)이 －, 炸發(작발), 炸藥(작약)

柞 ①떡갈나무(㉠작) ②나무 벨(㉡책)

柞蠶(작잠)↔家蠶(가잠)/－繭(견)⇒산누에고치, 柞木(책목)⇒伐木(벌목)

잔

棧 비계, 잔도 약 栈

棧橋(잔교), 棧道(잔도)⇒棧閣(잔각), 雲棧(운잔)

殘 ①남을 ②모질 ③상할

殘額(잔액), 殘忍(잔인) －無道(무도), 相殘(상잔) 同族(동족)－, 殘留(잔류), 殘酷(잔혹)

盞 잔

盞臺(잔대)⇒托盤(탁반), 酒盞(주잔), 滿盞(만잔)

장

壯

①씩씩할 ②웅장할 ㉮ 壮

壯丁(장정), 雄壯(웅장), 宏壯(굉장), 壯烈(장렬), 悲壯(비장), 壯談(장담)⇒壯言(장언), 壯元(장원)

狀

①문서(㉠장) ②형상(㉡상)

賞狀(상장), 表彰狀(표창장), 狀況(상황) 被害(피해)—, 狀態(상태), 狀頭(장두), 形狀(형상)

莊

①집중할 ②바를 ③별장 ㊀庄

莊重(장중), 莊嚴(장엄), 莊言(장언)⇒正言(정언), 別莊(별장)

粧

단장할

化粧(화장)⇒丹粧(단장), 美粧(미장) —院(원), 粧飾(장식)

裝

①꾸밀 ②차릴 ③차림

裝飾(장식) —品(품), 裝備(장비) 登山用(등산용)—, 裝置(장치) 盜聽(도청)—, 服裝(복장), 扮裝(분장)

丈

①어른 ②길이의 단위 ③사람의 키

丈夫(장부) —一言重千金(일언중천금), 丈人(장인), 1丈(장)=10尺(척)

仗

①의장, 무기 ②의지할, 지팡이

儀仗(의장), 倚仗(의장), 兵仗器(병장기), 仗義疎財(장의소재)

杖

①지팡이 ②몽둥이

短杖(단장), 竹杖(죽장), 棍杖(곤장), 杖鼓(장고)⇒장구, 杖刑(장형)

章

①글 ②밝을 ③문체 ④나타날

文章(문장), 章程(장정), 印章(인장)⇒圖章(도장), 勳章(훈장) 功勞(공로)—, 章理(장리)

障

①막힐 ②거리낄

障壁(장벽), 障礙(碍)(장애) —物(물), 障害(장해), 保障(보장), 故障(고장)

璋

홀, 반쪽 홀

弄璋之慶(농장지경)⇒아들을 낳은 즐거움↔弄瓦之慶(농와지경)⇒딸을 낳은 경사

獐

노루

獐茸(장용)→鹿茸(녹용), 獐角(장각)⇒노루뿔, 獐頭鼠目(장두서목)

長

①길, 길이↔短(단) ②오랠 ③멀 ④뛰어날 ⑤어른

長短(장단), 長久(장구)⇒永久(영구), 長途(장도), 長者(장자), 長幼(장유) –有序(유서)

帳

①휘장 ②치부책

帳幕(장막), 帳簿(장부)⇒簿冊(부책), 帳(掌)記(장기), 通帳(통장) 貯金(저금)–, 記帳(기장), 臺帳(대장), 揮帳(휘장)

張

①베풀 ②당길 ③늘일 ④과장할

擴張(확장)↔縮小(축소), 緊張(긴장), 伸張(신장), 誇張(과장), 張三李四(장삼이사)⇒甲男乙女(갑남을녀), 張皇(장황)

薔

장미

薔薇(장미) –小說(소설), 白薔薇(백장미), 薔薇疹(장미진)⇒발진티푸스

檣

돛대

檣竿(장간)⇒帆檣(범장)⇒돛대, 檣樓(장루) –砲(포)

牆

담 = 墻

牆垣(장원)⇒담장, 담, 蕭墻(牆)之變(소장지변)⇒自中之亂(자중지란), 牆(墻)有耳(장유이)⇒담에도 귀가 있다, 牆(墻)籬(장리)⇒울타리

藏

①감출 ②곳집, 창고

貯藏(저장)→所藏(소장), 藏書(장서)⇒藏本(장본), 藏頭隱尾(장두은미), 埋藏(매장), 包藏(포장)

欌

장롱

欌籠(장롱)⇒장, 欌門(장문), 欌廛(장전)⇒방 세간을 파는 가게

臟

오장

五臟(오장) –六腑(육부)⇒臟腑(장부), 臟器(장기), 腎臟(신장)⇒콩팥

贓

장물, 뇌물받을 속 賍

贓品(장품)⇒贓物(장물) –取得罪(취득죄), 贓錢(장전)

將

①장수, 거느리다 ②장차 ③써, 가지고

將帥(장수), 將來(장래)⇒將次(장차), 將計就計(장계취계), 日就月將(일취월장)

奬

①권면할 ②칭찬할 ③돕다

奬勵(장려) －賞(상), 奬學(장학) －金(금), 勸奬(권장), 奬忠壇(장충단)

醬

간장, 된장, 육장

醬滓(장재)⇒된장, 醬蒜(장산)⇒마늘장아찌, 醬油(장유)⇒간장, 豆醬(두장)

漿

①미음 ②즙, 액체

漿水(장수), 漿果(장과) 漿液膜(장액막), 酢漿(초장), 血漿(혈장)

場

마당, 곳 ㊗塲

場所(장소), 登場(등장), 工場(공장), 劇場(극장), 農場(농장), 立場(입장)

腸

창자

大腸(대장), 腸壁(장벽), 腸窒扶斯(장질부사)⇒ 장티푸스, 盲腸(맹장)

재

哉

①어조사(토) ②처음, 비롯할

快哉(쾌재), 痛哉(통재), 哉生明(재생명)⇒음력 초사흘, 哉生魄(재생백)

栽

심을, 가꾸다

栽培(재배) 農作物(농작물)－/溫床(온상)－, 盆栽(분재), 栽植(재식)

裁

①마를, 끊을 ②결단할

裁斷(재단) －師(사), 裁判(재판), 裁縫(재봉), 制裁(제재) 法的(법적)－, 裁量(재량)⇒裁酌(재작)⇒裁度(재탁), 裁可(재가), 決裁(결재)

載

①실을, 타다 ②해

積載(적재), 揭載(게재), 登載(등재), 千載一遇(천재일우), 記載(기재), 摘載(적재) ∴積載(적재)와 다름

齋

①재계할 ②집 ③상복 아랫단홀

齋戒(재계) 沐浴(목욕)－, 書齋(서재), 齋(齊)衰(재최), 齋室(재실)⇒齋閣(제각)

賫

가질, 지닐

賫來(재래)⇒招來(초래), 賫糧(재량), 賫送(재송)

宰 ①재상 ②주관할 ③잡을
宰相(재상), 主宰(주재), 宰殺(재살)⇒屠殺(도살), 宰割(재할)

滓 찌꺼기, 앙금
殘滓(잔재) 日帝(일제)의 –, 滓炭(재탄), 渣滓(사재)⇒찌꺼기

쟁

爭 ①다툴 ②간할
爭奪(쟁탈), 戰爭(전쟁), 競爭(경쟁), 爭(諍)臣(쟁신), 爭議(쟁의) 勞動(노동)–

箏 쟁(악기)
箏曲(쟁곡)⇒琴曲(금곡), 牙箏(아쟁), 風箏(풍쟁)⇒鳶(연)

諍 ①간할 ②송사할
諍臣(쟁신), 諍訟(쟁송), 諫諍(간쟁), 諍亂(쟁란)⇒騷亂(소란)

錚 ①쇳소리 ②징, 종
錚錚(쟁쟁), 錚鼓(쟁고)⇒꽹과리와 북, 錚盤(쟁반), 鐵中錚錚(철중쟁쟁)

저

咀 씹을
咀嚼(저작) –器(기), 咀呪(저주)

沮 ①막을, 그칠 ②꺾일, 잃을
沮止(저지), 沮喪(저상) 士氣(사기)–, 沮害(저해), 沮勸(저권)

狙 ①원숭이 ②노릴, 엿볼
狙公(저공)⇒원숭이, 狙擊(저격) 괴한에게 –당하다, 狙縛(저박)

詛 ①저주할 ②맹세할
詛呪(저주)⇒呪詛(주저)/–스럽다, 詛盟(저맹)⇒맹세, 誓約(서약)

苴

①암삼 ②꾸러미

苴布(저포), 苞苴(포저), 苴麻(저마), 苴杖(저장)

疽

등창, 종기

疽腫(저종), 癰疽(옹저)⇒큰 종기, 疽食(저식)

底

①밑 ②속, 구석 ③이를

海底(해저), 徹底(철저), 底止(저지), 到底(도저)히, 底力(저력), 基底(기저), 底層(저층)

低

①낮을↔高(고) ②값쌀

高低(고저), 低廉(저렴) －한 가격, 低下(저하)↔向上(향상), 低血壓(저혈압)

抵

①막을 ②거스를 ③대저⇒무릇 ④이를

抵抗(저항)→對抗(대항), 抵觸(저촉) 法(법)에 －되다, 大抵(대저), 抵當權(저당권), 抵死爲限(저사위한) ㊉ 抵死(저사)

邸

집

邸宅(저택), 官邸(관저), 別邸(별저)⇒別莊(별장), 私邸(사저)⇒私第(사제), 邸下(저하)⇒王世子(왕세자)

羝

숫양 ※양의 수컷

羝乳(저유), 羝羊觸藩(저양촉번)⇒進退維谷(진퇴유곡)

著

①글짓다 ②나타나다(㉠저) ③붙을 ④이르다(㉡착≒着)

著作(저작)⇒著述(저술), 著名(저명)⇒有名(유명), 到著(着)(도착), 著(着)想(착상)

箸

젓가락

竹箸(죽저)⇒대젓가락, 箸筒(저통)⇒수저통, 火箸(화저)⇒부젓가락

楮

①닥나무 ②종이 ③지폐

楮實(저실)⇒닥나무 씨, 楮墨(저묵), 楮幣(저폐)⇒紙幣(지폐), 寸楮(촌저)⇒寸紙(촌지)

猪

멧돼지

猪突(저돌), 猪八戒(저팔계)

躇

머뭇거릴

躊躇(주저)⇒躊佇(주저)

藷

①고구마, 감자, 사탕수수 ②마

甘藷(감저)⇒藷芋(저우)⇒고구마, 藷蔗(저자)⇒사탕수수⇒甘蔗(감자)

儲

①버금 ②쌓을 ③동궁, 태자

儲君(저군)⇒太子(태자)⇒東宮(동궁), 儲位(저위), 儲積(저적), 儲廩(저름)

적

敵

①대적할 ②적, 적수

敵國(적국), 敵手(적수), 敵愾心(적개심), 匹敵(필적), 宿敵(숙적)

嫡

정실, 본마누라

嫡庶(적서) －差代(차대), 嫡子(적자)↔庶子(서자), 嫡母(적모), 嫡出(적출)↔庶出(서출)

摘

①따다 ②들추어낼

摘芽(적아), 指摘(지적), 摘要(적요), 摘發(적발), 摘示(적시), 摘出(적출)⇒들추어냄

滴

물방울

滴水(적수), 餘滴(여적)⇒餘墨(여묵), 硯滴(연적), 滴露(적로), 大海一滴(대해일적)⇒滄海一粟(창해일속)

謫

①꾸짖을 ②귀양갈

謫徙(적사)→謫所(적소)→謫居(적거), 謫中(적중), 遠謫(원적)

適

마땅할, 알맞을

適當(적당), 適應(적응), 適切(적절), 適材適所(적재적소), 適時(적시) －打(타), 快適(쾌적), 適中(적중), 適口之餠(적구지병)⇒입에 맞는 떡

積

쌓을, 부피, 넓이

積立(적립), 積極(적극)↔消極(소극), 積載(적재), 積阻(적조), 蓄積(축적), 體積(체적)⇒부피, 面積(면적)⇒넓이

績

①길쌈할 ②공적

紡績(방적) －機械(기계), 功績(공적), 成績(성적) －表(표), 實績(실적)

蹟

자취 = 跡(적), 迹(적)

古蹟(고적) －地(지), 遺蹟(유적), 奇蹟(기적), 人蹟(跡, 迹)(인적), 追蹟(跡, 迹)(추적), 筆蹟(跡)(필적)

전

前

앞↔後(후)

前後(전후), 前轍(전철), 前途(전도) -遼遠(요원), 午前(오전), 以前(이전)

煎

①달일, 지질 ②근심할

煎茶(전다)⇒烹茶(팽다), 花煎(화전)⇒꽃전, 煎悶(전민), 煎藥(전약), 煎果(전과)⇒正果(정과)

剪

가위, 베다

剪刀(전도)⇒가위, 剪定(전정)⇒剪枝(전지), 剪斷(전단), 剪草除根(전초제근)

箭

화살

火箭(화전), 箭鏃(전촉)⇒화살촉, 箭魚(전어)⇒준치, 箭筩(전용)

箋

①글, 편지 ②주를 달다

附箋(부전) -紙(지), 箋註(注)(전주)⇒註釋(주석) 註解(주해), 箋筒(전통), 處方箋(처방전)

錢

돈

金錢(금전) -出納簿(출납부), 無錢(무전) -旅行(여행), 本錢(본전), 換錢(환전)

餞

송별할

餞送(전송)⇒餞別(전별)/-金(금), 餞春(전춘), 餞杯(전배)

專

①오로지 ②마음대로 할

專攻(전공) -科目(과목), 專念(전념), 專制(전제), 專橫(전횡), 專門(전문) -醫(의)

傳

①전할 ②펼 (약)伝 ※傅(부)는 다른 자

傳達(전달), 傳來(전래), 傳記(전기), 宣傳(선전), 傳染(전염) -病(병), 傳播(전파)

甎

벽돌 = 塼 (속)砖

甎(塼)壁(전벽), 甎(塼)塔(전탑), 甎(砖)瓦(전와)⇒벽돌과 기와

轉

①굴릴 ②옮길

回轉(회전) -木馬(목마), 轉嫁(전가), 轉禍爲福(전화위복), 自轉車(자전거), 轉換(전환)

輾

돌아누울

輾轉(전전) －反側(반측)⇒輾轉不寐(전전불매)

全

①온전할 ②모두

完全(완전), 全部(전부), 全國(전국), 全額(전액), 全量(전량), 全般(전반)

栓

나무못, 마개, 말뚝

血栓(혈전), 甁栓(병전)⇒병마개, 消火栓(소화전), 水道栓(수도전)

筌

통발(물고기를 잡는 어구)

筌蹄(전제), 魚筌(어전)⇒통발

銓

전형할, 저울질할, 헤아릴

銓衡(전형)⇒選考(선고)→銓考(전고), 銓注(전주)

詮

①설명할 ②뽑다

詮議(전의), 詮考(전고), 詮衡(전형), 詮釋(전석)⇒詮解(전해)

田

①밭 ②사냥할

田地(전지)⇒田畓(전답), 田園(전원), 田獵(전렵), 田庄(莊)(전장)

佃

①밭을 갈 ②사냥할

佃作(전작), 佃漁(전어), 佃戶(전호)⇒小作人(소작인), 耕佃(경전)

鈿

①자개 ②비녀 ③돈, 동전

金鈿(금전)⇒금비녀, 螺鈿(나전) －漆器(칠기), 鈿盒(전합)

塡

메울, 메일

充塡(충전), 補塡(보전) 赤字(적자)를 －하다, 裝塡(장전) 총에 실탄을 －하다

顚

①근본, 처음 ②넘어질

顚末(전말) －書(서)⇒始末書(시말서), 顚倒(전도), 顚覆(전복)

癲

①미칠 ②지랄병

癲狂(전광), 癲癎(전간)⇒癎疾(간질)⇒지랄병

점

占

①점 ②차지할

占術(점술)→占卦(점괘), 占領(점령), 獨占(독점), 占有(점유), 占據(점거)

苫

①거적자리 ②덮음, 이엉

苫塊(점괴), 苫席(점석), 苫前(점전), 苫覆(점복)⇒덮음, 지붕을 잇다

店

가게

店鋪(점포)→商店(상점), 書店(서점), 露店(노점), 本店(본점)↔支店(지점)

粘

①끈끈할 ②붙을

粘液(점액), 粘着劑(점착제), 粘土(점토)⇒진흙, 粘膜(점막), 粘(黏)米(점미)⇒찹쌀

點

①점, 점 찍을 ②불 켤 ③검사할 약 点

點綴(점철) 감동과 눈물로 －된 소설, 點火(점화), 點檢(점검), 點心(점심), 起點(기점)↔終點(종점), 重點(중점)

霑

①젖을≒沾 ②받을, 입을

霑潤(점윤), 均霑(균점), 霑汗(점한)

접

接

①닿을, 이을 ②맞을, 대접할

隣接(인접) －國(국), 接待(접대), 直接(직접)↔間接(간접), 接觸(접촉), 接着(접착) －劑(제), 接續(접속), 接戰(접전), 接受(접수), 接近(접근)

椄

접붙일

椄木(접목), 椄枝(접지)↔椄本(접본) ⇒ 臺木(대목)

정

亭

①정자 ②역마을

亭子(정자)⇒亭閣(정각), 驛亭(역정)⇒驛站(역참), 亭然(정연), 亭亭(정정)

停

머무를

停止(정지), 停戰(정전) －會談(회담), 停電(정전), 停滯(정체)

渟

①물 괼 ②머무를

渟水(정수), 渟(碇)泊(정박) →下錨(하묘)/부두에 －하다

廷

①조정 ②법정

朝廷(조정), 法廷(법정)⇒法院(법원), 開廷(개정)↔閉廷(폐정)

庭

①뜰 ②집안

庭園(정원), 家庭(가정), 親庭(친정)⇒本家(본가), 庭訓(정훈)

挺

①빼어날 ②나아갈

挺立(정립), 挺身(정신) －隊(대), 挺出(정출)

艇

작은 배

小艇(소정), 艦艇(함정), 掃海艇(소해정), 艇身(정신)

霆

①천둥, 우레 ②번개, 벼락

霆擊(정격)⇒電擊(전격), 驚霆(경정), 雷霆(뇌정)⇒천둥

丁

①장정 ②넷째 천간

壯丁(장정)→丁男(정남), 丁年(정년), 園丁(원정)⇒庭園師(정원사), 兵丁(병정)

汀

물가

汀線(정선), 汀渚(정저), 汀洲(정주), 汀岸(정안)⇒물가, 長汀曲浦(장정곡포)

町

①밭두둑 ②단위(넓이)

町畦(정휴)⇒밭두둑→境界(경계), 一町步(일정보)⇒三千坪(삼천평)

頂

①정수리 ②꼭대기

頂門(정문) －一針(일침), 絶頂(절정), 頂上(정상) －會談(회담)

訂

고칠, 바로잡을

訂正(정정) 字句(자구)－, 訂定(정정) 是非(시비)를 －하다, 改訂(개정) －版(판), 校訂(교정), 修訂(수정) 初版(초판)을 －

酊
술 취할

酒酊(주정) －뱅이, 酩酊(명정)⇒大醉(대취)

釘
못

釘頭(정두)=못대가리, 押釘(압정), 釘倒蟲(정도충)⇒장구벌레, 竹釘(죽정)

貞
곧을, 바를

貞操(정조), 貞淑(정숙), 貞烈(정렬) －夫人(부인), 貞潔(정결), 不貞(부정)

偵
정탐할, 엿볼

偵察(정찰) －隊(대), 探偵(탐정) －小說(소설), 密偵(밀정), 偵諜(정첩)

幀
①그림 족자(㉠정) ②탱화(㉡탱)

影幀(영정)⇒影像(영상), 裝幀(장정) －이 화려한 책, 幀畫(정화⇒탱화)

禎
상서로울

禎祥(정상)⇒禎瑞(정서)⇒좋은 징조

睛
눈동자

眼精(안정)⇒瞳子(동자)⇒눈동자, 青睛(청정)

精
①정할, 깨끗할 ②정신 ③정성 ④찧을

精華(정화) 민족문화의 －, 精神(정신), 精誠(정성), 精算(정산)↔概算(개산), 精米所(정미소)

情
①뜻 ②사랑 ③형편

感情(감정), 多情(다정), 表情(표정), 情勢(정세) 國際(국제)－, 情熱(정열), 同情(동정), 冷情(냉정) －히 拒絶(거절)하다, 情緖(정서)

靖
편안할

靖案(정안), 靖亂(정란) －功臣(공신), 靖難(정난), 靖國(정국)

靜
고요할, 조용할

靜寂(정적), 靜肅(정숙), 靜謐(정밀), 動靜(동정), 靜脈(정맥), 靜觀(정관), 冷靜(냉정) －한 판단

淨
깨끗할 약 净

淨潔(정결)⇒淸淨潔白(청정결백), 淨水(정수), 淨化(정화)

定 정할, 정해질
確定(확정), 定價(정가), 定額(정액), 定期(정기), 固定(고정)

碇 닻
碇(渟)泊(정박)→下錨(하묘), 碇泊燈(정박등)

錠 덩이, 알약
錠劑(정제)⇒알약, 糖衣錠(당의정)

井 ①우물 ②정(井)자꼴 ③마을
井中觀天(정중관천), 市井(시정) −輩(배), 井底蛙(정저와)⇒井中蛙(정중와)

穽 함정
陷穽(함정), 坑穽(갱정), 陷(檻)穽(함정)

鼎 솥, 세발 솥
鼎立(정립) 三國(삼국)−, 鼎談(정담), 鼎足(정족) −之勢(지세)

正 ①바를, 바로잡을 ②처음, 정월
正直(정직), 正義(정의), 正確(정확), 正月(정월)⇒1월, 改正(개정), 公正(공정)

征 ①칠, 정벌할 ②갈, 여행할
征服(정복), 征伐(정벌), 征途(정도), 出征(출정), 遠征(원정)

政 정사, 다스릴
政治(정치), 政府(정부), 政黨(정당), 財政(재정), 行政(행정), 政客(정객)

鉦 징
鉦鼓(정고)⇒징과 북, 擊鉦(격정), 叩鉦(고정), 銅鉦(동정)

整 가지런할
整頓(정돈), 整列(정렬), 整理(정리), 整備(정비), 整形(정형) −外科(외과)

呈 ①보일, 드러낼 ②드릴
露呈(노정), 贈呈(증정), 呈示(정시), 呈進(정진)⇒ 進呈(진정)

程

①법 ②한도, 정도 ③길, 길의 거리

程式(정식)⇒法式(법식)/格式(격식), 程度(정도), 路程(노정), 過程(과정), 課程(과정)

제

齊

①다스릴, 가지런할(㉠제) ②상복(㉡재, 자) ③재계할(㉢재) 약 斉

齊家(제가), 整齊(정제), 齊唱(제창), 齊衰(자최→재최), 齊戒(재계)⇒齋戒(재계), 一齊(일제)히

濟

①건널 ②구제할

濟度(제도) −衆生(중생), 濟世(제세) −安民(안민), 救濟(구제), 未濟(미제)↔旣濟(기제)

儕

①무리 ②함께

儕等(제등)⇒同僚(동료), 儕輩(제배)⇒同輩(동배)

劑

약, 약 지을 약 剤

藥劑(약제) −師(사), 調劑(조제), 錠劑(정제)⇒알약

制

①만들, 정할 ②억제하다 ③법도, 규정

制定(제정), 抑制(억제), 制度(제도) 社會(사회)−/家族(가족)−, 制憲(제헌) −節(절), 制限(제한), 制裁(제재)

製

지을, 만들

製作(제작), 製造(제조), 製品(제품) 新(신)−, 外製(외제), 製圖(제도), 製菓(제과)

堤

방죽, 둑 = 隄

堤防(제방)→堤堰(제언), 防波堤(방파제)

提

①끌, 들 ②내놓을, 드러낼(㉠제) ③보리수(㉡리)

提携(제휴) 技術(기술)−, 提供(제공), 提起(제기), 提高(제고), 提請(제청), 菩提樹(보리수)

題

①제목 ②머리말 ③적을, 글쓸 ④문제

命題(명제), 題目(제목), 題言(제언), 題字(제자), 主題(주제), 問題(문제)

祭

제사, 제사 지낼

祭祀(제사)⇒享祀(향사), 祭物(제물), 祭典(제전), 祝祭(축제)

際 ①즈음 ②가, 끝 ③사귈 ④만날

此際(차제), 交際(교제), 際會(제회)⇒際遇(제우), 際涯(제애)⇒際限(제한), 實際(실제), 國際(국제) －大會(대회)

弟 ①동생↔兄(형) ②제자 ↔師(사)

兄弟(형제), 弟子(제자), 師弟(사제), 弟嫂(제수), 弟妹(제매), 舍弟(사제)

悌 공손할

孝悌(효제)⇒孝友(효우), 悌友(제우), 豈(愷)悌(개제)

梯 사다리, 층계

梯形(제형)⇒사다리꼴, 階梯(계제) 이 －에 다하자, 雲梯(운제), 梯山航海(제산항해)

睇 훔쳐볼, 곁눈질할

睇視(제시), 遙睇(요제), 微睇(미제)

第 ①차례 ②과거시험 ③집

第一(제일), 第三者(제삼자), 及第(급제), 第宅(제택)⇒邸宅(저택)

帝 임금

帝王(제왕)⇒皇帝(황제)와 國王(국왕), 帝國(제국) －主義(주의), 帝政(제정)

啼 ①울다 ②새 울

啼泣(제읍)⇒涕泣(체읍), 啼血(제혈), 啼鳥(제조)⇒새가 욺

蹄 발굽

蹄鐵(제철), 蹄形磁石(제형자석)⇒말굽자석, 馬蹄(마제)⇒말발굽

조

噪 떠들, 시끄러울 = 譟

噪音(조음)↔樂音(악음), 喧噪(훤조)⇒諠(喧)譁(훤화), 叫噪(규조), 鵲噪(작조)

躁 조급할, 성급할

躁急(조급), 躁暴(조포), 躁競(조경), 躁動(조동)⇒輕擧妄動(경거망동), 躁鬱症(조울증)

燥 마를

乾燥(건조) 無味(무미)－, 燥渴(조갈) －症(증), 焦燥(초조), 燥濕(조습), 燥涸(조학), 輕燥(경조)

操 ①잡을 ②부릴, 다툴 ③지조

操心(조심), 操縱(조종) －士(사), 操業(조업), 志操(지조), 體操(체조), 操鍊(조련), 操束(조속), 操作(조작)

藻 ①마름 ②글 ③문체

藻流(조류), 海藻(해조), 藻思(조사), 詞(辭)藻(사조), 藻鑑(조감)

繰 고치, 켤

繰繭(조견), 繰絲(조사), 繰出(조출)

祖 ①할아버지 ②선조 ③시조

祖父(조부), 祖母(조모), 祖上(조상)⇒先祖(선조), 始祖(시조), 祖國(조국), 祖考(조고), 祖妣(조비)

租 ①구실 ②세(낼)

租稅(조세)⇒稅金(세금), 租借(조차) －地(지), 賭租(도조)

俎 ①도마 ②제기(祭器) 속 爼

俎刀(조도)⇒도마와 식칼, 俎豆(조두), 俎上肉(조상육)⇒釜中之魚(부중지어)

阻 ①막힐 ②험할

積阻(적조)⇒隔阻(격조), 阻艱(조간)→阻險(조험), 阻面(조면), 阻絶(조절)

粗 거칠↔精(정)

粗雜(조잡)↔精密(정밀), 粗製(조제) －品(품), 粗安(조안), 粗惡(조악)

組 짤, 만들

組織(조직) －網(망), 組閣(조각), 組立(조립), 組版(조판)

朝 ①아침 ②조정

朝夕(조석), 朝刊(조간)↔夕刊(석간)/－新聞(신문), 朝廷(조정), 朝三暮四(조삼모사)

嘲 조롱할, 비웃을

嘲弄(조롱), 嘲笑(조소)⇒비웃음, 自嘲(자조)

潮

조수, 밀물, 썰물

潮水(조수)↔汐水(석수), 潮流(조류), 潮熱(조열), 潮力(조력) -發電所(발전소), 干潮(간조)↔滿潮(만조)

曹

①무리 ②벼슬아치, 관청 ③나라이름 ④성 = 曺(조)

汝曹(여조), 法曹(법조) -界(계), 曹溪宗(조계종), 曹操(조조)

槽

①구유 ②통

槽櫪(조력)⇒마구간, 외양간, 水槽(수조), 油槽(유조) -船(선), 馬槽(마조), 浴槽(욕조)

漕

배 저을, 배로 실어나를

漕船(조선), 漕艇(조정) -競技(경기), 漕運(조운) -倉(창)⇒漕倉(조창)

糟

재강, 지게미

糟粕(조박)⇒재강(술찌꺼기)⇒酒糟(주조), 糟糠(조강) -之妻(지처)/-不下堂(불하당)

遭

만날

遭遇(조우)⇒遭逢(조봉), 遭難(조난) -事故(사고), 遭故(조고)⇒當故(당고)

彫

새길≒雕

彫刻(조각) -家(가), 彫琢(조탁), 彫牆(조장)⇒화초담, 木彫(목조), 彫心鏤骨(조심누골)

凋

시들

凋落(조락)⇒凋零(조령), 凋殘(조잔), 凋盡(조진), 凋枯(조고)

稠

①빽빽할, 많을 ②진할

稠密(조밀) 人口(인구)가 -하다, 稠人廣座(조인광좌) ㊟ 稠座(조좌), 粘稠(점조)

調

①고를 ②뽑을 ③조사

調味料(조미료), 調理(조리) -師(사), 調節(조절), 調査(조사), 順調(순조), 調和(조화), 格調(격조), 調停(조정) 勞使(노사)-, 曲調(곡조), 調整(조정) 物價(물가)-

眺

바라볼

眺望(조망)⇒展望(전망)⇒觀望(관망)/風光(풍광)-/景致(경치)-

窕

①안존할, 얌전할 ②깊을

窈窕(요조) -淑女(숙녀), 輕窕(경조), 窕冶(조야)

兆 ①조(億(억)의 만배) ②조짐, 빌미 ③묘지
一兆(일조), 兆民(조민), 兆朕(조짐), 兆域(조역), 前兆(전조)

졸

卒 ①군사 ②갑자기 ③마치다 ④죽다
卒兵(졸병), 倉卒(猝)(창졸) －間(간), 卒倒(졸도), 卒業(졸업), 卒逝(졸서), 卒讀(졸독)

猝 별안간, 갑자기
猝地(졸지), 猝富(졸부), 猝寒(졸한), 猝難變通(졸난변통), 猝然(졸연)

종

宗 ①으뜸, 근본 ②종묘, 사당 ③일족, 동성 ④갈래, 파
宗主(종주), 宗家(종가), 宗教(종교), 宗廟(종묘) －社稷(사직), 宗親(종친), 宗室(종실)

棕 종려나무
棕櫚(종려) －나무/－油(유)/－扇(선)⇒종려부채, 棕拂(종불), 棕魚(종어)

綜 ①모을 ②잉아
綜合(종합)↔分析(분석), 綜絲(종사)⇒잉아, 綜詳(종상), 綜核(覈)(종핵)

踪 자취, 발자취
失踪(실종) －者(자), 踪跡(종적)⇒蹤跡(종적)/－不知(부지)

從 ①따를 ②일할 ③…에서, …부터 ④친족간의 관계 약 従
服從(복종), 從業(종업) －員(원), 從事(종사), 從來(종래), 從船(종선), 從前(종전), 從兄(종형)⇒사촌형, 相從(상종), 主從(주종), 從軍(종군) －記者(기자)

慫 권할, 종용할
慫慂(종용) 和解(화해)를 －하다, 慫兢(종긍)

縱 ①세로 ②자유로울
縱橫(종횡) －無盡(무진), 縱書(종서)↔橫書(횡서), 放縱(방종), 縱恣(종자), 縱覽(종람)⇒縱觀(종관), 縱談(종담), 操縱(조종) －士(사)

蹤 자취 = 踪
蹤跡(迹)(종적) —을 감추다, 失蹤(踪)(실종), 孤蹤(고종)⇒孤獨單身(고독단신)

種 ①씨 ②종족 ③종류
種子(종자), 種豚(종돈), 種族(종족), 種類(종류), 業種(업종), 播種(파종), 種目(종목), 接種(접종) 豫防(예방)—

鍾 ①술잔 ②모을 ③쇠북≒鐘
鍾鉢(종발), 鍾愛(종애), 鍾乳石(종유석)⇒돌고드름, 鍾乳洞(종유동)⇒石灰洞(석회동), 鍾路(종로) —네거리

鐘 쇠북, 종, 인경
鐘閣(종각), 梵鐘(범종), 警鐘(경종), 卦鐘(괘종), 鐘鳴漏盡(종명누진)

踵 ①발꿈치 ②이를, 밟을
接踵(접종) —하는 교통사고, 踵至(종지), 踵門(종문)→訪問(방문)

腫 ①종기 ②부을
腫氣(종기)⇒부스럼, 腫毒(종독), 腫瘍(종양)⇒肉腫(육종), 腫瘤(종류)⇒혹, 茸腫(용종)⇒물혹

좌

坐 ①앉을 ②죄 입을
坐視(좌시), 坐礁(좌초), 坐罪(좌죄), 坐禪(좌선), 坐井觀天(좌정관천)⇒井中之蛙(정중지와) ※坐 : 주로 동사로 쓰임

座 자리, 위치, 지위
座席(좌석), 計座(계좌), 座標(좌표), 座談(좌담) ※座 : 주로 명사로 쓰임

挫 꺾을 = 㐱
挫折(좌절)⇒挫頓(좌돈), 捻挫(염좌), 挫傷(좌상)

左 ①왼쪽↔右(우) ②증거 ③낮출 ④그릇될
左右(좌우), 左向左(좌향좌), 左遷(좌천)↔榮轉(영전), 左言(좌언), 左顧右眄(좌고우면), 左衝右突(좌충우돌), 左驗(좌험)⇒證左(증좌)

佐 ①도울(㉠좌) ②버금(㉡자)
補佐(보좌), 佐平(좌평), 佐飯(자반)⇒굴비, 고등어, 어란 따위

주

主
①주인↔客(객) ②임금 ③주체
地主(지주), 君主(군주), 主客(주객), 主體(주체)↔客體(객체), 自主(자주), 戶主(호주), 民主主義(민주주의), 主張(주장), 主將(주장)

住
①살 ②사는 곳
住所(주소), 住居(주거), 住宅(주택), 移住(이주), 住民(주민) −登錄(등록)

柱
①기둥 ②버틸
電柱(전주), 柱石(주석), 支柱(지주)⇒버팀대, 柱梁(주량)

注
①물댈 ②정신을 쏟을 ③주석할≒註
注入(주입), 注目(주목)→注視(주시), 注意(주의), 傾注(경주), 注文(주문), 注射(주사), 注(註)解(주해)

拄
버틸, 바칠
拄杖(주장)⇒지팡이, 拄張(주장) ∴主張(주장)과 다름, 拄頰(주협)

註
주낼, 글뜻 풀≒注
註解(주해) ㊟ 註(주), 脚註(각주)↔頭註(두주), 註文(주문), 註(注)釋(주석)

駐
머무를
駐屯(주둔) −兵(병), 駐車(주차) −場(장), 駐箚(주차) −大使(대사), 進駐(진주), 駐留(주류)⇒머묾

周
①두루 ②둘레 ③주밀할
周到(주도) 用意(용의)−, 周密(주밀), 周圍(주위)→四方(사방), 周知(주지)

週
①주일 ②돌 = 周(주)
一週日(일주일), 週期(주기), 週刊(주간)→月刊(월간), 每週(매주), 週忌(주기)

綢
①얽을 ②빽빽할 ③비단≒紬
綢繆未雨(주무미우) ㊟ 綢繆(주무), 綢密(주밀), 綢緞(주단)⇒紬緞(주단)

籌
①산가지 ②계획 ㊣ 筹
籌款(주관), 籌(珠)板(주판)⇒數板(수판), 籌備(주비)→準備(준비), 籌策(주책)

躊

머뭇거릴 약 踌

躊躇(주저)⇒머뭇거림, 망설임

疇

①무리 ②지난번 약 畴

疇輩(주배)⇒同輩(동배), 疇日(주일)⇒前日(전일), 範疇(범주)

鑄

부어 만들 약 铸

鑄造(주조) －工場(공장), 鑄工(주공), 鑄貨(주화), 鑄型(주형)⇒金型(금형)

朱

붉을

朱書(주서), 朱紅(주홍) －빛, 朱色(주색), 朱雀(주작), 朱脣皓齒(주순호치)

株

①그루 ②주식 ③나무를 세는 단위

守株(수주) －待兎(대토), 株式(주식) －會社(회사), 株主(주주), 株價(주가)

珠

①구슬 ②진주

珠玉(주옥), 珠簾(주렴), 珠貝(주패)⇒眞珠(진주), 如意珠(여의주)⇒寶珠(보주), 珠算(주산)⇒수판셈

蛛

거미

蜘蛛(지주)⇒거미, 蛛網(주망)⇒거미줄

誅

①벨 ②꾸짖을

誅戮(주륙)⇒誅殺(주살), 誅責(주책), 誅求(주구) 苛斂(가렴)－

肘

팔꿈치

肘腋(주액), 肘臂(주비)⇒팔꿈치

酎

세 번 빚은 술, 진한 술

毒酎(독주)⇒毒酒(독주), 酎金(주금)

廚

①부엌 ②푸줏간 속 厨, 厨

廚房(주방)⇒부엌, 庖廚(포주)⇒푸줏간, 行廚(행주)

준

准 ①승인할, 결재할 ②견줄, 비길≒準
批准(비준), 認准(인준), 准(準)教師(준교사), 准將(준장)

準 ①법도, 표준 ②평평할 ③비길, 준할≒准
準則(준칙), 平準(평준), 準備(준비), 水準(수준), 準用(준용), 準據(준거), 基準(기준), 標準(표준)

雋 뛰어날 = 儁, 俊(준)
俊(雋, 儁)秀(준수), 俊(雋, 儁)傑(준걸)⇒俊彦(준언)

俊 ①준걸, 뛰어날≒儁, 雋(준) ②큰, 높을
俊(雋, 儁)傑(준걸), 俊秀(준수), 俊才(준재), 英俊(영준)

浚 ①칠(파낼) ②깊을
浚渫(준설) －工事(공사), 浚井(준정), 浚急(준급)

峻 ①높을(산이 높고 험함) ②심할, 엄할
峻嶺(준령) 泰山(태산)－, 峻嚴(준엄), 峻險(준험)⇒險峻(험준), 峻刑(준형)

竣 마칠, 끝낼
竣工(준공)⇒落成(낙성)↔起工(기공), 竣事(준사), 竣役(준역)

駿 ①준마 ②뛰어날
駿馬(준마)⇒駿足(준족)→鐵蹄(철제), 駿才(준재)⇒駿逸(준일)

중

中 ①가운데, 중심, 안 ②사이 ③범위 ④중용 ⑤맞추다
中央(중앙), 中心(중심), 中間(중간), 中庸(중용), 的中(적중), 途中(도중), 中外(중외)

仲 ①버금, 둘째 ②가운데≒中 ③중개, 거간
仲兄(중형), 伯仲叔季(백중숙계), 仲秋(중추), 仲介(중개) －業(업), 仲裁(중재)

증

曾

①일찍 ②거듭

未曾有(미증유)⇒曠古(광고)⇒前代未聞(전대미문), 曾往(증왕), 曾祖(증조)↔曾孫(증손)

增

더할, 많아질↔減(감)

增加(증가)↔減少(감소), 增大(증대) 輸出(수출)—, 增産(증산), 增築(증축)

憎

미워할↔愛(애)

愛憎(애증), 憎惡(증오) —의 눈길, 可憎(가증), 憎狀(증상) —스럽다, 疾憎(질증)

贈

줄

贈與(증여)→寄贈(기증), 贈賄(증회)↔收賄(수회), 贈呈(증정)

烝

①무리, 많을 ②찔≒蒸

烝徒(증도), 烝民(증민)⇒온 백성, 燻蒸(烝)(훈증) —劑(제)

蒸

①찔 ②수증기

蒸氣(증기) —機關車(기관차), 蒸發(증발), 蒸溜水(증류수)

拯

①건질 ②구원할

拯濟(증제), 拯溺(증닉), 拯恤(증휼)⇒救恤(구휼)

지

地

①땅↔天(천) ②곳

天地(천지)⇒天壤(천양), 地下(지하) —資源(자원), 地點(지점), 地目(지목), 垈地(대지), 地平線(지평선), 陸地(육지), 拓地(척지), 地震(지진)

池

못

池塘(지당)⇒못, 연못, 貯水池(저수지), 池魚之殃(지어지앙), 乾電池(건전지)

知

①알, 깨달을 ②주관할

知悉(지실), 知己(지기), 諒知(양지), 知識(지식), 知能(지능)

智

슬기, 지혜

智慧(지혜), 銳智(예지), 叡智(예지), 智識(지식), 智齒(지치)⇒사랑니

止

①그칠 ②막을 ③머무를

止血(지혈) －劑(제), 禁止(금지), 止水(지수) 明鏡(명경)－

址

터 = 趾

寺址(사지)⇒절터, 城址(趾)(성지)⇒성터, 遺址(유지), 址(趾)臺(지대), 陶窯址(도요지)

祉

복 ㊀ 祉

福祉(복지) －國家(국가)/－社會(사회)

趾

①발가락, 발 ②토대, 터 = 址

趾甲(지갑)⇒발톱, 趾骨(지골)⇒발가락뼈, 趾臺(지대), 城趾(址)(성지), 遺趾(址)(유지)

砥

①숫돌 ②갈

砥石(지석)⇒숫돌, 砥礪(지려)⇒鍊磨(연마)

舐

핥을

舐犢之情(지독지정), 舐痔(지치)

祗

공경할, 삼갈 ※祇(기)는 다른 자 地祇(지기)⇒地神(지신)

祗儆(지경), 祗服(지복), 祗受(지수), 祗送(지송)

紙

종이, 편지

紙面(지면)⇒紙上(지상), 便紙(편지), 紙幣(지폐), 印紙(인지)

只

다만, 단지

但只(단지), 只今(지금), 只管(지관), 只花里(지화리)

咫

①짧을 ②길이의 단위(여덟치, 約 18cm)

咫尺(지척) －千里(천리)/－不辨(불변)

枳

①탱자(㉠지) ②해할, 해칠(㉡지, 기)

枳殼(지〔기〕각), 枳棘(지극), 荊枳(형지)

旨
①뜻 ②맛
趣旨(취지)⇒旨意(지의), 甘旨(감지), 聖旨(성지)

指
①손가락 ②가리킬
手指(수지), 指紋(지문), 指示(지시), 指摘(지적), 指呼之間(지호지간), 指定(지정), 指揮(지휘), 拇指(무지)⇒엄지손가락 ×모지, 指向(지향)

脂
①비계 ②나무진 ③연지
脂肪(지방)⇒굳기름, 기름, 樹脂(수지), 脂粉(지분)

支
①지탱할 ②헤아릴 ③흩어질
支柱(지주), 支撑(지탱), 支店(지점), 支流(지류), 支給(지급), 收支(수지), 氣管支(기관지)

枝
①가지 ②버틸 ③육손이
枝葉(지엽), 枝梧(지오)⇒支吾(지오), 枝指(지지)⇒육손이, 幹枝(간지)

肢
사지, 팔다리
四肢(사지), 肢體(지체), 肢骨(지골), 下肢(하지)

志
①뜻, 뜻할 ②기록할
志望(지망), 志操(지조), 志士(지사), 同志(동지), 寸志(촌지), 意志(의지)

誌
기록할, 기록
日誌(일지), 雜誌(잡지), 誌面(지면), 墓誌(묘지)

직

職
①직분 ②벼슬 ③사업 ④맡을
職分(직분), 官職(관직), 職業(직업), 罷職(파직)→退職(퇴직), 職場(직장), 就職(취직)↔失職(실직)

織
짤
織物(직물) －工場(공장), 織造(직조), 組織(조직), 織女(직녀) －星(성), 毛織(모직)

진

陣

진칠, 진

陣地(진지) –를 死守(사수), 陣營(진영) 自由(자유)–, 陣頭(진두) –指揮(지휘), 陣痛(진통)⇒産痛(산통), 敵陣(적진), 布陣(포진)

陳

①베풀 ②묵을, 오랠 ③말할, 진술할

陳列(진열) –臺(대), 陳腐(진부), 陳情(진정), 陳述(진술), 開陳(개진), 陳穀(진곡), 陳談陋[屢]說(진담누설), 新陳代謝(신진대사)

眞

①참, 바를 ②사진 ㉿ 真

眞理(진리), 眞談(진담), 眞僞(진위), 寫眞(사진), 眞善美(진선미), 眞摯(진지)

嗔

성낼≒瞋

嗔言(진언), 嗔(瞋)責(진책), 嗔(瞋)怒(진노), 嗔(瞋)恚(진에)

鎭

①진압할 ②누를

鎭壓(진압), 鎭痛(진통) –劑(제), 鎭靜(진정) –劑(제), 鎭火(진화), 重鎭(중진)

辰

①별(㉠신, ㉡진) ②태어날(신) ③다섯째 지지(진) ④별이름(신)

星辰(성신), 生辰(생신), 辰時(진시), 北辰(북신)⇒북극성

振

떨칠, 떨

振興(진흥) 産業(산업) –策(책), 振動(진동), 不振(부진), 振作(진작) 士氣(사기)–

賑

①기민 먹일, 줄 ②넉넉할

賑恤(진휼)⇒救恤(구휼), 賑與(진여), 殷賑(은진)

震

①진동할 ②우레, 천둥 ③두려워할

地震(지진), 震動(진동), 震盪(진탕) 腦(뇌)–, 震天動地(진천동지), 震源(진원) –地(지)

珍

보배, 진기할

珍奇(진기), 珍貴(진귀), 珍味(진미) 山海(산해)–, 珍羞(진수) –盛饌(성찬)

診

①진찰할 ②볼 ③점칠

診察(진찰), 診斷(진단) –書(서), 往診(왕진), 診夢(진몽), 檢診(검진), 診療(진료)

軫

①수레뒤턱나무 ②걱정할

軫念(진념), 軫恤(진휼), 軫懷(진회)

疹

발진할, 역질 마마

發疹(발진), 濕疹(습진), 痲疹(마진)⇒紅疫(홍역)

질

佚

①편안할 ②달아날(㉠일) ③방탕할(㉡질)

佚樂(일락), 佚民(일민), 佚書(일서), 佚蕩(질탕)

帙

질(여러 권으로 된 책 한 벌)

帙冊(질책), 一帙(일질)⇒한 질, 書帙(서질), 卷帙(권질)

跌

①넘어질 ②지나칠

蹉跌(차질) 계획에 –이 나다, 跌宕(질탕)⇒佚蕩(질탕), 跌倒(질도)

秩

①차례 ②녹 ③관직

秩序(질서) –整然(정연), 秩米(질미)⇒祿米(녹미), 秩敍(질서)⇒관직의 차례, 秩高(질고)

迭

갈마들, 바꿀

更迭(佚)(경질) 국무총리를 –하다, 迭代(질대)⇒遞代(체대), 交迭(교질)

疾

①병 ②괴로워할 ③미워할 ④빠를

疾患(질환)⇒疾病(질병), 痼疾(고질), 疾視(질시), 疾風(질풍), 疾走(질주)

嫉

①투기할 ②미워할

嫉妬(질투) 一心(심), 嫉視(질시), 嫉惡(질오), 嫉逐(질축)

桎

차꼬(족쇄)

桎梏(질곡)⇒梏桎(곡질), 囚桎(수질)

姪

조카

姪女(질녀)⇒조카딸, 姪婦(질부), 叔姪(숙질), 甥姪(생질)

窒 ①막히다 ②질소(원소의 하나)
窒塞(질색), 窒素(질소), 窒息(질식)

징

徵 ①부를 ②거둘 ③조짐 ④증거(㉠징) ⑤가락(㉡치)
徵兵(징병) －檢査(검사), 徵收(징수) 稅金(세금)－, 徵兆(징조)⇒兆朕(조짐), 徵候(징후), 徵憑(징빙), 象徵(상징), 特徵(특징), 徵音(치음), 徵狀(징상)

懲 징계할
懲戒(징계) －處分(처분), 懲惡(징악) 勸善(권선)－, 膺懲(응징), 懲毖(징비)－錄(록), 懲役(징역), 懲罰(징벌)

차

差 ①어긋날, 다른 ②나머지 ③병나을
差別(차별) 男女(남녀)－ , 差額(차액)⇒差金(차금), 差度(차도), 差異(차이), 誤差(오차), 天壤之差(천양지차), 差押(차압)

嗟 ①탄식할 ②찬탄할
嗟歎(차탄), 嗟稱(차칭), 嗟惜(차석), 咄嗟(돌차), 嗟來之食(차래지식)

磋 갈다, 닦다
切磋(절차) －琢磨(탁마) 준 切磨(절마), 相磋(상차)

蹉 ①거꾸러질 ②어긋날≒差
蹉跌(躓)(차질), 蹉過(차과)⇒過誤(과오)

착

窄 좁을
狹窄症(협착증), 窄小(착소)⇒狹小(협소), 險窄(험착)

搾 ①짤 ②압박할
搾取(착취), 搾乳(착유), 搾粕(착박), 壓搾(압착)

찬

贊 ①찬성할 ②도울 속 賛
贊成(찬성)↔反對(반대), 贊助(찬조)→補助(보조), 協贊(협찬), 稱贊(칭찬)

讚 ①기릴 ②도울
讚美(찬미), 讚頌歌(찬송가), 讚揚(찬양), 稱讚(칭찬)

纘 ①이을 ②모을
纘繼(찬계), 纘緖(찬서), 纘述(찬술), 承纘(승찬)

鑽 ①깊이 연구할 ②끌, 뚫다
硏鑽(연찬)⇒鑽硏(찬연)/海外(해외)에서 -을 쌓았다, 鑽石(찬석)⇒金剛石(금강석), 다이아몬드, 鑽燧(찬수)

粲 ①흰쌀, 정미 ②선명할≒燦 ③껄껄 웃다
粲(燦)爛(찬란), 粲然(찬연)

餐 먹을, 밥=湌
晩餐(만찬)⇒저녁식사, 朝餐(조찬), 午餐(오찬), 聖餐(성찬) -式(식) ∴盛饌(성찬)과 다름, 風餐露宿(풍찬노숙)

燦 빛날
燦爛(찬란) 豪華(호화)-, 明燦(명찬), 燦然(찬연)

撰 ①글 지을(㉠찬) ②가릴≒選(㉡선)
撰述(찬술)⇒著述(저술), 撰集(찬집), 新撰(신찬), 修撰(수찬)

饌 ①음식 ②반찬
盛饌(성찬), 素饌(소찬), 饌母(찬모), 饌欌(찬장), 饌盒(찬합), 飯饌(반찬)⇒副食(부식)

簒 빼앗을, 왕위 빼앗을
簒立(찬립), 簒位(찬위)⇒簒奪(찬탈) / 王位(왕위)-, 簒弑(찬시)

纂 모을, 편찬할
編纂(편찬) 書籍(서적)-, 纂修(찬수)⇒纂輯(찬집), 纂述(찬술)

例題 (6)

1. 반대어끼리 연결된 한자어의 **字音**을 ( ) 안에 쓰시오.

① 中央( )↔地方( ) ② 原因( )↔結果( )

③ 宥和( )↔强硬( ) ④ 成功( )↔失敗( )

2. 다음 밑줄친 한자어를 한자로 ( ) 안에 쓰시오.

① 전후(㉠後)와 좌우(㉡右)를 잘 살펴 나가자.

② 그동안 적조(積㉢)하여 父母님의 안부(㉣否)가 궁금하다.

③ 사건의 전말(㉤末)을 과장(誇㉥)없이 진술(㉦述)하다.

④ 滿員버스에서 김양(金㉧)의 양보(㉨步)로 겨우 좌석(㉩席)에 앉다.

3. (보기)와 같이 서로 반대되는 한자끼리 **左右**(좌우)를 연결하시오.

①		②		③	
(보기) 兄	高	憎	劣	增	短
昨	右	(보기) 優	後	長	客
左	弟	陰	愛	(보기) 無	有
低	今	前	陽	主	減

4. (보기)와 같이 **同義語**끼리, **類義語**끼리 **左右**(좌우)를 연결하시오.

(보기) 甲男乙女	前代未聞	(보기) 朱(丹)脣皓齒	美女
① 五十步百步	好機	⑤ 犬猿之間	聾天
② 未曾有	張三李四	⑥ 井中之蛙	極貧
③ 千載一遇	大同小異	⑦ 朝三暮四	快宿
④ 釜中之魚	俎上肉	⑧ 釜中生魚	愚弄

5. **同音異議語**를 ( ) 안에 쓰시오.

① 注意( ) ② 陣痛( ) ③ 憂愁( ) ④ 宛然( ) ⑤ 優先( )

6. (보기)와 같이 빈칸을 채워 완성하시오.

	한자	부수	字訓	字音	用例
(보기)	永	水	길, 오랠	영	永久, 永遠, 永訣式
①	安				安寧, 平安, 安全, 安價
②	原				原始, 原理, 草原, 原油
③	有		있을, 가질	유	
④	前		앞, 먼저	전	
⑤	全				全員, 全部, 完全, 安全, 保全
⑥	地				天地, 地下, 土地, 地理, 地點

7. 다음 **正字**를 **略字**로 ( ) 안에 쓰시오.

① 圍( ) ② 榮( ) ③ 應( ) ④ 齊( )

찰

察

살필, 상고할

觀察(관찰), 監察(감찰), 省察(성찰), 視察(시찰), 診察(진찰)

擦

문지를, 비빌

摩擦(마찰), 擦傷(찰상), 擦背(찰배)

참

斬

①벨, 끊을 ②매우 ③도련 안한 상복

斬首(참수) －刑(형), 斬衰(참최), 斬新(참신)↔陳腐(진부)

塹

구덩이

塹壕(濠)(참호), 塹壘(참루), 坑塹(갱참)

慙

부끄러워할 = 慚

無慙(무참), 慙色(참색), 慙愧(참괴), 慙死(참사), 慙悔(참회)

嶄

산 높고 험할

嶄絶(참절), 嶄巖(참암), 嶄然(참연)

參

①셋(㉠삼) ②참여할 ③살필 ④빌(㉡참) 약 参

參拾(삼십), 參加(참가), 參見(참견), 參酌(참작), 參謀(참모), 參席(참석)

慘

①참혹할 ②애쓸 ③쓸쓸할 약 惨

慘酷(참혹), 慘敗(참패), 慘憺(참담), 悲慘(비참), 慘苦(참고), 慘景(참경), 無慘(무참)

懺

뉘우칠

懺悔(참회) －錄(록), 懺洗(참세)

讖

참서, 조짐

讖言(참언), 讖書(참서), 圖讖(도참) －說(설), 讖緯(참위)

창

倉
①곳집, 창고 ②급할, 당황할

倉庫(창고)⇒倉廩(창름), 倉卒(猝)(창졸), 倉穀(창곡)

蒼
①푸를 ②무성할

蒼空(창공), 蒼惶(창황), 蒼生(창생) 億兆(억조)－, 鬱蒼(울창), 雲外蒼天(운외창천)

瘡
부스럼

頭瘡(두창), 瘡腫(창종), 瘡病(창병)⇒梅毒(매독), 瘡疣百出(창우백출), 滿身瘡痍(만신창이)

滄
①푸를 ②찰, 싸늘할 ③큰 바다

滄茫(창망), 滄熱(창열), 滄桑之變(창상지변)⇒桑田碧海(상전벽해), 滄海(창해), 萬頃滄波(만경창파)

愴
슬퍼할

愴然(창연)⇒愴愴(창창), 悲愴(비창)

搶
①빼앗을 ②어지러울

搶奪(창탈)⇒掠奪(약탈), 搶風(창풍), 搶攘(창양)

槍
창

槍劍(창검)⇒창과 칼, 竹槍(죽창)⇒대창

艙
선창

船艙(선창)→埠頭(부두)

創
①비롯할, 시작할 ②상할

創始(창시), 創刊(창간) 新聞(신문)－, 創作(창작) －品(품), 創出(창출), 獨創(독창), 巨創(거창) －하다

脹
①부를, 배부를 ②부을, 부풀

脹滿(창만) ∴漲滿(창만)과 다름, 膨脹(팽창), 脹症(창증)

悵
슬퍼할, 탄식할

悵然(창연), 悵望(창망), 悵惘(창망), 悵悔(창회)

漲 물 많을, 물 불을
漲溢(창일)⇒漲滿(창만), 漲水(창수)⇒洪水(홍수)

昌 창성할
昌盛(창성), 隆昌(융창)⇒隆盛(융성), 繁昌(번창), 昌平(창평)⇒太平盛昌(태평성창)

唱 ①노래 ②인도할
唱歌(창가)⇒노래, 唱劇(창극), 主唱(주창), 合唱(합창)

娼 창녀
娼女(창녀)⇒娼婦(창부), 娼妓(창기), 娼家(창가)⇒娼樓(창루)

倡 ①광대 ②기생 = 娼
倡優(창우)⇒광대, 倡夫(창부), 倡義(창의) −使(사)

猖 미쳐 날뛸
猖狂(창광), 猖獗(창궐), 猖披(창피) −스럽다

채

采 ①캘, 가려 취할 = 採 ②빛, 무늬 ③색, 비단 = 彩 ④풍채
采詩(채시), 喝采(갈채) 拍手(박수)−, 采緞(채단), 風采(풍채)⇒風信(풍신), 采色(채색)

菜 나물
菜蔬(채소), 野菜(야채), 菜毒(채독), 菜根(채근)

採 ①캘 ②가려낼
採掘(채굴), 採用(채용) −試驗(시험), 採集(채집) 昆蟲(곤충)−, 採取(채취), 採擇(채택)

彩 ①채색, 채색할 = 綵 ②광채 ③문채
彩(綵)色(채색), 光彩(광채), 色彩(색채)⇒빛깔, 異彩(이채), 文彩(문채), 彩畵(채화)↔素描(소묘)

綵 ①비단 ②문채, 채색≒彩
綵緞(채단), 綵絲(채사), 綵(彩)衣(채의), 綵畵(채화)

책

冊
①책 ②세우다
冊子(책자)⇒책, 서적, 冊房(책방)⇒書店(서점), 冊床(책상), 冊封(책봉)

柵
목책, 울타리
木柵(목책), 城柵(성책), 堡柵(보책), 柵狀組織(책상조직), 鐵柵(철책)

처

妻
아내
妻子(처자), 愛妻家(애처가), 糟糠之妻(조강지처)⇒本妻(본처)

凄
①쓸쓸할 ②추울≒淒
凄涼(처량), 凄切(처절), 凄雨(처우), 凄風(처풍) -苦雨(고우)

悽
슬플, 애통할
悽絶(처절) -한 울부짖음, 悽然(처연), 悽慘(처참), 悽愴(처창)

척

脊
등마루, 척추
脊梁(척량) -山脈(산맥), 脊髓(척수), 脊椎(척추) -動物(동물), 脊柱(척주)

瘠
①파리할 ②메마를
瘠骨(척골), 瘠土(척토)⇒薄土(박토), 瘦瘠(수척), 瘠薄(척박) -한 땅

천

淺
①얕을 ②없을 약 浅
深淺(심천), 淺薄(천박), 淺學(천학) -菲才(비재), 淺綠(천록), 淺見(천견)

賤 ①천할 ②값쌀 약賎
賤待(천대)→薄待(박대)↔厚待(후대), 貴賤(귀천), 賤價(천가)

踐 ①밟을 ②행할 약践
踐祚(천조)⇒踐極(천극), 實踐(실천) −家(가)↔理論家(이론가), 踐行(천행)

千 ①일천≒仟 ②많을, 여러 ③성씨(姓氏)
千里(천리), 千秋(천추), 千態萬象(천태만상), 千載一遇(천재일우), 千篇一律(천편일률)

仟 ①일천≒千 ②밭둑길 ③풀이 우거진 모양
仟佰(천백)⇒밭둑길, 千百(천백), 仟仟(천천)⇒仟眠(천면)⇒풀이 무성한 모양

阡 ①밭둑길≒仟 ②가진일천(千 = 화폐 · 유가증권의 액면을 기재할 때)
阡陌(천맥)⇒가로, 세로로 난 밭둑길, 阡萬(천만) −원 整(정)

遷 ①옮길 ②귀양 보낼
遷善(천선) 改過(개과)−, 遷延(천연), 左遷(좌천)↔榮轉(영전)

韆 그네
鞦韆(추천)⇒그네

철

徹 뚫을, 통할
貫徹(관철), 徹夜(철야), 徹頭徹尾(철두철미), 透徹(투철), 徹天之寃(철천지원), 徹底(철저) 眞相(진상)을 −히 밝히다

撤 거둘, 치울
撤去(철거) −作業(작업), 撤收(철수), 撤廢(철폐) 男女差別(남녀차별)−, 撤回(철회), 撤市(철시)

轍 수레바퀴자국
前轍(전철), 軌轍(궤철), 轍環天下(철환천하), 轍鮒之急(철부지급)

첨

檐 처마, 추녀
檐下(첨하), 檐階(첨계)⇒댓돌, 檐端(첨단)⇒처마끝

瞻 볼, 쳐다볼
瞻望(첨망), 瞻禮(첨례), 瞻拜(첨배), 瞻星臺(첨성대)

첩

帖 ①문서 ②좇을(㉠첩) ③체지(㉡체)
帖子(첩자)⇒手帖(수첩), 名帖(명첩)⇒名銜(명함), 帖裝(첩장), 帖紙(체지), 帖文(체문), 寫眞帖(사진첩)⇒앨범(album)

貼 ①붙일 ②첩(약)
貼付(첩부), 貼藥(첩약), 貼花(첩화), 貼用(첩용), 揭貼(게첩)

諜 염탐할, 엿볼
間諜(간첩)⇒諜者(첩자)⇒間者(간자), 諜報(첩보), 防諜(방첩)

喋 재잘거릴
喋囁(첩섭), 喋喋利口(첩첩이구)

牒 ①편지 ②공문서 ③장부
請牒(청첩) -狀(장), 通牒(통첩), 簿牒(부첩)⇒簿籍(부적), 移牒(이첩)

捷 ①빠를 ②이길
敏捷(민첩), 捷報(첩보), 捷徑(첩경)⇒지름길, 大捷(대첩), 簡捷(간첩), 勝捷(승첩)

睫 속눈썹
睫毛(첩모)⇒속눈썹, 目睫(목첩)→目前(목전), 眉睫(미첩)⇒眉目(미목)

청

菁
①푸를 ②동쪽, 봄, 젊을 ㊉青
青雲(청운) -客(객), 青春(청춘), 青少年(청소년), 青山(청산), 青史(청사), 青天(청천) -霹靂(벽력), 青山流水(청산유수)

菁
①순무(㉠정) ②무성할(㉡청)
菁華(정화)⇒精華(정화), 菁菹菜(정저채)⇒무김치, 菁菁(청청), 蔓菁(만청)

淸
①맑을, 깨끗할 ②끝맺을
淸潔(청결), 淸廉(청렴) -潔白(결백), 淸掃(청소), 淸算(청산), 淸明(청명), 淸泉(청천), 淸濁(청탁)

晴
갤, 날 갤
晴天(청천)↔曇天(담천), 晴曇(청담), 晴雨(청우), 快晴(쾌청), 晴耕雨讀(청경우독)

請
청할, 물을
請求(청구) -書(서), 申請(신청)↔接受(접수), 請託(청탁), 要請(요청), 請牒(청첩) -狀(장), 請負(청부)⇒都給(도급)/-業(업)

蜻
①잠자리 ②귀뚜라미
蜻蛉(청령)⇒잠자리, 蜻蜓(청정), 蜻蜓接囊(청정접낭)

聽
①듣다 ②판결하다 ③들어주다
聽衆(청중), 聽許(청허), 聽覺(청각), 聽訟(청송), 聽診器(청진기), 傾聽(경청)

廳
①관청 ②마루 ㊎庁
官廳(관청), 中央廳(중앙청), 市廳(시청), 大廳(대청), 廳舍(청사), 郡廳(군청)

체

剃
머리 깎을
剃刀(체도)⇒면도칼, 剃髮(체발)⇒削髮(삭발), 剃頭(체두)

涕
①눈물 ②울
涕淚(체루), 涕泣(체읍)⇒泣涕(읍체), 涕泗(체사)

締 맺을, 끈으로 묶다
締結(체결) 條約(조약)－/契約(계약)－, 締盟(체맹) －國(국), 取締(취체), 締姻(체인)

諦 ①살필, 밝힐 ②깨닫다
諦念(체념), 諦觀(체관), 要諦(요체)⇒要點(요점), 妙諦(묘체), 諦聽(체청)

초

焦 ①그을릴 ②초조할
焦土(초토) －作戰(작전), 焦眉(초미), 焦點(초점), 焦燥(초조), 焦思(초사) 勞心(노심)－

蕉 ①파초 ②야윌≒憔
芭蕉(파초)⇒甘蕉(감초)/－扇(선), 蕉悴(초췌)⇒憔悴(초췌), 蕉鹿夢(초록몽)

樵 ①나무할 ②땔나무
樵童(초동), 樵夫(초부)⇒나무꾼, 樵漁(초어), 樵笛(초적)

憔 파리할, 야윌
憔悴(초췌), 憔容(초용), 憔慮(초려)

礁 암초
暗礁(암초)⇒礁石(초석), 珊瑚礁(산호초), 礁標(초표), 坐礁(좌초)

招 부를, 불러올
招待(초대) －狀(장), 招來(초래), 招聘(초빙), 招致(초치)

超 ①뛰어넘을 ②멀
超過(초과), 超越(초월), 超人(초인), 超然(초연), 超音波(초음파)

肖 ①같을, 닮을 ②작을
肖像(초상) －畵(화), 肖似(초사), 不肖子(불초자) ㊟ 不肖(불초)

哨 보초 설, 망볼
步哨(보초) －兵(병), 哨所(초소), 哨戒(초계) －艇(정), 巡哨(순초), 前哨(전초) －戰(전)

峭

①가파를 ②급할

峻峭(준초), 峭急(초급), 峭刻(초각)⇒嚴刻(엄각)

梢

①나무끝 ②끝

梢頭(초두), 末梢(말초) －神經(신경), 枝梢(지초), 梢魚(초어)⇒낙지

悄

①근심할 ②고요할

悄然(초연), 悄愴(초창), 悄去明來(초거명래)

硝

초석

硝石(초석), 硝子(초자)⇒琉璃(유리), 硝煙(초연), 硝酸(초산)

稍

①점점 ②적을 ③녹봉

稍稍(초초)⇒漸漸(점점), 稍食(초식), 稍蠶食之(초잠식지), 稍解文字(초해문자)

抄

①베낄 ②훔칠, 가로챌

抄本(초본) 戶籍(호적)－, 抄掠(초략), 抄譯(초역)↔全譯(전역)

秒

①단위, 시간 · 각도(㉠초) ②작다, 까끄라기(㉡묘)

秒速(초속), 秒針(초침), 分秒(분초), 秒忽(묘홀)

炒

볶을

炒麪(麵)(초면)⇒기름에 볶은 밀국수, 炒黑(초흑), 煎炒(전초)

촉

蜀

나라이름

蜀魄(촉백)⇒蜀魂(촉혼)⇒두견새⇒소쩍새⇒子規(자규), 蜀漢(촉한), 蜀葵(촉규)⇒접시꽃, 蜀犬吠日(촉견폐일)

燭

①촛불 ②밝을

燭淚(촉루), 洞燭(통촉)→亮察(양찰), 華燭(화촉)⇒婚禮(혼례), 燭光(촉광), 香燭(향촉)⇒향과 초

觸

①닿을 ②범할

觸感(촉감), 觸覺(촉각), 抵觸(저촉), 一觸卽發(일촉즉발), 接觸(접촉), 觸媒(촉매), 觸發(촉발)

髑

해골

髑髏(촉루)⇒骸骨(해골)

躅

①자취 ②철쭉꽃

躅路(촉로)⇒발자취, 巡躅(순촉), 躑躅(척촉)⇒철쭉/－花(화)⇒철쭉꽃, 개꽃

촌

寸

①마디, 적을 ②촌수, 치(1자의 10분의 1)

寸刻(촌각)⇒一寸光陰(일촌광음) 준 寸陰(촌음), 寸寸(촌촌)⇒마디마디, 四寸(사촌), 寸土(촌토)⇒尺地(척지), 寸鐵殺人(촌철살인)

忖

헤아릴

忖度(촌탁)⇒料度(요탁)

村

마을, 시골

村家(촌가), 村落(촌락), 農村(농촌), 鄕村(향촌), 僻村(벽촌)

총

悤

바쁠 = 匆

悤忙(총망), 悤劇(총극), 悤悤(총총), 悤急(총급)

蔥

①파 ②푸를

蔥竹之交(총죽지교)→竹馬故友(죽마고우), 蔥蔥(총총)

總

①거느릴 ②모을

總理(총리) 國務(국무)－, 總計(총계)→合計(합계), 總動員(총동원), 總則(총칙), 總括(총괄), 總論(총론)↔各論(각론)

聰

귀 밝을, 총명할

聰明(총명) －한 머리, 聰氣(총기), 聰達(총달), 聰慧(총혜)

최

崔

①산 높을 ②성씨(姓氏)

崔嵬(최외)→險峻(험준), 崔判官(최판관)

催

①재촉할 ②열다

催促(최촉)⇒재촉, 開催(개최) 會議(회의)를 −하다, 催眠(최면) −術(술), 催告(최고), 主催(주최)

摧

①꺾을(쪼갤) ②억누를

摧折(최절)⇒摧碎(최쇄), 摧抑(최억), 摧朽(최후), 摧枯拉朽(최고납후)

추

芻

꼴(말·소에게 먹이는 풀)

靑芻(청추), 反芻(반추) −動物(동물), 芻米(추미)⇒軍糧米(군량미), 芻議(추의)

皺

주름살

皺面(추면), 皺紋(추문), 尾皺(미추)⇒눈썹주름, 皺月(추월)

趨

①달아날(㉠추) ②빠를(㉡촉)

趨勢(추세), 趨向(추향)⇒趣向(취향), 歸趨(귀추)⇒歸趣(귀취), 趨數(촉삭)

推

①밀(㉠추 ㉡퇴) ②천거할 ③옮길 ④미루어 헤아릴

推敲(퇴고), 推薦(추천) −書(서), 推移(추이), 推理(추리), 推測(추측), 推進(추진), 推戴(추대)

椎

①몽치 ②어리석을 ③칠 ④등뼈

鐵椎(철추), 椎魯(추로), 椎擊(추격), 脊椎(척추) −動物(동물), 椎骨(추골), 椎栮(추이)⇒표고버섯, 鐵椎(철추)⇒鐵槌(철퇴)

錐

송곳

立錐(입추), 錐股(추고), 錐處囊中(추처낭중), 試錐(시추) 原油(원유)−, 立錐(입추) −의 여지가 없다

雛

①새 새끼, 병아리 = 鶵 ②어린아이

雛鳳(추봉), 雛孫(추손), 雛僧(추승)⇒童子僧(동자승), 雛禽(추금)⇒새 새끼

追 **①따를, 좇을 ②쫓을**
追憶(추억), 追加(추가), 追放(추방), 追更(추경), 追從(추종), 追友江南(추우강남)

槌 **①몽둥이(㉠추 ㉡퇴)≒椎 ②칠, 던질**
鐵槌(철추·철퇴)⇒쇠망치⇒쇠몽둥이, 槌鼓(추고), 槌碎(추쇄)

鎚 **쇠망치**
鐵鎚(철추)⇒쇠망치, 鎚鍛(추단), 鎚殺(추살)

축

畜 **①가축 ②기를**
家畜(가축), 畜舍(축사), 畜産(축산) -業(업), 畜牛(축우), 牧畜(목축)

蓄 **쌓을, 쌓아둘**
蓄積(축적), 蓄財(축재), 貯蓄(저축), 含蓄(함축), 蓄膿症(축농증)

춘

春 **봄**
春季(춘계)⇒春期(춘기), 春夢(춘몽) 一場(일장)-, 春秋(춘추), 春花秋月(춘화추월), 青春(청춘)

椿 **①참죽나무 ②신기할**
椿樹(춘수), 椿堂(춘당)⇒春府丈(춘부장), 椿萱(춘훤), 椿事(춘사)

충

沖 **①화할 ②비다 ③어릴 ④솟을** ㊖ 冲
沖氣(충기), 沖虛(충허), 沖年(충년), 沖天(충천) 意氣(의기)-

忠 **충성**
忠誠(충성), 忠言(충언) -逆耳(역이), 忠告(충고), 忠孝(충효)

蟲

벌레 ㉻虫

蟲齒(충치), 蟲災(충재)⇒蟲害(충해), 昆蟲(곤충), 蛔蟲(회충)

췌

萃

모을

萃然(췌연), 拔萃(발췌) -案(안), 雲萃(운췌), 叢萃(총췌)

悴

파리할, 야윌

悴顔(췌안), 憔悴(초췌) -한 얼굴, 愁悴(수췌), 悴葉(췌엽)

膵

이자, 지라

膵臟(췌장)⇒이자, 膵液(췌액), 膵管(췌관), 膵癌(췌암)

취

取

취할, 가질

取得(취득), 取扱(취급), 爭取(쟁취), 取捨選擇(취사선택), 取下(취하)

娶

장가들

嫁娶(가취), 娶妻(취처), 再娶(재취), 婚娶(혼취)⇒婚姻(혼인)

聚

①모을 ②마을, 촌락

聚散(취산), 聚落(취락)⇒部落(부락), 聚捉(취착), 類聚(유취)⇒彙集(휘집)

趣

①뜻, 재미(㉠취) ②빨리 갈, 재촉할(㉡촉)

趣味(취미)→趣向(취향), 趣旨(취지), 趣捨(취사), 趣裝(촉장), 風趣(풍취)⇒風致(풍치)

吹

불

吹奏樂(취주악), 吹笛(취적), 鼓吹(고취) 愛國心(애국심)을 -하다, 吹毛求疵(취모구자) ㊟吹毛(취모)

炊

불 땔, 밥 지을

炊事(취사) -場(장), 自炊(자취) -生(생), 炊飯(취반)

측

側

①곁 ②기울임

側近(측근) －者(자), 側面(측면) －工作(공작), 反側(반측) 輾轉(전전)－, 左右側(좌우측)

測

①측량할 ②헤아릴

測量(측량) －術(술), 觀測(관측) －所(소), 推測(추측), 測定(측정), 測候所(측후소), 臆測(억측)

惻

슬퍼할, 가엾게 여길

惻然(측연) －한 생각, 惻隱(측은) 그의 처지가 －하다, 惻憫(측민), 矜惻(긍측)

廁

뒷간 = 厠

廁間(측간)⇒뒷간, 변소, 화장실, 廁鼠(측서), 如廁二心(여측이심) = 뒷간에 갈 적 맘 다르고 올적 맘 다르다

則

①곧(㉠즉) ②법칙(㉡칙, 측)

然則(연즉)⇒그러면, 規則(규칙), 則度(칙도)⇒法度(법도), 法則(법칙)

치

峙

산 우뚝 솟을

對峙(대치)⇒對立(대립), 峙立(치립), 峻峙(준치)

痔

치질

痔疾(치질), 痔核(치핵) 內外(내외)－, 痔漏(치루), 痔瘻(치루)

稚

어린

幼稚(유치) －園(원), 稚魚(치어)↔成魚(성어), 稚拙(치졸), 稚孫(치손)

雉

꿩

雉鷄(치계)⇒꿩과 닭, 雉堞(치첩)⇒城堞(성첩)→성가퀴

致

①이를 ②다할 ③줄, 드릴 ④부를

致富(치부), 致死(치사), 致賀(치하), 致辭(치사), 招致(초치), 誘致(유치)

緻

촘촘할, 밸, 빽빽할

緻密(치밀)⇒綿密(면밀), 緻巧(치교)⇒치밀하고 교묘함, 精緻(정치)

直

①곧을, 바를(㉠직) ②번들 ③값(㉡치)

直通(직통), 直接(직접)↔間接(간접), 曲直(곡직), 直千金(치천금)

値

①값, 값어치≒直 ②만날

價値(가치), 値遇(치우)⇒서로 만남, 數値(수치), 絶對値(절대치)

置

둘, 베풀

備置(비치), 置中(치중) －先手(선수), 置重(치중), 放置(방치), 位置(위치)

침

侵

침노할, 범할

侵略(침략)⇒侵掠(침략), 侵犯(침범), 侵害(침해), 侵入(침입), 侵蝕(침식), 外國資本(외국자본)에 －된 民族資本(민족자본)

浸

①적실 ②번질

浸水(침수), 浸透(침투), 浸蝕(침식) －平野(평야), 浸潤(침윤)

寢

①잠잘 ②쉴

寢具(침구), 寢息(침식), 就寢(취침), 寢臺(침대)→寢牀(침상)

沈

①잠길(㉠침) ②성(㉡심)

浮沈(부침), 沈默(침묵), 沈沒(침몰), 沈滯(침체), 沈淸(심청), 擊沈(격침)

枕

①베개 ②침목, 횡목

枕頭(침두), 木枕(목침), 枕上(침상), 枕木(침목)

타

楕

길고 둥글＝橢

楕圓(타원) －形(형)/－運動(운동)

惰

게으를

怠惰(태타), 惰性(타성)⇒慣性(관성), 惰怠(타태)⇒怠慢(태만), 惰卒(타졸)

隋

①떨어질(㉠타) ②수나라(㉡수)

隋遊(타유), 隋唐(수당)⇒중국의 隋(수)나라와 唐(당)나라

墮

떨어질

墮落(타락), 墮胎(타태)⇒落胎(낙태)⇒流産(유산), 墮涙(타루)

咤

꾸짖을 = 吒

叱咤(질타), 啞咤(아타), 恨咤(한타), 咤食(타식)

舵

키 = 柁

舵公(타공)⇒船工(선공), 舵手(타수), 操舵(조타)

駝

①낙타 ②타조 ③곱사등이

駱駝(낙타) 雙峰(쌍봉)−, 駝鳥(타조), 駝背(타배)⇒곱사등이

탁

擢

뽑을, 빼낼

擢用(탁용) 人材(인재)−, 拔擢(발탁), 擢出(탁출), 擢拔難數(탁발난수)

濯

빨래할, 씻다

洗濯(세탁) −所(소), 濯足(탁족)⇒洗足(세족), 濯枝雨(탁지우)

托

①받칠, 받침 ②의지할, 맡길 = 託

托子(탁자), 依托(託)(의탁), 托鉢(탁발) −僧(승)

託

①부탁할, 의지할, 맡길 = 托 ②핑계할

付託(托)(부탁), 信託(신탁), 供託(공탁), 託病(탁병), 委託(위탁), 託送(탁송), 託兒所(탁아소)

啄

쫄, 쪼다

啄啄(탁탁), 啄木鳥(탁목조)⇒딱따구리, 剝啄(박탁), 鳥啄聲(조탁성)⇒헛소문

琢

쪼다, 옥 다듬을

琢磨(탁마) 切磋(절차)－, 琢刻(탁각), 彫琢(조탁)

坼

①터질 ②찢다

坼裂(탁렬), 坼甲(탁갑), 坼榜(탁방), 坼封(탁봉), 開坼(개탁)⇒開封(개봉)

柝

①쪼갤 ②열다 ③딱딱이

柝聲(탁성), 擊柝(격탁), 鼓柝(고탁)

탄

憚

①꺼릴 ②두려워할 ㊀ 惮

忌憚(기탄), 憚服(탄복), 畏憚(외탄), 憚改(탄개)

彈

①탄알 ②튕길 ③탄핵할

彈丸(탄환), 爆彈(폭탄), 彈力(탄력), 彈劾(탄핵) －權(권), 糾彈(규탄), 彈壓(탄압)

殫

다할, 없어질

殫竭(탄갈)⇒殫盡(탄진), 殫亡(탄망), 殫誠(탄성)

嘆

탄식할, 한숨 쉴 = **歎**

嘆(歎)息(탄식), 悲嘆(歎)(비탄), 嘆(歎)聲(탄성), 嗟嘆(차탄), 嘆哭(탄곡)

歎

①탄식할 = **嘆** ②감탄할 ③도와 부를, 화답(和答)할

感歎(감탄), 歎服(탄복), 歎願(탄원) －書(서), 讚歎(찬탄), 驚歎(경탄), 痛歎(통탄), 恨歎(한탄)

灘

여울

灘聲(탄성)※歎(嘆)聲(탄성)이 아님, 急灘(급탄), 峻灘(준탄)

탐

眈

노려볼

眈眈(탐탐) 虎視(호시)－

耽 즐길, 빠지다

耽味(탐미), 耽讀(탐독), 耽溺(탐닉) 酒色(주색)에 ―하다, 耽耽(탐탐) 낚시에 ― 빠지다, 耽羅國(탐라국)⇒濟州島(제주도)

탑

塔 탑

石塔(석탑), 佛塔(불탑), 釋迦塔(석가탑), 塔影(탑영)

搭 ①탈, 실을 ②모뜰≒榻

搭乘(탑승) ―員(원), 搭載(탑재), 搭船(탑선)⇒乘船(승선), 搭(榻)本(탑본)⇒拓本(탁본)

탕

湯 끓일, 끓는 물

湯水(탕수), 湯藥(탕약), 湯池(탕지) 金城(금성)―, 浴湯(욕탕)

盪 ①씻을 ②움직일, 흔들릴

盪滌(탕척), 盪舟(탕주), 盪滅(탕멸), 震(振)盪(진탕)

蕩 ①방탕할 ②쓸어버릴 ③흔들릴 ④넓고 클

放蕩(방탕), 掃蕩(소탕), 蕩盡(탕진), 浩蕩(호탕), 蕩滌(탕척) ―敍用(서용), 蕩減(탕감) 負債(부채)―

태

台 ①별이름(㉠태) ②나, 기쁘다(㉡이)

三台星(삼태성), 台鑑(태감), 台安(태안), 台相(태상)⇒領議政(영의정), 台德(이덕), 台台(이이)

怠 ①게으를 ②거만할

怠慢(태만), 怠業(태업), 倦怠(권태), 懈怠(해태), 懶怠(나태)

苔 이끼

苔蘚(태선)⇒이끼, 蒼苔(창태), 苔泉(태천), 海苔(해태)⇒김, 苔田(태전)⇒김밭, 김 양식장

笞

볼기칠, 태형

笞杖(태장), 笞刑(태형)⇒笞罰(태벌), 笞贖(태속)

殆

①위태로울 ②거의

危殆(위태), 殆半(태반), 殆無(태무), 虧殆(휴태)

胎

①아이 밸 ②태 ③처음

胎兒(태아), 孕胎(잉태)⇒姙娠(임신), 胎動(태동), 奪胎(탈태) 換骨(환골)－, 胎生(태생)↔卵生(난생)

跆

밟을, 태권도

跆拳(태권) －道(도)⇒우리나라 고유의 무술

颱

거센 바람, 태풍

颱風(태풍)⇒颶風(구풍)

太

①클 ②심할 ③첫째 ④콩

太平(태평), 太甚(태심), 太初(태초), 太古(태고), 豆太(두태)⇒콩, 太極旗(태극기), 太不足(태부족)

汰

씻을, 밀릴

淘汰(도태) 恐龍(공룡)은 氷河期(빙하기)에 －되었다, 沙汰(사태) 山(산)－, 汰金(태금)

馱

짐 실을

馱價(태가)⇒運賃(운임), 馱作(태작), 馱馬(태마)

택

擇

가릴, 고를, 뽑을 약 択

擇日(택일), 選擇(선택) －科目(과목), 採擇(채택), 擇一(택일) 兩者(양자) －, 揀擇(간택)

澤

①못 ②윤 ③은혜 약 沢

沼澤(소택), 光澤(광택), 惠澤(혜택), 潤澤(윤택), 澤畔(택반)⇒못가, 德澤(덕택)

토

土
①흙 ②별이름 ③오행(五行)의 하나
土地(토지), 客土(객토), 土星(토성), 土曜日(토요일), 土産物(토산물), 土着(토착)

吐
①토할, 뱉을↔呑(탄) ②펼, 말할
吐絲(토사), 吐瀉(토사) −藿亂(곽란), 甘呑苦吐(감탄고토), 吐露(토로)

퇴

堆
쌓을, 쌓일
堆肥(퇴비), 堆積(퇴적) −岩(암), 堆石(퇴석) −層(층), 堆金積玉(퇴금적옥)

推
①추천할, 옮길, 미루어 헤아릴(㉠추) ②밀다(㉡퇴)
推敲(퇴고), 推薦(추천) −書(서), 推進(추진) −力(력), 推窓(퇴창), 推戶(퇴호)

退
물러날↔進(진)
退步(퇴보)↔進步(진보), 退職(퇴직) 停年(정년)−, 脫退(탈퇴), 後退(후퇴)↔前進(전진), 退去(퇴거), 退化(퇴화)↔進化(진화)

褪
빛 바랠
褪色(퇴색)⇒渝色(투색) = 빛이 바램

腿
넓적다리
大腿(대퇴) −骨(골)/−筋(근)/−動脈(동맥), 腿骨(퇴골)

파

坡
①고개 ②둑
坡陀(파타), 坡岸(파안)⇒堤防(제방)

波
물결
波濤(파도), 波動(파동), 波及(파급), 波紋(파문), 萬頃蒼波(만경창파), 波瀾(파란) −萬丈(만장)

跛

①절름발이(㉠파) ②비스듬히 설(㉡피)

跛蹇(파건), 跛行(파행), 跛鼈千里(파별천리), 跛立(피립), 跛倚(피의)

破

①깨뜨릴 ②다할 ③쪼갤

破壞(파괴), 走破(주파), 破裂(파열), 破産(파산) －宣告(선고), 突破(돌파), 看破(간파), 破竹之勢(파죽지세)

頗

①자못 ②치우칠

頗多(파다)⇒자못 많음, 偏頗(편파) －報道(보도), 頗牧(파목), 頗僻(파벽)

婆

①할미(㉠파) ②범어(㉡바)

老婆(노파), 産婆(산파), 娑婆(사바) －世界(세계)

巴

①뱀 ②땅이름

巴蛇(파사), 巴鼻(파비)⇒그릇의 손잡이, 巴人(파인), 巴調(파조)

把

①잡을, 쥘 ②손잡이

把握(파악), 把守(파수) －兵(병), 把捉(파착)⇒捕捉(포착)

爬

①긁을 ②기어다닐

爬痒(파양), 爬行(파행), 爬蟲類(파충류), 爬羅剔抉(파라척결)

琶

비파

琵琶(비파), 箏琶(쟁파)

판

板

①널 ②판목

板子(판자), 板(版)木(판목), 板書(판서), 看板(간판), 甲板(갑판), 黑板(흑판)⇒漆板(칠판)

阪

산비탈, 고개＝坂

阪路(판로)⇒고개, 비탈길, 阪上走丸(판상주환), 阪田(판전)

版

①판목, 인쇄 ②호적

版權(판권), 版圖(판도), 出版(출판)⇒出刊(출간), 初版(초판), 銅版(동판)

販 팔, 장사

販賣(판매) —店(점), 市販(시판), 共販(공판), 販路(판로), 販促(판촉)

瓣 ①꽃잎 ②외씨 ③과일조각

花瓣(화판)⇒꽃잎 ※辨(변), 辯(변)은 다른 자, 瓣膜(판막), 瓣香(판향), 安全瓣(안전판) 核戰爭(핵전쟁) 防止(방지)의 —

辦 ①힘쓸 ②갖출 ③다스릴, 처리할

辦備(판비), 辦償(판상)⇒辨償(변상), 辦公(판공) —費(비), 買辦(매판) —資本(자본)

패

貝 ①조개 ②재물, 보화

貝殼(패각), 貝物(패물), 貝甲(패갑), 貝貨(패화), 貝塚(패총)

狽 이리

狼狽(낭패) 猝地(졸지)에 父母(부모)를 잃었으니 아이들의 일이 —로구나

唄 염불 소리

梵唄(범패)⇒唄讚(패찬)⇒梵唱(범창), 唄聲(패성)⇒讀經(독경), 唄音(패음)

敗 ①패할↔勝(승) ②무너질 ③썩을

敗北(패배)↔勝利(승리), 敗退(패퇴)⇒退敗(퇴패), 失敗(실패)↔成功(성공), 腐敗(부패)

팽

澎 물결치는 기세

澎(彭)湃(팽배), 澎濞(팽비)

膨 불룩해질

膨脹(팽창) 通貨(통화)—, 膨滿(팽만), 膨大(팽대)

편

扁

①작을 ②현판 ③편편한

扁(片)舟(편주) 一葉(일엽)－, 扁額(편액)⇒懸板(현판), 扁平(편평) －足(족), 扁桃腺(편도선) －炎(염)

偏

치우칠, 기울

偏見(편견), 偏重(편중), 偏僻(편벽), 偏頗(편파), 偏母(편모) －侍下(시하), 偏在(편재)↔遍在(편재), 不偏(불편) －不黨(부당), 偏食(편식), 偏愛(편애), 偏向(편향), 偏執(편집)

褊

좁을

褊小(편소)⇒狹小(협소), 褊狹(편협)⇒偏狹(편협), 褊忌(편기)

編

①엮을, 지을 ②얽을, 짤

編輯(편집), 編物(편물), 編成(편성), 韋編三絶(위편삼절), 編入(편입), 編年體(편년체)↔紀傳體(기전체), 編著(편저) －者(자)

騙

①속일 ②말에 뛰어오를

騙取(편취) 金品(금품)을 －하다, 騙財(편재), 騙馬(편마)⇒曲馬(곡마)

篇

①책 ②편(책의 부류)

玉篇(옥편), 長篇(장편)↔短篇(단편), 千篇一律(천편일률)

遍

두루 = 徧

普遍(보편) －妥當(타당), 遍在(편재)↔偏在(편재), 遍歷(편력)⇒遍踏(편답)

便

①편할 ②소식 ③쪽 ④아첨(㉠편) ⑤똥, 오줌(㉡변)

便利(편리), 郵便(우편), 便辟(편벽), 大小便(대소변), 便秘(변비) －症(증)

鞭

채찍

鞭撻(편달) 指導(지도)－, 鞭毛(편모)⇒纖毛(섬모), 敎鞭(교편) －生活(생활)

평

平

①평평할 ②쉬울 ③화평할 ④고를

平面(평면)↔曲面(곡면), 平易(평이), 平和(평화)↔戰爭(전쟁), 平均(평균), 平地風波(평지풍파), 平衡(평형)

萍 개구리밥, 마름

浮萍(부평) -草(초), 萍泊(평박)⇒漂泊(표박), 萍水相逢(평수상봉)

坪 ①땅 평평할 ②넓이의 단위(사방 6자)

一坪(일평)⇒約(약) 3.306㎡, 坪當(평당), 建坪(건평), 坪數(평수)

評 평론할

評論(평론) 文學(문학)-, 評價(평가), 批評(비평), 評判(평판), 好評(호평)↔惡評(악평)

폐

敝 ①해질 ②자기에 관한 것을 낮추어 말할 때에 쓰는 접두사≒弊

敝履(폐리)⇒헌 신발, 敝(弊)國(폐국)↔貴國(귀국), 敝(弊)社(폐사)

弊 ①폐단, 폐해 ②나쁠 ③자기의 사물의 겸칭≒敝 ④곤할

弊端(폐단), 弊害(폐해), 弊習(폐습), 弊(敝)社(폐사)↔貴社(귀사), 弊屋(폐옥)⇒鄙第(비제), 疲弊(피폐), 語弊(어폐)

幣 ①폐백 예물, 비단 ②재화

幣帛(폐백), 幣物(폐물)⇒膳物(선물), 貨幣(화폐), 納幣(납폐), 紙幣(지폐), 禮幣(예폐)⇒禮緞(예단)

蔽 가릴

掩蔽(엄폐) -物(물), 隱蔽(은폐)↔暴露(폭로), 蔽遮(폐차), 蔽一言(폐일언)⇒一言以蔽之(일언이폐지), 建蔽率(건폐율) ※容積率(용적율)

斃 죽을

斃死(폐사), 疲斃(피폐), 自斃(자폐)⇒自殺(자살)

포

匍 길, 엉금엉금 기다

匍球(포구), 匍匐(포복)⇒匍伏(포복)/-訓練(훈련)/-莖(경)

圃 채마밭

苗圃(묘포), 圃田(포전), 蔘圃(삼포), 藥圃(약포)

葡 포도, 포도나무
葡萄(포도) －園(원)/－酒(주)/－糖注射(당주사), 靑葡(청포)

逋 도망갈
逋逃(포도), 逋脫(포탈) 稅金(세금)－, 逋遷(포천)

哺 먹을, 씹어먹을
哺乳(포유) －動物(동물), 哺育(포육), 反哺(반포) －之孝(지효) = 안갚음, 含哺鼓腹(함포고복)

捕 잡을
逮捕(체포), 捕虜(포로) －收容所(수용소), 捕鯨船(포경선), 捕捉(포착), 捕盜(포도)

浦 물가, 개
浦口(포구), 浦村(포촌), 浦港(포항), 浦邊(포변)⇒갯가

蒲 ①부들 ②창포
蒲席(포석)⇒부들자리, 菖蒲(창포), 蒲團(포단), 蒲戱(포희)⇒윷놀이, 蒲鞭之罰(포편지벌)

脯 포, 말린 고기
脯肉(포육), 脯醯(포혜), 脯資(포자)⇒旅費(여비)⇒路資(노자)

鋪 ①펼, 깔 ②가게, 점포 속 舖
鋪裝(포장) －道路(도로)⇒鋪道(포도), 店鋪(점포)⇒商店(상점)

布 ①베, 피륙 ②베풀, 펼
布木(포목) －商(상), 布告(포고) －令(령), 公布(공포), 宣布(선포), 分布(분포)

怖 두려워할
恐怖(공포) －症(증), 怖畏(포외), 驚怖(경포)

包 쌀, 꾸릴
包裝(포장) －紙(지), 包圍(포위) －網(망), 包攝(포섭), 包含(포함), 包括(포괄), 包容(포용)

庖 ①부엌 ②푸줏간
庖廚(포주)⇒精肉店(정육점)⇒푸줏간, 庖丁(포정)⇒白丁(백정)

苞

①꾸러미 ②뿌리, 근본
苞苴(포저), 苞桑(포상), 花苞(화포), 苞苴甘醬入(포저감장입)

泡

물거품
水泡(수포), 泡沫(포말), 泡影(포영), 泡幻(포환)

抱

안을, 품을, 가질
抱腹(포복) -絶倒(절도), 抱擁(포옹), 懷抱(회포), 抱負(포부)

砲

대포, 포
大砲(대포), 砲火(포화), 砲彈(포탄), 砲手(포수)

咆

으르렁거릴
咆哮(포효), 咆吼(포후)→咆烋(포휴), 咆虎陷浦(포호함포)

炮

구울 = 炰
炮煮(포자), 炮烙(포락) -之刑(지형)

袍

두루마기
道袍(도포), 靑袍(청포), 袍笏(포홀)⇒朝服(조복), 綿袍(면포)

胞

①태보 ②세포
胞宮(포궁), 細胞(세포), 同胞(동포) -愛(애), 僑胞(교포), 胞門(포문)⇒産門(산문), 胞宮(포궁)⇒子宮(자궁)

飽

①배부를 ②물릴 ③찰, 가득할
飽食(포식), 飽聞(포문), 飽滿(포만), 飽和(포화) -狀態(상태)

鮑

①절인 생선 ②전복
鮑尺(포척), 鮑魚之肆(포어지사), 管鮑之交(관포지교)

폭

幅

①폭, 너비(㉠폭) ②두건(㉡복)
幅員(폭원)=幅隕(폭운), 畵幅(화폭), 大幅(대폭), 全幅(전폭), 幅巾(복건)

輻 바퀴살(㉠폭 ㉡복)

輻輳(폭주)⇒輻輳幷臻(폭주병진), 輻射(복사) －熱(열)

暴 ①사나울(㉠폭 ㉡포) ②지나칠 ③갑자기 ④드러낼

暴徒(폭도), 暴利(폭리), 暴騰(폭등), 暴露(폭로)↔隱蔽(은폐), 暴惡(포악), 暴風(폭풍) －警報(경보)

瀑 ①폭포 ②소나기(㉠폭 ㉡포) ③물보라

瀑布(폭포)⇒飛瀑(비폭)⇒飛泉(비천)/－水(수), 瀑沫(포말)⇒泡沫(포말)

爆 폭발할

爆發(폭발) －彈(탄), 爆擊(폭격) －機(기), 爆死(폭사), 爆破(폭파), 爆風(폭풍)

曝 쬘, 볕에 말릴(㉠폭 ㉡포)

曝陽(폭양), 曝書(폭서), 曝白(포백)⇒마전⇒漂白(표백)

표

票 ①표, 쪽지 ②가볍게 오르는 모양

票決(표결), 開票(개표), 車票(차표), 票(飄)然(표연), 投票(투표)

剽 ①빼앗을, 강탈할 ②빠를

剽竊(표절), 剽掠(표략), 剽急(표급), 輕剽(경표)

慓 빠를, 날랠

慓毒(표독), 慓(剽)悍(표한)

漂 ①뜰, 떠돌 ②빨래할

漂流(표류)⇒流浪(유랑), 漂着(표착), 漂女(표녀), 漂白(표백) －劑(제), 漂寓(표우)⇒漂泊(표박), 漂鳥(표조)⇒철새, 候鳥(후조)

標 ①표, 표시, 표적 ②표할, 나타낼

標識(표지), 標本(표본), 標準(표준), 標榜(표방), 標語(표어), 目標(목표), 標的(표적), 帽標(모표)

飄 ①나부낄 ②떠돌 ③회오리바람

飄然(표연), 飄零(표령), 飄飄(표표), 飄蕩(표탕), 飄風(표풍)⇒회오리바람

풍

風

①바람 ②가르침 ③경치 ④모습

風霜(풍상), 風敎(풍교)→風化(풍화), 風景(풍경)⇒景致(경치), 風采(풍채)⇒風貌(풍모), 颱風(태풍), 風前燈下(풍전등하), 風飛雹散(풍비박산)

楓

단풍나무

丹楓(단풍) -나무, 楓葉(풍엽)⇒단풍잎, 楓林(풍림)

諷

①외울 ②빗대어 말할

諷詠(풍영), 諷諭(풍유), 諷諫(풍간), 諷刺(풍자) -小說(소설)

피

皮

가죽, 껍질

皮骨(피골) -相接(상접), 皮膚(피부), 皮革(피혁)⇒가죽, 皮肉之見(피육지견)⇒皮相之見(피상지견)

彼

저, 저편↔**此**(차)

彼此(피차) -一般(일반), 彼我(피아), 此日彼日(차일피일), 此一時彼一時(차일시피일시), 知彼知己(지피지기)

披

헤칠, 펼, 열

披瀝(피력), 披露(피로) -宴(연), 披靡(피미), 披髮(피발), 猖披(창피)

被

①이불 ②입을, 받을 ③옷

被衾(피금), 被害(피해), 被擊(피격), 被告(피고)↔原告(원고), 被服(피복)⇒옷, 의복

詖

①치우칠, 비뚤어질 ②변론할

詖行(피행) ∴跛行(파행)과 다름, 詖辭(피사), 險詖(험피)

跛

①비스듬히 설(㉠피) ②절름발이(㉡파)

跛立(피립), 跛倚(피의), 跛蹇(파건)⇒절름발이, 跛行(파행) -的(적)

疲

피곤할, 지칠

疲困(피곤), 疲勞(피로), 疲斃(피폐)

하

何

어찌, 얼마, 무엇

何等(하등), 何必(하필), 何如(하여) －間(간), 如何(여하)

河

물, 강, 내

河川(하천), 河海(하해), 氷河(빙하), 河床(하상), 運河(운하) 파나마－

荷

①연꽃 ②질, 멜, 짐

荷花(하화)⇒蓮花(연화), 荷役(하역) －作業(작업), 出荷(출하)

瑕

①티, 옥의 티 ②허물

瑕玷(하점), 瑕疵(하자) －補修(보수), 瑕瑾(하근)⇒흠, 단점

遐

멀

遐觀(하관), 遐邇(하이), 遐鄕(하향), 昇遐(승하)

蝦

①청개구리 ②새우 = 鰕

蝦蟹(하해), 大蝦(대하)⇒왕새우, 蝦荒蟹亂(하황해란)

학

虐

①사나울, 혹독할 ②학대할

虐待(학대), 虐殺(학살), 虐政(학정)⇒苛政(가정), 殘虐(잔학)

謔

희롱할, 해학

謔笑(학소), 諧謔(해학)⇒滑稽(골계)⇒익살, 유머(humour), 戲謔(희학)

瘧

학질

瘧疾(학질)⇒말라리아, 腹瘧(복학)⇒자라배

한

恨 ①한탄할 ②뉘우칠
恨歎(한탄), 怨恨(원한), 悔恨(회한)⇒懊恨(오한), 餘恨(여한)

限 한정, 한정할
限定(한정)↔概括(개괄), 限度(한도), 限界(한계)→境界(경계), 期限(기한), 制限(제한)

旱 가물
旱魃(한발), 旱災(한재)⇒旱害(한해), 旱路(한로)⇒陸路(육로)

悍 사나울, 날랠
慓悍(표한), 悍戾(한려)→旱毒(한독), 悍婦(한부), 悍馬(한마), 悍勇(한용)

捍 막을
捍塞(한색)⇒防止(방지), 捍衛(한위)⇒防衛(방위), 捍邊(한변)

罕 드물
稀罕(희한), 罕例(한례)⇒드문 前例(전례), 罕古(한고)

翰 ①글, 편지 ②높이 날
書翰(서한)⇒翰札(한찰)⇒書簡(서간)⇒편지, 翰墨(한묵)⇒文筆(문필), 翰林(한림) -院(원)

瀚 ①넓고 클 ②사막
浩瀚(호한)⇒浩汗(호한), 瀚海(한해)⇒몽고의 고비 砂漠(사막)

澣 ①빨래할 ②열흘
澣滌(한척), 上澣(상한)↔下澣(하한)=上旬(상순)↔下旬(하순)

할

割 ①나눌 ②가를 ③할(비율, 10분의 1)
割當(할당), 割愛(할애), 割腹(할복), 割去(할거), 割引(할인), 割據(할거), 一割(일할), 分割(분할)

轄

다스릴, 지배할

管轄(관할) －稅務署(세무서), 直轄(직할) －派出所(파출소), 統轄(통할)

함

咸

다, 모두, 조카

咸告(함고), 咸氏(함씨), 咸集(함집), 咸池(함지)↔暘谷(양곡), 咸興差使(함흥차사)

喊

고함 지를

喊聲(함성)⇒吶喊(눌함), 高喊(고함) －지르다, 鼓喊(고함)

緘

봉할, 묶을

緘口(함구)⇒箝口(겸구)/－不言(불언), 封緘(봉함)↔開封(개봉), 緘札(함찰)

鹹

짤

鹹水(함수)↔淡水(담수), 鹹苦(함고), 鹹菜(함채)

函

①함 ②편지 ③갑옷 ④넣다

函籠(함롱), 函人(함인), 函丈(함장), 函蓋相應(함개상응)

涵

젖을, 잠길

涵養(함양) －薰陶(훈도), 涵煦(함후)

檻

①함거 ②난간 ③우리

檻(轞)車(함거), 欄檻(난함)⇒欄干(杆)(난간), 獸檻(수함)

艦

싸움배, 군함

軍艦(군함), 艦砲(함포) －射擊(사격), 艦隊(함대) －司令部(사령부)

합

合

①합할, 모을 ②맞을(㉠합) ③1되의 10분의 1(㉡홉)

合同(합동), 合計(합계), 合理(합리), 合格(합격), 一合(일홉)

盒

합, 소반의 뚜껑

香盒(향합), 盒兒(합아)⇒뚜껑이 있는 그릇, 盒沙鉢(합사발)

蛤

조개, 대합

紅蛤(홍합), 蛤蜊(합리)⇒참조개, 무명조개, 蛤魚(합어)⇒개구리, 두꺼비

閤

①샛문, 쪽문 ②안방 ③전각 ④관청

閤門(합문), 閤夫人(합부인), 閤下(합하), 閨閤(규합)⇒閨中(규중)

항

亢

①높아질 ②맞설≒抗 ③목

亢進(항진) 心悸(심계)－, 亢(抗)禮(항례), 亢燥(항조)

伉

①짝, 배필 ②굳셀

伉儷(항려), 伉直(항직)⇒剛直(강직), 伉禮(항례)

抗

①대항할 ②막을

抗拒(항거)→對抗(대항), 抗訴(항소), 抗議(항의), 抵抗(저항)

航

①배로 물 건널 ②날, 비행할

航海(항해) －士(사), 出航(출항)↔歸航(귀항), 航空(항공) －機(기), 巡航(순항)

巷

①거리, 골목 ②마을

巷街(항가)⇒길거리, 巷間(항간), 巷說(항설), 陋巷(누항), 閭巷(여항)⇒閭閻(여염)

港

항구

港口(항구) －都市(도시), 港灣(항만), 浦港(포항), 漁港(어항), 軍港(군항)

해

咳

기침, 기침할

咳嗽(해수)⇒기침, 咳喘(해천), 鎭咳(진해) －劑(제), 咳痰(해담), 咳唾成珠(해타성주)

垓

①지경 ②땅 가장자리

垓心(해심), 垓字(해자)→城壕(성호), 垓埏(해연)⇒極地(극지)

孩

아이, 어린아이

兒孩(아해)⇒아이, 孩蟲(해충)⇒幼蟲(유충)⇒애벌레, 孩童(해동), 嬰孩(영해)→幼兒(유아)

該

①그, 해당할 ②갖출 ③넓을

該當(해당) –事項(사항), 該敏(해민), 該悉(해실), 該博(해박), 該地(해지)⇒該處(해처)

駭

놀랄

駭怪(해괴) –罔測(망측), 震駭(진해), 駭擧(해거), 駭視(해시), 駭悖(해패)

骸

뼈, 해골

骸骨(해골), 骸炭(해탄)⇒코크스(cokes), 骸骼(해격)⇒屍體(시체), 殘骸(잔해)

解

①풀, 풀어질 ②가를 ③흩어질 ④벗을

解放(해방)↔束縛(속박), 解剖(해부), 解散(해산), 解産(해산), 解答(해답), 和解(화해), 解決(해결), 解弛(해이), 瓦解(와해), 理解(이해)

懈

게으를

懈怠(해태)⇒懶怠(나태), 懈慢(해만), 懈惰(해타)→懈怠(해태)

邂

우연히 만날, 마주칠

邂逅相逢(해후상봉) ㊟ 邂逅(해후)⇒우연히 서로 만남

蟹

게

蝦蟹(하해), 蟹眼(해안), 蝦荒蟹亂(하황해란), 蟹行(해행)⇒게걸음, 蟹網具失(해망구실)

偕

①함께 ②굳셀

偕老(해로) 百年(백년)–/–同穴(동혈), 偕偶(해우)⇒夫婦(부부), 偕樂(해락)

楷

①해서 ②본보기

楷書(해서)→隸書(예서), 楷式(해식)⇒法度(법도)⇒본보기

諧

①화할, 어울릴 ②희롱할

諧和(해화)⇒調和(조화), 諧語(해어)⇒弄談(농담), 諧謔(해학)⇒익살, 유머(humour)

핵

劾

캐물을(罪狀(죄상)을)

彈劾(탄핵) –訴追權(소추권), 劾案(핵안), 劾論(핵론), 劾情(핵정)

核

①씨 ②핵 ③알맹이, 중심

核果(핵과), 核武器(핵무기), 核心(핵심), 核燃料(핵연료), 中核(중핵), 結核(결핵), 核擴散禁止條約(핵확산금지조약)⇒NPT

행

幸

①다행 ②요행≒倖 ③바랄

幸福(행복), 多幸(다행), 僥幸(倖)(요행), 幸冀(행기), 行幸(행행)

倖

요행

僥倖(幸)(요행), 射倖(사행), 倖而得免(행이득면) ㊟ 倖免(행면)

향

鄕

①시골 ②고향

鄕村(향촌)⇒鄕土(향토)⇒시골, 故鄕(고향), 鄕愁(향수), 望鄕(망향), 鄕第(향제)

嚮

①향할, 대할 ②전번, 지난번

嚮導(향도) –兵(병), 嚮者(향자)⇒지난번, 嚮晦(향회)⇒해질 무렵, 嚮往(향왕)

響

울림, 울리는 소리

音響(음향), 響應(향응) ∴ 饗應(향응)과 다름, 影響(영향), 反響(반향) ※反應(반응)

饗

①잔치할, 대접할 ②누릴, 받을≒享

饗宴(향연)⇒잔치, 饗應(향응), 歆饗(흠향)

허

虛

①빌 ②약할, 헛될

虛無(허무)⇒無常(무상), 虛費(허비), 虛榮(허영) －心(심), 虛弱(허약), 虛構(허구)⇒픽션, 虛荒(허황)

噓

풍칠, 거짓말할

吹噓(취허), 噓枯(허고)

墟

터, 옛터

廢墟(폐허), 墟巷(허항), 墟墓(허묘)⇒墟墳(허분)

험

嶮

산 가파를

嶮峻(험준), 嶮難(험난), 嶮惡(험악), 嶮路(험로), 嶮隘(험애)

險

①험할, 위태로울 ②간악할, 음흉할 약 険

險難(험난), 冒險(모험), 保險(보험) －會社(회사), 險惡(험악), 峻險(준험), 險談(험담), 危險(위험) －千萬(천만)

驗

①시험할 ②보람

試驗(시험) 入學(입학)－, 效驗(효험)⇒效用(효용)⇒效力(효력), 經驗(경험), 實驗(실험), 體驗(체험)

현

玄

①검을 ②오묘할 ③현손

玄黃(현황) 天地(천지)－, 玄妙(현묘), 幽玄(유현), 玄孫(현손), 玄關(현관), 玄琴(현금)⇒거문고, 玄米(현미)

弦

①활시위 ②악기 줄≒絃 ③반달

弦矢(현시), 弦(絃)樂器(현악기), 上弦(상현)↔下弦(하현), 弦月(현월)⇒초승달

眩

어지러울

眩耀(현요), 眩惑(현혹), 眩目(현목), 眩亂(현란), 眩氣(현기) －症(증)

鉉

솥의 귀, 삼공(三公)

鉉席(현석)⇒삼공(三公)의 자리. ※삼공(三公)은 삼정승(三政丞), 즉 영의정(領議政)·좌의정(左議政)·우의정(右議政)

舷

뱃전

舷側(현측)⇒뱃전, 舷窓(현창), 左舷(좌현)↔右舷(우현), 舷燈(현등)

絃

①악기 줄 ②현악기

絃線(현선), 絃樂器(현악기), 絶絃(절현), 絃首(현수)⇒코머리, 絃誦(현송)

衒

자랑할

衒學(현학), 衒才(현재), 衒女(현녀), 自衒(자현)

見

①나타날 ②이제 있을(㉠현) ③볼, 보일 ④의견, 생각(㉡견)

見聞(견문), 意見(의견), 見識(견식)⇒識見(식견), 發見(발견), 偏見(편견), 見齒(현치), 見舅姑(현구고), 謁見(알현), 見糧(현량)⇒현재 가지고 있는 군량(軍糧)

現

①나타날 ②이제, 지금

出現(출현), 現在(현재)↔過去(과거)/未來(미래), 實現(실현), 現場(현장)

縣

①고을 ②매달

群縣(군현), 縣監(현감), 縣軍(현군) －孤鬪(고투)

懸

①매달, 걸≒縣 ②멀

懸板(현판), 懸賞(현상) －金(금), 懸垂(현수) －幕(막)/－橋(교), 懸案(현안)

협

夾

①낄 ②좁을≒狹

夾房(협방)⇒곁방, 夾紙(협지)⇒胎紙(태지), 夾門(협문), 夾戶(협호)

俠

호협할, 협객

豪俠(호협), 俠客(협객), 義俠(의협) －心(심), 俠魁(협괴), 俠骨(협골), 武俠(무협)

峽

골짜기

峽谷(협곡), 山峽(산협)→峽間(협간), 峽氓(협맹), 峽路(협로), 峽農(협농)

挾 낄, 품을

挾攻(협공), 挾雜(협잡) －輩(배), 挾憾(협감)⇒含憾(함감), 挾舞(협무), 挾感(협감)

浹 ①두루 ②젖을 ③돌

浹寓(협우), 浹洽(협흡), 浹浹(협협), 浹旬(협순)

狹 좁을≒陜↔廣(광)

狹小(협소), 狹窄(협착), 狹量(협량), 狹義(협의)↔廣義(광의), 狹路(협로)⇒小路(소로), 狹隘(협애), 偏狹(편협)

鋏 ①검, 칼 ②가위

鋏刀(협도), 彈鋏(탄협), 鋏狀價格差(협상가격차)

頰 뺨

紅頰(홍협), 頰骨(협골)⇒광대뼈, 頰筋(협근), 頰囊(협낭)

協 ①화할 ②도울

協和(협화), 協同(협동), 協力(협력), 妥協(타협), 協商(협상), 協會(협회)

脅 ①으를, 위협할 ②갈비, 갈빗대

脅迫(협박), 威脅(위협), 脅從(협종), 脅肩(협견) －諂笑(첨소)

형

刑 형벌

刑罰(형벌), 刑法(형법), 刑事(형사)↔民事(민사), 刑場(형장)

形 ①모양, 꼴 ②얼굴 ③나타날 ④형세

形象(형상), 形色(형색), 形跡(迹)(형적), 形便(형편)⇒形勢(형세), 地形(지형), 形局(형국)=體局(체국), 形態(형태)

荊 ①가시 ②자기 아내의 겸칭

荊棘(형극), 荊妻(형처)⇒愚妻(우처), 荊扉(형비)

型 ①거푸집 ②법, 본보기

模型(모형)⇒繡本(수본), 典型(전형), 類型(유형), 鑄型(주형)

혜

彗

①비, 비로 쓸 ②별이름

彗掃(혜소), 彗星(혜성) –歌(가), 彗芒(혜망)

慧

지혜, 밝을

知(智)慧(지혜), 慧眼(혜안), 慧敏(혜민)⇒慧悟(혜오), 慧命(혜명)⇒比丘(비구)

호

浩

넓고 클

浩然(호연) –之氣(지기)/–長歸(장귀), 浩浩漠漠(호호막막), 浩浩蕩蕩(호호탕탕) ㊟ 浩蕩(호탕)

皓

①흴, 희게 빛날 ②밝을

皓齒(호치)⇒白齒(백치)/丹脣(단순)–, 皓月(호월)⇒明月(명월)⇒皎月(교월), 皓皓(호호) –白髮(백발), 尨眉皓髮(방미호발)⇒老人(노인)

胡

①오랑캐 ②어찌 ③오래

丙子胡亂(병자호란), 胡然(호연), 胡壽(호수)⇒長壽(장수), 胡耈(호구), 胡瓜(호과)⇒오이, 胡說(호설), 胡(蝴)蝶(호접)⇒나비, 胡行亂走(호행란주)

湖

호수

湖水(호수)⇒湖海(호해), 湖畔(호반), 江湖(강호) –諸賢(제현), 湖南(호남) –地方(지방)

瑚

산호

珊瑚(산호) –礁(초), 瑚璉(호련)

糊

①풀, 풀칠할 ②모호할

糊口(호구) –之策(지책), 糊塗(호도), 模糊(모호) 曖昧(애매)–

蝴

나비

蝴蝶(호접)⇒나비, 蝴(胡)蝶之夢(호접지몽)⇒莊周之夢(장주지몽)

弧

①나무활 ②활 모양으로 굽은 것

弧矢(호시)⇒나무활, 弧形(호형), 括弧(괄호)⇒( ), 弧宴(호연)⇒생일 잔치

狐

여우

狐狸(호리), 狐假虎威(호가호위), 董狐之筆(동호지필), 狐死兎悲(호사토비)

瓠

①박, 표주박 ②병, 항아리≒壺

瓜瓠(과호), 瓠犀(호서), 瓠尊(樽)(호준)⇒瓠壺(호호)⇒뒤웅박, 표주박

毫

①가는 털 ②아주 가늘 ③붓

毫髮(호발), 毫末(호말), 秋毫(추호), 揮毫(휘호), 毫釐(호리)

豪

①호걸, 호협 ②성할

豪傑(호걸), 文豪(문호), 豪奢(호사), 豪放(호방)⇒豪宕(호탕), 豪雨(호우), 豪華(호화) –燦爛(찬란)

壕

해자(성 주위에 돌려 판 못)

塹壕(참호)→空壕(공호), 防空壕(방공호), 城壕(濠)(성호)

虎

범, 호랑이

虎視(호시) –眈眈(탐탐), 猛虎(맹호), 虎死留皮(호사유피), 虎尾難放(호미난방)

琥

호박

琥珀(호박)⇒江珠(강주), 琥珀酒(호박주), 琥珀緞(호박단), 白琥(백호)

號

①울다, 부르짖을 ②이름, 부호, 번호, 표

號哭(호곡)⇒號泣(호읍), 符號(부호), 號外(호외), 稱號(칭호), 號令(호령)

혹

或

혹, 아마

或是(혹시)⇒或如(혹여)⇒或時(혹시) ㊟或(혹), 或曰(혹왈)⇒或云(혹운), 間或(간혹)

惑

①미혹할 ②어지러울

誘惑(유혹), 疑惑(의혹), 惑世(혹세) –誣民(무민), 當惑(당혹), 眩惑(현혹)

혼

昏

어두울, 혼미할

昏迷(혼미), 昏睡(혼수) －狀態(상태), 黃昏(황혼), 昏季(혼계), 昏絶(혼절), 昏定晨省(혼정신성)

婚

혼인할, 혼인

婚姻(혼인)⇒結婚(결혼), 婚禮(혼례), 婚談(혼담), 離婚(이혼), 再婚(재혼)

홀

忽

①문득 ②소홀히 할 ※怱(총)은 다른 자

忽然(홀연)→忽往忽來(홀왕홀래), 忽待(홀대)→恝待(괄대), 踈(疏)忽(소홀)

惚

황홀할

恍(怳, 慌)惚(황홀) －難測(난측), 恍惚境(황홀경)

홍

哄

떠들썩할

哄動(홍동), 哄笑(홍소), 哄唱(홍창)

洪

①넓을, 클≒弘(홍) ②홍수, 큰물

洪福(홍복), 洪化(홍화), 洪水(홍수), 洪吉童(홍길동), 洪恩(홍은)

紅

붉을

紅顔(홍안) －少年(소년), 紅疫(홍역)⇒痲疹(마진), 紅塵(홍진) －萬丈(만장), 紅蔘(홍삼), 朱紅(주홍)

虹

무지개

虹蜺(홍예)⇒무지개, 虹蜺(霓)門(홍예문), 虹彩(홍채)

訌

어지러울

內訌(내홍)⇒內紛(내분)⇒訌爭(홍쟁), 訌阻(홍조)

鴻
①큰기러기 ②클
鴻毛(홍모), 鴻恩(홍은), 鴻圖(홍도), 鴻鵠之志(홍곡지지)⇒鴻志(홍지)

화

華
①빛날 ②꽃 ③중국 ④번성할
華麗(화려), 華奢(화사), 華實(화실), 華僑(화교), 榮華(영화), 豪華(호화), 華燭(화촉), 中華民國(중화민국)⇒中國(중국)

樺
자작나무
樺榴(화류)⇒紫檀(자단), 樺榴欌(화류장), 樺太(화태)⇒사할린

譁
지껄일 = 嘩
譁噪(譟)(화조), 喧(諠)譁(훤화), 譁笑(화소)

禾
벼, 곡식
禾穀(화곡), 禾稈(화간)⇒禾藁(화고)⇒볏짚, 禾穗(화수), 禾利(화리)

和
①화목할 ②순할 ③화답할 ④합할
和睦(화목), 和氣(화기) －靄靄(애애), 和解(화해), 總和(총화), 平和(평화), 飽和(포화), 共和國(공화국), 和暢(화창)

話
말할, 이야기
談話(담화), 會話(회화) 英語(영어)－, 對話(대화)↔獨白(독백), 電話(전화)

化
①화할, 될 ②변화할
化石(화석), 化合(화합) －物(물), 變化(변화), 教化(교화), 化粧(화장) －品(품)

花
①꽃 ②아름다울
花草(화초), 開花(개화)↔落花(낙화), 花園(화원), 花無十日紅(화무십일홍)

貨
①재화, 화폐 ②화물, 물품
貨幣(화폐), 貨物(화물), 財貨(재화)⇒財物(재물), 貨車(화차), 外貨(외화)

靴
신, 구두
靴工(화공)⇒구두를 만드는 사람, 長靴(장화), 軍靴(군화), 短靴(단화)

확

矍

①건장할 ②두루 살필

矍鑠(확삭)⇒(늙어도) 기력이 건장한 모양, 矍然(확연)

攫

①움킬 ②후려칠

一攫(일확) －千金(천금), 攫搏(확박), 攫取(확취)

穫

거둘

收穫(수확), 秋穫(추확), 穫稻(확도)

환

喚

부를

召喚(소환), 使喚(사환)⇒使童(사동), 喚起(환기), 喚呼(환호), 叫喚(규환) 阿鼻(아비)－

換

바꿀

交換(교환), 換氣(환기), 換言(환언), 換算(환산), 轉換(전환), 外國換(외국환) 준 外換(외환), 換時勢(환시세)⇒換率(환율), 兌換(태환)

渙

흩어질, 풀릴

渙然(환연) －氷釋(빙석), 渙散(환산)

環

①고리 ②두를 ③둥근 구슬

花環(화환), 環境(환경) －汚染(오염), 循環(순환), 指環(지환)⇒가락지, 耳環(이환)⇒귀고리

還

①돌아올 ②돌릴

還甲(환갑)⇒回甲(회갑), 還給(환급), 歸還(귀환), 還元(환원), 送還(송환)

圜

①에워쌀(㉠환) ②둥글(㉡원)

圜視(환시) 衆人(중인)－, 圜冠(원관), 圜扉(원비), 圜牆(원장)

활

滑 ①미끄러울(㉠활) ②어지러울, 익살스러울(㉡골)
滑走(활주) ―路(로), 滑車(활차)⇒도르래, 滑氷(활빙), 圓滑(원활), 滑稽(골계)

猾 교활할, 간교할
狡猾(교활), 猾吏(활리), 猾僞(활위), 猾智(활지)

活 ①살다 ②활발할 ③응용할(㉠활) ④물소리(㉡괄)
活力(활력), 活潑(활발), 活用(활용), 活動(활동), 活活(괄괄)

闊 ①넓을 ②너그러울 ㊂濶
闊達(활달), 闊步(활보), 廣闊(광활), 快闊(쾌활), 闊葉樹(활엽수)

황

皇 ①임금 ②클
皇帝(황제)⇒天子(천자)⇒임금, 皇考(황고), 皇后(황후), 教皇(교황), 玉皇上帝(옥황상제)

徨 거닐, 어정거릴
彷徨(방황) 거리를 ―하다, 彷徨變異(방황변이)⇒個體變異(개체변이)

惶 두려워할
惶恐(황공)⇒惶悚(황송), 蒼惶(창황), 惶怯(황겁), 驚惶(경황), 惶汗(황한), 惶忙(황망)

隍 해자(垓字)
隍塹(황참)⇒垓字(해자)⇒城壕(성호), 城隍堂(성황당)⇒서낭당

煌 빛날
煌煌(황황), 輝煌燦爛(휘황찬란)

遑 ①급할, 허둥지둥할 ②겨를
遑急(황급), 遑忙(황망), 未遑(미황), 遑寧(황녕)⇒遑安(황안), 遑遑罔措(황황망조)

黃

누를, 노랑

黃口(황구), 黃塵(황진), 黃泉(황천), 黃昏(황혼), 黃鳥(황조), 黃色(황색), 黃狗(황구), 黃耇(황구)

潢

웅덩이, 길바닥 물

潢潦(황료), 潢池(황지)

荒

①거칠 ②흉년들

荒廢(황폐), 荒蕪地(황무지), 荒年(황년)⇒凶年(흉년), 荒唐(황당) –無稽(무계), 虛荒(허황)

慌

①다급할 ②흐리멍텅할, 황홀할 ③두려워할

唐慌(당황), 慌忙(황망), 慌(恍, 怳)惚(황홀) –境(경)

회

會

①모을 ②맞을 ③깨달을 ④기회 약 会

會談(회담) 南北(남북)–, 會心(회심), 會得(회득)⇒了解(요해), 國會(국회), 面會(면회), 會社(회사), 機會(기회), 會計(회계), 會者定離(회자정리), 集會(집회), 司會(사회)

繪

그림 약 絵

繪畫(회화)⇒그림, 繪像(회상)⇒畫像(화상), 繪事後素(회사후소)

獪

간교할 약 獪

獪猾(회활)⇒狡猾(교활), 老獪(노회)

膾

회, 회칠 약 脍

魚膾(어회), 肉膾(육회), 膾炙(회자) 人口(인구)에 –되다

灰

①재 ②석회

灰色(회색)⇒잿빛, 石灰(석회), 灰燼(회신), 生石灰(생석회)⇒산화칼슘

恢

①클, 넓을 ②돌, 돌이킬≒回

恢宏(회굉)⇒恢弘(회홍)⇒넓은 모양, 恢復(회복), 恢恢(회회)

詼

조롱할, 희롱할

詼笑(회소)⇒비웃음, 詼謔(회학), 詼諧(회해), 詼嘲(회조)

回

①돌아올, 돌 ②번, 횟수 ③피할

回春(회춘), 回信(회신), 每回(매회), 回顧(회고), 回轉(회전), 回避(회피), 挽回(만회), 旋回(선회) －飛行(비행), 回翰(회한), 回忌(회기)⇒忌日(기일)

徊

어정거릴 = 佪

徘徊(배회)⇒遲徊(지회), 徘徊顧眄(배회고면), 徊翔(회상)

廻

①돌 ②회피할≒回

廻(回)轉(회전), 廻(回)避(회피), 迂廻(回)(우회), 廻(回)顧(회고), 巡廻(순회) －診療(진료)

蛔

회, 거위

蛔蟲(회충)⇒거위/－藥(약)⇒회충구제약, 蛔疳(회감)⇒횟배앓이

晦

①그믐 ②어두울

晦日(회일)⇒그믐날, 晦朔(회삭), 晦塞(회색), 晦冥(회명), 晦迹(회적)→潛迹(잠적)

誨

가르칠, 일깨울

誨言(회언), 誨諭(회유), 教誨(교회), 諫誨(간회)

悔

뉘우칠, 한할

悔改(회개)→懺悔(참회), 後悔(후회) －莫及(막급), 悔悟(회오), 悔色(회색), 悔恨(회한)⇒懊恨(오한)

획

畫

①그을, 구획할≒劃 ②꾀, 꾀할 ③획, 획수(㉠획) ④그림(㉡화) 약 画

畫一(획일), 畫策(획책), 字畫(자획), 畫數(획수), 畫順(획순), 繪畫(회화)⇒그림, 畫家(화가), 畫廊(화랑), 書畫(서화)

劃

그을(구획을 긋는 것)≒畫

區劃(畫)(구획) －整理(정리), 劃期的(획기적) －사건, 劃定(획정), 劃地(획지)

효

孝

효도

孝道(효도)→孝行(효행), 孝子(효자)→孝女(효녀), 忠孝(충효)

哮
으르렁거릴, 성낼

咆哮(포효), 哮症(효증)⇒百日咳(백일해), 哮喘(효천)⇒喘息(천식)⇒해수병

酵
①술괼 ②곰팡이

醱酵(발효) －菌(균), 酵素(효소), 酵母菌(효모균)

후

侯
①제후, 임금 ②과녁 ③후작

諸侯(제후), 王侯(왕후) －將相(장상), 侯鵠(후곡)

候
①기후 ②염탐할 ③조짐 ④기다릴

氣候(기후)⇒氣節(기절), 斥候(척후) －兵(병), 徵候(징후), 候補(후보), 症候(증후) －群(군)

喉
목구멍

咽喉(인후)⇒목구멍, 耳鼻咽喉科(이비인후과), 喉舌(후설), 喉衿(후금)

堠
①돈대 ②봉홧둑

堠碑(후비)→里程標(이정표), 堠望(후망)

훈

熏
①불길, 불길 오를 ②지질 ③해질 무렵

熏灼(훈작), 熏煮(훈자), 熏夕(훈석), 熏天(훈천) 衆口(중구)－

薰
①향기 있는 풀 ②온화할 ③감화시킬 ④훈할

香薰(향훈), 薰風(훈풍), 薰陶(훈도)→薰育(훈육), 薰藥(훈약), 薰薰(훈훈), 薰氣(훈기)

勳
공 ㊣勲

勳功(훈공)⇒功勳(공훈), 勳臣(훈신), 勳章(훈장), 殊勳(수훈), 賞勳(상훈)

燻
①연기날 ②불사르다

燻肉(훈육), 燻製(훈제) －品(품), 燻蒸(훈증)

曛

어둑어둑할, 땅거미

曛日(훈일)⇒땅거미, 曛黑(훈흑), 曛夕(훈석)⇒黃昏(황혼), 저녁때

훤

萱

원추리, 어머니

萱堂(훤당)⇒慈堂(자당), 甄萱(견훤)⇒후백제의 시조, 萱草(훤초)⇒원추리

喧

시끄러울, 떠들≒諠

喧(諠)譁(훤화)⇒喧噪(훤조), 喧藉(훤자)⇒喧傳(훤전), 喧騷(훤소)

暄

따뜻할

暄暖(훤난)⇒溫暖(온난), 暄風(훤풍), 暄日(훤일)

휘

揮

①휘두를 ②뿌릴, 흩어질

指揮(지휘) －者(자), 發揮(발휘), 揮發(휘발) －油(유), 揮毫(휘호), 一筆揮之(일필휘지)

輝

빛날, 빛

輝煌(휘황) －燦爛(찬란), 光輝(광휘)

흉

凶

①흉할 ②흉악할≒兇 ③해칠 ④흉년

吉凶(길흉), 凶惡(흉악) －無道(무도), 凶器(흉기), 凶作(흉작)↔豊作(풍작)

匈

①오랑캐 ②떠들썩할

匈奴(흉노)⇒오랑캐, 匈匈(흉흉), 匈臆(흉억)⇒胸臆(흉억)

兇

①흉악할 ②두려워할

兇(凶)漢(흉한), 兇行(흉행), 兇(凶)彈(흉탄)

胸 ①가슴 ②마음
胸襟(흉금)⇒胸中(흉중) 心襟(심금), 胸圍(흉위)⇒가슴둘레, 胸章(흉장)

흘

吃 말 더듬을
吃語(흘어), 吃逆(흘역)⇒딸꾹질, 吃水(흘수) －線(선)

屹 산 우뚝 솟을
屹立(흘립), 屹出(흘출), 屹然(흘연) －獨立(독립)

흠

欠 ①하품, 하품할 ②모자랄 ※缺(결)의 약자로 쓰는 것은 잘못임
欠伸(흠신), 欠乏(흠핍), 欠節(흠절)⇒欠點(흠점), 欠缺(흠결)⇒欠縮(흠축)

欽 ①공경할 ②황제의 사물에 대한 존칭
欽慕(흠모), 欽仰(흠앙), 欽命(흠명), 欽定(흠정)

歆 ①누릴 ②부러워할
歆嘗(흠상), 歆羨(흠선), 歆格(흠격), 歆饗(흠향)

흡

恰 흡사할, 비슷할
恰似(흡사)⇒거의 같음, 恰可(흡가)⇒알맞음, 恰好(흡호)⇒꼭 알맞음

洽 ①젖을 ②화할, 윤택할 ③두루, 널리
洽汗(흡한), 洽足(흡족), 洽意(흡의), 洽然(흡연), 洽覽(흡람), 未洽(미흡)

翕 ①합할 ②모일 ※翁(옹)은 다른 자
翕然(흡연), 翕合(흡합)⇒모여듦, 모임, 呼翕(호흡)

희

喜

①기쁠↔悲(비) ②즐거워할

喜怒(희노), 喜悲(희비), 喜色(희색), 喜喜樂樂(희희낙락)

禧

복, 길할, 좋을

新禧(신희)⇒새해의 봄, 禧年(희년)

嬉

①즐길 ②희학질할

嬉戲(희희), 嬉笑(희소), 嬉遊(희유)

希

바랄

希望(희망), 希求(희구)⇒冀求(기구), 希冀(희기)

稀

드물, 성길, 적을

稀貴(희귀), 稀世(희세)⇒稀代(희대), 稀罕(희한), 稀微(희미), 稀釋(희석), 人生七十古來稀(인생칠십고래희) ㊜ 古稀(고희), 稀少(희소), 稀年(희년)⇒稀壽(희수)⇒70세

例題 (7)

1. 다음 한자의 **字音**을 쓰시오.

① 參拾(　　　)　② 參加(　　　)　③ 標識(　　　)　④ 跛行(　　　)
⑤ 瑕疵(　　　)　⑥ 未洽(　　　)　⑦ 敗北(　　　)　⑧ 頗多(　　　)

2. (보기)와 같이 반대어는 ↔로, 동의어는 ⇒로 **左右**(좌우)를 연결하시오.

(보기) 暴露↔隱蔽　　　　慈堂⇒萱堂

① 落胎　　流産　　② 斬新　　陳腐
③ 後退　　前進　　④ 諧語　　弄談
⑤ 申請　　接受　　⑥ 成功　　失敗
⑦ 瘠土　　薄土　　⑧ 回甲　　還甲

3. **誤字**(오자)를 찾아 (　　) 안에 바르게 고쳐 쓰시오.(단, 한 글자만이 **誤字**임)

① 貯畜(　　　)　② 刑便(　　　)　③ 彈核(　　　)　④ 危儉(　　　)

4. **同音異議語**(동음이의어 : 음은 같고 뜻이 다른 낱말)를 (　　) 안에 쓰시오.

① 偏在(　　　)　② 捕盜(　　　)　③ 鋪裝(　　　)　④ 響應(　　　)

5. 반대자를 (　　) 안에 쓰시오.

① 呑(　　　) ② 彼(　　　) ③ 喜(　　　) ④ 退(　　　) ⑤ 狹(　　　) ⑥ 敗(　　　)

6. (　　) 안에 한자를 기입하여 숙어를 완성하시오.

① (　)篇一律　② (　)友江南　③ (　)死留皮　④ (　)死兎悲
⑤ (　)前燈下　⑥ (　)相之見　⑦ (　)壤之判　⑧ (　)者定離

7. (보기)와 같이 빈칸을 채워 완성하시오.

	漢字	部首	字訓	字音	用例
(보기)	退	辶	물러날	퇴	進退, 後退, 退學, 退步
①	春		봄		
②	超				超過, 超越, 超音波
③	平	干	평평할	평	
④	幸				幸福, 多幸, 不幸
⑤	希				希望, 希求, 希冀

8. 다음 한자의 **略字**를 (　) 안에 쓰시오.

① 參(　)　② 晝(　)　③ 廳(　)　④ 澤(　)　⑤ 會(　)

綜合例題（Ⅴ-Ⅰ） 틀리기 쉬운 同音類字 總篇

1. 다음 짜임표의 빈칸을 채워 완성하시오.

	漢字	部首	劃數	字音	字訓	用例
①	正		5			
②	征	彳			칠, 정벌할, 갈	
③	政			정		政治, 政府, 行政
④	敬			경		
⑤	警	言				
⑥	驚				놀랄, 경기	

2. (보기)와 같이 字音이 쓰인 漢字와 字音이 같은 類字를(　,　) 안에 두字씩 쓰시오.

(보기) 主(주)—(住, 注)　　古(고)—(苦, 故)

① 方(방)—(　,　)　② 門(문)—(　,　)　③ 青(청)—(　,　)
④ 尙(상)—(　,　)　⑤ 皮(피)—(　,　)　⑥ 成(성)—(　,　)

3. (보기)와 같이 밑줄친 한글로 쓰인 한자어를 □ 안에서 골라 (　) 안에 漢字로 기입하시오.

注意,	主意,	冷情,	長驅,	童謠,	姑息
接種,	長軀,	冷靜,	姑媳,	接踵,	動搖

(보기) ㉮火災주의(注意)　㉯民主주의(主義)

① ㉮어린이들이 즐겨 부르는 동요(　)　㉯不安한 마음의 동요(　)
② ㉮냉정(　)한 判斷　㉯냉정(　)하게 拒絶
③ ㉮六尺장구(　)의 키다리　㉯千里길을 장구(　)行進한다.
④ ㉮일시적인 임시변통의 고식(　)　㉯시어머니와 며느리의 고식(　)
⑤ ㉮전염병 豫防접종(　)　㉯끊임없는 교통사고의 접종(　)

4. (보기)와 같이 다음 漢字語마다 각각 한 字씩 誤字를 찾아 밑줄을 긋고 (　) 안에 바르게 고쳐 쓰시오.

(보기) ①합격(合<u>搭</u>)—(格)　②기대(<u>基</u>待)—(期)

① 주소(往所)—(　)　② 허가(許何)—(　)　③ 상장(常狀)—(　)
④ 저축(貯畜)—(　)　⑤ 작년(作年)—(　)　⑥ 노력(怒力)—(　)
⑦ 태양(太楊)—(　)　⑧ 적당(謫當)—(　)　⑨ 일기(日紀)—(　)
⑩ 모집(暮集)—(　)　⑪ 탄핵(彈該)—(　)　⑫ 핵무기(劾武器)—(　)
⑬ 성공(誠功)—(　)　⑭ 왕성(旺成)—(　)　⑮ 성실(盛實)—(　)

제 2 절

틀리기 쉬운 異音類字

(字音이 다른 類字)

大(대), 犬(견), 太(태), 天(천) 또는 口(구), 日(일), 目(목), 且(차) 등의 文字(문자)와 같이 점 한 점, 線(선) 한 줄 등, 字畫(자획㊟畫(획))의 근소한 차이로 字體(자체⇒字形(자형))는 類似(유사)하면서 字音(자음)은 물론 字義(자의)도 달리 千差萬別(천차만별)하게 쓰이는, 字音(자음)이 다른 類字(유자)는 틀리기 쉬우므로 더욱더 바르게, 곧 정확히 익혀야 한다.

① 字音이 다른 「십, 천, 간, 오, 우」의 類字

類字(部首)	十(十)	千(十)	干(干)	午(十)	牛(牛)
字音	십	천	간	오	우
字訓	열(10)	①일천(1,000) ②많다	①방패 ②범할 ③구할 ④마를 ⑤간여할 ⑥천간	①낮 ②어수선할 ③일곱번째 지지(말띠)	①소 ②별이름
用例	五十(50) 十木十手(십목십수) 十常八九(십상팔구) 十人十色(십인십색)	三千里(삼천리)－江山(강산) 千載一遇(천재일우) 千秋(천추) 千萬(천만)	干戈(간과),干城(간성) 干涉(간섭),干滿(간만) 干與(간여),干拓(간척) 十干十二支(십간십이지)	午睡(오수), 午午(오오) 午後(오후)↔午前(오전) 正午(정오)↔午夜(오야) 端午(단오), 午餐(오찬)	牛乳(우유), 牽牛(견우) 九牛一毛(구우일모) 牛耳讀經(우이독경) 牛舍(우사)⇒외양간

② 字音이 다른 「구, 일, 목, 단, 전」의 類字

類字(部首)	口(口)	日(日)	目(目)	旦(日)	田(田)
字音	구	일	목	단	전
字訓	①입 ②말할	①날 ②태양 ③낮	눈	아침	①밭 ②사냥
用例	口鼻(구비),耳目(이목)- 出口(출구)↔入口(입구) 口尙乳臭(구상유취)	日光(일광),日夜(일야) 明日(명일)↔昨日(작일) 日常生活(일상생활)	眼目(안목),目的(목적) 刮目(괄목),目標(목표) 目不識丁(목불식정)	旦暮(단모)⇒朝夕(조석) 元旦(원단)⇒元朝(원조) 明旦(명단)⇒明朝(명조)	田畓(전답),田園(전원) 田作(전작),油田(유전) 田獵(전렵),田庄(전장)

③ 字音이 다른 「목, 본, 미, 말 주」의 類字

類字(部首)	木(木)	本(木)	未(木)	末(木)	朱(木)
字音	목	본	미	말	주
字訓	①나무 ②뻣뻣하다 ③오행의 하나 ④별이름	①근본, 비롯 ②나 ③주체 ④책	①아닐 ②여덟째 지지(양띠)	①끝, 마칠 ②가루	붉을
用例	樹木(수목),木炭(목탄) 草木(초목),苗木(묘목) 木石難傅(목석난부) 植木(식목)↔伐木(벌목)	根本(근본),基本(기본) 本人(본인),本籍(본적) 古本(고본),本能(본능) 見本(견본) 本分(본분)	未決(미결),未達(미달) 未來(미래)↔過去(과거) 未曾有(미증유),未久(미구) 未洽(미흡),未滿(미만)	末端(말단),末期(말기) 始末(시말),月末(월말) 本末顚倒(본말전도) 粉末(분말),末伏(말복)	朱玉(주옥),朱丹(주단) 印朱(인주),朱紅(주홍) 朱脣皓齒(주순호치) 朱黃(주황),丹朱(단주)

例 題 (8)

1. 다음 (보기)와 같이 빈칸을 채워 표를 완성하시오.

	한자	部首	字音	字訓	用例
(보기)	田	田	전	밭	田畓, 田園, 油田
①	千	十		일천(1,000)	
②	午		오		午前↔午後, 正午, 午睡
③	木	木			
④	末			끝, 마칠, 가루	
⑤	目		목		眼目, 目的, 目標
⑥	口			입, 말할	

2. 밑줄친 한자의 字音을 (__) 안에 쓰시오.

① 牛乳(__유)　② 午後(__후)　③日光(__광)　④ 注目(주__)
⑤ 樹木(수__)　⑥ 基本(기__)　⑦未洽(__흡)　⑧ 末期(__기)

3. 밑줄친 자를 漢字로 (__) 안에 쓰시오.

① 일의 본말(本㉠)이 分明(분명)하여야 미래(㉡來)가 밝다.
② 이십세(二㉠歲) 미만(㉡滿)은 국가의 간성(㉢城)인 병사(兵㉣)가 되려면 아직 이르다.
③ 이목구비(耳㉠㉡鼻)가 괄목(刮㉢)할 만큼 수려하다.
④ 목장(牧場)에서 오전(㉠前)에 우유(㉡乳)를 짜다.

4. 다음 한자어의 반대어를 漢字로 ( ) 안에 쓰시오.

① 出口( )　② 過去( )　③ 伐木( )　④ 昨日( )

5. 다음 숙어의 물음에 (보기)와 같이 공란에 해답을 쓰시오.

	숙어	자음	(가)	(나)
(보기)	(千)載一遇	천재일우	㉤	㉥
①	九( )一毛			
②	( )石難傳			
③	( )不識丁			
④	( )尙乳臭			

① 숙어의 ( ) 안에 漢字를 기입하여 숙어를 완성하시오.

② 字音欄(자음란)에 字音을 쓰시오.

③ 숙어의 풀이와 관련있는 기호를 (가)항에 쓰시오.

㉠ 아직도 입에서 젖내가 나다.
㉡ 나무와 돌에도 몸 붙일 곳이 없다.
㉢ 고무래를 보고도 丁자를 모른다.
㉣ 아홉 마리나 되는 소의 털 가운데 한개의 털
㉤ 천년에 한번 만나다.

④ 숙어의 뜻을 이르는 것의 기호를 (나)항에 쓰시오.

㉠ 가난하고 의지할 곳 없는 처지를 이르다.
㉡ 言行(언행)이 유치함을 이르다.
㉢ 많은 것 가운데 극히 일부를 이르다.
㉣ 일자무식함을 이르다.
㉤ 좀처럼 만나기 어려운 기회를 이르다.

(보기)

(類字) 可	字音	〔字訓〕 ①옳을↔否(부) ②허락하다 ③가히 〔用例〕 可決(가결) ↔ 否決(부결), 許可(허가), 可能(가능)~

可 가
①옳을↔否(부) ②허락하다 ③가히
可決(가결)↔否決(부결), 許可(허가), 可能(가능), 認可(인가), 可否(가부)

何 하
①어찌, 무엇 ②누구 ③얼마
何必(하필), 誰何(수하)⇒누구, 幾何(기하)⇒얼마, 何時(하시), 如何(여하) －間(간)

阿 아
①언덕 ②아름답다 ③아첨할
阿丘(아구), 阿那(아나), 阿附(아부)⇒阿諂(아첨), 阿片(아편), 阿鼻叫喚(아비규환)

暇 가
겨를, 한가할
閑(閒)暇(한가), 休暇(휴가), 餘暇(여가)⇒暇隙(가극), 짬, 겨를

瑕 하
①티, 옥의 티 ②허물, 과실, 흠
瑕瑾(하근), 瑕疵(하자) －補修(보수), 瑕尤(하우)⇒잘못, 過失(과실)

殼 각
껍질
殼物(각물)⇒貝類(패류), 舊殼(구각) －脫皮(탈피), 地殼(지각)⇒地盤(지반), 殼果(각과)⇒堅果(견과), 天涯地殼(천애지각) 준 天涯(천애), 殼果(각과)⇒堅果(견과)

穀 곡
①곡식＝穀 ②좋을, 길할
穀物(곡물), 五穀(오곡) －百果(백과), 穀日(곡일)⇒吉日(길일), 糧穀(양곡)

覺 각
①깨달을 ②드러날 ③감각 약 覚
覺醒(각성), 發覺(발각), 感覺(감각), 先覺(선각) －者(자), 覺悟(각오)

學 학
①배울 ②학문 ③학자 ④학교 약 斈, 李, 学
學生(학생), 學者(학자), 學問(학문), 學校(학교), 文學(문학)

攪 교
어지러울 약 撹
攪亂(교란), 攪拌(교반), 攪車(교거)⇒씨아

竿 간
장대
竿頭(간두) 百尺(백척)－/－之勢(지세), 竹竿(죽간), 釣竿(조간)⇒낚싯대

竽 우
피리
竽瑟(우슬)⇒피리와 거문고, 吹竽(취우)

策 책
①꾀, 계책 ②채찍 ③책, 문서
策定(책정) 豫算(예산)－, 策略(책략), 對策(대책), 政策(정책), 施策(시책), 策動(책동), 失策(실책), 計策(계책), 策源(책원)

笑 소
웃을
微笑(미소), 談笑(담소), 笑納(소납), 笑劇(소극)⇒喜劇(희극), 코미디

筒 통
대통
筆筒(필통), 筒車(통차)⇒물레방아, 水車(수차), 水筒(수통)⇒빨병, 煙筒(연통)

筆 필
붓, 글씨, 글
筆舌(필설), 筆跡(필적), 達筆(달필), 筆記(필기), 鉛筆(연필), 隨筆(수필)

筋 근
힘줄, 기운
筋肉(근육), 鐵筋(철근) －콘크리트, 筋力(근력), 筋骨(근골), 咬筋(교근)

築 축
①쌓을 ②다질 ③지을
建築(건축), 構築(구축), 築臺(축대), 築造(축조), 增築(증축), 新築(신축)

竹 죽
대, 대나무
竹林(죽림), 松竹(송죽), 竹馬故友(죽마고우), 竹杖(죽장) －芒鞋(망혜)

看 간
①볼, 보다 ②지켜볼
看做(간주), 看護(간호) －師(사), 看守(간수), 看破(간파), 看板(간판), 看過(간과)

循 순
①돌다 ②따르다
循環(순환) －器(기)/－道路(도로), 循行(순행), 因循(인순) －姑息(고식)

遁 둔
①달아날 ②숨을＝遯
遁甲(둔갑) －術(술), 遁辭(둔사), 遁避(둔피), 隱遁(은둔), 遁迹(둔적)

艱 간

①어려울, 괴로울 ②부모의 상

艱難辛苦(간난신고), 艱辛(간신), 艱疾(간질), 內艱(내간)↔外艱(외간)

難 난

①어려울, 괴로울 ②난리 ③나무랄

難易(난이), 難局(난국), 避難(피난), 非難(비난), 難兄難弟(난형난제)

歎 탄

①탄식할 = 嘆 ②감탄, 기릴

歎息(탄식), 感歎(감탄), 歎服(탄복), 歎願(탄원) －書(서), 慨歎(개탄)

漢 한

①한나라, 한민족 ②사나이, 놈

漢字(한자), 漢文(한문), 漢江(한강) －投石(투석), 惡漢(악한), 怪漢(괴한)

渴 갈

목마를

渴急(갈급), 渴望(갈망)⇒熱望(열망), 渴水(갈수), 枯渴(고갈), 渴求(갈구)

揭 게

높이 들

揭揚(게양) －臺(대), 揭示(게시), 揭載(게재)

歇 헐

①쉴, 그칠 ②헐할, 값쌀

間歇(간헐) －溫泉(온천), 歇價(헐가)⇒싼값, 歇邊(헐변)⇒低利(저리), 歇齒(헐치), 歇治(헐치)

謁 알

뵙다, 아뢰다

謁見(알현), 謁聖(알성) －科(과), 拜謁(배알), 謁廟(알묘)

敢 감

①굳셀, 씩씩할 ②감히, 함부로

勇敢(용감), 敢行(감행), 敢斷(감단), 果敢(과감), 敢不生心(감불생심)

嚴 엄

①엄할, 혹독할 ②공격할

嚴格(엄격), 嚴禁(엄금), 嚴酷(엄혹), 嚴冬(엄동) －雪寒(설한), 威嚴(위엄)

巖 암

바위 약 岩

巖壁(암벽), 奇巖絶壁(기암절벽), 巖窟(암굴), 巖盤(암반) －水(수), 巖泉(암천)

勘 감

①헤아릴, 생각할 ②정할

勘案(감안), 勘罪(감죄)→勘斷(감단), 磨勘(마감), 勘合(감합)

斟 침·짐
①술칠(㉠침) ②헤아릴(㉠침 ㉡짐)
斟酒(침주), 斟酌(침작, 짐작)⇒斟量(짐량)

甚 심
심할, 더욱, 매우
甚難(심난), 甚深(심심), 甚至於(심지어), 極甚(극심)⇒太甚(태심)

監 감
①볼, 살필 ②벼슬이름
監視(감시), 監修(감수), 監督(감독), 監事(감사), 監司(감사)

籃 람
①바구니 ②큰 배롱
籃輿(남여)⇒竹輿(죽여), 搖籃(요람) -에서 무덤까지

鹽 염
소금 ㊀塩
鹽田(염전), 食鹽(식염)⇒소금, 天日鹽(천일염), 鹽素(염소), 鹽化(염화) -物(물)

綱 강
①벼리, 상강 = 강상(綱常) ②대강
綱常(강상)⇒三綱(삼강)과 五常(오상), 大綱(대강), 要綱(요강), 紀綱(기강) -確立(확립)

網 망
그물
漁網(어망), 網紗(망사), 網羅(망라) 總(총)-, 網膜(망막), 網巾(망건)

腔 강
①속 빌 ②곡조
口腔(구강) -炎(염), 滿腔(만강), 腔調(강조), 腹腔(복강), 腔腸(강장)

控 공
①당길 ②고할 ③덜다
控弦(공현), 控訴(공소)⇒抗訴(항소), 控除(공제) -金(금)

介 개
①끼일 ②딱지 ③갑옷 ④소개할 ⑤깔끔할
介在(개재), 介入(개입), 紹介(소개), 仲介(중개), 節介(절개)

仄 측
①기울 ②어렴풋할 ③곁, 모
仄日(측일)⇒夕陽(석양), 仄聞(측문), 仄韻(측운)→仄聲(측성)

以 이
①써, …로써 ②부터 ③까닭 ④또, 그 위에
以心傳心(이심전심), 以下(이하), 以後(이후), 所以(소이)⇒까닭

似 사
같을, 닮을
類似(유사), 近似(근사), 恰似(흡사), 似而非(사이비) －宗敎(종교)

巨 거
클
巨大(거대)↔微小(미소), 巨物(거물), 巨軀(거구), 巨富(거부), 巨匠(거장), 巨頭(거두)

臣 신
신하, 백성
臣下(신하)⇒臣子(신자), 君臣(군신), 大臣(대신)↔小臣(소신), 使臣(사신)

臥 와
누울, 자다 ㊟卧
臥病(와병), 臥龍(와룡), 臥床(와상)⇒침대, 臥薪嘗膽(와신상담)

臨 림
①임할, 미칠, 다다를 ②다스릴
臨時(임시), 臨戰(임전) －無退(무퇴), 臨席(임석), 臨機應變(임기응변), 臨迫(임박), 君臨(군림), 臨終(임종), 枉臨(왕림), 臨喝掘井(임갈굴정)

宦 환
①내관 ②벼슬
宦官(환관), 宦族(환족), 宦途(환도), 宦德(환덕), 宦海(환해)⇒官界(관계)

去 거
①갈, 가다 ②버리다, 없앨
過去(과거), 去年(거년), 除去(제거), 去痰(거담), 去勢(거세), 撤去(철거)

怯 겁
비겁할
卑怯(비겁), 怯劣(겁렬), 怯夫(겁부)⇒겁쟁이, 懦怯(나겁), 怯弱(겁약), 氣怯(기겁)

法 법
①법 ②방법 ③본받다 ④불교
法律(법률), 方法(방법), 民法(민법), 法度(법도), 法號(법호), 法人(법인)

蓋 개
①덮을, 덮개 ②대개 ㊟盖
蓋世(개세), 蓋然(개연)∴必然(필연), 蓋愆(개건)

檢 검
검사할 ㊕検
檢査所(검사소), 檢討(검토), 檢定(검정) －考試(고시), 點檢(점검)

斂 렴
①거둘, 모을 ②감출 ③염할≒殮
出斂(추렴), 加斂(가렴), 斂跡(염적), 斂襟(염금), 收斂(수렴) 意見(의견)－, 後斂(후렴)

險 험
①험할, 위태로울 ②간악할 약 険
險難(험난), 險口(험구)⇒惡口(악구), 險峻(험준), 保險(보험) -金(금), 險談(험담), 危險(위험)

僉 첨
모두, 다, 여러
僉意(첨의), 僉位(첨위)⇒여러분, 僉議(첨의) -詢同(순동), 僉知(첨지)

命 명
①목숨 ②수명, 운수 ③명령 ④이름지을 ⑤표적
生命(생명), 運命(운명), 壽命(수명), 命令(명령), 命中(명중), 使命(사명)

格 격·각
①격식, 정도(㉠격) ②그칠(㉡각)
格式(격식), 品格(품격), 格言(격언), 合格(합격), 資格(자격), 沮格(저각)⇒中止(중지)함, 格物(격물) -致知(치지)

絡 락
①이을 ②두를 ③맥
連絡(연락), 脈絡(맥락), 籠絡(농락)⇒牢籠(뇌롱), 絡繹(낙역) -不絶(부절)

恪 각
삼갈, 조심할
恪勤(각근) -勉勵(면려), 恪謹(각근), 恪(各)別(각별)

賂 뢰
뇌물, 선물
賂物(뇌물), 賄賂(회뢰), 受賂(수뢰)↔贈賂(증뢰)

路 로
길
路程(노정), 路線(노선), 岐路(기로), 歸路(귀로), 末路(말로), 道路(도로), 通路(통로)

略 략
①간략할 ②꾀 ③약탈할 = 畧
略式(약식), 省略(생략), 略圖(약도), 計略(계략), 侵略(침략), 謀略(모략)

激 격
①과격할, 심할 ②물결 부딪힐
激動(격동), 過激(과격), 激甚(격심), 激流(격류), 激勵(격려), 感激(감격)

邀 요
①맞을 ②초대할
邀擊(요격) -戰(전)/-미사일, 邀招(요초)

覈 핵
①핵실할 ②엄할 ③씨, 핵≒核(핵) ④싸라기
覈實(핵실), 覈得(핵득), 審覈(심핵), 覈論(핵론)

隔 격

①막힐 ②멀, 멀리할 ③거를

隔阻(격조)⇒積阻(적조), 隔意(격의), 隔離(격리), 間隔(간격), 隔世(격세), 隔差(격차), 隔靴搔癢(격화소양)

融 융

①녹을 ②화할, 화합할 ③융통할

融解(융해), 融和(융화), 融通(융통), 融資(융자), 金融(금융)

遣 견

보낼

派遣(파견) －部隊(부대), 遣奠祭(견전제)⇒路祭(노제), 遣懷(견회), 遣歸(견귀)⇒돌려보냄

遺 유

①끼칠 ②잃을 ③버릴

遺言(유언), 遺失物(유실물), 遺棄(유기), 遺址(유지), 遺傳(유전) －病(병), 遺憾(유감) －千萬(천만)

潰 궤

①무너질 ②흩어질 ③문드러질

潰裂(궤열), 潰散(궤산), 潰爛(궤란), 潰走(궤주), 粉潰(분궤), 潰瘍(궤양) 胃(위)－, 潰滅(궤멸)

隤 퇴

①무너질, 기울어질 ②미끄러질 ③부드럽다

隤舍(퇴사), 隤陷(퇴함), 隤然(퇴연), 隤牆(퇴장)

貴 귀

①귀할 ②존칭의 접두어 ③값비쌀

貴重(귀중), 貴中(귀중), 貴體(귀체), 高貴(고귀), 騰貴(등귀), 貴賤(귀천)

決 결

①정할 ②끊을

決心(결심)⇒決意(결의), 決定(결정), 決裂(결렬), 判決(판결), 決勝(결승)

袂 메

소매

袂別(메별)⇒離別(이별)→訣別(결별), 袂口(메구)⇒소맷부리, 連袂(연메)

快 쾌

①즐거울, 시원할 ②빠를 ③잘들

快活(쾌활), 明快(명쾌), 快速(쾌속) －船(선), 快刀(쾌도), 爽快(상쾌), 欣快(흔쾌), 快癒(쾌유)⇒快差(쾌차)

兼 겸

겸할, 아우를

兼備(겸비), 兼職(겸직), 兼務(겸무), 兼容(겸용), 兼用(겸용), 兼業(겸업)

廉 렴

①청렴할 ②값쌀 ③살필 ④모, 모날

淸廉(청렴), 廉價(염가), 廉探(염탐), 廉恥(염치) 破(파)－

嫌 혐
①싫어할 ②의심할
嫌惡(혐오), 嫌疑(혐의) -者(자), 嫌忌(혐기), 嫌隙(혐극)

京 경
①서울 ②높을 ③경(조(兆)의 만배)
京鄕(경향), 京畿(경기) -道(도), 京樣(경양), 上京(상경)

亨 형
형통할
亨通(형통), 亨運(형운), 亨途(형도)⇒平坦(평탄)한 길

享 향
①누릴 ②올릴 ③제사
享樂(향락), 享壽(향수), 享有(향유), 享祀(향사), 享年(향년)

亮 량
밝을, 알다
明亮(명량), 亮察(양찰), 亮許(양허), 亮陰(양음), 亮達(양달)

亭 정
①정자 ②역참 ③여인숙 ④빼어날
亭子(정자)⇒亭閣(정각), 亭然(정연), 亭亭(정정), 驛亭(역정), 亭午(정오)⇒한낮, 正午(정오)

烹 팽
삶을, 달일
烹茶(팽다)⇒煎茶(전다), 烹調(팽조), 烹頭耳熟(팽두이숙), 兎死狗烹(토사구팽)

掠 략
노략질할
擄掠(노략), 掠奪(약탈), 侵掠(침략)⇒侵略(침략), 盜掠(도략)

涼 량
①서늘할 ②얇을 ③쓸쓸할 속 凉
涼風(양풍), 涼德(양덕)⇒薄德(박덕), 荒涼(황량), 淸涼(청량), 涼秋(양추), 凄涼(처량)

就 취
①나아갈 ②이룰
就任(취임)↔辭任(사임), 成就(성취), 就職(취직)⇒就業(취업)

蹴 축
찰
蹴球(축구) -大會(대회), 一蹴(일축)

更 경·갱
①다시(㉠갱) ②고칠 ③바꿀 ④경(때)(㉡경)
更迭(경질), 更點(경점), 更生(갱생) 自力(자력)-, 更新(갱신) 記錄(기록)-, 變更(변경)

便 편·변
①편리할 ②소식 ③쪽 ④아첨 ⑤곧, 문득(㉠편) ⑥똥오줌(㉡변)
便利(편리)↔不便(불편), 人便(인편), 郵便(우편), 簡便(간편), 小便(소변)

使 사
①부릴, 시키다 ②하여금 ③사신 ④가령
使役(사역), 特使(특사), 勞使(노사), 使用(사용), 設使(설사)⇒設令(설령)

吏 리
①관리 ②아전, 벼슬아치
官吏(관리), 吏卒(이졸)⇒下吏(하리)⇒衙前(아전), 吏讀(이두), 吏房(이방)

卿 경
벼슬
卿宰(경재)⇒宰相(재상), 公卿(공경), 卿士大夫(경사대부)

鄕 향
①시골 ②고향
鄕村(향촌)⇒시골, 故鄕(고향), 鄕愁(향수), 他鄕(타향)⇒客地(객지)

郎 랑
①사내 ②남편 ③벼슬이름
郎子(낭자), 郎君(낭군), 新郎(신랑), 花郎(화랑), 郎官(낭관)

卽 즉
①곧, 이제 ②다만, 진작
卽刻(즉각)⇒卽時(즉시), 卽決(즉결), 卽死(즉사)⇒直死(직사), 卽效(즉효)

耕 경
밭갈
耕作(경작), 農耕(농경) －地(지), 耕耘(경운) －機(기), 耕當問奴(경당문노)

耘 운
김맬
耘鋤(운서), 耕耘機(경운기)

耗 모
①줄일, 소모될 ②어지러울
消耗(소모), 耗亂(모란), 磨耗(마모), 損耗(손모)

扃 경
빗장, 문
扃扉(경비)⇒門(문), 扃堂(경당)⇒고구려 때의 私學(사학)

扁 편
①작을 ②현판
扁(片)舟(편주) 一葉(일엽)－, 扁額(편액), 扁桃腺(편도선), 扁平(편평)

肩 견

어깨

肩胛骨(견갑골), 肩章(견장), 比肩(비견)

階 계

①섬돌, 층계 ②사닥다리 ③차례

階段(계단), 階梯(계제), 階級(계급) -章(장), 層階(층계), 位階(위계) -秩序(질서)

陛 폐

섬돌, 계단

陛下(폐하)⇒天子(천자)의 높임말, 陛見(폐현)

偕 해

함께

偕老(해로) 百年(백년)-, 偕行(해행)⇒같이 감, 偕樂(해락), 偕偶(해우)⇒夫婦(부부)

皆 개

다, 모두

皆兵(개병) 國民(국민) -制度(제도), 皆勤(개근) -賞(상), 擧皆(거개)⇒거의 모두, 대부분

繫 계

맬, 묶을

繫留(계류) -場(장), 繫蟄(계칩), 連繫(연계), 繫縛(계박)

擊 격

①칠 ②눈 마주칠

攻擊(공격)↔防禦(방어), 擊滅(격멸), 目擊(목격)⇒目睹(목도), 爆擊(폭격)

計 계

①셈할, 계산 ②꾀, 꾀할

計算(계산) -器(기), 計量(계량), 計劃(계획), 計略(계략), 設計(설계), 總計(총계)

訃 부

부고

訃告(부고)⇒訃音(부음)⇒訃聞(부문)⇒訃報(부보)

訂 정

바로잡을, 고치다

訂正(정정), 校訂(교정), 訂定(정정), 改訂(개정) -版(판)

訓 훈

①가르칠 ②뜻, 주낼

訓示(훈시), 訓導(훈도), 訓釋(훈석), 訓練(훈련), 敎訓(교훈), 校訓(교훈)

討 토

①칠 ②토의할 ③밝힐

討伐(토벌), 討論(토론), 討索(토색), 檢討(검토), 征討(정토)⇒征伐(정벌)

許	허	①허락할 ②곳 ③매우 許可(허가), 許諾(허락), 許多(허다), 免許(면허) —證(증), 特許(특허)
誌	지	기록할 日誌(일지)⇒日記(일기), 雜誌(잡지), 誌面(지면), 墓誌(묘지)
誼	의	①옳을 ②도타울 誼士(의사), 友誼(우의), 情誼(정의), 厚誼(후의), 故誼(고의)
謀	모	꾀할, 도모할 謀略(모략), 謀陷(모함), 圖謀(도모), 謀免(모면), 參謀(참모)
諺	언	속담, 상말 俚諺(이언), 諺文(언문), 諺解(언해), 俗諺(속언)⇒俗談(속담)
諛	유	아첨할 阿諛(아유)⇒阿諂(아첨), 諛佞(유녕), 諛言(유언)⇒諛辭(유사)
講	강	①익힐 ②강론할 ③화해할 ④꾀할 講座(강좌), 講義(강의), 講和(강화), 講習(강습), 講究(강구)
譽	예	기릴, 명예 名譽(명예), 榮譽(영예), 譽聞(예문), 毁譽(훼예), 功譽(공예)
諂	첨	아첨할, 아양떨다 阿諂(아첨)⇒阿附(아부)⇒阿諛(아유), 諂佞(첨녕)
信	신	①믿을 ②편지 ③펼 信念(신념), 信仰(신앙), 信用(신용), 信號(신호), 電信(전신), 通信(통신)
語	어	말씀, 말할 言語(언어), 語彙(어휘), 國語(국어), 單語(단어), 標語(표어)
諱	휘	①꺼릴 ②휘(죽은 사람 이름자) 諱日(휘일), 諱字(휘자), 諱疾(휘질)⇒諱病(휘병), 忌諱(기휘)

這 저
①이, 이것 ②갖가지
這間(저간)⇒요즈음, 그동안, 這般(저반), 這番(저번), 這回(저회)⇒이번

諸 제
모든, 여러
諸般(제반), 諸位(제위)⇒여러분, 諸君(제군), 諸行無常(제행무상)

儲 저
①쌓을, 마련해 둘 ②버금 ③동궁, 태자
儲米(저미), 儲位(저위), 儲君(저군)⇒東宮(동궁)

讎 수
원수=讐
怨讎(원수)⇒讎仇(수구), 復讎(복수), 讎日(수일)

言 언
말씀, 말
言論(언론), 言及(언급), 言行(언행) 一一致(일치), 言語(언어) 一道斷(도단)

癸 계
①월수, 월경 ②열째 천간
癸水(계수)⇒月經(월경), 癸方(계방), 癸未字(계미자), 癸丑字(계축자)

登 등
①오를 ②나아갈 ③기재할 ④보태다
登山(등산), 登程(등정), 登校(등교), 登記(등기), 登錄(등록), 登用(등용)

澄 징
맑을 = 澂
澄水(징수)⇒맑은 물, 淸澄(청징), 明澄(명징)

證 증
증거, 증험할
證據(증거), 證明(증명), 證書(증서), 保證(보증), 資格證(자격증)

發 발
①필 ②쏘다 ③일어나다 ④떠나다 ⑤펴내다 ⑥밝히나 약発
發達(발달), 發砲(발포), 發生(발생), 發車(발차), 發刊(발간), 發表(발표)

廢 폐
폐할, 버릴 약廃
廢棄(폐기), 廢物(폐물), 廢止(폐지), 頹廢(퇴폐), 荒廢(황폐), 廢業(폐업), 撤廢(철폐)

揆 규
①헤아릴 ②법도
揆度(규탁), 揆策(규책)⇒策略(책략), 一揆(일규), 百揆(백규)⇒百官(백관)

契 계·글
①맺을(㉠계) ②나라이름(㉡글)
契約(계약), 契機(계기)⇒動機(동기), 墨契(묵계)⇒默約(묵약), 契丹(글안=거란)

喫 끽
①마실, 먹을 ②당할, 받을
喫茶(끽다), 喫煙(끽연), 滿喫(만끽), 喫緊(끽긴), 喫怯(끽겁)

楔 설
①쐐기 ②문설주
楔形(설형) -文字(문자)⇒쐐기글자, 楔子(설자)⇒문설주

恝 괄
소홀할
恝待(괄대)⇒恝視(괄시)→忽待(홀대)

啓 계
①열, 일깨울 ②인도할 ③여쭐 ④별이름
啓蒙(계몽), 啓導(계도), 謹啓(근계), 啓明(계명) -星(성), 狀啓(장계)

肇 조
①비롯할, 시초 ②바로잡을
肇國(조국)⇒建國(건국), 肇業(조업), 肇冬(조동)↔肇夏(조하)

咎 구
①허물 ②재앙 ③꾸짖을
咎悔(구회), 咎徵(구징), 咎殃(구앙)⇒災殃(재앙), 誰怨誰咎(수원수구)

繼 계
이을, 계속 ㉮継
繼續(계속), 中繼(중계) -放送(방송), 繼母(계모), 繼承(계승)

斷 단
①끊을 ②결단할 ㉮断
斷切(단절), 斷念(단념), 決斷(결단), 斷行(단행), 診斷(진단), 斷乎(단호)

枯 고
①마를 ②죽을
枯渴(고갈), 枯骨(고골), 枯槁(고고), 枯木生花(고목생화)

怙 호
믿을
怙恃(호시)⇒父母(부모), 怙勢(호세)

做 주
지을, 만들
看做(간주) 無勝負(무승부)로 -하다, 做工(주공), 做業(주업), 做作(주작), 做錯(주착)

賈	고·가	①장사, 살(㉠고) ②값 ③성(姓)씨(㉡가) 賈船(고선)⇒商賈船(상고선)⇒商船(상선), 賈怨(고원), 市賈(價)(시가)
價	가	값 ㉫価 價格(가격), 價値(가치), 物價(물가), 評價(평가), 時價(시가)
孤	고	외로울, 부모 없을, 홀로 孤立(고립) −無援(무원), 孤兒(고아) 天涯(천애)−, 孤獨(고독), 孤掌難鳴(고장난명)
狐	호	여우 狐狸(호리)⇒여우와 살쾡이, 狐假虎威(호가호위), 狐死首丘(호사수구), 狐死兎悲(호사토비)
瓜	과	오이 ※爪(조)는 다른 자 瓜菜(과채), 瓜年(과년), 瓜田不納履(과전불납리)
爪	조	①손톱 ②할퀼 爪甲(조갑)⇒指甲(지갑)⇒손톱·발톱, 指爪(지조)⇒손톱, 爪痕(조흔)⇒손톱자국
高	고	①높을 ②비쌀 ③뛰어날 高低(고저), 高架(고가) −道路(도로), 高價(고가), 高見(고견), 高鳥盡良弓藏(고조진양궁장)⇒兎死狗烹(토사구팽)
嵩	숭	①높을 ②산 이름 嵩高(숭고), 嵩峻(숭준), 嵩岫(숭수)⇒높은 산에 있는 굴
嚆	효	①울 ②울부짖을 嚆矢(효시)⇒響箭(향전)→濫觴(남상)
考	고	①생각할 ②죽은 부모 ③장수할 詳考(상고), 參考(참고) −書(서), 考査(고사), 考妣(고비), 考終命(고종명)
老	로	①늙을 ②노련할 ③어른 老人(노인), 老鍊(練)(노련), 元老(원로), 老朽(노후), 老炎(노염), 老獪(노회)
孝	효	①효도 ②상복을 입다 孝道(효도), 孝誠(효성), 孝中(효중), 忠孝(충효), 孝百行之本(효백행지본)

者 자
①놈, 사람, 것 ②어조사
筆者(필자), 記者(기자), 患者(환자), 學者(학자), 信者(신자), 近者(근자)⇒近日(근일)

耆 기
늙은이
耆年(기년), 耆德(기덕), 耆老(기로), 耆(기)=60세, 老(로)=70세, 耉(구)=90세

谷 곡
골, 골짜기
溪谷(계곡)⇒산골짜기, 幽谷(유곡) 深山(심산)-, 谷泉(곡천), 峽谷(협곡)

浴 욕
목욕
沐浴(목욕) -湯(탕), 海水浴(해수욕), 浴槽(욕조)⇒목욕통, 日光浴(일광욕)

俗 속
①풍속 ②속될 ③인간세상
風俗(풍속), 俗談(속담), 俗字(속자), 俗世(속세), 俗稱(속칭), 民俗(민속)

裕 유
①넉넉할 ②너그러울
裕福(유복), 餘裕(여유), 富裕(부유), 裕寬(유관), 裕足(유족), 溫裕(온유)

豁 활
①뚫린 골 ②소통할
空豁(闊)(공활), 豁達(활달) -大道(대도), 豁然貫通(활연관통)

昆 곤
①맏, 형 ②많을 ③벌레
昆季(곤계)⇒兄弟(형제), 昆布(곤포)⇒다시마, 昆蟲(곤충)

混 혼
섞을, 흐리다
混合(혼합), 混亂(혼란), 混沌(혼돈), 混同(혼동), 混成(혼성), 混合(혼합)

骨 골
뼈
骨肉(골육) -相爭(상쟁), 骨格(골격), 骨子(골자)⇒要點(요점), 骨董(골동)

滑 활·골
①미끄러울(㉠활) ②어지러울(㉡골)
滑走路(활주로), 滑車(활차)⇒도르래, 圓滑(원활), 潤滑油(윤활유), 滑稽(골계)⇒익살/諧謔(해학)

工 공
①장인 ②공교할
工匠(공장)⇒匠人(장인), 工巧(공교), 工具(공구), 工業(공업), 竣工(준공)↔着工(착공)

江 강

강, 큰 내

江山(강산)⇒山河(산하), 國土(국토), 江湖(강호)⇒①江(강)과 湖水(호수) ②自然(자연), 世上(세상)

肛 항

똥구멍

肛門(항문)⇒糞門(분문)⇒똥구멍, 脫肛(탈항)⇒腸疾(장질)

紅 홍

붉을

紅顔(홍안) -少年(소년), 紅潮(홍조), 紅蔘(홍삼), 紅塵(홍진) -世上(세상)

公 공

①공평할 ②여러↔私(사) ③존칭

公正(공정), 公平(공평), 公共(공공), 公衆(공중), 公設(공설), 公園(공원), 公認(공인)

父 부·보

①아비, 어르신네 ②받들다(㉠부) ③남자의 미칭(美稱)(㉡보)

父親(부친), 父母(부모), 父老(부로), 祖父(조부), 叔父(숙부), 神父(신부), 尙父(상보)

交 교

①사귈 ②섞일 ③바꿀 ④흘레할

社交(사교), 交際(교제), 交通(교통), 交易(교역), 交叉(교차), 交尾(교미)

科 과

①과목 ②형벌 ③과거

科目(과목) 數學(수학)-, 科料(과료) -處分(처분), 科擧(과거), 科學(과학) 自然(자연)-

料 료

①헤아릴 ②다스릴 ③원료 ④삯

料量(요량)⇒斟酌(짐작), 料理(요리), 材料(재료), 料金(요금), 料度(요탁)⇒忖度(촌탁)

斗 두

①말 ②별이름 ③우뚝 솟다

斗量(두량), 斗牛(두우), 北斗七星(북두칠성), 斗起(두기), 斗落(두락)⇒마지기

戈 과

창

干戈(간과)⇒武器(무기)⇒戰爭(전쟁), 戈劍(과검)⇒창과 칼, 武器(무기)

伐 벌

①칠, 공격할 ②벨 ③훈공

征伐(정벌), 盜伐(도벌), 伐草(벌초), 殺伐(살벌)

代 대

①대신할 ②교대할 ③세대, 시대 ④댓수 ⑤값, 대금

代理(대리), 交代(교대), 現代(현대), 一代記(일대기), 代金(대금)

戎 융
①종족 이름 ②전쟁, 병기
戎狄(융적)⇒오랑캐, 戎馬(융마)⇒軍馬(군마), 戎服(융복)⇒軍服(군복)

戊 무
다섯째 천간
戊夜(무야)⇒五更(오경), 戊辰(무진), 戊午士禍(무오사화)

戍 수
①지킬 ②수자리
戍樓(수루), 衛戍(위수) －兵(병)

戌 술
개(개띠)
戌時(술시)⇒오후 7시~9시 사이, 戌方(술방)

戒 계
①경계할 ②재계할
警戒(경계) －警報(경보), 戒嚴(계엄) －令(령), 訓戒(훈계), 懲戒(징계) －處分(처분)

觀 관
①볼 ②생각 ③경치 ④보일 ㉮観
觀察(관찰), 觀念(관념), 觀光(관광) －地(지), 觀兵(관병)⇒閱兵(열병), 參觀(참관) －人(인), 觀覽(관람)

歡 환
기뻐할, 즐길 ㉮歓
歡呼(환호) －雀躍(작약), 歡迎(환영)↔歡送(환송), 交歡(교환) －競技(경기), 歡談(환담), 歡待(환대), 歡心(환심), 歡樂(환락) －街(가), 歡喜(환희) －天(천)

勸 권
권할 ㉮勧
勸誘(권유), 勸奬(권장), 勸學(권학), 勸善懲惡(권선징악) ㉾勸懲(권징)

括 괄
쌀, 묶을
一括(일괄) －處理(처리), 概括(개괄)↔限定(한정), 括弧(괄호)⇒( ), 括約(괄약), 總括(총괄)＝總攬(총람)

活 활
①살 ②생기 있을 ③응용할
活力(활력), 活氣(활기), 活用(활용) 廢品(폐품)－, 活字(활자), 活動(활동)

恬 념
①편안할 ②고요할
安恬(안념)⇒마음이 편안함, 恬虛(염허), 恬雅(염아)

甛 첨
①달＝甜 ②잘, 곤히 잘
甛菜(첨채)⇒사탕무, 黑甛(흑첨)⇒낮잠, 甛果(첨과), 甛言密語(첨언밀어)

舌 설
①혀 ②말
舌音(설음), 口舌(구설), 毒舌(독설), 舌戰(설전)⇒論爭(논쟁), 舌芒于劍(설망우검)

狂 광
①미칠, 미치광이 ②거셀, 사나울
狂症(광증), 狂犬(광견) −病(병), 發狂(발광), 熱狂(열광)

狩 수
①사냥, 사냥할 ②순행할
狩獵(수렵)⇒사냥, 狩人(수인)⇒사냥꾼, 巡狩(순수), 冬狩(동수)

獅 사
사자
獅子(사자) −吼(후), 獅孫(사손)⇒外孫(외손), 獅子座(사자좌)

獵 렵
사냥할, 사냥 약 猟
獵銃(엽총)⇒사냥총, 獵犬(엽견)⇒사냥개, 涉獵(섭렵)

光 광
①빛 ②영화 ③경치
光彩(광채), 榮光(영광), 風光(풍광)⇒景致(경치), 光明(광명), 光復(광복)

恍 황
황홀할＝怳
恍(怳, 慌)惚(황홀) −境(경), 恍惚難測(황홀난측), 恍然(황연) −如隔世(여격세)

怪 괴
이상할, 괴상할
怪狀(괴상) −罔測(망측), 奇怪(기괴), 怪疾(괴질), 怪漢(괴한)

悖 패
거스를, 어그러질
悖倫(패륜) −兒(아), 行悖(행패), 悖習(패습), 悖出悖入(패출패입)

悴 췌
파리할, 야윌
憔悴(초췌), 悴顔(췌안), 愁悴(수췌), 悴葉(췌엽)

愎 퍅
괴팍스러울, 고집 셀
乖愎(괴퍅), 愎性(퍅성), 愎(퍅)하다, 頑愎(완퍅)

壞 괴·회
①무너질, 무너뜨릴(㉠괴) ②병들(㉡회) 약 壊
破壞(파괴), 壞滅(괴멸), 壞血病(괴혈병), 崩壞(붕괴), 壞死(회사·괴사), 壞疽病(회저병), 壞木(회목)

懷 회

①품을, 생각할 ②달랠 속 懐

懷抱(회포), 懷柔(회유) -政策(정책), 懷古(회고), 懷疑(회의), 述懷(술회), 感懷(감회), 懷中(회중) -時計(시계), 懷妊(회임)⇒姙(妊)娠(임신), 虛心坦懷(허심탄회)

壤 양

부드러운 흙, 땅

土壤(토양), 天壤(천양)⇒天地(천지)/-之判(지판)

囊 낭

주머니, 자루

背囊(배낭), 囊中之錐(낭중지추), 寢囊(침낭)⇒슬리핑백, 囊刀(낭도)⇒주머니칼

郊 교

들, 교외

郊外(교외)→野外(야외), 近郊(근교)↔遠郊(원교)

效 효

①본받을 ②힘쓸, 다할 ③효험 = 効

效則(효칙), 效用(효용), 效驗(효험), 效力(효력), 效果(효과), 效率(효율)

巧 교

교묘할, 공교로울

巧妙(교묘), 工巧(공교), 巧言(교언) -令色(영색), 精巧(정교)

朽 후

①썩을 ②쇠할

不朽(불후) -之功(지공), 老朽(노후), 朽木(후목) -糞牆(분장)

汚 오

더러울 = 汙

汚名(오명), 汚點(오점), 汚泥(오니)⇒수렁, 흙탕물, 汚辱(오욕), 汚吏(오리)

膠 교

①아교 ②굳을

阿膠(아교)⇒갖풀, 膠着(교착) -狀態(상태), 膠漆(교칠)

謬 류

그릇될, 속일

誤謬(오류), 謬見(유견), 謬習(유습), 謬傳(유전)→訛傳(와전)

戮 륙

①죽일 ②욕될

殺戮(살육), 戮屍(육시), 屠戮(도륙), 戮辱(육욕)⇒욕, 치욕

口 구

①입 ②말할 ③인구 ④어귀, 구멍

口腔(구강), 口頭(구두), 人口(인구), 洞口(동구), 出入口(출입구), 口辯(구변)

只 지
다만, 단지
但只(단지)⇒다만, 겨우, 只今(지금)⇒이제, 現在(현재)

呂 려
①음률 ②성씨(姓氏)
律呂(율려)⇒음악 가락, 六呂(육려), 呂翁枕(여옹침)⇒邯鄲之夢(한단지몽)

呈 정
①보일, 드러낼 ②드릴
露呈(노정), 贈呈(증정), 呈示(정시), 呈訴(정소), 獻呈(헌정)

回 회
①돌아올 ②간사할 ③굽힐, 어길 ④번, 횟수
回路(회로)⇒歸路(귀로), 回顧(회고) －錄(록), 回避(회피), 回數(회수), 回信(회신), 回覽(회람), 挽回(만회), 旋回(선회), 回心(회심) －曲(곡)

苟 구
①진실로, 다만 ②구차히
苟且(구차) －하다, 苟安(구안) －偸生(투생), 苟免(구면), 苟延歲月(구연세월)

芍 작
작약
芍藥(작약)⇒자약, 함박꽃, 白芍(백작)

句 구
글귀, 구절
字句(자구), 句節(구절), 文句(문구), 語句(어구), 絶句(절구)

旬 순
①열흘 ②두루 펼 ③십년
旬刊(순간), 上旬(상순), 七旬(칠순)⇒나이 70세, 旬報(순보)

甸 전
경기
畿甸(기전)⇒京畿(경기), 甸役(전역)⇒田獵(전렵)

向 향
①향할, 나아갈 ②접때, 이전
傾向(경향), 向上(향상), 向時(향시)⇒접때, 지난번, 方向(방향)

商 상
①장사, 장사할 ②헤아릴 ③나라이름 ④음계
商業(상업), 行商(행상), 商品(상품), 商量(상량)

懼 구
두려워할
悚懼(송구), 畏懼(외구), 疑懼(의구), 危懼(위구)

攫 확

움킬

一攫(일확) －千金(천금), 攫取(확취), 攫奪(확탈)

求 구

구할, 탐낼

求職(구직), 要求(요구), 追求(추구), 求乞(구걸), 慾求(욕구), 希求(희구), 請求(청구)

朮 출

삽주

白朮(백출)⇒藥草(약초)의 이름, 蒼朮(창출), 赤朮(적출)

亦 역

또, 또한

亦是(역시)⇒또한, 마찬가지로, 亦然(역연)⇒이것 또한 그러함

述 술

①글 지을, 책 쓸 ②펼, 말할

著述(저술), 陳述(진술), 述懷(술회), 敍述語(서술어) ㊤ 述語(술어), 論述(논술)

丘 구

①언덕＝邱 ②무덤

丘陵(구릉), 丘墓(구묘)⇒墳墓(분묘), 丘首(구수), 比丘(비구) －尼(니)

近 근

가까울

最近(최근), 近來(근래), 近似(근사), 近視(근시)↔遠視(원시), 近親(근친), 近刊(근간), 隣近(인근), 近墨者黑(근묵자흑), 近況(근황), 接近(접근)

岳 악

큰 산＝嶽(악)

山岳(산악), 雪岳(설악) －山(산), 岳父(악부)≒丈人(장인)

灸 구

①구울 ②뜸, 뜸질할

灸甘草(구감초), 鍼灸(침구) －術(술), 灸點(구점)⇒灸穴(구혈), 面灸(면구)⇒面愧(면괴)

炙 자·적

고기 구울(㉠자 ㉡적)

膾炙(회자) 人口(인구)에 －되다, 炙鐵(적철)⇒석쇠, 黃炙(황적)⇒누름적, 散炙(산적)

災 재

재앙

災殃(재앙), 災難(재난), 災害(재해), 三災(삼재), 水災(수재) －義捐金(의연금)

炎 염

①불꽃 ②더울 ③염증

炎天(염천) 三伏(삼복)－, 炎涼(염량) －世態(세태), 炎症(염증), 暴炎(폭염)

火 화
①불 ②불사를 ③급할
火炎(화염)⇒불꽃, 火葬(화장), 火急(화급), 放火(방화)↔消火(소화)

軍 군
①군사 ②진 칠
軍士(군사)⇒士兵(사병), 軍事(군사) −基地(기지), 軍艦(군함), 陸(육)·海(해)·空軍(공군)

暈 훈·운
①해, 달무리(㉠훈) ②어지러울, 아찔할(㉡운)
暈圍(훈위), 暈色(훈색, 운색), 暈厥症(훈(운)궐증)⇒어질증, 船暈(선훈)⇒뱃멀미

渾 혼
①흐릴 ②모두 ③한데 섞일 ④세찰
渾濁(혼탁), 渾身(혼신), 渾家(혼가)⇒渾眷(혼권), 渾(混)沌(혼돈), 雄渾(웅혼), 渾然(혼연) −一體(일체)

揮 휘
①휘두를 ②뿌릴, 흩어질
指揮(지휘) −官(관), 揮發(휘발) −油(유)⇒가솔린, 揮毫(휘호)⇒揮筆(휘필)

運 운
①운전할 ②옮길 ③운수
運轉(운전) −手(수), 運動(운동), 運搬(운반), 運命(운명), 運賃(운임), 幸運(행운)

屈 굴
①굽을, 굽힐 ②다할 ③강할
屈指(굴지), 屈力(굴력), 屈服(굴복), 屈强(굴강), 卑屈(비굴)

届 계
①이를 ②신고할=屆
届期(계기), 届出(계출), 缺勤届(결근계)

居 거
①살다 ②있을 ③어조사
居住(거주), 居留(거류) −地(지), 居喪(거상), 居間(거간)⇒仲介人(중개인), 住居地(주거지)

尼 니
여승
尼僧(이승)⇒여자 중, 比丘尼(비구니)↔比丘(비구)

尿 뇨
오줌
尿道(요도), 糞尿(분뇨), 糖尿(당뇨) −病(병), 泌尿器(비뇨기) −科(과)

履 리
①밟을 ②신, 신다
履行(이행), 履歷(이력) −書(서), 履修(이수), 木履(목리)⇒나막신

展 전
①펼 ②벌일 ③살필 ④나아갈
展開(전개), 展示(전시) －會(회), 展墓(전묘)⇒省墓(성묘), 發展(발전)

局 국
①판(장기, 바둑 등) ②부분 ③마을, 관청
局子(국자), 局面(국면), 局部(국부), 結局(결국), 時局(시국), 支局(지국), 電信局(전신국)

屍 시
주검, 송장≒尸
屍體(시체)⇒주검, 송장, 檢屍(검시), 戮屍(육시), 屍山血海(시산혈해)

尺 척
①자 ②가까울 ③편지
尺度(척도), 尺簡(척간)⇒편지, 書札(서찰), 咫尺(지척), 尺雪(척설), 尺土(척토)

宮 궁
집, 궁궐
宮闕(궁궐)⇒宮殿(궁전), 宮女(궁녀), 東宮(동궁), 迷宮(미궁)

官 관
①벼슬 ②기관
官吏(관리), 官僚(관료) －主義(주의), 器官(기관) 呼吸(호흡)－, 長官(장관), 士官(사관)

宦 환
①벼슬 ②내관
宦官(환관)⇒內侍(내시), 宦海(환해)⇒官界(관계), 宦德(환덕)

弓 궁
활
弓矢(궁시)⇒활과 화살, 弓術(궁술), 弓腰(궁요), 弓折箭盡(궁절전진)

弔 조
①조상할(㉠조) ②매달, 이르다(㉡적) ㉪ 吊
弔喪(조상), 弔問(조문) －客(객), 慶弔(경조), 弔恤(조휼)

弗 불
①아닐, 어길 ②달러(dollar)
弗豫(불예), 弗治(불치), 弗乎(불호), 弗貨(불화)⇒달러(dollar)⇒美貨(미화)

引 인
①끌, 이끌 ②물러날 ③책임질 ④넘겨줄
引力(인력), 引率(인솔), 引責(인책), 引退(인퇴), 引繼(인계), 引導(인도), 引上(인상)

弘 홍
넓을, 클
弘報(홍보), 弘益(홍익) －人間(인간), 弘文(홍문) －館(관), 弘大(홍대)

几 궤
①안석 ②책상≒机
几杖(궤장) －宴(연), 几筵(궤연)⇒靈室(영실), 几案(궤안)⇒책상, 几(机)下(궤하)⇒貴下(귀하)

凡 범
①무릇 ②대강 ③범상할 ④모두
大凡(대범)⇒무릇, 凡例(범례), 凡常(범상)⇒尋常(심상), 凡節(범절) 禮儀(예의)－

凱 개
①싸움에 이긴 ②즐길, 화할
凱歌(개가), 凱旋(개선) －門(문), 凱風(개풍)⇒마파람, 南風(남풍)

鬼 귀
귀신, 도깨비
鬼神(귀신), 魔鬼(마귀), 鬼瓦(귀와), 妖鬼(요귀)⇒妖魔(요마), 鬼才(귀재)

蒐 수
①모을 ②찾을
蒐集(수집), 蒐輯(수집) 廢品(폐품)－

魁 괴
①우두머리 ②높고 클 ③뛰어날 ④조개
魁首(괴수), 魁偉(괴위), 魁奇(괴기), 俠魁(협괴), 魁蛤(괴합)⇒살조개

魅 매
①홀릴 ②도깨비
魅了(매료), 魅惑(매혹), 魅力(매력), 鬼魅(귀매), 狐魅(호매)

魃 발
가물, 가뭄귀신
旱魃(한발)⇒가뭄, 炎魃(염발)

魂 혼
넋, 혼령
魂靈(혼령), 魂膽(혼담), 魂魄(혼백), 魂飛魄散(혼비백산)

魄 백·탁
①넋(㉠백) ②영락할(㉡탁)
魄散(백산) 魂飛(혼비)－, 落魄(낙탁)⇒零落(영락), 氣魄(기백)

醜 추
①더러울 ②부끄러울
醜聞(추문), 醜態(추태), 醜雜(추잡), 陋醜(누추), 醜行(추행), 醜物(추물)

魔 마
①마귀 ②마술, 요술
魔鬼(마귀), 魔術(마술), 惡魔(악마), 魔力(마력)

規 규
①법, 규격 ②컴퍼스 ③바로잡을
規定(규정), 規範(규범), 規模(규모), 例規(예규), 規則(규칙)

視 시
보다, 살필
視察(시찰), 視野(시야), 監視(감시), 巡視(순시), 注視(주시), 無視(무시)

親 친
①친할 ②어버이 ③몸소 ④친척
親睦(친목), 兩親(양친), 親戚(친척), 親書(친서)⇒親筆(친필)

現 현
①나타날 ②이제, 지금
出現(출현), 現在(현재)↔過去(과거)/未來(미래), 現況(현황), 實現(실현)

見 견·현
①보다 ②의견(㉠견) ③뵙다 ④나타날(㉡현)
見聞(견문), 見蚊拔劍(견문발검), 意見(의견), 發見(발견), 見齒(현치), 謁見(알현), 見習(견습) －生(생), 識見(식견)

斤 근
근(무게=16량=600g)
斤量(근량), 斤數(근수), 斤父(근부)⇒도끼, 一斤(한근)⇒600g

匠 장
①장인 ②만들다
匠人(장인)⇒匠色(장색), 意匠(의장)⇒美匠(미장), 巨匠(거장)

欣 흔
기뻐할
欣快(흔쾌), 欣然(흔연), 欣慕(흔모)⇒欽慕(흠모)

斥 척
①내칠 ②망볼
排斥(배척)⇒擯斥(빈척), 斥和(척화) －碑(비), 斥候(척후) －兵(병)

坼 탁
①터질 ②찢다
坼甲(탁갑), 坼裂(탁렬), 坼封(탁봉), 開坼(개탁)⇒開封(개봉), 坼榜(탁방)

訴 소
고할, 송사할
訴訟(소송), 訴願(소원), 告訴(고소), 控訴(공소), 起訴(기소)

根 근
①뿌리 ②근본
草根(초근), 根本(근본), 根源(근원), 根據(근거), 根治(근치), 根抵當(근저당), 禍根(화근)

銀 은

①은, 은빛 ②돈

銀塊(은괴), 銀髮(은발)⇒白髮(백발), 金銀寶貨(금은보화), 銀河(은하), 銀幕(은막)

限 한

①한정 ②경계

限定(한정), 限界(한계)⇒境界(경계), 制限(제한), 期限(기한), 無限(무한), 局限(국한)

艱 간

①어려울 ②부모의 상

艱難辛苦(간난신고), 外艱(외간)↔內艱(내간), 艱辛(간신)⇒艱難(간난)⇒辛苦(신고)

今 금

①이제, 오늘 ②곧, 바로

昨今(작금), 今時(금시), 今般(금반), 今昔之感(금석지감), 今始初聞(금시초문)

令 령

①시킬 ②법률 ③하여금 ④가령

命令(명령), 法令(법령), 設令(설령), 假令(가령), 令息(영식), 令狀(영장), 令色(영색)

含 함

①포함한 ②품을

包含(포함), 含蓄(함축), 含量(함량), 含有(함유), 含糊(함호), 含飴弄孫(함이농손)

吟 음

①읊을 ②탄식할

吟誦(음송), 呻吟(신음), 吟味(음미), 詩吟(시음), 吟風詠月(음풍영월)

冷 랭

①차다, 춥다 ②쓸쓸할

寒冷(한랭), 冷凍(냉동), 冷情(냉정), 冷徹(냉철), 冷血(냉혈) －動物(동물), 冷却(냉각), 冷淡(냉담), 冷靜(냉정), 冷笑(냉소), 冷戰(냉전)

矜 긍

①자랑할 ②가엾이 여길

矜持(긍지), 矜誇(긍과), 矜憐(긍련), 矜恤(긍휼), 可矜(가긍), 自矜(자긍) －心(심)

琴 금

거문고

琴瑟(금슬)⇒거문고와 비파/－之樂(지락)⇒다정한 부부간의 즐거움, 彈琴(탄금), 風琴(풍금)⇒오르간

瑟 슬·실

악기 이름(㉠슬 ㉡실)

琴瑟(금슬, 금실) －之樂(지락), 簫瑟(소슬) －바람

琵 비

비파

琵琶(비파) －別抱(별포)⇒女子(여자)가 再嫁(재가)함을 이르는 말

班 반
①나눌 ②줄 ③양반 ④돌아설
班給(반급)⇒나누어 줌, 班長(반장), 班常(반상), 班師(반사)

金 금·김
①쇠, 금, 돈, 귀하다(㉠금) ②성씨(㉡김)
金錢(금전) －出納簿(출납부), 貯金(저금), 金言(금언), 料金(요금), 金氏(김씨)

釜 부
가마솥
釜中生魚(부중생어), 釜中魚(부중어), 釜鼎器(부정기)⇒주방용 기구, 釜山(부산)

釘 정
못, 못질할
釘頭(정두), 撞釘(당정), 拔釘(발정), 竹釘(죽정)⇒대못, 釘倒蟲(정도충)⇒장구벌레

針 침
①바늘 ②침＝鍼
針線(침선), 針(鍼)灸(침구), 秒針(초침), 針小棒大(침소봉대)

釣 조
낚시, 낚을
釣竿(조간)⇒낚싯대, 釣鉤(조구)⇒낚싯바늘, 釣魚(조어)⇒낚시질

鉢 발
바리때
周鉢(주발), 托鉢(탁발) －僧(승), 沙鉢(사발)

鉛 연
①납 ②분 ③연필
鉛版(연판), 鉛筆(연필), 鉛粉(연분), 亞鉛(아연), 朱鉛(주연)

銃 총
총
拳銃(권총), 銃彈(총탄), 銃殺(총살), 獵銃(엽총), 銃劍(총검)

鐵 철
철, 쇠, 무기 속鉄
鐵窓(철창), 鐵甲(철갑) －船(선)⇒거북선, 鐵則(철칙), 寸鐵(촌철)

兢 긍
조심할
兢兢(긍긍) 戰戰(전전)－, 兢懼(긍구), 兢兢業業(긍긍업업)

克 극
①이길 ②능할
克服(극복), 克己(극기) －訓練(훈련), 克明(극명), 超克(초극)

競 경

다툴, 겨룰

競爭(경쟁) ―入札(입찰), 競技(경기) ―場(장), 競馬(경마), 競賣(경매)

氣 기

①기운, 힘 ②숨 ③기체 ④자연현상

氣運(기운), 元氣(원기), 氣管(기관), 氣壓(기압), 氣象(기상) ―觀測(관측), 氣高萬丈(기고만장), 氣槪(기개)⇒意氣(의기)

愾 개

성낼

敵愾心(적개심), 愾然(개연)

祈 기

빌, 고할

祈願(기원), 祈求(기구), 祈禱(기도), 祈年(기년), 祈雨祭(기우제)

社 사

①모일, 사회 ②토지신

社會(사회), 會社(회사) 株式(주식)―, 社稷(사직), 社交(사교)

祝 축

①빌, 축하할 ②축문 ③끊을

祝願(축원), 祝福(축복), 祝文(축문), 祝髮(축발), 慶祝(경축)

神 신

①귀신 ②정신 ③영묘할

天神(천신), 精神(정신), 神通(신통), 神經(신경), 神秘(신비)

祥 상

①상서로울 ②조짐 ③상제

祥瑞(상서)⇒吉祥(길상), 大祥(대상), 殊祥(수상), 祥兆(상조)

祖 조

①할아버지 ②조상 ③시초 ④길의 신

祖父(조부), 始祖(시조), 開祖(개조), 祖國(조국)⇒母國(모국), 祖考(조고)

福 복

①복, 행복 ②음복할

幸福(행복), 禍福(화복), 福祉(복지)⇒福利厚生(복리후생), 福券(복권)

示 시

①보일 ②지시할

示範(시범), 指示(지시), 示達(시달), 示唆(시사), 揭示(게시), 展示(전시)

肌 기

살갗, 피부

肌膚(기부), 肌色(기색), 肌理(기리)⇒살결, 雪肌(설기)⇒雪膚(설부)

肋 륵
갈빗대
肋骨(늑골)⇒갈비뼈, 肋膜(늑막) －炎(염), 鷄肋(계륵)

肝 간
①간 ②마음, 충정 ③중요할
肝油(간유), 肝膽(간담) －相照(상조), 肝要(간요), 肝臟(간장), 肝腸(간장)

肢 지
①팔다리 ②사지
四肢(사지)⇒팔다리, 肢體(지체) －不自由(부자유), 下肢(하지)

胚 배
①아이 밸 ②처음 ③배자
胚胎(배태), 胚子(배자), 胚芽(배아) －米(미), 胚孔(배공)

股 고
①다리 ②넓적다리
股間(고간)⇒사타구니, 股肱(고굉)⇒팔과 다리, 股本(고본) －金(금)/－契(계), 勾股弦(구고현)

肱 굉
①팔뚝 ②팔
肱膂(굉려)⇒팔뚝과 등뼈, 枕肱(침굉), 曲肱(곡갱)

肺 폐
허파, 부아
肺腑(폐부)⇒①肺臟(폐장) ②마음속 ③急所(급소), 肺炎(폐렴), 肺活量(폐활량)

胸 흉
①가슴 ②마음
胸廓(흉곽), 胸襟(흉금)⇒心襟(심금), 胸章(흉장), 胸圍(흉위)

服 복
①옷, 입다 ②복종할 ③복입을 ④약을 먹다
服裝(복장), 服從(복종), 着服(착복), 服用(복용), 服務(복무)

腸 장
창자 속 膓
胃腸(위장), 盲腸(맹장), 灌腸(관장), 斷腸(단장), 腸瘻(장루) －手術(수술)

腕 완
①팔, 팔뚝 ②재주, 기능
腕力(완력), 腕章(완장), 手腕(수완), 敏腕(민완), 腕釧(완천)⇒팔찌

腦 뇌
뇌, 머릿골
頭腦(두뇌), 腦膜(뇌막) －炎(염), 腦裏(뇌리), 腦震蕩(뇌진탕)

膽 담
①쓸개 ②담력
膽囊(담낭)⇒쓸개주머니, 大膽(대담), 膽力(담력), 落膽(낙담), 膽汁(담즙)

旣 기
이미
旣得(기득) -權(권), 旣往(기왕), 旣成(기성)↔新進(신진), 旣婚(기혼)↔未婚(미혼)

槪 개
①대강 ②절개, 기개
槪念(개념), 槪觀(개관), 槪要(개요), 氣槪(기개), 槪況(개황)

廐 구
마구간 ㊀廏
馬廐(마구), 廐舍(구사)⇒마구간⇒廐閑(구한), 外廐(외구)

技 기
재주, 재능
技能(기능) -工(공), 技巧(기교) -家(가), 技術(기술), 多能多技(다능다기)

枝 지
가지
枝葉(지엽), 枝梧(지오)⇒支吾(지오), 幹枝(간지), 枝節(지절)

鼓 고
①북 ②북칠
鼓笛(고적)⇒북과 피리, 鼓動(고동), 鼓吹(고취), 鼓舞(고무), 鼓膜(고막)

己 기
①몸 ②여섯 번째 천간(天干)
自己(자기), 知己(지기) -之友(지우), 克己(극기), 己未(기미) -年(년)

已 이
①이미 ②너무
已往(이왕)⇒旣往(기왕)⇒以前(이전)↔已後(이후)⇒以後(이후), 已甚(이심), 已發之矢(이발지시)

巳 사
뱀, 여섯 번째 지지(地支)
巳時(사시)⇒上午(상오) 9~11시까지의 사이, 巳月(사월)⇒陰四月(음사월), 乙巳士禍(을사사화), 乙巳條約(을사조약), 上巳(상사)⇒삼짇날

巴 파
①땅이름 ②뱀
巴蜀(파촉), 巴蛇(파사), 巴鼻(파비)⇒그릇의 손잡이, 巴人(파인), 巴戟天(파극천)

吉 길
①길할, 좋을 ②예식
吉凶(길흉) -禍福(화복), 吉禮(길례), 吉兆(길조)↔凶兆(흉조)

結 결
①맺을 ②끝마칠 ③엉길
結成(결성), 結果(결과)↔原因(원인), 結局(결국), 結論(결론)

詰 힐
①꾸짖을 ②이튿날 아침
詰難(힐난), 詰責(힐책), 詰朝(힐조)⇒明朝(명조), 詰問(힐문)

懦 나·유
①약할(㉠나) = 愞 ②겁 많을(㉡유)
懦弱(나약)⇒惰弱(타약), 懦夫(나부)⇒怯夫(겁부), 懦(愞)怯(나겁)

儒 유
①선비 ②유교
儒生(유생)⇒儒家(유가), 儒林(유림)⇒士林(사림), 儒敎(유교)

蠕 연
꿈틀거릴
蠕動(연동) -運動(운동), 蠕形動物(연형동물)⇒지렁이, 뱀 따위

需 수
①구할 ②쓰일 ③주저할
需要(수요)↔供給(공급), 需用(수용), 必需品(필수품), 婚需(혼수), 特需(특수)

那 나
①어찌 ②많다 ③저, 저것 ④무엇
那何(나하)⇒如何(여하), 那邊(나변), 刹那(찰나)⇒瞬間(순간), 那落(나락)⇒地獄(지옥)

邦 방
나라
友邦(우방) -國(국), 萬邦(만방)⇒萬國(만국), 邦語(방어), 邦貨(방화)

邪 사·야
①간사할(㉠사) ②어조사, 그런가≒耶(야) ③희롱할≒揶(야)(㉡야)
邪惡(사악), 怨邪(원야), 邪(揶)揄(야유), 邪心(사심), 奸邪(간사)

郭 곽
성곽, 바깥 성 = 廓(곽)
城郭(성곽), 外郭(외곽) -團體(단체), 輪郭(윤곽)

郵 우
①우편 ②역, 역말
郵便(우편), 郵票(우표), 郵館(우관), 郵送(우송), 郵遞局(우체국)

難 난
①어려울 ②난리, 재난 ③나무랄
難關(난관), 災難(재난), 避難(피난), 患難(환난), 非難(비난), 難兄難弟(난형난제)

儺 나

역귀 쫓을

儺禮(나례), 儺儺之聲(나나지성), 追儺(추나)

灘 탄

여울

灘聲(탄성), 急灘(급탄), 峻灘(준탄)

內 내·나

①안, 속 ②아내 ③대궐(㉠내) ④여관(女官)(㉡나)

內外(내외), 市內(시내), 內患(내환)⇒內憂(내우), 內閣(내각), 室內(실내), 內人(나인)⇒宮女(궁녀), 內命婦(내명부)

芮 예

①싹 날 ②나라이름 ③물가 ④성(姓)

芮芮(예예), 芮鞫(예국), 芮氏(예씨)

納 납

①들일 ②바치다

出納(출납), 納稅(납세), 納得(납득), 納涼(납량), 納骨堂(납골당)

訥 눌

말 더듬을

訥言(눌언)⇒말더듬이, 訥辯(눌변)↔達辯(달변), 木訥(목눌)

捏 날

①반죽할 ②꿰어맞출≒揑

捏造(날조) 虛僞(허위)－

涅 녈

①개흙, 앙금흙 ②물들임

涅槃(열반)⇒①安樂寂滅(안락적멸) ②入寂(입적)/－宗(종)

男 남

①사내, 남자 ②아들 ③벼슬이름

男女(남녀), 男婚(남혼)↔女婚(여혼), 男便(남편)↔아내, 男妹(남매)

界 계

①지경, 한도 ②경계 ③세계

境界(경계), 限界(한계), 學界(학계), 世界(세계), 界隈(계외)⇒附近(부근)

胃 위

밥통

胃腸(위장), 胃癌(위암), 脾胃(비위), 胃潰瘍(위궤양), 胃臟(위장)⇒胃(위)

畏 외

두려워할

畏友(외우), 畏兄(외형), 畏怖(외포), 畏首畏尾(외수외미)

異 이

다를, 이상할

異常(이상), 異性(이성), 異議(이의), 異國(이국), 異域(이역), 異口同聲(이구동성)

累 루

①여러 ②거듭할, 포갤 ③연루

累次(누차), 累積(누적), 累計(누계), 連累(연루), 累卵(누란) -危機(위기)

畢 필

①마칠 ②다

畢生(필생)⇒平生(평생), 畢竟(필경), 未畢(미필)⇒未了(미료)/兵役(병역)-

疊 첩

거듭할, 겹칠

疊疊(첩첩) -山中(산중), 重疊(중첩), 疊載(첩재), 積疊(적첩)

念 념

①생각, 생각할 ②스물 ③글을 소리내어 읽을

念慮(염려), 念願(염원), 念佛(염불), 念日(염일)⇒(그 달의)스무날(20일), 紀念(기념)

忿 분

분할, 성낼

忿(憤)怒(분노), 忿(憤)懟(분대), 忿(憤)懣(분만)⇒鬱憤(울분), 激忿(격분)

怒 노

①성낼 ②세찰

怒氣(노기), 怒發大發(노발대발), 怒濤(노도)⇒激浪(격랑)

拏 나

붙잡을=拿(나)

拏(拿)捕(나포), 拏入(나입)⇒拏致(나치), 拏獲(나획)

恕 서

①용서할 ②어질

容恕(용서), 寬恕(관서)⇒寬宥(관유), 恕思(서사)

妖 요

①요사할, 요망할 ②요염할 ③요괴, 도깨비

妖妄(요망), 妖邪(요사), 妖艶(요염), 妖怪(요괴), 妖術(요술)

如 여

①같을 ②어찌할 ③만약 ④어조사

如前(여전), 如何(여하) -間(간), 如或(여혹)⇒만일, 혹시, 如廁二心(여측이심)

鬧 뇨

시끄러울

鬧市(요시), 鬧歌(요가), 熱鬧(열뇨) -하다

鬪 투

싸울, 다툼

戰鬪(전투), 拳鬪(권투)⇒복싱(boxing), 鬪志(투지)

能 능

①능할 ②능력

能率(능률), 能力(능력), 才能(재능)→才幹(재간), 可能(가능), 能小能大(능소능대)

熊 웅

곰

熊膽(웅담)⇒곰 쓸개, 熊掌(웅장)⇒곰 발바닥, 熊虎(웅호) －之將(지장)

態 태

태도, 모양

態度(태도), 世態(세태)⇒世相(세상), 狀態(상태), 態勢(태세)

罷 파·피

①파할, 마칠 ②내칠(㉠파) ③고달프다(㉡피)

罷業(파업) 同盟(동맹)－, 罷免(파면)⇒罷職(파직), 罷病(피병)

但 단

다만

但只(단지)⇒다만, 오직, 但書(단서), 非但(비단), 一但(일단)⇒한번, 우선, 먼저

坦 탄

①평탄할 ②너그러울

坦坦(탄탄) －大路(대로), 平坦(평탄), 坦率(탄솔), 坦懷(탄회) 虛心(허심)－, 順坦(순탄)

怛 달

①슬플 ②놀랄

惻怛(측달), 怛然(달연)⇒愕然(악연), 慘怛(참달)

單 단·선

①홑, 하나 ②다할 ③외로울 ④단자(㉠단) ⑤오랑캐 임금(㉡선)

單一(단일) －民族(민족), 孤單(고단), 名單(명단), 單獨(단독), 單純(단순), 簡單(간단), 傳單(전단), 單語(단어), 單于(선우)

禪 선

①고요할, 좌선할 ②사양할, 양위할

參禪(참선), 禪位(선위), 禪宗(선종), 坐禪(좌선), 參禪(참선)

闡 천

①밝힐 ②열다

闡明(천명), 闡揚(천양), 闡究(천구), 開闡(개천)

端 단

①끝 ②단정할 ③실마리

末端(말단)⇒末尾(말미), 端正(단정), 端緖(단서)⇒일의 始初(시초), 尖端(첨단), 端末機(단말기) 컴퓨터－, 惹起鬧端(야기뇨단) ㊟ 惹端(야단)

瑞 서
상서로울
祥瑞(상서)⇒慶瑞(경서), 瑞光(서광)⇒祥光(상광), 瑞雲(서운)

喘 천
①헐떡일 ②기침
喘氣(천기), 喘息(천식)⇒肺脹(폐창), 咳喘(해천)

疸 달
황달
黃疸(황달)⇒疸病(달병)⇒疸症(달증)

疽 저
등창, 종기
疽腫(저종), 黃疽(황저) -病(병), 癰疽(옹저)⇒큰 종기

症 증
병 증세
症狀(증상), 症候群(증후군), 渴症(갈증), 重症(중증)

痹 비
저릴, 마비
痲痹(마비), 痹疳(비감), 風痹(풍비) ∴風痱(풍비)와 다름

癌 암
암, 악성 종양
肝癌(간암), 癌腫(암종), 子宮癌(자궁암), 胃癌(위암), 發癌(발암)

疾 질
①병 ②미워할, 꺼릴 ③빠를
疾患(질환), 疾視(질시), 疾走(질주), 疾風(질풍), 痼疾(고질)

癡 치
어리석을, 바보 ㊕痴
癡呆(치매), 癡漢(치한), 癡情(치정), 白癡(백치)⇒天癡(천치), 音癡(음치)

膽 담
①쓸개 ②담력
膽汁(담즙)⇒쓸개즙, 膽力(담력), 大膽(대담), 落膽(낙담) -喪魂(상혼)

贍 섬
①넉넉할 ②도울
贍富(섬부)⇒贍足(섬족), 贍賑(섬진), 贍恤(섬휼)⇒賑恤(진휼)

瞻 첨
볼, 쳐다볼
瞻望(첨망)⇒仰慕(앙모), 瞻視(첨시), 瞻星臺(첨성대), 瞻禮(첨례)

遝 답

몰릴, 붐빌

遝至(답지) 恤金(휼금)이 -하다, 雜遝(잡답)⇒粉遝(분답)

還 환

①돌아올 ②들릴

還鄕(환향) 錦衣(금의)-, 還甲(환갑), 還元(환원), 送還(송환), 償還(상환)

答 답

①대답할 ②갚을

對答(대답) 준 答(답), 答辯(답변), 報答(보답), 回答(회답), 東問西答(동문서답)

箚 차

①찌를 ②차차

箚刺(차자)⇒入墨(입묵), 箚子(차자), 箚記(차기)⇒隨錄(수록), 駐箚(주차) -大使(대사)

大 대

①클 ②대강

大會(대회) 國民(국민)-, 大槪(대개), 大小(대소), 大器晩成(대기만성), 針小棒大(침소봉대), 最大(최대), 重大(중대), 莫大(막대)

丈 장

①어른 ②길이의 단위 ③사람의 키

椿府丈(춘부장), 丈人(장인)⇒聘丈(빙장), 丈夫(장부) -一言重千金(일언중천금), 一丈(일장)⇒10尺(척), 丈家(장가), 査丈(사장), 丈母(장모)

犬 견

개

犬猿(견원) -之間(지간), 黃犬(황견)⇒黃狗(황구), 犬馬之勞(견마지로)

伏 복

①엎드릴 ②숨다 ③항복할 ④절후

伏望(복망), 伏乞(복걸) 哀乞(애걸)-, 屈伏(굴복), 三伏(삼복), 潛伏(잠복)

太 태

①클 ②심할 ③첫째

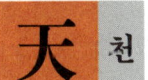

太平(태평) -盛世(성세), 太甚(태심)⇒極甚(극심), 太初(태초), 太極(태극) -旗(기)

天 천

①하늘↔地(지) ②하느님 ③자연 ④운명

天地(천지), 天理(천리), 天倫(천륜), 天佑神助(천우신조), 靑天(청천), 天文(천문), 天壤(천양) -之判(지판), 天命(천명)↔非命(비명)

戴 대

①머리에 일 ②받을

戴冠(대관) -式(식), 推戴(추대) 總裁(총재)로 -되다, 戴天(대천) 不俱(불구)-

載 재

①실을 ②해

積載(적재) -量(량), 揭載(게재), 千載(천재) -一遇(일우), 載錄(재록), 登載(등재)

截 절
끊을
截(切)斷(절단)⇒斷截(切)(단절), 截(絶)長補短(절장보단), 截脚(절각), 截然(절연), 截(絶, 切)取(절취), 去頭截尾(거두절미)

帶 대
①띠 ②차다 ③데릴
玉帶(옥대), 帶劍(대검), 帶同(대동), 帶妻僧(대처승), 地帶(지대)

滯 체
①막힐, 엉길 ②머물다
停滯(정체), 遲滯(지체), 滯在(체재), 滯納(체납), 滯症(체증)

待 대
①기다릴 ②대할
待期(대기), 接待(접대)⇒待接(대접), 期待(기대), 招待(초대), 待遇(대우)

侍 시
모실, 받들
侍下(시하) 層層(층층)−, 侍湯(시탕), 侍從(시종) −臣(신), 內侍(내시)

持 지
가질, 잡을
所持(소지) −品(품), 持重(지중), 持分(지분), 持續(지속), 持久(지구), 支持(지지), 維持(유지)

特 특
①특별할 ②홀로
特別(특별)↔普通(보통), 特有(특유), 特殊(특수)→獨特(독특), 奇特(기특)

峙 치
산 우뚝 솟을
峙立(치립), 對峙(대치)⇒對立(대립), 峻峙(준치)

寺 사·시
①절(㉠사) ②내시(㉡시≒侍)
寺刹(사찰)⇒寺院(사원), 寺人(시인)⇒內侍(내시) 宦官(환관), 寺黨(사당)↔男寺黨(남사당)

徒 도
①무리 ②걸어다닐 ③맨손 ④헛될
徒黨(도당), 徒步(도보), 徒手(도수)⇒赤手(적수), 徒勞(도로), 生徒(생도), 徒食(도식) 無爲(무위)−

徙 사
옮길, 이사하다
移徙(이사), 徙植(사식)⇒移植(이식), 徙月(사월)⇒달(月)을 넘김

從 종
①좇을 ②일할 ③모실 ④조용할 약 従
服從(복종), 從業(종업) −員(원), 主從(주종), 從容(종용) −無爲(무위), 從事(종사)

聳 용

①솟을 ②삼갈

聳立(용립), 聳上(용상), 聳然(용연), 聳擢(용탁), 聳出(용출)

後 후

뒤, 뒤질↔前(전), 先(선)

後援(후원), 後悔(후회), 最後(최후), 以後(이후), 背後(배후)

德 덕

①큰, 덕 ②은혜, 은덕

德望(덕망), 恩德(은덕), 道德(도덕), 德澤(덕택), 德行(덕행)

島 도

섬

島嶼(도서), 孤島(고도) 絶海(절해)－, 半島(반도) 韓(한)－, 列島(열도), 群島(군도)

鳥 조

새

鳥獸(조수)⇒禽獸(금수), 鳥足(조족) －之血(지혈), 鳥瞰圖(조감도)⇒俯瞰圖(부감도)

鳶 연

솔개 : 매, 연(날리는)

紙鳶(지연)⇒종이연, 鳶肩(연견), 飛鳶(비연), 鳶飛魚躍(연비어약)

鶯 앵

꾀꼬리

鶯歌(앵가)⇒鶯聲(앵성), 鶯語(앵어), 鶯蝶(앵접)

烏 오

①까마귀 ②검다 ③어찌 ④탄식하다

烏飛梨落(오비이락), 烏鵲(오작) －橋(교), 烏合之衆(오합지중), 烏竹(오죽), 烏有(오유)

鳴 명

울, 새 울

鳴禽(명금), 悲鳴(비명), 鳴箭(명전), 鳴動(명동) 泰山(태산)－

刀 도

칼

食刀(식도)⇒식칼, 果刀(과도), 單刀直入(단도직입), 短刀(단도)↔長刀(장도)

分 분

①나눌 ②구별 ③신분 ④단위

分別(분별), 分斷(분단) 南北(남북)－, 身分(신분), 分明(분명), 分析(분석)

券 권

①문서 ②증서

割引券(할인권), 招待券(초대권), 債券(채권), 株券(주권), 證券(증권)

剪 전

①가위 ②벨

剪刀(전도)⇒가위, 剪定(전정)⇒剪枝(전지), 剪草除根(전초제근)

劈 벽

쪼갤

劈開(벽개), 劈頭(벽두), 劈破門閥(벽파문벌)

讀 독·두

①읽을(㉠독) ②구절(㉡두)

讀書(독서) -三昧(삼매), 讀破(독파), 多讀(다독), 精讀(정독), 句讀法(구두법), 吏讀(이두)

續 속

이을

繼續(계속) -進行(진행), 續刊(속간), 續開(속개), 續行(속행), 相續(상속), 連續(연속)

賣 매

팔다 ㉮売

賣買(매매), 賣却(매각), 競賣(경매), 販賣(판매), 專賣(전매)

動 동

①움직일 ②어지러울 ③문득, 걸핏하면

動搖(동요), 動亂(동란), 動靜(동정), 動輒見敗(동첩견패), 不動産(부동산), 活動(활동), 動機(동기)

勳 훈

공, 훈공=勲

勳功(훈공)⇒功勳(공훈), 勳章(훈장), 戰勳(전훈), 殊勳(수훈), 首勳(수훈)

慟 통

애통할, 서러워할

慟哭(통곡)→痛哭(통곡), 哀慟(애통)→哀痛(애통)

憧 동

①그리워할 ②마음 들뜰

憧憬(동경), 憧憧(동동)

撞 당

①칠, 두드릴 ②부딪치다

撞球(당구), 撞破(당파), 撞着(당착) 自家(자가)-

得 득

①얻을↔失(실) ②깨달을 ③만족할 ④득, 득볼

得失(득실), 攄得(터득), 自得(자득), 利得(이득), 所得(소득), 取得(취득)

碍 애

막을, 거리낄, 방해할≒礙

障碍(礙)(장애) -競走(경주), 碍(礙)人耳目(애인이목), 碍(礙)産(애산)⇒難産(난산)

羅 라
①벌일 ②그물 ③비단, 깁
羅列(나열), 網羅(망라), 綾羅(능라), 羅針盤(나침반), 新羅(신라)

罹 리
걸릴, 입을
罹病(이병), 罹災(이재) -民(민), 罹厄(이액)

罪 죄
허물, 죄
罪惡(죄악), 罪囚(죄수), 罪悚(죄송), 犯罪(범죄), 贖罪(속죄)

罰 벌
벌, 벌줄
罰金(벌금), 賞罰(상벌), 罰則(벌칙), 處罰(처벌), 刑罰(형벌)

郎 랑
①사내 ②남편 ③벼슬이름
郎子(낭자)↔娘子(낭자), 新郎(신랑), 郎君(낭군), 郎官(낭관), 花郎(화랑) -徒(도)

娘 낭
①소녀, 아가씨 ②어머니
娘子(낭자)⇒처녀, 소녀, 娘娘(낭낭)⇒어머니, 皇后(황후), 村娘(촌낭)

良 량
①어질 ②좋을 ③진실로
良心(양심), 良好(양호), 良識(양식), 改良(개량), 不良(불량), 賢母良妻(현모양처), 優良(우량)

力 력
①힘 ②힘쓸
力士(역사), 力道(역도), 力說(역설), 力量(역량), 能力(능력), 動力(동력), 效力(효력)

助 조
도울, 거들다
助力(조력), 助手(조수), 救助(구조), 援助(원조), 補助(보조), 扶助(부조)

男 남
①남자, 사내 ②아들 ③벼슬 이름
男女(남녀), 男便(남편)↔아내, 得男(득남), 男妹(남매)⇒오누이

勇 용
날랠, 용맹할
勇猛(용맹), 勇敢(용감), 武勇(무용), 忠勇(충용), 蠻勇(만용), 勇退(용퇴)

廉 렴
①청렴할 ②값쌀 ③살필 ④모, 모날
淸廉(청렴), 廉價(염가), 廉探(염탐), 廉恥(염치) 破(파)-

謙 겸
겸손할
謙遜(겸손)↔傲慢(오만), 謙讓(겸양), 謙虛(겸허), 謙稱(겸칭)

嫌 혐
①의심할 ②싫어할
嫌疑(혐의), 嫌惡(혐오), 嫌忌(혐기), 嫌逼(혐핍), 嫌隙(혐극)

盧 로
①검을 ②성(姓)
盧弓盧矢(노궁로시), 盧生之夢(노생지몽)⇒邯鄲之夢(한단지몽), 盧氏(노씨)

慮 려
생각할, 염려할
考慮(고려), 心慮(심려), 憂慮(우려), 念慮(염려), 思慮(사려), 配慮(배려)

膚 부
①살갗, 피부 ②얕을, 천박할
皮膚(피부), 膚淺(부천)⇒淺薄(천박), 肌膚(기부)

攄 터
펼
攄得(터득) 이치를 -하다, 攄破(터파), 攄懷(터회)⇒攄抱(터포)

鹿 록
사슴
鹿皮(녹피→녹비)⇒사슴 가죽, 鹿茸(녹용), 鹿蔥(녹총)⇒원추리

塵 진
티끌, 먼지
塵世(진세)⇒俗世(속세), 塵土(진토), 塵合泰山(진합태산)⇒티끌 모아 태산

麟 린
기린, 암기린
麒麟(기린) -兒(아), 麟角(인각), 麟麟(인린), 麟孫(인손)

麗 려·리
①고울, 빛날 ②떨어질 ③붙을, 걸릴 ④나라이름(㉠려) ⑤꾀꼬리(㉡리)
麗句(여구) 美辭(미사)-, 高麗(고려), 麗天(여천), 麗人(여인)⇒佳人(가인) 美人(미인), 魚麗(어리)

慶 경
경사
慶事(경사), 慶賀(경하), 慶弔(경조) -相問(상문), 慶宴(경연)

麤 추
①거칠 ②대강, 대략 ㊌ 麁
麤物(추물), 麤雜(추잡), 麤布(추포), 麤言細語(추언세어)

綠 록
푸를, 초록빛
綠化(녹화) 山林(산림)—, 綠陰(녹음) —芳草(방초), 綠茶(녹차), 綠衣紅裳(녹의홍상)

緣 연
①인연 ②인할 ③가장자리
因緣(인연), 緣分(연분) 天生(천생)—, 緣故(연고)⇒事由(사유)⇒緣由(연유), 事緣(사연)

剝 박
벗길
剝皮(박피), 剝奪(박탈), 剝製(박제)

賴 뢰
의지할, 힘입을
依賴(의뢰), 信賴(신뢰), 無賴漢(무뢰한)→無賴輩(무뢰배)

懶 라
게으를 ㊖ 懶
懶怠(나태)⇒懶惰(나타)→懈怠(해태), 懶農(나농)→怠農(태농)

龍 룡
①용 ②임금에 관한 사물의 접두사(接頭辭) ③말이름
龍頭(용두) —蛇尾(사미), 龍床(용상), 龍馬(용마)⇒龍驄(용총), 龍虎相搏(용호상박), 龍宮(용궁)

寵 총
사랑할, 귀여워할
寵愛(총애), 寵兒(총아), 寵臣(총신), 寵遇(총우), 恩寵(은총)

籠 롱
①새장, 바구니 ②쌀, 들어박힐
籠球(농구), 籠絡(농락)⇒牢籠(뇌롱), 籠城(농성)

龐 방·롱
①클, 높은 집 ②뒤섞일(㉠방) ③살찔(㉡롱)
龐眉皓髮(방미호발), 龐錯(방착)⇒마구 뒤섞임, 龐龐(농롱)

襲 습
①엄습할 ②이을 ③염습할 ④옷 껴입을 ⑤벌(옷을 세는 단위)
襲擊(습격), 世襲(세습), 殮襲(염습), 襲衣(습의), 空襲(공습)

了 료
①마칠 ②깨달을 ③밝을 ④어조사
完了(완료), 了解(요해), 滿了(만료), 明了(瞭)(명료), 魅了(매료), 終了(종료), 修了(수료), 了定(요정)

子 자
①아들 ②당신 ③첫째 지지(쥐띠) ④종자 ⑤당신
子孫(자손), 子時(자시), 種子(종자), 帽子(모자), 冊子(책자), 利子(이자), 女子(여자)

孑 혈

외로울

孑孑(혈혈) －單身(단신), 孑遺(혈유), 孑孑無依(혈혈무의), 孤孑(고혈) －單身(단신)

予 여

①나≒余(여) ②줄≒與(여)

予一人(여일인), 予(與)奪(여탈) 生殺(생살)－, 予寧(여녕)⇒喪中(상중)

事 사

①일, 사업, 사건 ②섬길

事件(사건), 事故(사고), 事業(사업), 事親(사친), 事必歸正(사필귀정), 記事(기사), 萬事(만사) －亨通(형통), 事大(사대) －思想(사상)

壘 루

①진, 보루 ②쌓을 ③야구의 베이스

堡壘(보루)⇒堡砦(보채), 壘塊(누괴), 三壘(삼루), 壘審(누심)

疊 첩

거듭할, 겹칠

疊疊(첩첩) －山中(산중), 重疊(중첩), 疊句(첩구), 疊載(첩재)

儡 뢰

①꼭두각시 ②실패할 ③허수아비

傀儡(괴뢰)⇒꼭두각시, 허수아비, 儡身(뇌신), 儡儡(뇌뢰)

陋 루

①더러울, 추할 ②좁을

陋名(누명)⇒汚名(오명), 固陋(고루), 陋醜(누추), 陋屋(누옥)

降 항·강

①항복할(㉠항) ②내릴, 떨어질(㉡강)

降服(伏)(항복), 投降(투항), 降等(강등), 降雨(강우)

隆 륭

①높다 ②성할 ③크다 ④두터울

隆起(융기), 隆盛(융성), 隆崇(융숭), 隆恩(융은), 興隆(흥륭)

隕 운

①떨어질 ②잃을≒殞

隕命(운명), 隕星(운성)⇒별똥, 幅隕(폭운)

隙 극

틈

間隙(간극), 隙地(극지)⇒空地(공지)⇒빈터, 隙駒(극구) －光陰(광음)

際 제

①가, 끝 ②즈음 ③사귈 ④만날

際涯(제애)⇒끝, 맨 가, 此際(차제), 交際(교제), 際會(제회)

律 률
①법, 규율 ②자제할 ③음률 ④율시(律詩)
律法(율법), 自律(자율), 音律(음율), 律動(율동), 法律(법률)

津 진
①나루 ②침, 진액 ③넘칠, 윤택할
津口(진구)⇒나루터, 津液(진액), 津津(진진) 興味(흥미)－

肆 사
①방자할 ②벌여놓을 ③저자, 가게 ④넷(四)
肆氣(사기), 肆陳(사진), 冊肆(책사)⇒書店(서점), 酒肆(주사)⇒술집

肅 숙
①엄숙할 ②공경할 ③숙청할 ④절할
嚴肅(엄숙), 自肅(자숙), 肅淸(숙청), 肅拜(숙배), 靜肅(정숙), 肅啓(숙계)

逮 체
①잡을 ②미칠, 이르다
逮捕(체포), 逮夜(체야), 逮繫(체계)

隸 예
①노예, 종 ②속할, 따를 ③예서＝隷
奴隸(노예)⇒종, 隸屬(예속), 隸書(예서)

栗 률
①밤 ②떨 ③추위 심할
生栗(생률)⇒날밤, 柿栗(시률)⇒감과 밤, 栗然(율연), 栗烈(율렬)

粟 속
조
黍粟(서속)⇒기장과 조, 粟米(속미)⇒좁쌀, 粟飯(속반)⇒조밥

要 요
①중요할 ②구할, 원할 ③모을, 요약할
重要(중요), 要綱(요강), 要求(요구), 要約(요약), 要素(요소), 要件(요건), 必要(필요), 需要(수요)↔供給(공급), 要旨(요지), 緊要(긴요)

票 표
①문서 ②표, 쪽지 ③날다
傳票(전표), 手票(수표), 投票(투표), 票然(표연)⇒飄然(표연), 票決(표결)

賈 고·가
①장사 ②살(㉠고) ③값(㉡가)
賈船(고선)⇒商船(상선), 賈怨(고원), 商賈(상고)⇒장수

里 리
①마을, 촌락 ②리(360보)
洞里(동리)⇒마을, 里數(이수)⇒道程(도정), 里程(이정) －表(표)

重 중
①무거울 ②중요할 ③무게 ④거듭할
重厚(중후), 重要(중요), 重量(중량), 重複(중복), 輕重(경중)

量 량
①헤아릴 ②용량, 분량 ③말(도량형) ④도량
計量(계량), 量水器(양수기), 度量衡(도량형), 雅量(아량)

野 야
①들 ②민간 ③분야 ④절박할 ⑤거칠
廣野(광야), 野人(야인), 野談(야담), 分野(분야), 野心(야심), 與野(여야), 野合(야합), 平野(평야), 野望(야망), 野遊(야유) －會(회)

隣 린
이웃, 이웃할
隣近(인근)⇒이웃, 善隣(선린) －政策(정책), 相隣關係(상린관계), 隣接(인접), 隣家(인가)⇒이웃집, 隣邦(인방)⇒隣國(인국)⇒이웃나라

憐 련
①불쌍히 여길 ②사랑할
憐憫(愍)(연민), 可憐(가련) －한 身世(신세), 相憐(상련) 同病(동병)－, 愛憐(애련)

立 립
①설, 세울 ②바로, 곧 ③리터(*l*)
獨立(독립), 成立(성립), 立案(입안), 公立(공립)↔私立(사립), 立體(입체)

辛 신
①매울, 괴로울 ②여덟째 천간
辛苦(신고), 辛辣(신랄), 艱辛(간신), 辛酸(신산), 辛方(신방)

音 음
①소리 ②음악 ③소식
音樂(음악), 音信(음신), 發音(발음), 音痴(음치), 音訓(음훈)⇒字音(자음) 및 字訓(자훈)

章 장
①글, 문체 ②장(시문, 악곡 등) ③밝을 ④조목 ⑤도장
文章(문장), 初章(초장), 章理(장리), 章程(장정), 印章(인장), 勳章(훈장)

竟 경
①마침내 ②다할, 끝날
畢竟(필경)⇒마침내, 竟夜(경야), 究竟(구경), 竟日(경일)

意 의
①뜻 ②의미
意見(의견), 意味(의미), 意思(의사), 意識(의식), 誠意(성의), 意義(의의)

童 동
①아이 ②민둥민둥할
兒童(아동), 童話(동화), 童婚(동혼), 童然(동연), 童貞(동정), 童蒙先習(동몽선습)

妾 **첩**

①첩 ②여자가 자기를 낮추어 이르는 말

妾室(첩실)⇒小室(소실)⇒첩, 妻妾(처첩)⇒아내와 첩, 妾子(첩자)⇒庶子(서자)

位 **위**

①자리 ②위치 ③신분

地位(지위), 位置(위치), 方位(방위), 諸位(제위), 位階(위계) －秩序(질서)

拉 **랍**

①잡아갈 ②꺾을

拉致(납치), 拉枯(납고)⇒拉朽(납후), 被拉(피랍)

泣 **읍**

울, 눈물

感泣(감읍), 泣涕(읍체), 泣訴(읍소), 泣血(읍혈), 泣斬馬謖(읍참마속)

站 **참**

①역마을, 역참 ②쉬다

驛站(역참), 兵站(병참) －基地(기지), 站站(참참), 站數(참수)

竝 **병**

①아우를 ②나란히 약 並

竝設(병설), 竝用(병용), 竝稱(병칭), 竝行(병행), 竝列(병렬)↔直列(직렬), 竝木(병목)⇒街路樹(가로수)

例題 (9)

1. 다음 한자어의 **字音**을 빈칸에 쓰시오.

①	端正		②	瑞光		③	風俗		④	沐浴		⑤	決心	
⑥	快活		⑦	隣近		⑧	可憐		⑨	效果		⑩	郊外	
⑪	科學		⑫	料金		⑬	通路		⑭	賂物		⑮	連絡	
⑯	憧憬		⑰	撞着		⑱	階段		⑲	偕老		⑳	皆兵	
㉑	感歎		㉒	艱難		㉓	期待		㉔	所持		㉕	特別	

2. 다음 (　　)에 한자를 기입하시오.

①	유명	有(　　)	②	동지	(　　)至	③	검사	(　　)査	④	위험	危(　　)
⑤	인솔	(　　)率	⑥	홍보	(　　)報	⑦	파견	派(　　)	⑧	유언	(　　)言
⑨	계산	(　　)算	⑩	부고	(　　)告	⑪	관광	(　　)光	⑫	환영	(　　)迎

3. 左右(좌우)의 한자어를 **反對語** 또는 동의어끼리 서로 연결하시오.

①	贈賄	受賂	②	路資	防禦	③	怙恃	景致
	概括	昆季		已往	旅費		謙遜	傲慢
	兄弟	限定		攻擊	既往		風光	父母

4. 다음 숙어의 물음을 (보기)와 같이 빈칸에 해답을 쓰시오.

	숙어	字音	(가)	(나)		숙어	字音	(가)	(나)
(보기)	(雪)上 加 霜	설상가상	㉠	㉠	④	(　)頭 蛇 尾		㉡	ⓞ
①	(　)扇 夏 爐				⑤	(　)小 棒 大			
②	(　)芒 于 劍				⑥	(　)兄 難 弟			
③	(　)木 求 魚				⑦	(　)足 之 血			

1) 위 숙어의 (　)안에 한자를 기입하여 숙어를 완성하시오.

2) 字音(자음)란에 자음을 쓰시오.

3) 위 (가)항에 숙어의 풀이와 관련된 기호를 기입하시오.

㉠눈 위에 서리를 더한다
㉡용의 머리에 뱀의 꼬리
㉢혀는 칼날보다 날카롭다
㉣형과 아우를 분간하기 어렵다
㉤새발의 피
㉥겨울철의 부채와 여름철의 화로
㉦나무에 올라 물고기를 구하다
㉧바늘을 몽둥이라 함

4) 위 (나)항에 숙어의 뜻과 관련된 기호를 기입하시오.

㉠좋지 않은 일이 겹치다
㉡아주 적은 分量(분량)을 이르다
㉢시기에 맞지 않아 쓸모없이 된 사물
㉣도저히 불가능함을 이르다
㉤지나친 誇張(과장)을 이르다
㉥둘의 優劣(우열)을 가리기 어렵다
㉦세상 사람들의 여론이 중요함을 이르다
㉧시작은 거창하나 끝이 흐지부지함을 이르다

5. (보기)와 같이 빈칸을 채워 완성하시오.

	한자	部首	字訓	字音	用例
(보기)	綠	糸	푸를, 초록	록	綠陰 －芳草, 綠化 山林－
①	內		안, 속↔外, 아내	내	
②	動				運動. 動搖, 活動, 動作
③	路				道路, 通路, 進路, 路程
④	名		이름, ○명(사람)	명	
⑤	外		바깥, 외국	외	

馬 마
말
牛馬(우마), 乘馬(승마), 馬耳東風(마이동풍), 馬勃(마발) 牛溲(우수)－, 馬牌(마패)

馴 순
길들일
馴致(순치), 馴服(순복), 馴化(순화), 馴鹿(순록)⇒토나카이(tonakai)

駁 박
①논박할 ②얼룩말 ③뒤섞일
論駁(논박), 駁馬(박마)⇒얼룩말, 駁文(박문), 反駁(반박), 痛駁(통박), 甲論乙駁(갑론을박)

駭 해
놀랄
駭怪(해괴) －罔測(망측), 駭俗(해속), 震駭(진해), 駭人耳目(해인이목)

駐 주
머무를
駐在(주재)⇒駐箚(주차), 駐屯(주둔), 駐車(주차) －場(장), 進駐(진주)

馳 치
달릴
馳突(치돌), 馳到(치도), 馳逐(치축), 競馳(경치), 背馳(배치)

騎 기
①말탈 ②기병
騎馬(기마) －兵(병), 騎手(기수), 騎士(기사), 騎虎之勢(기호지세)

驩 환
기뻐할＝歡
驩合(환합) －酒(주), 交驩(歡)(교환) －競技(경기)

罵 매
꾸짖을, 욕할
罵倒(매도), 唾罵(타매), 侮罵(모매), 嘲罵(조매)

駕 가
①수레, 가마 ②멍에 ③능가할
駕馬(가마), 御駕(어가), 凌駕(능가)

篤 독
①도타울, 독실할 ②병이 심할
篤實(독실), 危篤(위독), 敦篤(돈독), 篤志(독지) －家(가), 篤疾(독질)

驚 경
①놀랄 ②경기
驚愕(경악), 驚異(경이), 驚風(경풍)⇒驚氣(경기), 驚蟄(경칩)

憑 빙
①의지할, 빙자할 ②증거
憑據(빙거), 證憑(증빙), 憑藉(빙자), 信憑(신빙)

摩 마
①문지를 ②닿을
摩擦(마찰), 撫摩(무마), 摩天樓(마천루), 摩旨(마지)⇒마짓밥, 按摩(안마)

靡 미
①쓰러질, 쏠릴 ②없을 ③아름다울
風靡(풍미), 靡麗(미려)→美麗(미려), 靡寧(미령→미녕), 靡(糜)爛(미란)

麾 휘
①대장기 ②지휘할
麾下(휘하)⇒部下(부하), 指麾(지휘), 麾軍(휘군)

痳 림
임질≒淋
痳(淋)疾(임질)⇒陰疾(음질)⇒性病(성병)의 하나

萬 만
①일만 ②많다 ③만약
一萬(일만), 萬歲(만세), 萬事(만사), 萬壽無疆(만수무강), 萬若(만약)⇒萬一(만일), 萬化方暢(만화방창)

勵 려
①힘쓸 ②권장할 (약)励
勵行(여행), 獎勵(장려), 勵精(여정) －圖治(도치), 督勵(독려)

邁 매
①갈, 멀리 갈 ②뛰어날 ③힘쓸
高邁(고매) －한 人格(인격), 邁進(매진), 英邁(영매)

娩 만
①해산할 ②유순할
分娩(분만)⇒解産(해산), 娩痛(만통), 婉娩(완만)

勉 면
힘쓸, 부지런할
勤勉(근면), 勉勵(면려), 勉學(면학), 勸勉(권면), 勉從(면종)

冤 원
원통할, 원한 (속)寃
冤痛(원통), 伸冤(신원), 冤訴(원소), 冤魂(원혼)

罔 망
①없을 ②그물=網 ③속일
罔極(망극) 昊天(호천)－, 罔罟(망고)⇒그물, 欺罔(기망), 罔措(망조), 罔晝夜(망주야), 罔測(망측) 奇怪(기괴)－

岡 강

메, 산등성이≒崗

岡陵(강릉)⇒丘陵(구릉), 岡巒(강만)⇒丘山(구산)

盲 맹

①소경 ②무지할 ③어두울

盲人(맹인)⇒장님/－直門(직문), 盲從(맹종), 色盲(색맹), 文盲(문맹) －退治(퇴치)

眉 미

눈썹

眉間(미간), 眉目(미목) －秀麗(수려), 眉壽(미수), 眉月(미월)⇒초승달, 白眉(백미)

直 직·치

①곧을, 바를 ②번들 ③바로(㉠직) ④값(㉡치)

曲直(곡직), 直通(직통), 當直(당직), 直接(직접)↔間接(간접), 直角(직각), 正直(정직), 率直(솔직), 直系(직계)↔傍系(방계), 直千金(치천금)

看 간

①볼, 보살필 ②지켜볼

看做(간주), 看護(간호), 看守(간수), 看板(간판), 看過(간과)

着 착

①붙을 ②입을, 쓸 ③이를 ④시작할

着想(착상), 着衣(착의), 到着(도착), 着工(착공)↔竣工(준공)

置 치

둘, 베풀

備置(비치), 置重(치중), 放置(방치), 配置(배치), 置之度外(치지도외)

呆 매

어리석을

痴(癡)呆(치매) －症(증), 呆打孩(매타해)⇒無知(무지)한 사람

某 모

아무, 누구

某處(모처)⇒某所(모소), 某種(모종), 李某(이모), 某年某月某日(모년모월모일)

染 염

물들일

染色(염색)↔脫色(탈색), 染料(염료), 汚染(오염), 感染(감염)

桑 상

뽕나무

桑田(상전) －碧海(벽해), 桑年(상년)⇒48세, 蠶桑(잠상)

梨 리

배, 배나무

梨花(이화)⇒배꽃⇒梨雪(이설), 梨園(이원) －弟子(제자), 桃梨(도리)

梟 효
①올빼미 ②목베어 매달 ③날랠
梟鴟(효치)⇒올빼미, 梟首(효수), 梟猛(효맹), 梟騎(효기)

果 과
①과실 ②결과 ③결단할 ④과연
果實(과실), 結果(결과), 果斷(과단), 果敢(과감), 果然(과연), 因果(인과)

彙 휘
①무리 ②고슴도치 ③모을
語彙(어휘), 彙報(휘보), 彙集(휘집), 彙纂(휘찬), 彙類(휘류)

媒 매
중매
仲媒(중매), 媒介(매개), 觸媒(촉매), 媒婆(매파), 媒體(매체)⇒미디어(media)

謀 모
꾀할, 도모할
謀略(모략), 謀陷(모함), 陰謀(음모), 權謀(권모) -術數(술수)

綿 면
①솜 ②잇닿을 ③자세하다 ④면직물
綿絲(면사), 綿綿(면면), 綿密(면밀)⇒緻密(치밀), 綿織物(면직물)

錦 금
①비단 ②아름다울
錦繡(금수) -江山(강산), 錦上添花(금상첨화)↔雪上加霜(설상가상), 錦衣還鄕(금의환향)

帛 백
①비단 ②폐백
帛絲(백사)⇒명주실, 帛書(백서), 幣帛(폐백), 帛巾(백건)⇒비단 絹織物(견직물)

名 명
①이름 ②훌륭할 ③사람수
命名(명명), 名曲(명곡), 五名(5명), 名札(명찰), 名刹(명찰), 姓名(성명), 名實相符(명실상부), 名銜(啣)(명함), 著名(저명), 名稱(명칭)

冬 동
겨울
冬季(동계) -올림픽, 冬至(동지), 冬眠(동면), 春夏秋冬(춘하추동), 冬扇夏爐(동선하로)

各 각
①각각, 따로따로 ②여러
各界(각계), 各樣(각양) -各色(각색), 各論(각론)↔總論(총론)

皿 명
그릇
器皿(기명)⇒器物(기물)⇒그릇, 木皿(목명), 大皿(대명)

血 혈
피
血管(혈관), 血壓(혈압), 血緣(혈연), 鳥足之血(조족지혈), 喀血(객혈), 輸血(수혈)

益 익
①더할 ②이익
增益(증익), 損益(손익), 利益(이익), 益鳥(익조), 益甚(익심)

盈 영
찰, 가득할
盈月(영월)⇒보름달 滿月(만월), 盈溢(영일), 豊盈(풍영)

盜 도
도둑, 훔칠
强盜(강도), 盜難(도난), 盜聽(도청), 竊盜(절도)

鹽 염
소금 ㊗ 塩
鹽田(염전)⇒소금밭, 食鹽(식염), 天日鹽(천일염), 鹽素(염소)

冒 모
무릅쓸
冒險(모험), 冒頭(모두) －陳述(진술), 冒名(모명), 冒年(모년), 冒瀆(모독)

胃 위
밥통
胃臟(위장), 胃癌(위암), 脾胃(비위), 胃潰瘍(위궤양)

昌 창
창성할
昌盛(창성), 昌言(창언)⇒嘉言(가언), 昌運(창운), 繁昌(번창), 昌平(창평), 隆昌(융창)⇒隆盛(융성)

侮 모
업신여길
侮辱(모욕), 侮蔑(모멸), 受侮(수모), 慢侮(만모), 侮罵(모매), 陵侮(능모)

悔 회
뉘우칠, 허물
後悔(후회), 悔改(회개), 懺悔(참회), 悔悟(회오), 憾悔(감회), 悔悛(회전), 慙悔(참회)

海 해
①바다 ②넓다, 크다
陸海(육해) －空軍(공군), 海洋(해양)⇒大洋(대양), 海峽(해협), 東海(동해)

梅 매
①매화 ②성병
梅花(매화), 梅毒(매독), 梅實(매실), 梅雨(매우), 梅妻鶴子(매처학자)

敏 민
①민첩할 ②예민할
敏捷(민첩), 銳敏(예민), 敏感(민감), 機敏(기민) ―한 행동

繁 번
①번성할 ②많다 ③번거로울
繁盛(번성), 繁多(번다), 繁昌(번창), 繁榮(번영), 頻繁(빈번)

牟 모
①보리 ②탐낼
牟麥(모맥)⇒보리, 밀보리, 牟(謀)利(모리) ―輩(배), 牟尼(모니)⇒釋迦(석가)

牢 뢰
①우리 ②감옥 ③굳을
牢獄(뇌옥)⇒監獄(감옥), 牢却(뇌각), 牢約(뇌약), 牢囚(뇌수)

牽 견
①끌다 ②이을
牽强(견강) ―附會(부회), 牽引(견인) ―車(차), 牽連(견련), 牽牛(견우)

牡 모
수컷↔牝(빈)
牡牛(모우)⇒수소↔牝牛(빈우)⇒암소, 牝牡(빈모)⇒雌雄(자웅), 牡丹(모란)⇒牧丹(목단)/―꽃

牝 빈
암컷
牝鷄(빈계)⇒암닭↔牡鷄(모계)⇒수닭, 牝瓦(빈와)↔牡瓦(모와)

牧 목
①기를 ②다스릴 ③벼슬이름
牧童(목동), 牧民(목민) ―心書(심서), 牧師(목사), 牧畜(목축)

物 물
①만물, 물건 ②사물, 일 ③볼, 살필
萬物(만물), 物情(물정), 物色(물색), 物質(물질), 物理(물리)

牛 우
①소 ②별이름
牛乳(우유), 牽牛(견우) 織女(직녀), 九牛一毛(구우일모), 牛耳讀經(우이독경)

模 모
①법, 본보기 ②본뜰 ③거푸집 ④모호할
模範(모범) ―生(생), 模倣(모방), 模型(모형), 模糊(모호), 規模(규모)

漠 막
①사막 ②아득할
砂漠(사막) 아라비아―, 漠(邈)然(막연), 漠漠(막막) ―大海(대해)

墓 묘
무덤
墓地(묘지) 公園(공원)−, 省墓(성묘), 墳墓(분묘), 墓碑(묘비)

毛 모
①터럭 ②가늘, 작을 ③식물
毛髮(모발), 毛細管(모세관), 毛織(모직), 不毛(불모) −地(지)

尾 미
①꼬리 ②끝 ③흘레할
尾骨(미골), 末尾(말미), 交尾(교미)⇒흘레, 龍頭蛇尾(용두사미)

毫 호
①가는 털 ②붓, 붓끝 ③분량의 단위(釐의 10분의 1)
毫髮(호발) −不動(부동), 毫釐(호리) −之差(지차)/−千里(천리)

矛 모
창
矛戟(모극)⇒창, 矛盾(모순) −撞着(당착)⇒自家撞着(자가당착)

矜 긍
①자랑할 ②가엾이 여길
矜持(긍지), 矜恤(긍휼), 矜誇(긍과), 矜惻(긍측)

柔 유
①부드러울 ②순할
柔軟(유연), 柔順(유순), 柔弱(유약), 柔道(유도), 柔和(유화)

務 무
①힘쓸 ②일, 직무
務望(무망), 事務(사무), 公務(공무), 職務(직무), 任務(임무), 義務(의무)

貌 모
모양, 꼴
貌樣(모양), 面貌(면모), 美貌(미모), 容貌(용모)⇒容姿(용자)

豹 표
표범
豹死留皮(표사유피), 豹變(표변), 豹皮(표피)

邈 막
①멀, 아득할 ②업신여길 ③근심할
邈(漠)然(막연), 邈視(막시), 邈邈(막막), 冥邈(명막)

懇 간
간절할
懇切(간절), 懇曲(간곡), 懇望(간망), 懇談(간담), 懇請(간청)

睦 목
화목할
和睦(화목), 親睦(친목) －會(회), 睦族(목족), 睦友(목우)

陸 륙
①뭍 ②뛸 ③잇달
陸地(육지)⇒뭍, 陸梁(육량), 陸松(육송)⇒소나무, 陸續(육속), 陸軍(육군), 陸海空(육해공)

陵 릉
①큰 언덕 ②임금의 무덤 ③넘을, 오를 ④범할
丘陵(구릉), 陵寢(능침), 陵蔑(능멸), 陵遲(능지) －處斬(처참)

木 목
①나무 ②저릴, 뻣뻣할 ③오행의 하나 ④모과나무
樹木(수목), 草木(초목), 痲木(마목), 木克土(목극토), 木瓜(목과→모과)

本 본
①근본, 비롯 ②책
根本(근본), 本末(본말) －顚倒(전도), 古本(고본), 資本(자본), 標本(표본), 本是(본시)

未 미
①아닐 ②여덟째 지지
未開(미개), 未來(미래)⇒將來(장래), 未時(미시), 未安(미안), 未練(미련)

末 말
①끝 ②가루
始末(시말)⇒本末(본말), 年末(연말), 粉末(분말)⇒가루, 末端(말단), 結末(결말), 末梢(말초)

禾 화
벼, 곡식
禾稈(화간)⇒볏짚, 禾穗(화수)⇒벼이삭, 嘉禾(가화), 禾穀(화곡)

朱 주
붉을
朱書(주서), 朱黃(주황), 印朱(인주), 朱錫(주석), 朱砂(주사), 朱脣皓齒(주순호치)

目 목
눈, 요점, 우두머리, 보다, 조목, 제목
目前(목전)⇒眼前(안전), 目標(목표), 要目(요목), 條目(조목), 頭目(두목), 題目(제목), 目不識丁(목불식정), 目的(목적), 刮目(괄목), 注目(주목), 目錄(목록)

且 차
①또 ②우선 ③구차할
重且大(중차대), 且置(차치), 苟且(구차), 且驚且喜(차경차희), 且問且答(차문차답)

貝 패
①조개 ②재물
貝殼(패각)⇒조개껍질, 貝物(패물), 貝塚(패총), 貝類(패류), 貝貨(패화)

見 견·현
①보다 ②의견, 생각(㉠견)·③뵙다, 나타나다(㉡현)
見聞(견문), 見地(견지)⇒見解(견해), 謁見(알현), 見齒(현치)

自 자
①스스로 ②자기 ③저절로 ④부터
自治(자치), 自己(자기), 自然(자연), 自古(자고), 自主(자주), 自由(자유), 自初至終(자초지종), 自覺(자각), 自給自足(자급자족), 自畵自讚(자화자찬)

首 수
①머리 ②우두머리, 첫째
首肯(수긍), 首席(수석), 自首(자수), 元首(원수), 部首(부수), 首丘初心(수구초심)

具 구
①갖출≒俱 ②그릇 ③자세히
具備(구비), 具色(구색), 器具(기구), 道具(도구), 具申(구신), 具現(구현), 具體的(구체적)

夢 몽
꿈, 꿈꿀
夢想(몽상)⇒空想(공상), 夢寐(몽매), 吉夢(길몽), 夢遊病(몽유병)

蔑 멸
①업신여길 ②없다
蔑視(멸시), 輕蔑(경멸), 侮蔑(모멸), 蔑以加矣(멸이가의)⇒그 위에 더할 나위가 없다

苗 묘
①싹 ②자손 ③종족 이름
苗木(묘목), 苗床(묘상), 苗裔(묘예), 苗族(묘족), 苗圃(묘원), 種苗(종묘)

笛 적
저, 피리
汽笛(기적), 警笛(경적), 鼓笛(고적)

卯 묘
토끼, 넷째 지지(地支)
卯方(묘방), 卯酒(묘주)⇒해장술, 丁卯(정묘) －年(년)

印 인
①도장 ②찍다
印鑑(인감), 捺印(날인), 印象(인상), 印刷(인쇄), 印朱(인주)

却 각
①물리칠 ②물러날
却下(각하), 却說(각설), 棄却(기각), 忘却(망각), 消却(소각)

卵 란
①알 ②기를
鷄卵(계란)⇒달걀, 累卵(누란) －之勢(지세), 卵巢(난소), 卵子(난자)

戊 무

다섯째 천간

戊辰(무진), 戊午(무오) ―士禍(사화), 戊夜(무야)⇒五更(오경)

戍 수

①수자리 ②지키다

戍卒(수졸), 戍將(수장), 戍樓(수루)⇒望樓(망루), 邊戍(변수)

戌 술

개, 열한번째 지지

戌時(술시), 甲戌(갑술), 戌年(술년), 戌方(술방), 庚戌國恥(경술국치)⇒韓日合邦(한일합방)

威 위

①위엄 ②세력 ③으를

威信(위신), 威嚴(위엄), 威勢(위세), 威脅(위협), 威風(위풍) ―堂堂(당당)

毋 무

①말다 ②없다 ※ 母(모)는 다른 자

毋(無)論(무론)⇒勿論(물론), 毋(無)慮(무려) ―十萬名(십만명), 毋寧(무녕)

母 모

①어머니, 장모 ②모체, 근본 ③암컷, 살무사

父母(부모), 母性(모성), 母體(모체), 姑母(고모), 叔母(숙모)

每 매

매양, 마다

每樣(매양), 每事(매사) ―不成(불성), 每月(매월)⇒每朔(매삭), 每日(매일)

毒 독

①독, 독할 ②해칠

毒感(독감), 酷毒(혹독), 消毒(소독), 中毒(중독), 毒藥(독약)

武 무

①호반, 군사, 전쟁 ②굳셀 ③발자취

文武(문무), 武器(무기), 步武(보무) ―堂堂(당당), 武裝(무장), 武陵桃源(무릉도원)

賦 부

①세금거둘 ②주다 ③부(문체)

賦課(부과), 賦與(부여), 天賦(천부), 割賦(할부), 月賦(월부)

紊 문

어지러울, 얽힐

紊亂(문란) 秩序(질서)―, 散紊(산문), 彫紊(조문)

索 삭·색

①동아줄 ②흩어질 ③쓸쓸할(㉠삭) ④찾을(㉡색)

索道(삭도), 索居(삭거), 索莫(삭막), 索出(색출), 索引(색인), 搜索(수색), 檢索(검색)

素 소
①희다 ②흰 비단 ③질박할 ④바탕 ⑤본디 ⑥소찬
素服(소복), 素朴(소박), 素因(소인)⇒原因(원인), 平素(평소), 元素(원소)

累 루
①여러 ②거듭할 ③얽히다 ④연루, 연좌
累(屢)次(누차), 累積(누적), 連累(연루) －者(자), 累卵(누란) －危機(위기)

係 계
①걸릴, 관계할 ②계
關係(관계), 係累(계루), 係員(계원), 戶籍係(호적계), 係爭(계쟁)

絲 사
①실 ②현악기 약糸
繭絲(견사), 絲管(사관), 絲竹(사죽), 鐵絲(철사), 絹絲(견사)⇒비단실

紫 자
자줏빛
紫色(자색)⇒자줏빛, 紫煙(자연), 紫外線(자외선)↔赤外線(적외선), 紫雲(자운)

緊 긴
①요긴할 ②팽팽할 ③줄다 ④금할
緊急(긴급), 要緊(요긴), 緊張(긴장), 緊縮(긴축) －財政(재정), 緊密(긴밀)

纂 찬
모을, 편찬할
編纂(편찬), 纂述(찬술), 纂修(찬수)

繫 계
맬, 얽을
繫留(계류), 繫累(계루), 繫索(계삭), 繫辭(계사)

味 미
①맛, 맛볼 ②기분, 뜻
味覺(미각), 意味(의미), 甘味(감미)↔苦味(고미), 趣味(취미), 興味(흥미)

昧 매
어두울
曖昧(애매) －模糊(모호), 昧事(매사), 蒙昧(몽매) 無知(무지)－, 昏昧(혼매), 三昧(삼매)⇒三昧境(삼매경)

彌 미
①두루 ②더욱 ③꿰맬 ④오랠 약弥
彌漫(滿)(미만), 彌盛(미성), 彌縫(미봉) －策(책), 彌久(미구)※未久(미구)와 다름, 彌勒佛(미륵불), 南無阿彌陀佛(나무아미타불)

爾 이
①너 ②그 약尔
爾汝(이여)⇒너, 너희들, 爾餘(이여)⇒其餘(기여)⇒그 나머지, 爾時(이시)⇒그때, 爾後(이후)⇒其後(기후)

民 민

백성, 국민

民主主義(민주주의), 民生(민생), 大韓民國(대한민국), 民族(민족), 國民(국민), 民法(민법)

氓 맹

백성

蒼氓(창맹)⇒蒼生(창생)/億兆(억조)－, 氓隷(맹례)⇒常民(상민)

眠 면

①잠잘 ②쉴

睡眠(수면), 安眠(안면), 冬眠(동면), 眠食(면식)⇒寢食(침식), 永眠(영면)

眼 안

①눈, 보다 ②요점

眼目(안목), 眼鏡(안경), 主眼(주안)⇒要點(요점), 着眼(착안), 眼下無人(안하무인)

博 박

①넓을 ②노름

博愛(박애)⇒汎愛(범애), 博識(박식), 博士(박사), 賭博(도박), 博學(박학)－多識(다식)

傅 부

①스승 ②도움

師傅(사부)⇒스승, 傅佐(부좌), 傅育(부육), 傅生之論(부생지론), 木石難傅(목석난부)

傳 전

①전할 ②펼 ③옮길

傳達(전달), 宣傳(선전), 傳染(전염) －病(병), 傳記(전기), 傳播(전파), 遺傳(유전)

撲 박

두드릴

撲殺(박살), 打撲(타박) －傷(상), 撲滅(박멸)

僕 복

①종, 하인 ②마부 ③벼슬이름

奴僕(노복), 僕御(복어)→馬夫(마부), 司僕(사복), 婢僕(비복)

業 업

①업, 사업 ②업ㅂ

職業(직업), 業務(업무), 業績(업적), 業報(업보), 企業(기업), 罷業(파업)

頒 반

①반포할, 펼 ②반백

頒布(반포), 頒白(반백)⇒斑白(반백)⇒半白(빈백), 頒賜(반사)

頤 이

①턱, 턱으로 가리킬 ②기를, 양성할

頤使(이사), 頤養(이양), 解頤(해이), 頤指氣使(이지기사)

煩 번

번거로울, 번민할

煩悶(번민), 煩惱(번뇌) 百八(백팔)－, 煩雜(번잡), 頻煩(繁)(빈번), 煩多(번다)

顙 상

①이마 ②조아릴

稽顙(계상), 顙汗(상한), 頭顙(두상), 廣顙(광상)

頹 퇴

①무너질 ②쇠할 ③센바람

頹落(퇴락), 頹廢(퇴폐) －風潮(풍조), 頹風(퇴풍), 衰頹(쇠퇴)

顯 현

①나타날, 밝을 ②높을, 귀할 ③돌아가신 부모, 조상(祖上)에 대한 경칭

顯著(현저), 顯達(현달)⇒立身出世(입신출세)함, 顯考(현고)↔顯妣(현비), 顯微(현미) －鏡(경), 顯花植物(현화식물)

跋 발

①밟을, 걸음 ②사나울 ③발문

跋涉(발섭), 跋扈(발호), 跋文(발문)↔序文(서문)

跛 파·피

①비스듬히 설(㉠피) ②절름발이(㉡파)

跛立(피립), 跛倚(피의), 跛蹇(파건)⇒절름발이, 跛行(파행)

跌 질

①넘어지다 ②지나칠

蹉跌(차질), 跌蕩(宕)(질탕), 跌倒(질도)

跡 적

발자취＝迹, 蹟

足跡(迹)(족적), 追跡(추적), 古跡(蹟)(고적), 人跡(인적)

踏 답

밟을

踏步(답보) －狀態(상태), 踏査(답사), 踏襲(답습), 踏破(답파)

躙 린

짓밟을＝躪

蹂躙(유린) 人權(인권)－, 躙轢(인력)⇒짓밟음

髮 발

터럭, 머리털

理髮(이발), 怒髮(노발) －大發(대발)/－衝天(충천), 假髮(가발), 白髮(백발)

髥 염

구레나룻 ㊀髯

鬚髥(수염), 虎髥(호염), 白髥(백염)

鬚 수

수염, 턱수염

鬚髮(수발), 白鬚(백수), 鬚根(수근)

方 방

①모, 네모 ②방위 ③장소, 곳 ④방법 ⑤바를, 떳떳할 ⑥견줄 ⑦바야흐로 ⑧처방 ⑨나란히 할

方寸(방촌), 方位(방위), 近方(근방)↔遠方(원방), 方法(방법), 方案(방안), 方正(방정) 品行(품행)－, 方今(방금), 處方(처방), 方寸(방촌)

於 어·오

①어조사, …에, …에서, …보다(㉠어) ②탄식하는 소리(㉡오)

於是乎(어시호)⇒…이에 있어서 이제야, 於焉間(어언간), 於中間(어중간)

施 시·이

①베풀, 주다(㉠시) ②좋아할(㉡이)

施賞(시상), 施行(시행), 施設(시설), 實施(실시), 施主(시주), 施施(이이)

旅 려

①나그네, 여행 ②군대 ③함께

旅客(여객)⇒나그네, 旅行(여행), 旅團(여단), 旅館(여관), 旅進旅退(여진여퇴)

旋 선

①돌, 빙빙 돌 ②돌아올 ③주선할

旋回(선회), 凱旋(개선) －門(문), 斡旋(알선), 周旋(주선), 旋風(선풍)

旌 정

①기 ②표할

旌旗(정기)⇒기, 旌竿(정간)⇒깃대, 旌賞(정상), 銘旌(명정), 旌門(정문)

族 족

①겨레 ②일가, 친족 ③동류, 무리

民族(민족), 族譜(족보), 魚族(어족), 親族(친족), 血族(혈족)

嗾 주·수·촉

①부추길(㉠주, 수) ②개 부를(㉡촉)

使嗾(사주, 사수), 嗾囑(주촉), 指嗾(지촉)

柏 백

측백나무

側柏(측백)⇒측백나무, 松柏(송백), 柏葉(백엽) －酒(주), 柏子(백자)⇒잣, 冬柏(동백)

拍 박

①손뼉 칠 ②장단, 가락

拍手(박수) －喝采(갈채), 拍子(박자), 拍掌(박장) －大笑(대소), 拍車(박차)

的 적

①적실할 ②과녁 ③접미사

的實(적실), 的中(적중), 目的(목적), 公的(공적), 標的(표적)

泉 천

①샘 ②돈 ③저승

溫泉(온천), 泉布(천포)⇒돈, 화폐, 黃泉(황천)⇒九泉(구천), 源泉(원천)

皐 고

①언덕 ②못, 늪 ③높을 ④혼 부를 ⑤원만할 ⑥오월 ㊋皋

皐復(고복)⇒招魂(초혼), 皐月(고월)⇒음력 5월, 皐比(고비)

番 번

①차례 ②번, 번들 ③횟수

番號(번호), 當番(당번), 輪番(윤번), 番數(번수), 地番(지번), 順番(순번)

播 파

①씨 뿌릴 ②달아날 ③퍼뜨릴, 펼

播種(파종), 播遷(파천) 俄館(아관)−, 傳播(전파), 直播(직파)↔移植(이식), 播多(파다) 所聞(소문)이 −하다

審 심

①살필 ②밝힐

審査(심사), 審美(심미), 審問(심문), 審判(심판), 審理(심리), 卽審(즉심)

樊 번

①새장 ②울타리≒藩 ③어수선할

樊籠(번롱), 樊籬(번리)⇒울, 울타리, 樊然(번연)⇒어지러운 모양

攀 반

휘어잡을, 당길

登攀(등반), 攀緣(반연) −莖(경), 攀桂(반계)

鬱 울

①답답할 ②울창할 ㊋欝

鬱寂(울적), 鬱蒼(울창), 鬱症(울증), 鬱火(울화), 鬱鬱(울울) −蒼蒼(창창)

凡 범

①무릇, 대체로 ②모두 ③보통

大凡(대범)⇒무릇, 非凡(비범)↔平凡(평범), 凡例(범례), 凡事(범사), 凡常(범상)

夙 숙

①일찍, 이를 ②새벽

夙成(숙성)↔晩成(만성), 夙夜(숙야), 夙怨(숙원), 夙興夜寐(숙흥야매)

風 풍

①바람 ②가르침 ③풍속 ④경치 ⑤풍채 ⑥병 이름

風霜(풍상), 風敎(풍교)⇒風化(풍화), 風光(풍광)⇒風景(풍경), 風習(풍습)⇒風俗(풍속), 風紀(풍기) −紊亂(문란), 颱風(태풍), 風致(풍치), 風齒(풍치), 風前燈下(풍전등하)

鳳 봉

봉황새

鳳凰(봉황), 鳳雛(봉추), 鳳駕(봉가)⇒鳳輦(봉련)

佩 패
①찰 ②패물
佩用(패용), 佩物(패물), 佩恩(패은), 銘佩(명패)⇒銘心(명심)

壁 벽
①바람벽 ②막다 ③진터
壁畵(벽화), 壁報(벽보), 壁壘(벽루), 絶壁(절벽), 塗壁(도벽), 壁有耳(벽유이)

嬖 폐
사랑받을
嬖姬(폐희), 嬖臣(폐신), 嬖人(폐인), 寵嬖(총폐)

譬 비
①비유할 ②깨우치다
譬喩(비유), 譬諭(비유), 證譬(증비)

避 피
①피할 ②숨다
避難(피난), 避雷針(피뢰침), 避暑(피서), 回避(회피), 逃避(도피), 忌避(기피)

變 변
①변할, 고칠 ②재앙 약 変
變化(변화) －無窮(무궁), 變故(변고), 變更(변경), 事變(사변)

戀 련
사모할 약 恋
戀愛(연애), 戀慕(연모), 失戀(실연), 戀人(연인), 戀情(연정)

鸞 란
①난새 ②수레방울
鸞鳳(난봉), 鸞駕(난가)⇒鸞車(난거), 鸞刀(난도)

蠻 만
오랑캐 약 蛮
蠻勇(만용), 野蠻(야만)↔文明(문명), 蠻行(만행)

燮 섭
화할
燮和(섭화), 燮理(섭리), 燮伐(섭벌)

辨 변
분별할, 가릴
辨別(변별)⇒識別(식별), 辨明(변명) －無路(무로), 辨證(변증) －法(법)

辦 판
①힘쓸 ②갖출 ③다스릴
辦償(판상)⇒辦濟(판제)⇒辨償(변상), 辦公(판공) －費(비), 辦備(판비), 辦務(판무)

別 별
①다를 ②헤어질 ③나눌
別味(별미), 離別(이별), 區別(구별), 別途(별도), 訣別(결별), 特別(특별)

拐 괴
①유인할 ②지팡이
誘拐(유괴) -犯(범), 拐帶(괴대), 拐杖(괴장)⇒지팡이

保 보
①보전할, 지킬 ②책임질 ③돕다
保守(보수), 保證(보증), 保管(보관), 安保(안보), 擔保(담보), 確保(확보)

褒 포
기릴, 칭찬할
褒賞(포상), 褒貶(포폄), 褒徵(포징)

補 보
①채울 ②도울 ③임관할
補充(보충), 補給(보급), 補藥(보약), 補職(보직), 補償(보상), 候補(후보)

鋪 포
①펼, 깔 ②벌일 ③가게 속 舖
鋪裝(포장) -道路(도로)⇒鋪道(포도), 鋪陳(포진), 店鋪(점포)

菩 보
①보살, 깨달을 ②보리수
菩薩(보살) 觀世音(관세음)-, 菩提(보리) -樹(수)

培 배
북돋을, 가꿀
栽培(재배) 꽃-, 培養(배양) -土(토), 肥培(비배), 培植(배식)

部 부
①떼, 무리 ②구분 ③거느릴
部隊(부대) 白骨(백골)-, 部落(부락), 部處(부처), 國防部(국방부), 部分(부분)

步 보
①걸음, 걸을 ②운수
步道(보도), 步兵(보병), 步哨(보초), 步行(보행), 國步(국보)⇒國運(국운), 徒步(도보)

涉 섭
①건널 ②거칠, 겪을 ③간섭할
涉水(섭수), 涉獵(섭렵), 涉外(섭외) -活動(활동), 干涉(간섭), 交涉(교섭)

陟 척
①오를, 올릴 ②나아갈
陟降(척강), 進陟(진척), 陟岵(척호), 登陟(등척)

福 복
①복 ②음복할
幸福(행복), 禍福(화복), 福券(복권), 福祉(복지), 福音(복음), 福酒(복주), 飮福(음복), 祝福(축복)

幅 폭
폭, 너비
幅員(폭원), 畵幅(화폭), 大幅(대폭), 廣幅(광폭), 全幅(전폭) -的(적) 支持(지지)

副 부
①버금, 다음 ②장식품
副食(부식), 副官(부관), 副産物(부산물), 副作用(부작용), 正副(정부)

逼 핍
①가까울 ②핍박할
逼近(핍근), 逼迫(핍박), 逼逐(핍축), 逼眞(핍진), 逼塞(핍색)

封 봉
①봉할 ②흙 쌓아올릴 ③제후 봉할
封印(봉인), 開封(개봉)↔緘封(함봉), 封套(봉투), 封建(봉건) -時代(시대)

掛 괘
①걸, 달다 ②달아두다
掛圖(괘도), 掛書(괘서), 掛念(괘념)⇒掛意(괘의), 掛鐘(괘종), 掛佛(괘불)

幫 방
도울 약 幇
幫助(방조) -罪(죄), 幫辨(방변)

簿 부
장부, 문서
帳簿(장부), 簿記(부기) -帳(장), 戶籍簿(호적부) -謄本(등본), 名簿(명부)

薄 박
①엷을 ②작을 ③야박할 ④다가올
薄氷(박빙), 薄福(박복)↔多福(다복), 薄待(박대)↔厚待(후대), 肉薄(육박), 刻薄(각박), 薄色(박색), 薄土(박토)↔沃土(옥토)

糞 분
①똥 ②더러울 ③거름 줄
糞尿(분뇨)⇒똥과 오줌, 糞土(분토), 人糞(인분), 糞田(분전)

糧 량
양식, 먹이
糧食(양식), 糧穀(양곡), 食糧(식량), 絶糧(절량) -農家(농가)

燦 찬
빛날
燦爛(찬란) 豪華(호화)-, 燦然(찬연)⇒爛然(난연)하다

不 불·부
①아닐, 아니할, 못할(㉠불) ②다음에 오는 첫소리가 ㄷ, ㅈ일 때(㉡부)
不可(불가), 不可能(불가능), 不撓不屈(불요불굴), 不得已(부득이), 不正(부정)

丕 비
①클, 크다 ②으뜸
丕基(비기)⇒洪業(홍업), 丕子(비자)⇒太子(태자), 丕訓(비훈), 丕績(비적)

否 부·비
①아니, 아닐↔可(가)(㉠부) ②막힐, 나쁠, 괘 이름(㉡비)
可否(가부), 否定(부정)↔肯定(긍정), 安否(안부), 否運(비운)⇒不幸(불행), 否塞(비색)

歪 왜
비뚤, 기울
歪曲(왜곡) –報道(보도), 歪詩(왜시) ※ 본음은 외

鄙 비
①더러울 ②시골 ③인색할 ④자기를 낮출
鄙劣(비열), 都鄙(도비)⇒京鄕(경향), 鄙見(비견), 鄙吝(비린)

圖 도
①그릴 ②꾀할 ㉾ 図
圖表(도표), 圖案(도안), 圖謀(도모), 圖書(도서) –館(관), 地圖(지도)

妃 비
①왕비 ②배필, 짝
王妃(왕비), 妃嬪(비빈), 妃耦(비우)⇒配匹(배필), 后妃(후비)

妖 요
①요망할, 요사할 ②요염할 ③요괴, 도깨비
妖妄(요망), 妖艶(요염), 妖怪(요괴), 妖術(요술)

姊 자
윗누이 ㊋姉
姊妹(자매) –結緣(결연), 姊兄(자형)⇒妹兄(매형)

婦 부
①며느리 ②지어미 ③아내
子婦(자부), 婦道(부도), 夫婦(부부), 主婦(주부), 婦女(부녀)

姨 이
이모
姨母(이모) –夫(부), 姨從(이종) –四寸(사촌), 姨姪(이질)

姦 간
①간음할 ②간사할
姦淫(간음), 姦計(간계), 姦詐(간사), 强姦(강간)

妥 타
①온당할 ②편안한
妥當(타당), 妥結(타결), 妥協(타협)

嬰 영
어릴, 어린애
嬰兒(영아)⇒乳兒(유아), 嬰孺(영유)⇒젖먹이, 嬰孩(영해)⇒어린아이

貧 빈
①가난할↔富(부) ②모자랄
貧困(빈곤), 貧弱(빈약), 貧富(빈부) –貴賤(귀천), 貧血(빈혈), 淸貧(청빈)

貪 탐
탐낼
貪慾(탐욕), 貪虐(탐학), 貪官(탐관) –汚吏(오리), 貪色(탐색)⇒好色(호색)

負 부
①짐질 ②빚질 ③어길 ④질, 패할 속 𠂊員
負擔(부담), 負債(부채), 負約(부약)⇒違約(위약), 勝負(승부), 自負(자부), 負傷(부상), 請負(청부)⇒ 都給(도급)

氷 빙
얼음
氷下(빙하), 氷山(빙산) –一角(일각), 氷點(빙점), 氷淸玉潔(빙청옥결)

永 영
길, 오랠
永久(영구) –長天(장천), 永劫(영겁)⇒千劫(천겁), 永字八法(영자팔법), 永眠(영면)⇒永逝(영서)

水 수
①물, 강 ②고르다 ③오행(계절은 겨울, 방위는 북쪽)
淡水(담수)⇒鹹水(함수), 水平(수평), 水準(수준), 水生木(수생목), 水利(수리) –組合(조합), 洪水(홍수), 水泳(수영), 水魚之交(수어지교)

思 사
①생각할 ②그리워할 ③슬퍼할 ④생각
思考(사고), 思慕(사모), 思婦(사부), 思索(사색), 思想(사상), 意思(의사)

媤 시
시집
媤宅(시댁)⇒媤家(시가), 媤父母(시부모), 媤叔(시숙)⇒남편의 兄弟(형제)

恩 은
①은혜 ②사랑할
恩惠(은혜), 恩功(은공), 恩師(은사), 恩人(은인), 恩寵(은총), 報恩(보은), 背恩(배은)

惠 혜
①은혜 ②어질
惠澤(혜택), 厚惠(후혜), 施惠(시혜), 德惠(덕혜), 惠存(혜존)

辭 사
①말, 글 ②사양할, 사절할 약 辞
辭書(사서)⇒辭典(사전), 辭讓(사양), 辭職(사직), 歌辭(가사), 祝辭(축사)

亂 란
①어지러울 ②난리 약 乱
亂世(난세)↔治世(치세), 亂離(난리), 動亂(동란), 騷亂(소란), 亂髮(난발), 丙子胡亂(병자호란)

士 사
①선비 ②사내 ③군사 ④칭호나 직업에 붙임
士林(사림)⇒儒林(유림), 壯士(장사), 士大夫(사대부), 士氣(사기) －旺盛(왕성), 辯護士(변호사), 烈士(열사), 兵士(병사), 博士(박사)

土 토
흙
土砂(토사), 土壤(토양), 土崩(토붕) －瓦解(와해), 土着(토착), 田土(전토)

王 왕
①임금, 할아버지 ②어른
君王(군왕)⇒임금, 王子(왕자), 王大人(왕대인), 王姑母(왕고모), 王侯將相(왕후장상)

玉 옥
①구슬, 옥 ②아름다울
珠玉(주옥), 玉童子(옥동자), 玉碎(옥쇄)↔瓦全(와전), 玉石俱焚(옥석구분)

主 주
①주인, 주체, 자신 ②임금 ③하느님
主人(주인), 主客(주객), 主觀(주관)↔客觀(객관), 戶主(호주), 天主(천주), 自主(자주)

生 생
①낳을 ②살다, 삶 ③기를, 자랄 ④설다 ⑤백성 ⑥생생할
生產(생산), 生命(생명), 生存(생존), 生長(생장), 生民(생민), 生活(생활)

師 사
①스승 ②군사 ③전문가
師範(사범) －大學校(대학교), 師團(사단), 技師(기사), 恩師(은사), 醫師(의사)

帥 수
①장수 ②거느릴
統帥(통수)⇒統率(통솔), 元帥(원수)⇒五星將軍(오성장군)

追 추
①쫓을 ②따를, 좇을
追放(추방), 追憶(추억), 追加(추가), 追跡(추적), 追更(추경) －豫算(예산)

司 사
①맡을 ②벼슬
司會(사회), 上司(상사), 司法(사법) －府(부), 司祭(사제), 司令(사령) －官(관)

同 동

①한가지, 같을 ②화할

同一(동일) 一視(시), 同感(동감), 共同(공동), 同苦同樂(동고동락), 同甲(동갑)

用 용

①쓸, 쓰일 ②그릇, 도구

公用(공용), 用途(용도), 用度(용도), 用器(용기), 信用(신용), 適用(적용), 利用(이용)

斜 사

기울, 비스듬할

斜面(사면), 斜陽(사양)⇒夕陽(석양), 傾斜(경사), 斜視(사시), 斜巷(사항)⇒유흥가

斟 짐·침

①짐작할 ②술칠

斟酌(짐작, 침작), 斟酒(침주)

斡 알

돌, 굴릴

斡旋(알선)⇒周旋(주선), 斡流(알류)

魁 괴

①우두머리, 으뜸 ②높고 클 ③뛰어날

魁首(괴수)⇒頭目(두목), 魁偉(괴위), 魁蛤(괴합)⇒살조개, 안다미조개

斗 두

①말(단위) ②우뚝 솟을 ③별이름

斗量(두량), 斗落(두락)⇒마지기, 斗起(두기), 北斗七星(북두칠성), 斗屋(두옥)

史 사

①역사 ②사관 ③문인

歷史(역사), 史話(사화), 史官(사관), 女史(여사) 崔(최)－, 野史(야사), 正史(정사)

央 앙

①가운데 ②반

中央(중앙)↔地方(지방), 夜未央(야미앙)

吏 리

①관리 ②아전

官吏(관리), 吏屬(이속)⇒吏輩(이배), 吏讀(이두), 汚吏(오리), 吏房(이방)

死 사

①죽을 ②목숨 걸

死生(사생) 決斷(결단), 死守(사수), 九死一生(구사일생), 決死(결사)

屍 시

주검, 송장

屍體(시체)⇒주검, 송장, 檢屍(검시), 屍山血海(시산혈해)

葬 장
장사, 장사 지낼
葬禮式(장례식), 埋葬(매장), 火葬(화장), 樹木葬(수목장), 國葬(국장)

瀉 사
①토할, 쏟을 ②설사할
瀉出(사출), 泄瀉(설사)⇒瀉痢(사리), 止瀉劑(지사제), 吐瀉(토사), 一瀉千里(일사천리)

潟 석
개펄, 염밭
干潟地(간석지)⇒개펄, 潟湖(석호)

朔 삭
①초하루 ②북쪽
朔望(삭망), 朔風(삭풍)⇒北風(북풍), 朔望奠(삭망전)

逆 역
①거스를, 거역할 ②어긋날 ③맞이할
拒逆(거역), 逆流(역류), 逆境(역경), 逆旅(역려) −過客(과객)

遡 소
거스를, 거슬러 올라갈＝泝, 溯
遡及(소급), 遡求(소구), 遡源(소원)

削 삭
①깎을 ②빼앗다
削減(삭감), 削髮(삭발), 削除(삭제), 添削(첨삭), 刻削(각삭), 掘削機(굴삭기)

消 소
①없어질 ②꺼질 ③물러설 ④거닐
消化(소화), 消火(소화)↔點火(점화), 消極(소극)↔積極(적극), 消搖(소요)⇒逍遙(소요), 消滅(소멸), 消息(소식), 取消(취소)

屑 설
①가루, 부스러기 ②업신여길
屑紙(설지), 不屑(불설), 屑鐵(설철), 屑話(설화)

梢 초
①나무 끝 ②끝
梢頭(초두), 末梢神經(말초신경), 枝梢(지초), 梢魚(초어)⇒낙지

鎖 쇄
①쇠사슬 ②자물쇠, 잠그다 (속)鎻
連鎖(연쇄), 封鎖(봉쇄), 閉鎖(폐쇄)↔開放(개방)

散 산
①흩을, 흩어질 ②한가로운 ③가루약 ④문체
散在(산재), 散策(산책), 散藥(산약), 散文(산문)↔韻文(운문), 解散(해산), 離散(이산)

撒 살
흩어버릴, 뿌릴
撒布(살포) 農藥(농약)－, 撒水(살수) －車(차), 撒肥(살비)

撤 철
거둘, 치울
撤收(철수) －作戰(작전), 撤去(철거) 無許可建物(무허가건물)－, 撤回(철회), 不撤晝夜(불철주야)

傲 오
①거만할 ②업신여길
傲慢(오만)⇒倨慢(거만), 傲氣(오기), 驕傲(교오), 傲霜(오상) －孤節(고절)

山 산
①메 ②무덤
山水(산수), 山林(산림), 山所(산소)⇒무덤 墓所(묘소), 泰山(태산), 登山(등산)

仙 선
①신선 ②고상한 사람
神仙(신선)⇒仙人(선인), 仙境(선경)⇒仙界(선계), 詩仙(시선), 仙化(선화)

出 출
①날, 태어날 ②나아가다 ③뛰어날 ④내어놓을
出生(출생), 外出(외출), 出衆(출중)⇒拔群(발군), 出品(출품), 進出(진출)

拙 졸
①못생길, 못날 ②무딜
拙劣(졸렬), 拙筆(졸필), 拙速(졸속), 稚拙(치졸), 拙丈夫(졸장부)

殺 살·쇄
①죽일, 없앨(㉠살) ②감할 ③심할(㉡쇄)
殺氣(살기) －騰騰(등등), 抹殺(말살), 相殺(상쇄), 殺到(쇄도)

設 설
①베풀 ②가령
設備(설비), 設置(설치), 設令(설령)⇒設使(설사), 施設(시설), 建設(건설)

殷 은
①은나라 ②성할 ③우렛소리
殷墟(은허), 殷盛(은성)⇒殷昌(은창), 殷雷(은뢰), 殷殷(은은)

殿 전
①대궐 ②뒤, 후군
殿閣(전각), 殿堂(전당), 殿下(전하), 殿軍(전군)⇒後軍(후군)

毁 훼
①헐다 ②헐뜯다 ③야윌
毁損(훼손), 毁謗(훼방), 毁瘠(훼척), 憎毁(증훼)

毅 의
굳셀
毅然(의연), 毅勇(의용), 嚴毅(엄의), 弘毅(홍의)

役 역
①부릴 ②역사, 부역 ③일, 소임
使役(사역)⇒役事(역사), 役員(역원), 役割(역할), 兵役(병역)

投 투
①던질 ②보낼 ③버릴 ④머무를
投擲(투척), 投稿(투고), 投賣(투매), 投宿(투숙), 投書(투서)

穀 곡
①곡식 ②길할, 좋을 ㉭ 穀
穀食(곡식), 穀物(곡물), 五穀(오곡), 穀雨(곡우), 穀日(곡일)

沒 몰
①빠질, 잠길 ②다할 ③죽을 ④빼앗을 ⑤없을
沈沒(침몰), 沒落(몰락), 沒殺(몰살), 沒收(몰수), 沒人情(몰인정)

衫 삼
적삼, 옷
衫子(삼자)⇒여자 옷, 長衫(장삼), 汗衫(한삼)

初 초
처음, 첫
初步(초보), 初志(초지) ―一貫(일관), 初喪(초상), 始初(시초), 最初(최초)

袂 메
소매
袂別(메별)⇒分袂(분메)→訣別(결별), 袂口(메구)⇒袖口(수구)=소맷부리

袖 수
소매
袖手(수수) ―傍觀(방관), 領袖(영수) ―會談(회담), 袖納(수납)

裕 유
①넉넉할 ②너그러울
富裕(부유)⇒裕足(유족), 裕福(유복), 裕寬(유관), 餘裕(여유)

裸 라
벌거숭이
裸體(나체)⇒벌거숭이, 赤裸裸(적나라), 裸麥(나맥)⇒쌀보리

參 삼·참
①삼, 셋(㉠삼) ②참여할, 낄 ③살필(㉡참) ㉾ 参
參拾(삼십)⇒30, 參加(참가), 參考(참고), 參酌(참작), 參席(참석)

慘 참

①참혹할 ②애쓸, 괴로워할

慘酷(참혹), 慘敗(참패), 慘憺(澹)(참담), 悽慘(처참), 悲慘(비참)

常 상

①떳떳할 ②항상 ③법 ④보통

常理(상리), 常備(상비), 常識(상식), 常套(상투) －手段(수단), 正常(정상), 無常(무상)

堂 당

①집, 대청 ②당당할 ③근원

堂堂(당당) 正正(정정)－, 堂叔(당숙), 講堂(강당), 佛堂(불당), 食堂(식당)

掌 장

①손바닥 ②맡을

合掌(합장), 掌握(장악), 分掌(분장), 掌匣(장갑), 管掌(관장), 掌紋(장문)⇒손금

撐 탱

버틸 ㊗ 撑

支撐(지탱), 撐柱(탱주)

塞 새·색

①변방 ②요새(㉠새) ③막을(㉡색)

邊塞(변새), 塞翁之馬(새옹지마), 要塞(요새), 梗塞(경색), 塞源(색원) 拔本(발본)－, 窘塞(군색), 語塞(어색) －한 辨明(변명)

寒 한

①찰 ②떨 ③어려울

寒暖(한란) －計(계), 惡寒(오한), 寒村(한촌), 寒窓(한창)⇒客地(객지), 寒暑(한서)

蹇 건

①절, 다리 절 ②괴로워할 ③충직할 ④둔할

蹇脚(건각)⇒절룩발이, 蹇連(건련), 蹇士(건사), 蹇劣(건렬)

牲 생

희생

犧牲(희생) －者(자), 牲犢(생독), 牲幣(생폐)

性 성

①성품 ②성별

性品(성품), 性別(성별) 男女(남녀)－, 性格(성격), 根性(근성), 性猶湍水(성유단수)

庶 서

①여러, 무리 ②거의, 가까운 ③바라건대, 바랄

庶務(서무), 庶幾(서기), 庶政(서정) －刷新(쇄신), 庶子(서자)↔嫡子(적자)

蔗 자

사탕수수

甘蔗(감자)⇒사탕수수, 蔗糖(자당), 蔗境(자경)

遮 차

가릴, 막을

遮斷(차단), 遮陽(차양)⇒遮日(차일), 遮蔽(차폐), 遮光(차광)

蹠 척

밟을, 발바닥

蹠骨(척골)⇒跗前骨(부전골)⇒발바닥을 구성하는 뼈, 對蹠(대척) –的(적)

西 서

①서녘 ②서양

東西(동서) –古今(고금), 西洋(서양)⇒西歐(서구)↔東洋(동양), 西風(서풍), 東問西答(동문서답)

酉 유

닭, 열째 지지

乙酉(을유) –年(년), 酉時(유시)⇒下午(하오) 5시부터 7시 사이, 酉月(유월)⇒음력 8월

酋 추

추장, 두목

酋長(추장)⇒族長(족장) 魁首(괴수), 蕃酋(번추), 群酋(군추)

酒 주

술

燒酒(소주), 濁酒(탁주)⇒막걸리, 飮酒(음주), 洋酒(양주), 酒池肉林(주지육림)

書 서

①글 ②책, 문서, 편지 ③글 쓸

著書(저서), 書籍(서적), 文書(문서), 書簡(서간), 讀書(독서), 圖書(도서) –室(실)

晝 주

낮 약 昼

晝夜(주야), 晝間(주간)↔夜間(야간), 晝耕夜讀(주경야독), 白晝(백주)

畫 화·획

①그림, 그릴(㉠화) ②긋다, 꾀할, 글씨의 획(㉡획≒劃)

繪畫(회화), 畫蛇添足(화사첨족), 計畫(계획), 畫數(획수), 區畫(구획)

盡 진

①다할 ②극진하다

盡力(진력), 盡日(진일)⇒終日(종일), 盡忠報國(진충보국), 脈盡(맥진) 氣盡(기진)–

徐 서

천천히 할

徐行(서행) –後長者(후장자), 徐徐(서서)히⇒천천히, 緩徐(완서)

除 제

①덜, 버릴 ②나눌 ③벼슬 줄

除名(제명), 除去(제거), 除隊(제대), 除法(제법)⇒나눗셈, 除授(제수)

餘	여	①남을, 나머지 ②다른, 다른 일 餘暇(여가), 餘念(여념), 餘談(여담), 餘白(여백), 餘波(여파)
夕	석	①저녁 ②쏠릴, 기울 朝夕(조석), 夕陽(석양), 秋夕(추석), 夕刊(석간)↔朝刊(조간), 七夕(칠석)
外	외	①바깥↔內(내) ②외국 ③멀리할 ④외가 內外(내외), 外國(외국), 外交(외교), 外戚(외척), 外科(외과)
名	명	①이름 ②훌륭할 ③사람수 姓名(성명), 有名(유명), 命名(명명), 地名(지명), 五名(5명)
多	다	많을↔少(소) 多少(다소), 多寡(다과), 多忙(다망), 多情多感(다정다감), 過多(과다)
侈	치	사치할 奢侈(사치), 侈風(치풍), 驕侈(교치), 侈濫(치람)
移	이	①옮길 ②모를 낼 移徙(이사), 移動(이동), 移秧(이앙)⇒모내기, 移轉(이전), 移替(이체)
夥	과	많을 夥多(과다)→過多(과다), 豊夥(풍과), 夥人(과인)
席	석	①자리, 돗자리 ②앉을 자리 席卷(捲)(석권), 席次(석차), 首席(수석), 座席(좌석), 缺席(결석)
度	도·탁	①법도, 정도 ②모양 ③횟수 ④단위 ⑤건널(㉠도) ⑥헤아릴(㉡탁) 制度(제도) 家族(가족)–, 程度(정도), 態度(태도), 度量(도량), 度數(도수), 濟度(제도), 度量衡(도량형), 度地(탁지)⇒測地(측지)
廣	광	①넓을 ②널리 약 広 廣大(광대), 廣輪(광륜)⇒넓이, 廣은 東西(동서), 輪(유)은 南北(남북), 廣狹(광협), 廣告(광고), 廣場(광장), 廣野(광야), 廣義(광의)
擴	확	늘릴, 넓힐 약 拡 擴大(확대), 擴充(확충), 擴聲器(확성기), 擴大鏡(확대경)

石 석

①돌 ②섬(단위)

巖石(암석), 石塊(석괴)⇒돌덩이, 石窟(석굴), 石油(석유), 石花(석화)⇒굴, 礎石(초석), 萬石(만석)⇒일만 섬

右 우

①오른쪽↔左(좌) ②숭상할

左右(좌우), 座右(좌우) -銘(명), 右往左往(우왕좌왕), 右傾(우경)↔左傾(좌경)

宕 탕

①방탕할 ②탕건

豪宕(호탕) -不羈(불기), 宕巾(탕건), 跌宕(질탕)⇒佚宕(일탕)

拓 척·탁

①개척할(㉠척) ②탁본할, 박을(㉡탁)

開拓(개척), 干拓(간척), 拓殖(척식), 拓地(척지), 拓本(탁본)⇒搨本(탑본)

妬 투

질투할, 투기할

妬忌(투기)⇒嫉妬(질투)⇒강샘, 相妬(상투)

惜 석

아낄, 애석할

惜別(석별) -宴(연), 愛惜(애석), 惜吝(석린), 惜命(석명)⇒惜身(석신), 惜敗(석패)

措 조

둘, 베풀

措處(조처)→措置(조치)/應急(응급)-, 措大(조대), 措手足(조수족), 擧措(거조)

借 차

①빌, 빌릴 ②가령

借用(차용) -金(금), 借款(차관), 假借(가차), 借廳入室(차청입실), 賃貸借(임대차) 住宅(주택)-

錯 착·조

①섞일 ②어긋날(㉠착) ③둘(㉡조=措)

錯雜(착잡), 錯誤(착오), 交錯(교착), 倒錯(도착), 失錯(실착)⇒過失(과실), 錯覺(착각), 錯(措)辭(조사), 錯亂(착란) 精神(정신)-

醋 초·작

①초(㉠초) ②잔돌릴(㉡작≒酢)

食醋(식초), 醋酸(초산)⇒아세트산, 酬酌(醋)(수작)

鵲 작

까치

鵲聲(작성)⇒鵲語(작어), 鵲報(작보), 鵲巢(작소)⇒까치집, 남편의 집

選 선

가릴, 뽑을

選擧(선거) 國會議員(국회의원)-, 選手(선수), 選擇(선택), 當選(당선), 特選(특선)

撰 찬

글 지을

撰述(찬술)⇒著述(저술), 新撰(신찬), 杜撰(두찬), 修撰(수찬)

渫 설

칠(치울)

浚渫(준설) －船(선)/－機(기), 渫雨(설우)

牒 첩

①편지 ②공문서 ③족보 ④장부

請牒(청첩), 通牒(통첩), 家牒(가첩)⇒家寶(가보), 簿牒(부첩), 移牒(이첩)

蝶 접

나비

胡蝶(호접)⇒나비, 蝶舞(접무), 黃蝶(황접)⇒노랑나비, 蝶夢(접몽)

葉 엽

①잎 ②대, 세대 ③장(단위)

枝葉(지엽), 初葉(초엽) 21世紀(세기)－, 葉書(엽서)⇒郵便葉書(우편엽서), 金枝玉葉(금지옥엽)

棄 기

버릴, 포기할

棄權(기권), 抛棄(포기), 廢棄(폐기), 棄却(기각), 唾棄(타기)

泄 설·예

①샐, 새다 ②설사(㉠설＝洩) ③흩어질, 날개 치다(㉡예)

漏泄(洩)(누설), 泄瀉(설사), 排泄(배설), 泄泄(예예), 泄露(설로)

世 세

①대, 세대 ②세상 ③평생 ④때

世代(세대), 世界(세계)⇒世上(세상), 世襲(세습), 來世(내세)↔後世(후세)

閃 섬

번쩍거릴

閃光(섬광), 閃火(섬화), 閃電(섬전)

問 문

①물을 ②문초할 ③방문할

問答(문답), 東問西答(동문서답), 問招(문초), 訪問(방문), 問題(문제), 學問(학문)

間 간

①사이, 틈 ②시간, 때 ③칸(사방 6자) ④이간할 ⑤쉬일

間隔(간격), 近間(근간), 離間(이간), 間諜(간첩), 間色(간색), 間或(간혹), 時間(시간)

閉 폐

①닫을 ②막을 ③마칠

開閉(개폐), 閉會(폐회), 閉鎖(폐쇄), 閉蟄(폐칩)↔啓蟄(계칩), 密閉(밀폐), 閉塞(폐색)

開 개
①열↔閉(폐) ②펼 ③시작할 ④꽃필
開放(개방), 開陳(개진), 開始(개시), 開花(개화), 開發(개발), 公開(공개), 開拓(개척)

閑 한
①한가할=閒(한)↔忙(망) ②등한할 ③마구간 ④막다
閑暇(한가), 等閑(閒)(등한), 閑邪(한사), 閑寂(한적), 空閑地(공한지), 閑良(한량)

悶 민
번민할, 고민
煩悶(번민), 苦悶(고민), 悶死(민사), 悶歎(민탄)

閏 윤
①윤달 ②윤위
閏年(윤년)↔平年(평년), 閏位(윤위), 閏集(윤집)⇒遺補集(유보집), 閏月(윤월)

閨 규
안방
閨房(규방) -文學(문학), 閨秀(규수) -作家(작가), 閨中(규중), 閨閤(규합)

閱 열
①볼, 살필 ②겪을, 지낼
閱覽(열람), 閱歷(열력), 檢閱(검열), 閱兵(열병), 校閱(교열)

關 관
①빗장 ②닫을 ③요새, 목 ④관계할 약関
關鍵(관건), 關門(관문), 關與(관여), 機關(기관), 關係(관계)

闢 벽
①열 ②물리칠, 파할
開闢(개벽), 闢邪(벽사), 闢土(벽토) -拓地(척지)

逍 소
노닐, 거닐
逍遙(소요)⇒散策(산책), 逍(消)風(소풍)

趙 조
조나라
趙(조), 秦(진) 등⇒중국 戰國時代(전국시대)의 나라 중 하나, 趙氏(조씨)

肖 초
①같은, 닮을 ②작다
肖似(초사)⇒닮음, 肖像(초상) -畵(화), 不肖(불초) -小生(소생)

少 소
①젊을 ②적다, 조금, 잠시
少年(소년), 多少(다소)→大小(대소), 少頃(소경), 僅少(근소), 稀少(희소)

尖 첨
뾰족할, 날카로울
尖端(첨단), 尖銳(첨예), 尖兵(첨병), 塔尖(탑첨), 筆尖(필첨)

劣 렬
용렬할
庸劣(용렬), 拙劣(졸렬), 劣等(열등)↔優等(우등), 卑劣(비열), 劣惡(열악)

抄 초
①베낄 ②훔치다
抄書(초서), 抄本(초본) 戶籍(호적)-, 抄掠(초략), 抄譯(초역)

妙 묘
①묘할 ②예쁠 ③젊을
奇妙(기묘), 絶妙(절묘), 妙齡(묘령), 妙妓(묘기), 妙計(묘계), 微妙(미묘) -한 差異(차이)

砂 사
①모래=沙 ②약재 이름
砂(沙)漠(사막), 朱砂(주사), 砂糖(사탕)⇒설탕, 砂防(사방)

省 성·생
①살필 ②관청(㉠성) ③덜다, 아끼다(㉡생)
省察(성찰), 反省(반성), 省墓(성묘), 省略(생략), 歸省(귀성)

雀 작
참새
孔雀(공작), 燕雀(연작), 雀躍(작약), 雀舌茶(작설차)

召 소·조
①부를(㉠소) ②지명(地名)(㉡조)
召集(소집), 召喚(소환), 召還(소환), 召命(소명), 召文國(조문국)⇒경북 의성의 옛이름

占 점
①점, 점칠 ②차지할, 점령할
占星術(점성술), 卜占(복점), 占領(점령), 占有(점유), 獨占(독점)

古 고
옛↔今(금)
古今(고금), 古來(고래), 古物(고물), 古蹟(고적), 古典(고전), 古稀(고희)

吝 린
아낄, 인색할
吝嗇(인색), 吝惜(인석), 儉吝(검린)

舌 설
①혀 ②말, 언어
口舌(구설), 舌戰(설전)⇒論爭(논쟁), 舌芒于劍(설망우검), 舌禍(설화)

吉 길
①길할, 좋을 ②예식
吉凶(길흉), 吉兆(길조), 不吉(불길), 吉日(길일), 吉服(길복), 吉祥(길상)

吾 오
나, 우리
吾等(오등)⇒우리들, 吾兄(오형), 吾鼻三尺(오비삼척)

告 고·곡
①알릴, 여쭐 ②고소할(㉠고) ③뵙고 절할(㉡곡)
報告(보고), 廣告(광고), 告發(고발), 告白(고백), 宣告(선고), 出必告(출필곡)

后 후
①왕후 ②임금 ③사직, 토지의 신 ④뒤≒後(후)
王后(왕후)⇒王妃(왕비), 后王(후왕)⇒임금, 天子, 后土(후토)

呑 탄
삼킬↔吐(토)
甘呑苦吐(감탄고토), 併呑(병탄), 呑刀刮腸(탄도괄장)

含 함
머금을, 품을
包含(포함), 含蓄(함축), 含量(함량) －未達(미달), 含飴弄孫(함이농손)

谷 곡
골, 계곡, 골짜기
溪(谿)谷(계곡), 谷泉(곡천), 峽谷(협곡), 深山幽谷(심산유곡)

屬 속·촉
①붙을 ②부탁할(㉠촉) ③무리 ④붙일(㉡속) ㊖属
屬國(속국), 屬性(속성), 等屬(등속), 屬望(촉망), 屬託(촉탁), 附屬(부속)

囑 촉
부탁할≒屬, 위촉할 ㊖嘱
囑望(촉망), 囑託(촉탁), 委囑(위촉), 嗾囑(주촉)

損 손
①덜, 감할 ②상할 ③잃을
損耗(손모), 損傷(손상), 損益(손익) －分岐點(분기점), 損失(손실)⇒虧損(휴손), 損害(손해) －賠償(배상)

捐 연
버릴, 줄, 덜리다
義捐(의연) －金(금), 出捐(출연), 捐命(연명), 捐補(연보)⇒捐助(연조)

員 원
①인원 ②둥글≒圓(원)
人員(인원), 員石(원석), 職員(직원), 滿員(만원), 充員(충원), 減員(감원), 成員(성원)

秀 수
①빼어날 ②꽃이 필, 이삭 나올
秀才(수재), 俊秀(준수), 秀麗(수려), 秀穎(수영), 閨秀(규수), 優秀(우수)

誘 유
꾀일, 당길
誘惑(유혹), 誘引(유인), 誘拐(유괴), 誘致(유치), 勸誘(권유), 誨誘(회유)

透 투
①비칠 ②통할
透明(투명), 透視(투시), 透徹(투철), 浸透(침투), 透映(투영), 透過(투과)

壽 수
①목숨 ②나이
壽命(수명), 長壽(장수), 壽宴(수연), 壽福康寧(수복강녕), 壽則多辱(수즉다욕)

籌 주
①산가지 ②계책, 꾀
籌板(주판), 籌算(주산), 籌備(주비) -委員會(위원회), 籌策(주책)⇒策略(책략)

濤 도
큰 물결, 파도
波濤(파도)⇒큰 물결, 怒濤(노도)

囚 수
①가둘, 갇힐 ②죄수
囚人(수인), 罪囚(죄수), 囚衣(수의), 囚禁(수금)⇒拘囚(구수)

因 인
①말미암을, 인할 ②의지할 ③까닭 ④인연
原因(원인)↔結果(결과), 因習(인습), 因緣(인연), 因果(인과)

困 곤
①곤할, 지칠 ②어려울
疲困(피곤), 困難(곤란), 困窮(곤궁), 勞困(노곤), 困惑(곤혹), 困辱(곤욕)

羞 수
①부끄러워할 ②맛있는 음식
羞恥(수치)⇒羞愧(수괴), 羞惡之心(수오지심), 珍羞(진수) -盛饌(성찬)

差 차·치
①어긋날 ②나머지 ③병 나을(㉠차) ④가지런하지 않을(㉡치)
差別(차별) 男女(남녀)-, 差額(차액), 差度(차도), 差勝(차승), 參差(참치) -不齊(부제), 差池(치지)

着 착
①붙을 ②입을, 쓸 ③이를 ④시작할
着火(착화)⇒點火(점화), 着衣(착의), 到着(도착), 着手(착수), 着服(착복), 着工(착공)

義 의

①옳을, 바를 ②실물의 대용물 ③맺을 ④뜻

正義(정의), 義足(의족), 義兄(의형), 義父(의부), 廣義(광의)↔狹義(협의)

羨 선·연

①부러워할 ②나머지(㉠선) ③광중 길(㉡연)

羨望(선망), 羨餘(선여)⇒나머지, 羨道(연도), 羨門(연문)⇒墓(묘)의 입구

美 미

①아름다울 ②맛날 ③미국

美容(미용)⇒美貌(미모), 美食(미식), 美術(미술), 眞善美(진선미), 美製(미제)

羊 양

양

牧羊(목양), 羊腸(양장) 九折(구절)－, 羊頭狗肉(양두구육), 緬羊(면양)⇒羊(양)

遂 수

①드디어 ②이룰

遂行(수행) 職務(직무)－, 完遂(완수) 責任(책임)－, 遂意(수의)

逐 축

①쫓을 ②차례로 할

逐出(축출), 驅逐(구축) －艦(함), 逐條(축조) －審議(심의), 逐鹿(축록)→角逐(각축)

墜 추

떨어질

墜落(추락), 擊墜(격추), 失墜(실추), 墜錦(추금)⇒떨어져 흩어진 단풍

隊 대

무리, 대오, 군대

隊列(대열), 隊商(대상)⇒캐러밴(caravan), 軍隊(군대), 部隊(부대)

祟 수

빌미

爲祟(위수)⇒탈이 됨, 말썽이 됨, 禍祟(화수)⇒재앙의 빌미

票 표

①표, 쪽지 ②날다

票決(표결), 車票(차표), 傳票(전표), 票然(표연)⇒飄然(표연), 投票(투표)

崇 숭

①높일 ②높을

崇拜(숭배) 祖上(조상)－, 崇高(숭고) －한 희생정신, 崇尙(숭상)

宗 종

①으뜸, 근본 ②종묘, 사상 ③일족, 동성 ④갈래, 파

宗家(종가), 宗廟(종묘), 宗氏(종씨), 宗敎(종교), 宗派(종파)

示 시

①보일 ②지시할

示範(시범), 示達(시달), 示唆(시사), 示威(시위), 指示(지시), 展示(전시) －會(회)

祭 제

제사, 제사 지낼

祭祀(제사), 祭物(제물), 祭典(제전), 祝祭(축제), 時祭(시제)⇒時享(시향)

察 찰

살필, 상고할

觀察(관찰), 視察(시찰), 檢察(검찰) －廳(청), 診察(진찰), 警察(경찰)

輸 수

①실어낼 ②지다, 짐

輸送(수송) －船(선), 輸出(수출)↔輸入(수입), 運輸(운수), 輸血(수혈)

輪 륜

①바퀴 ②둘레 ③차례로 돌

輪禍(윤화)→교통사고, 輪廓(윤곽), 輪番(윤번)⇒輪次(윤차), 車輪(차륜)

翰 한

①붓, 글, 편지 ②높이 날

書翰(서한)⇒書簡(서간)⇒翰札(한찰), 翰鳥(한조), 翰林(한림)

守 수

①지킬, 막을 ②보살필

守備(수비), 守護(수호), 看守(간수), 遵守(준수), 固守(고수), 守舊(수구)

宋 송

①송나라 ②송씨

宋學(송학)⇒朱子學(주자학) 性理學(성리학), 宋襄之仁(송양지인)

宅 택·댁

①집 ②댁

住宅(주택), 家宅(가택), 宅內(댁내), 宅地(택지)⇒垈地(대지), 自宅(자택)

宴 연

①잔치 ②편안할

宴會(연회), 宴息(연식), 酒宴(주연), 披露宴(피로연) 結婚(결혼)－

寃 원

원통할≒冤

寃痛(원통), 寃魂(원혼), 寃鬼(원귀), 寃死(원사), 宿寃(숙원)

寡 과

①적을 ②과부 ③나

多寡(다과), 寡婦(과부)⇒寡守宅(과수댁), 寡人(과인), 衆寡(중과) －不敵(부적)

宏 굉
클, 넓을
宏壯(굉장), 宏圖(굉도), 宏達(굉달), 宏闊(굉활), 宏弘(굉홍)

宛 완
①굽을 ②완연할
宛延(완연), 宛然(완연)⇒恰似(흡사), 宛轉(완전)

實 실
①열매 ②사실 ③참된 ④찰, 넉넉할 약 実
果實(과실), 實際(실제), 事實(사실), 眞實(진실), 充實(충실), 誠實(성실)

寧 녕
①편안할 ②차라리 ③어찌 ④문안할
寧日(영일), 安寧(안녕), 寧親(영친)⇒歸省(귀성), 丁寧(정녕)

寬 관
너그러울
寬容(관용), 寬大(관대), 寬待(관대), 寬貸(관대)⇒寬宥(관유), 寬仁(관인)

寇 구
①도둑, 떼도둑 ②약탈할
倭寇(왜구), 外寇(외구), 寇掠(구략), 寇讎(구수)⇒怨讎(원수)

寶 보
①보배 ②옥새 ③돈 ④재보 약 宝
寶物(보물), 國寶(국보), 寶鑑(보감) 銘心(명심)－, 寶貨(보화), 寶位(보위)

手 수
①손 ②재주 ③수단 ④치다 ⑤달인(達人)
手足(수족), 手腕(수완), 手段(수단), 選手(선수), 手術(수술)

看 간
①볼, 보살필 ②지켜볼
看做(간주), 看護(간호), 看板(간판), 看守(간수), 看破(간파)

拜 배
①절, 절하다 ②예배할 ③벼슬 줄, 벼슬 받을
拜禮(배례), 拜官(배관), 拜上(배상), 禮拜(예배), 再拜(재배)

承 승
①이을 ②받을 ③받들 ④차례
繼承(계승), 承諾(승낙), 承認(승인), 承服(승복), 承候(승후)

收 수
①거둘 ②잡다
收拾(수습), 收金(수금), 收斂(수렴), 收監(수감), 收穫(수확), 收入(수입)↔支出(지출)

改 개
고칠
改良(개량), 改訂(개정), 改革(개혁), 朝令暮改(조령모개), 改過(개과) －遷善(천선)

攻 공
①칠 ②닦을
攻擊(공격), 專攻(전공), 侵攻(침공), 攻駁(공박), 攻守同盟(공수동맹)

敞 창
①드러날 ②넓다 ③열다
高敞(고창), 廣敞(광창), 敞豁(창활)

敎 교
①가르칠 ②종교 ㊀教
敎育(교육), 宗敎(종교), 敎理(교리), 敎師(교사), 敎唆(교사)

敦 돈
도타울
敦篤(돈독), 敦睦(돈목), 敦厚(돈후)⇒篤厚(독후)

數 수·삭·촉
①셈할, 몇, 운수, 꾀(㉠수) ②자주(㉡삭) ③촘촘할(㉢촉) ㊀数
計數(계수), 數學(수학), 運數(운수), 數數(삭삭)⇒자주, 여러번, 數次(수차), 算數(산수), 數尿症(삭뇨증), 數飛(삭비), 數罟(촉고)

傲 오
①거만할≒敖 ②업신여길
傲慢(오만) －不遜(불손), 傲氣(오기), 傲霜(오상) －孤節(고절)

修 수
①닦을, 익힐 ②꾸밀 ③고칠
修養(수양), 修身(수신), 修飾(수식), 修辭(수사), 修理(수리), 修繕(수선)

悠 유
①멀 ②한가할 ③근심할 ④생각할
悠久(유구)＝悠遠(유원), 悠悠(유유) －自適(자적), 悠然(유연), 悠長(유장)

條 조
①가시 ②소리 ③가닥, 소목 ㊁条
枝條(지조), 條理(조리), 條約(조약), 條件(조건), 金科玉條(금과옥조)

滌 척
①씻을, 소제할 ②없앨
洗滌(세척), 滌蕩(척탕), 滌濯(척탁)⇒洗濯(세탁), 雪滌(설척)

豎 수
①세울, 설 ②더벅머리 ㊀竪
豎立(수립), 豎子(수자), 豎童(수동), 豎宦(수환), 橫豎(횡수), 橫說豎說(횡설수설)

堅 견

굳을, 굳셀

堅固(견고), 堅持(견지), 堅實(견실), 堅果(견과), 堅如金石(견여금석)

腎 신

①콩팥 ②자지

腎臟(신장)⇒콩팥, 腎莖(신경)⇒자지, 腎管(신관), 腎囊(신낭), 海狗腎(해구신)

緊 긴

①긴요할 ②팽팽할 ③줄일

緊要(긴요), 緊急(긴급), 緊張(긴장), 緊縮(긴축) －財政(재정), 緊密(긴밀)

賢 현

어질, 현명할

賢明(현명), 賢母(현모) －良妻(양처), 聖賢(성현), 賢哲(현철), 賢淑(현숙)

隨 수

①따를 ②때에 따라

隨伴(수반), 隨行(수행), 隨時(수시), 隨意(수의) －契約(계약)↔競爭契約(경쟁계약)

墮 타

떨어질

墮落(타락), 墮淚(타루)⇒落淚(낙루), 墮胎(타태)⇒落胎(낙태)⇒流産(유산)

叔 숙

아재비↔姪(질)

叔姪(숙질), 叔伯(숙백), 外叔(외숙), 堂叔(당숙)

督 독

①감독할 ②재촉할

監督(감독), 督促(독촉), 督勵(독려), 提督(제독), 督戰(독전)

戚 척

①겨레 ②슬플, 근심

親戚(친척), 姻戚(인척)⇒婚戚(혼척), 外戚(외척), 休戚(휴척)

寂 적

①고요할, 쓸쓸할 ②죽을

寂莫(적막), 閑寂(한적), 孤寂(고적), 寂滅(적멸)⇒涅槃(열반)

蹙 축

찡그릴, 찌푸릴

嚬蹙(빈축), 蹙眉(축미), 窮蹙(궁축), 蹙蹙(축축)

宿 숙·수

①잘, 묵을 ②지킬(㉠숙) ③별(㉡수)

宿泊(숙박), 宿直(숙직), 宿願(숙원), 宿題(숙제), 星宿(성수)

縮 축
①오그라들 ②모자랄
縮小(축소)↔擴大(확대), 伸縮(신축), 短縮(단축)↔延長(연장)

純 순
①순수할 ②천진할 ③오로지
純粹(순수), 純潔(순결), 純朴(순박), 純情(순정), 純金(순금), 純全(순전), 純益(순익)

鈍 둔
①둔할 ②무딜
鈍感(둔감), 魯鈍(노둔), 鈍筆(둔필) -勝聰(승총), 鈍化(둔화), 愚鈍(우둔)

沌 돈
①혼탁할 ②막힐
混(渾)沌(혼돈) -皮(피)⇒胞衣(포의)

脣 순
입술
脣齒(순치)→脣亡齒寒(순망치한), 丹脣皓齒(단순호치)

蜃 신
①큰 조개 ②교룡의 일종
蜃蛤(신합)⇒大蛤(대합)⇒큰 조개, 蜃氣樓(신기루)

辱 욕
욕, 욕될
辱說(욕설), 榮辱(영욕)⇒榮譽(영예)와 恥辱(치욕), 侮辱(모욕), 雪辱(설욕)

辰 진·신
①별 ②별이름 ③다섯째 지지(㉠진) ④때, 낳다 ⑤별(㉡신)
辰宿(진수), 星辰(성신), 辰時(진시), 日辰(일진), 生辰(생신)

循 순
①돌다 ②따를, 좇을
循環(순환) -器(기), 循行(순행), 因循(인순)

遁 둔
①달아날 ②숨을 = 遯
遁辭(둔사), 遁甲(둔갑), 遁世(둔세), 隱遁(은둔), 遁走(둔주) -曲(곡)

乘 승
①탈 ②의지할 ③곱할 (속) 乗
乘車(승차), 乘客(승객), 乘機(승기), 乘法(승법)↔除法(제법), 乘勝長驅(승승장구)

乖 괴
①어그러질 ②까다로울
乖離(괴리), 乖常(괴상), 乖悖(괴패), 乖愎(괴퍅)

剩 잉

남을

剩餘(잉여), 過剩(과잉) –生産(생산), 剩條(잉조)

市 시

①도시, 시 ②시장

都市(도시), 市街(시가), 市民(시민), 市場(시장), 市井(시정), 夜市(야시), 서울特別市(특별시)

布 포·보

①베, 피륙(㉠포) ②보시, 베풀다(㉡보)

布木(포목), 布告(포고), 布教(포교), 公布(공포), 宣布(선포), 布施(보시)

希 희

①바랄 ②드물≒稀

希望(희망), 希求(희구), (希)稀世(희세)⇒希(稀)代(희대), 希(稀)少(희소)

沛 패

①넉넉할 ②비가 쏟아질 ③크다

沛澤(패택), 沛然(패연), 顚沛(전패)

肺 폐

허파, 부아

肺臟(폐장) ㊜ 肺(폐)⇒허파, 肺結核(폐결핵), 肺脹(폐창)⇒喘息(천식)

迅 신

빠를

迅速(신속) –正確(정확), 迅雷(신뢰), 迅風(신풍)

巡 순

①두루 돌 ②순행할

巡察(순찰), 巡禮(순례), 巡廻(순회) –公演(공연), 巡杯(순배)

迎 영

맞을, 맞이할

歡迎(환영), 迎接(영접), 迎賓(영빈) –館(관), 迎新(영신) 送舊(송구)–

送 송

보낼

送金(송금), 送別(송별) –宴(연), 送舊(송구), 運送(운송), 送電(송전) –塔(탑)

迹 적

①자취≒跡, 蹟 ②발자국

痕迹(跡)(흔적)⇒形迹(형적), 蹤迹(종적), 筆迹(필적)

達 달

①통달할 ②이를 ③출세할 ④능숙할 ⑤이룰 ⑥올릴, 보낼

達人(달인), 到達(도달), 榮達(영달), 達筆(달필), 達成(달성)

遊 유
①놀, 즐길 ②여행할 ③떠돌 ④사귈
遊覽(유람), 遊興(유흥), 交遊(교유), 遊說(유세), 遊園(유원) －地(지)

遲 지
①더딜, 늦을 ②기다릴 ㊗遅
遲刻(지각), 遲延(지연), 遲參(지참), 遲滯(지체), 遲遲不進(지지부진)

遝 답
몰릴, 붐빌
遝至(답지), 紛遝(분답), 雜遝(잡답)

邊 변
①가, 곁 ②국경, 변방 ③이자, 변리 ㊔辺
江邊(강변), 邊境(변경), 邊利(변리), 身邊(신변), 海邊(해변)

室 실
①집, 방 ②아내 ③별이름
室內(실내), 事務室(사무실), 室人(실인)⇒內子(내자), 室星(실성)

窒 질
①막을, 막힐 ②원소 이름
窒息(질식) －死(사), 窒塞(질색)⇒窒氣(질기), 窒素(질소) －肥料(비료)

屋 옥
①집 ②지붕, 덮개
屋外(옥외)↔屋內(옥내), 屋上(옥상) －屋(옥), 家屋(가옥)

握 악
잡을, 쥘
握手(악수), 掌握(장악), 握權(악권), 握卷(악권)

至 지
①이를 ②지극할 ③동지, 하지
至今(지금), 至極(지극), 至急(지급), 至大(지대), 冬至(동지), 夏至(하지)

深 심
①깊을↔淺(천) ②짙을
深山(심산) －幽谷(유곡), 深夜(심야), 水深(수심), 深淺(심천)

琛 침
보배
琛貢(침공), 琛麗(침려), 琛縞(침호)⇒옥으로 만든 비

探 탐
찾을, 정탐할
探偵(탐정), 探索(탐색), 探險(탐험), 探卵之患(탐란지환)

心 심
①마음 ②염통 ③가운데
心境(심경), 心臟(심장)⇒염통, 中心(중심), 安心(안심), 銘心(명심)

必 필
반드시, 꼭
必須(필수) －品(품), 必然(필연)↔偶然(우연), 必要(필요), 期必(기필)

急 급
①급할↔緩(완) ②중요할
急行(급행)↔緩行(완행), 急所(급소), 危急(위급), 救急(구급)

忍 인
①참을 ②모질, 잔인한 ㊀忍
忍耐(인내), 殘忍(잔인), 忍苦(인고), 堅忍(견인) －不拔(불발)

悉 실
①다, 모두 ②다할
知悉(지실), 悉心(실심), 悉皆(실개)⇒모두 다 남김없이, 悉達多(실달다)⇒싯다르타의 한자식 이름

悠 유
①멀, 아득할 ②한가할
悠久(유구), 悠然(유연), 悠悠(유유) －自適(자적)/－蒼天(창천)

患 환
①근심 ②병
患難(환난), 患者(환자), 疾患(질환), 內憂外患(내우외환)

惡 악·오
①악할, 나쁠 ②더러울(㉠악) ③미워할(㉡오)
善惡(선악), 醜惡(추악), 憎惡(증오), 惡寒(오한)

意 의
①뜻, 생각 ②의미
意見(의견), 意思(의사), 意識(의식), 意義(의의), 注意(주의)

怨 원
①원망할 ②원수
怨望(원망), 怨讎(원수), 怨恨(원한), 怨天尤人(원천우인)

憩 게
쉴 ㊀憇
休憩(휴게) －所(소), 憩息(게식)⇒休息(휴식), 寓憩(우게)

憲 헌
①법 ②관청
憲法(헌법), 官憲(관헌), 制憲(제헌) －節(절), 憲兵(헌병)

愁 수
근심, 근심할
愁心(수심), 哀愁(애수), 鄕愁(향수), 愁眉(수미), 愁緖滿懷(수서만회)

憑 빙
①의지할, 빙자할 ②증거
憑據(빙거), 憑藉(빙자), 信憑(신빙), 證憑(증빙) －書類(서류)

懸 현
①매달, 걸 ②멀
懸板(현판)⇒扁額(편액), 懸隔(현격), 懸賞(현상), 懸案(현안)

戀 련
사모할 약恋
戀慕(연모), 戀愛(연애), 戀戀(연연), 戀人(연인)

氏 씨
①각시, 성(姓) ②땅이름
姓氏(성씨), 氏名(씨명)⇒姓氏(성씨)와 이름, 氏族(씨족), 伯氏(백씨), 仲氏(중씨)

民 민
백성, 국민
國民(국민), 民族(민족), 民主主義(민주주의), 農民(농민), 民生(민생), 民法(민법)

良 량
①어질 ②좋을
良心(양심), 善良(선량), 改良(개량), 良禽擇木(양금택목), 選良(선량), 良好(양호)

昏 혼
어두울, 날 저물
黃昏(황혼), 昏迷(혼미), 昏睡(혼수) －狀態(상태), 昏絶(혼절), 昏醉(혼취)

兒 아
아이, 어린이 약児
兒童(아동)⇒어린이, 兒女子(아녀자), 孤兒(고아), 胎兒(태아), 健兒(건아)

免 면
①면할, 벗을 ②허가할, 용서할 ③내칠 속免
免除(면제), 免許(면허), 免疫(면역), 罷免(파면), 赦免(사면), 任免(임면)

兎 토
토끼 속兔
兎脣(토순)⇒언청이, 兎影(토영)⇒달그림자, 달빛, 兎死狗烹(토사구팽), 兎角龜毛(토각귀모)

冤 원
원통할, 억울할 속寃
冤痛(원통), 冤魂(원혼), 伸冤(신원), 冤親平等(원친평등)

逸 일

①편안할≒佚 ②달아날 ③숨을 ④허물 ⑤뛰어날

安逸(안일), 逸走(일주), 逸話(일화), 逸德(일덕)⇒失德(실덕), 逸品(일품), 逸群(일군), 逸事(일사), 隱逸(은일)

挽 만

①당길, 끌 ②애도할

挽留(만류), 挽歌(만가), 挽車(만거), 挽回(만회)

樂 악·락·요

①풍류(㉠악) ②즐길(㉡락) ③좋아할(㉢요)

樂曲(악곡), 樂器(악기), 樂園(낙원), 享樂(향락), 樂山樂水(요산요수)

鑠 삭

①쇠녹일 ②빛이 날 ③기운 좋을

鑠金(삭금), 鑠鑠(삭삭), 矍鑠(확삭), 閃鑠(섬삭)

轢 력

치일, 깔릴

轢死(역사), 軋轢(알력)

斡 알

돌, 돌림

斡旋(알선)⇒周旋(주선), 斡流(알류)

幹 간

①줄기 ②몸뚱이 ③등뼈 ④맡을

根幹(근간), 軀幹(구간), 骨幹(골간), 幹事(간사), 幹部(간부), 幹線(간선) – 道路(도로)

戟 극

갈라진 창

戟盾(극순)⇒창과 방패, 刺戟(자극), 交戟(교극)⇒交戰(교전), 劍戟(검극)

朝 조

①아침 ②왕조 ③조정

朝夕(조석), 朝廷(조정), 王朝(왕조), 朝刊(조간), 朝令暮改(조령모개), 朝三暮四(조삼모사), 朝鮮(조선), 朝會(조회)

乾 건

①하늘 ②괘↔坤(곤) ③임금, 아비, 남편, 남자 ④마를, 건성

乾坤(건곤) ––擲(일척), 乾空(건공), 乾燥(건조), 乾達(건달), 乾杯(건배), 乾位(건위)↔坤位(곤위), 乾材(건재)

廟 묘

①사당, 종묘 ②묘당, 조정

宗廟(종묘), 廟堂(묘당), 家廟(가묘)⇒한 집안의 사당(祠堂)

押 압

①누를, 찍다 ②압수할 ③운 달

押釘(압정), 押收(압수), 押留(압류)⇒差押(차압), 押印(압인)⇒捺印(날인)

神 신
①귀신 ②정신 ③영험할
鬼神(귀신), 精神(정신), 神秘(신비), 神經(신경), 神聖(신성) –不可侵(불가침)

坤 곤
①땅 ②황후 ③여자 ④괘 이름
乾坤(건곤), 坤宮(곤궁), 坤母(곤모), 坤卦(곤괘), 坤方(곤방)⇒西南方(서남방)

仰 앙
우러를, 우러러볼
仰望(앙망), 信仰(신앙), 仰託(앙탁), 仰天大笑(앙천대소)

抑 억
①억누를↔揚(양) ②또한
抑制(억제), 抑壓(억압), 抑留(억류), 抑鬱(억울)

卯 묘
①토끼 ②넷째 지지(토끼띠)
卯方(묘방), 卯酒(묘주)⇒해장술, 卯時(묘시)

厄 액
재앙, 액
厄年(액년)⇒劫年(겁년), 厄運(액운), 橫來之厄(횡래지액)㊜ 橫厄(횡액)

厚 후
①두터울↔薄(박) ②두꺼울 ③짙을
厚待(후대), 濃厚(농후), 厚顔(후안)⇒鐵面(철면) –無恥(무치)

原 원
①근원, 근본 ②둔덕, 벌판 ③용서할
原理(원리), 原則(원칙), 高原(고원), 原告(원고)↔被告(피고), 草原(초원)

厥 궐
①그, 그것 ②짧을 ③나라이름(오랑캐)
厥者(궐자), 厥後(궐후)⇒그후, 厥初(궐초)⇒始初(시초), 突厥(돌궐)

厖 방
①클≒尨 ②두꺼울 ③섞일
厖大(방대), 厖眉(방미)⇒老人(노인), 厖雜(방잡)

嚴 엄
①엄할 ②혹독할 ③경계할 ④공경할 ㊛厳
嚴格(엄격), 嚴禁(엄금), 嚴冬(엄동) –雪寒(설한), 戒嚴(계엄), 尊嚴(존엄)

巖 암
바위 ㊛岩
巖窟(암굴), 巖壁(암벽), 奇巖絶壁(기암절벽), 巖盤水(암반수)

若 약·야

①같을 ②너 ③만약(㉠약) ④반야, 절(㉡야)

若此(약차)⇒若是(약시)⇒如此(여차)⇒이와 같이, 若曹(약조)⇒若輩(약배)⇒너희들, 萬若(만약)⇒萬一(만일), 若何(약하)⇒如何(여하), 般若經(반야경)

苦 고

①괴로울 ②쓸↔甘(감)

苦悶(고민), 苦味(고미)↔甘味(감미), 苦難(고난), 辛苦(신고), 刻苦(각고)−勉勵(면려)

匿 닉

숨기다

匿名(익명), 隱匿(은닉), 匿爪(익조), 秘匿(비닉)

諾 낙

①대답할 ②허락할

許諾(허락), 承諾(승낙), 快諾(쾌락), 諾成契約(낙성계약)↔要物契約(요물계약)

惹 야

①끌 ②어지럽다

惹起(야기), 惹端(야단) −法席(법석), 惹起鬧端(야기뇨단) ㉾ 惹鬧(야뇨)

業 업

①업, 사업 ②업보

職業(직업), 業務(업무), 業報(업보), 産業(산업), 卒業(졸업), 業績(업적)

對 대

①대할, 대답할 ②짝, 상대

對答(대답), 對決(대결), 對偶(대우), 相對(상대), 絶對(절대)

叢 총

①모을 ②떨기, 떼

叢書(총서), 叢中(총중) 萬綠(만록)−紅一點(홍일점), 竹叢(죽총)

約 약

①약속할 ②맺을 ③대략 ④검소할 ⑤간략할 ⑥얽맬, 구속할

約束(약속), 約定(약정), 要約(요약), 節約(절약), 契約(계약), 規約(규약), 條約(조약), 約婚(약혼), 誓約(서약), 約款(약관)

終 종

①마칠 ②끝 ③죽다

終結(종결)⇒終了(종료), 始終(시종) −一貫(일관), 終身(종신), 終日(종일), 最終(최종)

紐 뉴

맬, 맺을, 끈

紐帶(유대) −強化(강화), 結紐(결유), 紐情(유정), 紐折(유절)

細 세

①가늘, 잘 ②자세할

細密(세밀)⇒綿密(면밀), 細心(세심), 仔細(자세), 詳細(상세), 細胞(세포)

絶 절

①끊을 ②으뜸, 뛰어날

絶交(절교), 絶緣(절연), 絶世(절세) -佳人(가인), 拒絶(거절)

統 통

①거느릴 ②계통 ③합칠

統率(통솔), 傳統(전통), 統一(통일) 南北(남북)-, 統治(통치)

絢 현

①무늬 ②고울

絢爛(현란), 絢飾(현식), 彩絢(채현)

絹 견

비단, 깁

絹絲(견사), 絹織物(견직물), 人造絹(인조견)↔本絹(본견)

緖 서

①실마리 ②나머지 ③일, 사업 ④찾을 ⑤줄, 계통

由緖(유서), 頭緖(두서), 緖風(서풍), 端緖(단서), 緖餘(서여), 情緖(정서), 緖冑(서주)⇒血統(혈통), 緖論(서론)⇒序論(서론)⇒緖言(서언)

繡 수

①수놓을 ②비단

繡衣(수의), 錦繡(금수) -江山(강산)/三千里(삼천리)-, 刺繡(자수)

絲 사

①실 ②거문고 약糸

絹絲(견사)⇒깁실, 비단실, 絲竹(사죽)⇒絲管(사관), 繭絲(견사)

綴 철

꿰맬, 철할

綴字(철자) -法(법), 點綴(점철), 雜綴(잡철), 編綴(편철)

易 역·이

①바꿀(㉠역) ②쉬울(㉡이)

貿易(무역), 交易(교역), 周易(주역), 易地思之(역지사지), 容易(용이), 安易(안이)

剔 척

뼈 발라낼

剔抉(척결) 爬羅(파라)-/不淨腐敗(부정부패)-, 割剔(할척)

揚 양

①날릴, 떨칠 ②높일 ③드날릴

揚名(양명), 止揚(지양), 揭揚(게양) 대극기-, 讚揚(찬양), 抑揚(억양)

湯 탕

끓일

湯藥(탕약), 金城湯池(금성탕지), 冷湯(냉탕), 浴湯(욕탕)

場 장
마당, 곳
場所(장소), 登場(등장), 工場(공장), 職場(직장), 立場(입장), 市場(시장)

暢 창
①화창할 ②통할 ③자랄
和暢(화창), 暢達(창달), 流暢(유창), 茂暢(무창)

錫 석
①주석 ②지팡이 ③내려줄
朱錫(주석), 錫姓(석성)⇒賜姓(사성), 錫杖(석장)

弱 약
①약할↔强(강) ②나이 젊을
强弱(강약), 弱年(약년), 弱冠(약관), 虛弱(허약), 脆弱(취약)

溺 닉·뇨
①빠질(㉠닉) ②오줌(㉡뇨 = 尿)
溺死(익사), 耽溺(탐닉), 沒溺(몰닉), 溺器(요기)⇒尿器(요기)

延 연
①끌 ②이을 ③끌어들일
延期(연기), 延命(연명), 遲延(지연), 延長(연장)↔短縮(단축), 延滯(연체)

廷 정
①조정 ②법정
朝廷(조정)⇒朝堂(조당), 法廷(법정), 閉廷(폐정)↔開廷(개정), 廷爭(정쟁)

誕 탄
①태어날 ②속일
誕辰(탄신)⇒生日(생일), 聖誕(성탄) －節(절), 放誕(방탄)

煙 연
①연기 ②안개 ③담배＝烟
煙幕(연막), 煙氣(연기), 煙霞(연하), 煙草(연초)⇒담배, 禁煙(금연), 煤煙(매연), 煙(烟)霧(연무)

甄 견
①질그릇 ②살필 ③가르칠
甄工(견공), 甄陶(견도), 甄拔(견발), 甄擇(견택)

湮 인
묻힐, 없어질
湮滅(인멸)⇒湮沒(인몰)/證據(증거)－, 湮遠(인원), 沈湮(침인)

炎 염
①불꽃 ②더울
炎上(염상), 炎天(염천) 三伏(삼복)－, 炎症(염증), 炎涼(염량) －世態(세태)

塋 영

무덤, 산소

先塋(선영)⇒先山(선산)⇒조상의 무덤, 塋墓(영묘)⇒墳墓(분묘), 塋域(영역)⇒山所(산소)

螢 형

개똥벌레, 반딧불이

螢雪(형설) −之功(지공), 螢光(형광) −燈(등)/−板(판)

勞 로

①일할, 수고로울 ②위로할 약 労

勤勞(근로), 勞苦(노고), 慰勞(위로), 疲勞(피로), 勞心焦思(노심초사)

厭 염·암·엽

①싫을 ②만족할(㉠염) ③빠질(㉡암) ④누를(㉢엽)

厭世(염세), 厭症(염증), 厭足(염족), 厭然(염연), 厭勝(엽승)

壓 압

누를 약 圧

壓力(압력), 壓倒(압도), 氣壓(기압), 抑壓(억압), 壓縮(압축)

曳 예

끌, 당길

曳引(예인) −船(선), 牽曳(견예)⇒牽引(견인), 曳兵(예병)

洩 설·예

①샐(㉠설) ②퍼질(㉡예)

漏洩(누설)⇒漏泄(누설), 洩洩(예예)

汚 오

더러울=汙

汚(汙)名(오명)⇒不名譽(불명예), 汚吏(오리) 貪官(탐관)−, 汚辱(오욕)

汗 한

땀

汗蒸湯(한증탕), 盜汗(도한), 汗血馬(한혈마)⇒名馬(명마), 汗牛充棟(한우충동)

迂 우

①멀다 ②놀다 ③굽을

迂廻(우회), 迂路(우로), 迂餘曲折(우여곡절), 迂遠(우원)

巧 교

교묘할↔拙(졸)

巧拙(교졸), 巧妙(교묘), 巧言(교언) −令色(영색), 工巧(공교) −롭다

虧 휴

이지러질, 줄다

虧月(휴월)↔滿月(만월), 虧損(휴손), 虧盈(휴영)

穩 온
편안할
平穩(평온)→安穩(안온), 穩當(온당), 穩健(온건) -派(파), 穩和(온화)

隱 은
①숨을 ②불쌍히 여길 ③세상을 멀리할
隱匿(은닉), 惻隱(측은) -之心(지심), 隱士(은사)⇒隱者(은자), 隱密(은밀), 隱忍(은인) -自重(자중), 隱蔽(은폐), 隱遁(은둔)

兀 올
①우뚝할 ②발뒤꿈치를 베다 ③단정하다
兀然(올연), 兀兀(올올) -高峰(고봉), 兀刑(올형), 突兀(돌올)

元 원
①으뜸 ②근원 ③크다
元氣(원기), 元首(원수), 元帥(원수), 元素(원소), 元旦(원단), 紀元(기원), 還元(환원)

允 윤
①허락할 ②진실로 ③마땅하다
允許(윤허)⇒允可(윤가), 允當(윤당), 允文允武(윤문윤무)

充 충
①가득할 ②채울
充滿(충만), 充分(충분), 補充(보충), 充當(충당), 充實(충실), 充足(충족)

光 광
①빛, 빛날 ②영광 ③경치
光明(광명), 榮光(영광), 風光(풍광), 觀光(관광), 光復(광복)

先 선
①먼저↔後(후) ②옛, 선조 ③앞설, 먼저
先進(선진), 先考(선고), 先輩(선배), 優先(우선), 率先(솔선)

渦 와
소용돌이
渦旋(와선), 渦中(와중), 渦形(와형)⇒渦狀(와상), 渦紋(와문)

禍 화
재앙↔福(복), 재화
禍福(화복), 災禍(재화), 轉禍爲福(전화위복), 殃禍(앙화)

過 과
①지날 ②허물 ③건널
過去(과거)↔未來(미래), 過失(과실), 過程(과정), 經過(경과), 通過(통과), 過誤(과오), 改過遷善(개과천선), 過勞(과로), 過渡(과도) -期(기)

完 완
완전할
完全(완전), 完結(완결), 完決(완결), 完遂(완수) 責任(책임)-

院 원

집, 큰 집(관청, 학교 등)

法院(법원), 病院(병원), 院內(원내)↔院外(원외), 寺院(사원)

往 왕

①갈 ②옛 ③이따금

往來(왕래), 往年(왕년), 往復(왕복), 往往(왕왕), 往診(왕진), 旣往(기왕)⇒已往(이왕)

住 주

①살 ②사는 곳

住居(주거) －侵入(침입), 住所(주소), 住民(주민), 住宅(주택)

佳 가

①아름다울 ②좋다

佳人(가인), 佳作(가작), 佳約(가약), 佳日(가일)

曜 요

①빛날 ②요일

曜曜(요요), 曜靈(요령)⇒태양의 이칭(異稱), 土曜日(토요일)

擢 탁

뽑을, 빼내다

拔擢(발탁), 擢用(탁용), 抽擢(추탁), 擢髮難數(탁발난수)

躍 약

뛸

躍動(약동), 躍進(약진), 活躍(활약), 暗躍(암약), 飛躍(비약)

優 우

①넉넉할, 후할 ②부드러울 ③뛰어날 ④광대 ⑤머뭇거릴

優待(우대), 優雅(우아), 優劣(우열), 俳優(배우), 優良(우량), 優柔(우유)－不斷(부단)

擾 요

①요란할 ②길들일, 따르게 할

騷擾(소요), 擾(搖)亂(요란), 擾民(요민), 紛擾(분요)⇒紛亂(분란)

又 우

또 다시

又重之(우중지)⇒더욱이, 又況(우황)⇒하물며, 又生一秦(우생일진)

支 지

①지탱할 ②헤아릴 ③흩어질 ④줄, 내줄

支柱(지주), 支撑(지탱), 支流(지류)↔本流(본류), 支拂(지불), 支援(지원)

久 구

오랠

悠久(유구), 恒久(항구), 永久(영구), 未久(미구), 久旱逢甘雨(구한봉감우)

欠 흠
①하품 ②모자랄
欠伸(흠신), 欠乏(흠핍), 欠缺(흠결), 欠身(흠신), 欠損(흠손)⇒缺損(결손)

叉 차
①깍지 낄 ②양갈래 ③귀신 이름
交叉(교차) -路(로), 夜叉(야차)⇒閻魔卒(염마졸), 叉手(차수)

反 반·번
①돌이킬 ②반대할 ③되풀이할(㉠반) ④뒤집다(㉡번)
反省(반성), 反對(반대), 反復(반복), 反覆(반복), 反耕(번경), 反畓(번답)

及 급
①미칠 ②및, 와, 과
言及(언급), 普及(보급), 及第(급제)↔落第(낙제), 波及(파급), 及其也(급기야)

友 우
벗, 우애
親友(친우), 友邦(우방) -國(국), 友愛(우애), 友好(우호), 朋友(붕우), 友情(우정)

牛 우
①소 ②별이름
牛耳(우이) -讀經(독경), 牽牛(견우) -織女(직녀), 九牛一毛(구우일모)

朱 주
붉을
朱黃(주황), 印朱(인주), 朱書(주서), 朱脣皓齒(주순호치), 朱丹(주단)

殊 수
①다를 ②뛰어날
特殊(특수), 殊常(수상), 殊勳(수훈), 殊邦(수방)⇒異國(이국), 殊絶(수절)

雨 우
비
雨天(우천), 雨露(우로), 雨傘(우산), 暴雨(폭우), 雨後竹筍(우후죽순)

兩 량
①둘, 짝 ②냥(화폐, 무게의 단위) 약 両
兩家(양가), 兩國(양국), 兩立(양립), 兩班(양반), 兩親(양친)⇒父母(부모)

雲 운
구름
雲霧(운무), 雲集(운집) -霧散(무산), 祥雲(상운), 雲海(운해)

雪 설
①눈 ②씻을
雪景(설경), 雪上加霜(설상가상)↔錦上添花(금상첨화), 雪憤(설분)

雷 뢰
①우레 ②덩달
雷霆(뇌정)⇒우레, 천둥, 雷同(뇌동) 附和(부화)－, 地雷(지뢰)

電 전
①번개 ②전기
電擊(전격), 電光石火(전광석화), 電氣(전기), 電信(전신), 電子(전자)

霎 삽
①가랑비, 이슬비 ②잠시, 잠깐
霎雨(삽우)⇒이슬비, 細雨(세우), 霎時(삽시)⇒暫時(잠시)

雹 박
우박
雨雹(우박)⇒雹霰(박산)⇒누리, 雹災(박재), 風飛雹散(풍비박산)

霰 산
싸락눈
霰雪(산설)⇒싸라기눈, 霰彈(산탄), 風霰(풍산), 飛霰(비산)

曇 담
날 흐릴
曇天(담천)⇒흐린 날, 晴曇(청담), 優曇華(우담화)

霜 상
①서리 ②세월
霜菊(상국), 星霜(성상) 十個(10개)－, 秋霜(추상), 霜降(상강), 風霜(풍상)

露 로
①이슬 ②드러나다
草露(초로) －人生(인생), 露出(노출), 露店(노점), 暴露(폭로), 露宿(노숙), 綻露(탄로)

霧 무
안개
霧散(무산), 濃霧(농무), 五里霧中(오리무중)

霸 패
으뜸, 우두머리 ㊗ 覇
霸者(패자), 霸權(패권), 制霸(제패), 霸道(패도)↔王道(왕도)

靈 령
신령, 영혼 ㊣ 灵
靈魂(영혼)－넋↔肉身(육신), 亡靈(망령), 靈感(영감), 慰靈(위령) －祭(제)

羽 우
①깃, 날개 ②새 ③돕다
羽毛(우모), 羽鱗(우린), 羽翼(우익), 羽化(우화) －登仙(등선), 羽書(우서)

翔 상

돌며 날다

飛翔(비상), 翔空(상공), 群翔(군상), 翔禽(상금)

翁 옹

①늙은 ②아버지 ③노인의 존칭 ④새의 목털

翁媼(옹온)⇒할아버지와 할머니, 翁婿(옹서), 翁姑(옹고)⇒시아버지와 시어머니

垣 원

담, 낮은 담

垣牆(원장)⇒담, 담장⇒牆垣(장원), 垣衣(원의)⇒담쟁이덩굴

桓 환

①굳셀 ②머뭇거릴

桓因(환인), 桓雄(환웅), 盤桓(반환), 桓桓(환환)

恒 항

①항상 ②떳떳할

恒常(항상), 恒久(항구), 恒心(항심), 恒時(항시), 恒溫(항온)⇒常溫(상온), 無恒產(무항산) 無恒心(무항심), 恒星(항성)↔行星(행성)

援 원

①도울 ②끌어당길

援助(원조), 救援(구원), 應援(응원), 援護(원호), 後援(후원)

暖 난

따뜻할＝煖

暖房(난방), 溫暖(온난), 暖流(난류)↔寒流(한류)

緩 완

①느릴, 느슨할 ②너그러울 ③부드러울

緩行(완행)↔急行(급행), 弛緩(이완)↔緊張(긴장), 緩衝(완충), 緩和(완화) 緊張(긴장)－

愛 애

①사랑 ②즐길 ③아낄

愛情(애정), 愛讀(애독), 愛惜(애석), 愛好(애호), 戀愛(연애), 愛嬌(애교)

月 월

①달 ②세월

日月(일월), 滿月(만월), 歲月(세월), 月刊(월간), 月給(월급), 月明星稀(월명성희)

明 명

①밝을 ②날이 새다 ③이승 ④빛

明確(명확), 明晳(명석), 明日(명일), 幽明(유명), 失明(실명), 明若觀火(명약관화)

萌 맹

①싹 ②백성

萌芽(맹아), 萌黎(맹려)⇒百姓(백성), 萌動(맹동), 萌兆(맹조)

崩 붕
①무너지다 ②죽다
崩壞(붕괴)⇒崩潰(붕궤), 崩御(붕어), 崩落(붕락), 土崩(토붕) －瓦解(와해)

危 위
①위태할 ②두려워할 ③높을
危急(위급), 危懼(위구), 危險(위험), 危樓(위루), 危殆(위태), 危篤(위독)

詭 궤
속일, 어그러질
詭辯(궤변), 詭譎(궤휼), 詭術(궤술)⇒詭策(궤책), 詭計(궤계)⇒僞計(위계)

脆 취
연할, 약할
脆弱(취약) －地區(지구), 脆薄(취박), 柔脆(유취)

愉 유
즐거울, 즐거워할
愉悅(유열), 愉快(유쾌), 愉色(유색)

偸 투
①훔칠, 도둑질할 ②가벼울 ③구차할
偸盜(투도)⇒偸竊(투절), 偸薄(투박), 偸生(투생), 偸安(투안)

倫 륜
①인륜, 윤리 ②무리, 또래
倫理(윤리), 人倫(인륜), 倫匹(윤필), 五倫(오륜) 三綱(삼강)－

論 론
의논할
論議(논의)⇒議論(의논), 論告(논고), 論文(논문), 言論(언론)

育 육
기를
育成(육성), 發育(발육), 育英(육영) －事業(사업), 體育(체육)

肯 긍
①즐길, 긍정할 ②뼈에 붙은 살
肯定(긍정), 首肯(수긍), 肯綮(긍경)⇒急所(급소), 肯諾(긍낙)

肓 황
명치 끝(심장 아래 횡경막 위)
膏肓(고황) 泉石(천석)－

胃 위
밥통, 위
胃腸(위장), 胃癌(위암), 脾胃(비위), 胃擴張(위확장), 胃潰瘍(위궤양)

飮 음

마실

飮料(음료) −水(수), 飮食(음식), 飮酒(음주) −運轉(운전)

飯 반

①밥 ②먹을

鹽飯(염반), 飯店(반점)⇒飮食店(음식점), 飯饌(반찬), 茶飯事(다반사)

飢 기

①굶주릴 ②흉년들＝饑

飢(饑)餓(기아), 飢饉(기근), 飢寒(기한), 療飢(요기), 飢渴(기갈)

餌 이

①먹이, 미끼 ②먹을

食餌(식이) −療法(요법), 餌藥(이약), 好餌(호이), 香餌(향이)

飼 사

먹일, 기를

飼料(사료) −植物(식물), 飼育(사육), 放飼(방사)

餘 여

①남을, 나머지 ②다른, 다른 일

餘暇(여가), 餘念(여념), 餘裕(여유), 殘餘(잔여), 剩餘(잉여)

食 식·사·이

①밥, 음식 ②먹을 ③양식 ④먹일(㉠식 ㉡사) ⑤사람이름(㉢이)

食費(식비), 食福(식복), 食糧(식량), 食言(식언)⇒虛言(허언), 食餌(식이) −療法(요법), 斷食(단식), 粉食(분식), 食滯(식체)⇒滯症(체증)

音 음

①소리 ②음악 ③소식

音響(음향), 音樂(음악), 音信(음신)⇒소식, 편지, 發音(발음), 福音(복음)

歆 흠

①누릴, 흠향할 ②부러워할

歆嘗(흠상), 歆羨(흠선), 歆饗(흠향)

韻 운

①음운, 운치 ②시부(詩賦)

音韻(음운), 韻致(운치), 韻文(운문)↔散文(산문), 餘韻(여운)

響 향

울림, 울리는 소리

響應(향응), 影響(영향), 音響(음향) −效果(효과)

淫 음

음란할, 방탕할

淫亂(음란), 淫蕩(음탕), 淫談(음담) −悖說(패설), 姦淫(婬)(간음)

任 임

①맡길, 맡을 ②마음대로 함

擔任(담임), 任期(임기), 放任(방임), 任意(임의), 信任(신임), 適任(적임)

凝 응

①엉길 ②모을 ③막힐

凝結(응결), 凝固(응고), 凝視(응시)→注視(주시), 凝滯(응체), 凝血(응혈), 凝縮(응축)

擬 의

①비길, 흉내낼 ②헤아릴

擬聲(의성), 模擬(모의) －考査(고사), 比擬(비의)⇒比況(비황), 擬人(의인), 擬制(의제), 擬製(의제)⇒模造(모조)

礙 애

거리낄, 방해할 ㊖ 碍

障礙(장애) －物(물), 礙産(애산), 礙人耳目(애인이목), 拘礙(구애)

癡 치

어리석을, 바보 ㊖ 痴

癡呆(치매), 白癡(백치), 音癡(음치), 癡情(치정), 癡鈍(치둔)

宜 의

마땅할, 옳을 ㊖ 宜

宜當(의당) －事(사), 便宜(편의) －主義(주의), 適宜(적의), 宜兄宜弟(의형의제)

宣 선

①베풀 ②임금님의 말

宣言(선언) －文(문), 宣誓(선서), 宣傳(선전), 宣旨(선지), 宣告(선고)

耳 이

귀, 듣다

耳目(이목), 耳鼻(이비) －咽喉科(인후과), 耳懸鈴鼻懸鈴(이현령비현령)

茸 용

①녹용 ②무성할

鹿茸(녹용), 茸茂(용무), 茸茸(용용), 蔘茸(삼용)

恥 치

부끄러울

羞恥(수치), 恥辱(치욕), 廉恥(염치) 破(파)－, 恥部(치부)

取 취

취할, 받다, 가질

取得(취득), 取扱(취급) 注意(주의), 取下(취하), 取捨選擇(취사선택)

叢 총

①모을 ②떨기, 떼

叢書(총서), 叢中(총중), 叢論(총론), 竹叢(죽총), 叢叢(총총)

耽 탐
즐길
耽美(탐미), 耽溺(탐닉), 耽讀(탐독), 耽惑(탐혹), 耽樂(탐락)

聰 총
귀밝을
聰明(총명) －叡智(예지) 준 聰叡(총예), 聰慧(총혜), 聰達(총달)

聘 빙
①부를 ②처가
招聘(초빙)→招請(초청), 聘母(빙모)↔聘父(빙부), 交聘(교빙)

聯 련
①잇닿을 ②짝, 쌍
聯合(연합) －國家(국가), 聯邦(연방), 聯立(연립) －住宅(주택), 聯隊(연대)

職 직
①직업 ②벼슬 ③사업
職業(직업), 職分(직분)⇒職務(직무), 就職(취직)↔退職(퇴직)

聽 청
①듣다 ②판결할
視聽(시청), 聽覺(청각), 聽聞會(청문회), 傍聽(방청)

聲 성
①소리 ②노래 ③명예 ④펼, 밝힐
聲樂(성악), 聲量(성량)⇒音量(음량), 聲望(성망), 聲明(성명), 聲援(성원)

攝 섭
①거느릴, 당길 ②대신할 ③다스릴
攝取(섭취), 攝理(섭리), 攝生(섭생), 攝政(섭정), 攝氏(섭씨)

怡 이
①기쁠 ②화할
怡悅(이열)⇒기쁘고 즐거움, 怡顔(이안)⇒기쁜 안색을 함

冶 야
①쇠불릴 ②예쁠
冶金(야금) －術(술), 陶冶(도야) 人格(인격)－, 冶郎(야랑), 冶爐(야로)⇒풀무

治 치
①다스릴 ②병 고칠, 치료
治國(치국) －平天下(평천하), 治安(치안), 治療(치료)⇒治病(치병), 政治(정치), 統治(통치)

始 시
비로소, 처음
始終(시종) －一貫(일관), 始作(시작), 開始(개시), 始祖(시조), 今始初聞(금시초문)

胎 태
①아이 밸 ②처음 ③태
胎夢(태몽), 孕胎(잉태), 胎動(태동), 胎生(태생)↔卵生(난생), 胚胎(배태)

益 익
①더할 ②이익, 유익할
增益(증익), 利益(이익), 有益(유익), 損益(손익), 益鳥(익조), 公益(공익)

溢 일
넘칠
溢血(일혈) 腦(뇌)-, 海溢(해일), 充溢(충일), 漲溢(창일)

隘 애·액
①좁을, 험할(㉠애) ②막힐(㉡액=阨)
隘路(애로), 隘巷(애항), 隘險(애험), 隘守(액수)

搤 액
쥘, 잡을=扼
搤(扼)腕(액완), 搤咽(액인) -俯背(부배)

諡 시
시호≒謚
諡號(시호), 賜諡(사시), 追諡(추시), 諡福式(시복식)

仁 인
①어질, 인자할 ②씨
仁德(인덕), 仁慈(인자), 仁義(인의), 杏仁(행인)⇒살구씨

他 타
다를, 딴, 남↔自(자)
自他(자타), 他意(타의), 他鄕(타향), 其他(기타), 他山之石(타산지석)

休 휴
①쉴 ②아름다울
休息(휴식), 休暇(휴가), 休德(휴덕)⇒美德(미덕), 不眠不休(불면불휴)

似 사
비슷할, 닮을
類似(유사), 似而非(사이비) -宗敎(종교), 恰似(흡사), 近似(근사)

例 례
①법식, 조목 ②보기, 예
例規(예규), 例題(예제), 慣例(관례), 例年(예년), 例示(예시)

佩 패
①찰 ②패물
佩用(패용), 佩物(패물), 佩恩(패은), 銘佩(명패)⇒銘心(명심)

備 비
갖출, 준비할
準備(준비), 備考(비고), 備忘錄(비망록), 備置(비치), 備品(비품), 設備(설비)

傑 걸
①뛰어날 ②호걸 ㊗杰
豪傑(호걸), 傑作(걸작)⇒傑物(걸물), 傑出(걸출), 俊傑(준걸)

寅 인
①동방, 셋째 지지 ②삼갈, 공경할
寅時(인시), 寅方(인방), 寅念(인념), 甲寅(갑인)

演 연
①연역할 ②연습할 ③설명할 ④행할
演繹(연역)↔歸納(귀납), 演習(연습), 演說(연설), 演劇(연극)

人 인
사람
人類(인류), 人山人海(인산인해), 修人事待天命(수인사대천명), 凡人(범인), 他人(타인)

入 입
①들, 들어올 ②빠질
出入口(출입구), 入學(입학)↔退學(퇴학), 沒入(몰입), 記入(기입), 收入(수입)↔支出(지출)

八 팔
여덟
八道江山(팔도강산), 八字(팔자) 四柱(사주)−, 三八線(삼팔선), 四通八達(사통팔달)

日 일
①날 ②해 ③낮
日課(일과) −表(표), 日光(일광) −浴(욕), 日常(일상) −生活(생활), 日月星辰(일월성신)

旦 단
아침
元旦(원단)⇒설날, 旦暮(단모)⇒旦夕(단석)⇒朝夕(조석)

曰 왈
①가로(말할) ②어조사
曰可曰否(왈가왈부)⇒이러쿵저러쿵 말함, 曰牌(왈패)⇒曰字(왈자), 曰兄曰弟(왈형왈제)⇒呼兄呼弟(호형호제)

汨 골
①빠질, 잠길 ②골몰하다
汨沒(골몰) −無暇(무가), 汨篤(골독), 汨羅之鬼(골라지귀)

媵 잉
①잉첩 ②따라 보낼
媵侍(잉시)⇒侍女(시녀), 媵妾(잉첩)⇒侍妾(시첩)

勝 승
①이길↔負(부), 敗(패) ②나을, 훌륭할
勝利(승리), 勝負(승부)⇒勝敗(승패), 勝地(승지), 勝景(승경), 優勝(우승)

者 자
①놈 ②어조사
作者(작자), 著者(저자), 信者(신자), 學者(학자), 諜者(첩자)⇒間諜(간첩)

屠 도
①죽일 ②백장
屠殺(도살) —場(장), 屠漢(도한)⇒ 백장, 浮屠(부도)⇒ 부처, 屠戮(도륙)

著 저·착
①글 짓다 ②나타나다(㉠저) ③붙을 ④이르다(㉡착 = 着)
著述(저술), 著名(저명)⇒有名(유명)해짐, 著想(착상), 到著(着)(도착)

奢 사
사치할
奢侈(사치) —品(품), 豪奢(호사), 驕奢(교사), 華奢(화사)

署 서
①관청 ②대리할 ③쓸, 서명할
官署(관서), 署理(서리), 署名(서명) —捺印(날인), 署員(서원), 部署(부서)

自 자
①스스로 ②자기 ③저절로 ④부터
自治(자치), 自己(자기), 自然(자연), 自古(자고), 自主(자주), 自給自足(자급자족), 自決(자결), 自家撞着(자가당착), 自暴自棄(자포자기), 自初至終(자초지종)

臭 취
냄새
臭氣(취기), 乳臭(유취), 惡臭(악취), 臭敗(취패), 臭素(취소), 腋臭(액취)⇒암내

嗅 후
냄새맡을
嗅覺(후각), 嗅官(후관), 嗅神經(후신경), 嗅入藥(후입약)

息 식
①숨쉴 ②쉬다 ③자식 ④이자
窒息(질식), 休息(휴식), 棲息(서식), 子息(자식), 利息(이식)⇒利子(이자), 消息(소식)

鼻 비
①코 ②귀(그릇 손잡이) ③비로소
鼻孔(비공), 鼻笑(비소), 鼻祖(비조)⇒創始者(창시자) 元朝(원조), 阿鼻叫喚(아비규환)

刺 자·척·라
①찌름 ②책망할(㉠자) ③칼로 찌를 ④바느질할(㉡척, 자) ⑤수라(㉢라)
刺戟(자극), 諷刺(풍자) —小說(소설), 刺字(자자)⇒刺文(자문), 亂刺(난자), 刺殺(척살), 刺繡(자수, 척수), 刺客(자객, 척객), 水刺(수라)⇒임금의 끼니, 음식/—床(상)

剌 랄
①어그러질 ②물고기 뛰는 소리
剌戾(날려), 潑剌(발랄) －한 젊은이, 剌謬(날류)⇒相反(상반), 剌子(날자)

勅 칙
①칙서 = 敕 ②신칙할, 경계할
勅書(칙서)⇒詔書(조서), 詔勅(조칙)⇒勅命(칙명), 勅許(칙허)⇒允許(윤허)

悚 송
두려워할
悚懼(송구), 罪悚(죄송), 惶悚(황송)⇒惶恐(황공), 悚愧(송괴)

棘 극
가시나무
荊棘(형극), 棘針(극침), 棘皮(극피) －動物(동물), 棘人(극인)⇒喪制(상제)

賴 뢰
①의지할 ②힘입을 (속)頼
信賴(신뢰), 依賴(의뢰), 賴德(뇌덕)⇒所德(소덕), 無賴漢(무뢰한)

疎 소
섬길 = 疏
疎(疏)忽(소홀), 疎遠(소원), 親疎(친소), 疎待(소대), 疎通(소통)

束 속
①묶을 ②약속할
束縛(속박), 約束(약속), 拘束(구속), 團束(단속), 束手無策(속수무책)

作 작
①지을, 만들 ②일할 ③작품
作家(작가), 作業(작업), 佳作(가작), 振作(진작), 作況(작황), 耕作(경작)

詐 사
속일, 거짓
詐欺(사기), 詐稱(사칭) 官名(관명)－, 詐僞(사위)⇒거짓, 姦詐(간사)

酢 초·작
①초, 시다(㉠초) ②잔 돌릴 ③갚을(㉡작)
酢(醋)酸(초산), 酬酢(수작), 交酢(교작)

搾 착
눌러 짤
搾取(착취), 搾乳(착유), 搾油(착유), 壓搾(압착) －機(기)

棧 잔
비계, 잔도 (약)栈
棧橋(잔교)⇒비계, 棧道(잔도), 雲棧(운잔)

淺 천

①얕은↔深(심) ②열을, 엷을

深淺(심천)⇒淺深(천심), 淺識(천식), 淺薄(천박), 淺酌(천작), 淺學菲才(천학비재)

錢 전

①돈 ②무게 단위(兩(량)의 10분의 1)

金錢(금전) －出納簿(출납부), 錢主(전주), 換錢(환전) 준 換(환)

潛 잠

①잠길 ②감출 속 潜

潛水(잠수) －艦(함), 潛伏(잠복) －哨所(초소), 潛跡(잠적), 潛行(잠행)⇒密行(밀행) 暗行(암행), 潛在(잠재) －意識(의식)

僭 참

참람할, 분에 넘침 속 僣

僭越(참월)⇒僭濫(참람)⇒분수에 넘치게 함부로 함, 僭妄(참망), 僭主(참주), 僭稱(참칭), 凌僭(능참)

暫 잠

잠깐

暫時(잠시)⇒잠깐, 暫定(잠정) －措置(조치), 暫留(잠류)

塹 참

구덩이

塹壕(참호) 준 壕(호), 塹壘(참루)⇒城砦(성채)

漸 점

①점점 ②들, 스밀 ③번질 ④나아갈

漸次(점차) = 漸漸(점점), 漸增(점증), 漸染(점염), 漸進(점진), 漸入佳境(점입가경)

章 장

①글, 문체 ②밝음 ③조목, 규칙 ④도장

文章(문장), 章理(장리), 章程(장정)⇒법률, 규칙, 印章(인장), 勳章(훈장)

彰 창

밝힐, 나타낼

表彰(표창) －狀(장), 彰德(창덕), 彰善(창선) －懲惡(징악)

例題 (10)

1. 한자의 **字音**(자음)을 쓰시오.

①	南北		②	敗北		③	趣味		④	曖昧		⑤	復習	
⑥	馴致		⑦	駭怪		⑧	差別		⑨	羞恥		⑩	復興	
⑪	脆弱		⑫	詭辯		⑬	消化		⑭	削減		⑮	雨天	
⑯	斡旋		⑰	幹部		⑱	撤收		⑲	撒水		⑳	雪雲	
㉑	凝固		㉒	模擬		㉓	着眼		㉔	睡眠		㉕	電氣	

2. 밑줄친 자를 한자로 (　) 안에 쓰시오.

①동해(東) ②후회(後) ③위치(置) ④납치(致) ⑤중앙(中) ⑥역사(歷)
⑦반성(省) ⑧우정(情) ⑨만약(若) ⑩매진(進) ⑪부모(父) ⑫매일(日)

3. (보기)와 같이 **左右**(좌우)의 한자어가 반대어끼리면 ↔표로, 동의어끼리면 ⇒표로 연결하시오.

(보기 : 抽象↔具體, 世世⇒代代)

① 收入　支出　② 牡牛　牝牛　③ 原因　結果
④ 斬新　陳腐　⑤ 始末　本末　⑥ 周旋　斡旋

4. 다음 숙어에 관한 물음에 답하시오.

	숙어	字音	(가)	(나)		숙어	字音	(가)	(나)
①	( )魚之交				④	掩( )盜鈴			
②	( )石俱焚				⑤	( )亡齒寒			
③	( )上加霜				⑥	( )懸鈴鼻懸鈴			

1) 위 (　) 안에 한자를 기입하여 숙어를 완성하시오.
2) 字音(자음)란에 자음을 쓰시오.
3) 위 숙어의 뜻풀이와 관련된 기호를 (가)항에 기입하시오.
　㉠옥과 돌이 함께 타다　㉡귀에 걸면 귀걸이, 코에 걸면 코걸이
　㉢눈 위에 서리를 더하다　㉣제 귀를 가리고 방울을 훔치다
　㉤물과 물고기의 사귐　㉥입술이 없으면 이가 시리다
4) 위 숙어의 뜻을 이르는 기호를 (나)항에 기입하시오.
　㉠좋지 않은 일이 겹치다
　㉡착한 사람과 악한 사람이 다같이 화를 입다
　㉢이해관계가 서로 밀접하다
　㉣나쁜 짓을 하면서 그것을 굳이 생각하지 않으려 한다
　㉤하나의 事物(사물)을 가지고 어느 쪽으로도 해석이 가능함을 이르다
　㉥서로 떨어질 수 없는 친밀한 사이를 이르다

5. (보기)와 같이 빈칸을 채워 완성하시오.

	한자	部首	字訓	字音	用例
(보기)	眼	目	눈, 요점	안	眼鏡, 主眼, 着眼
①	眠				睡眠, 安眠, 休眠
②	福				幸福, 福券, 祝福
③	思		생각할	사	
④	友		벗, 우애	우	
⑤	右		오른쪽	우	

張 장
①베풀, 벌일 ②당길 ③늘일 ④고집할 ⑤과장할
擴張(확장), 緊張(긴장), 伸張(신장), 主張(주장), 誇張(과장), 張三李四(장삼이사)⇒甲男乙女(갑남을녀)

漲 창
물 많을, 물 불
漲溢(창일)⇒漲滿(창만), 漲水(창수)⇒洪水(홍수)

才 재
재주
秀才(수재), 才德(재덕) −兼備(겸비), 天才(천재), 才幹(재간)

寸 촌
①마디, 적을 ②촌(길이)
寸志(촌지)⇒寸心(촌심), 一寸(일촌) −光陰不可輕(광음불가경), 寸刻(촌각)

戈 과
창
干戈(간과)⇒兵仗器(병장기) 戰爭(전쟁), 戈劍(과검)⇒창과 칼

財 재
재물
財産(재산), 財閥(재벌), 財團(재단) −法人(법인), 蓄財(축재), 財政(재정)

敗 패
①패할 ②무너질 ③썩을
敗北(패배), 勝敗(승패), 敗家(패가) −亡身(망신), 腐敗(부패)

販 판
팔, 장사
販賣(판매), 販路(판로), 市販(시판), 共販(공판) −場(장), 販促(판촉)

貯 저
쌓을, 저장할
貯金(저금), 貯藏(저장), 貯水池(저수지), 貯蓄(저축)

賊 적
①도적 ②해칠
盜賊(도적), 逆賊(역적), 義賊(의적), 賊反荷杖(적반하장)

賄 회
①뇌물 ②재물
賄賂(회뢰), 贈賄(증회)↔受賄(수회)⇒受賂(수뢰)

購 구
①살, 구매할 ②상금 걸
購買(구매), 購入(구입), 購讀(구독) −料(료)

賦 부
①세금 거둘 ②줄, 주다 ③부(문체)
賦課(부과), 賦與(부여), 賦金(부금), 天賦(천부), 月賦(월부), 割賦(할부), 賦存資源(부존자원)

笛 적
피리
汽笛(기적), 警笛(경적), 鼓笛(고적), 笛聲(적성), 胡笛(호적)⇒태평소

宙 주
①하늘 ②때(무한한 시간)
宇宙(우주), 碧宙(벽주), 上宙(상주)

油 유
①기름 ②사물의 모양
石油(석유), 揮發油(휘발유), 油脂(유지), 油然(유연), 油印物(유인물)

抽 추
뺄, 뽑다
抽出(추출), 抽籤(추첨), 抽象(추상)↔具體(구체), 抽擢(추탁)

袖 수
소매
袖手(수수) −傍觀(방관), 領袖(영수), 袖口(수구)⇒소맷부리, 袖珍(수진)

紬 주
①명주 ②실뽑을 ③실마리
明紬(명주), 紬緞(주단), 紬繹(주역), 紬績(주적), 紬織(주직)

軸 축
굴대, 중심
車軸(차축), 地軸(지축), 卷軸(권축), 中軸(중축)

籍 적
①서적, 문서 ②호적
書籍(서적)⇒書冊(서책), 學籍(학적), 戶籍(호적) −簿(부), 本籍(본적), 地籍(지적)

藉 자·적
①빙자할 ②위로할 ③어지러울(㉠자) ④친경할(㉡적)
憑藉(빙자), 慰藉料(위자료), 藉藉(자자), 狼藉(낭자) 流血(유혈)이 −, 藉口之端(자구지단)⇒핑곗거리, 藉田(적전)⇒籍田(적전)

赤 적
①붉을 ②빌, 아무것도 없을 ③벌거벗을
赤色(적색), 赤貧(적빈), 赤裸裸(적나리), 赤字(적자)↔黑字(흑자)

赦 사
용서할, 죄 사할
赦免(사면), 特赦(특사), 赦罪(사죄), 大赦(대사)

赧 난

무안할, 얼굴 붉힐

赧顔(난안), 赧愧(난괴), 赧然(난연)

赫 혁

①빛날 ②성낼

赫赫(혁혁) —之功(지공), 赫怒(혁노), 輝赫(휘혁)

赭 자

①붉을 ②붉은 흙

赭衣(자의), 赭土(자토), 赭鞭(자편) —家(가)

悛 전

고칠

改悛(개전)⇒改悟(개오), 悛容(전용), 悔悛(회전)

俊 준

①준걸, 뛰어날=儁 ②큰, 높을≒峻

俊傑(준걸)⇒俊彦(준언), 峻德(준덕)⇒大德(대덕), 俊秀(준수), 俊才(준재)

唆 사

부추길, 넌지시 알릴

教唆(교사) —犯(범), 示唆(시사), 唆囑(사촉)⇒使嗾(사주)

奠 전

①정할 ②제사 지낼 ③바칠

奠都(전도) 漢陽(한양)—, 釋奠祭(석전제), 奠雁(전안), 奠居(전거)

尊 존·준

①높을 ②어른 ③공경할 ④상대를 높이는 말(㉠존) ⑤술통(㉡준≒樽)

尊貴(존귀), 尊長(존장), 尊敬(존경), 尊堂(존당), 尊重(존중), 尊(樽)酒(준주)

遵 준

좇을, 따를

遵法(준법), 遵守(준수), 遵用(준용), 遵據(준거), 遵養時晦(준양시회)

鄭 정

①나라이름 ②정중할 ③성(姓)씨

鄭重(정중), 鄭聲(정성), 鄭夢周(정몽주), 鄭鑑錄(정감록)

擲 척

던질

投擲(투척), 擲柶(척사)⇒윷놀이, 快擲(쾌척), 乾坤一擲(건곤일척)

全 전

①온전할 ②모두

完全(완전) —無缺(무결), 全部(전부), 全身(전신), 純全(순전), 全體(전체)

金 금·김

①쇠 ②금 ③돈, 화폐, ④귀할(㉠금) ⑤성씨(㉡김)

金屬(금속), 金銀寶貨(금은보화), 純金(순금), 金額(금액), 金言(금언), 金海金氏(김해김씨), 金庾信(김유신)

企 기

①계획할 ②바랄

企劃(기획), 企業(기업), 企待(기대)⇒期待(기대), 企望(기망), 企圖(기도)

命 명

①목숨 ②수명, 운수 ③명령 ④이름지을 ⑤표적

生命(생명), 運命(운명), 命令(명령), 命名(명명), 命中(명중)

傘 산

우산

雨傘(우산), 洋傘(양산), 落下傘(낙하산), 傘下(산하) －團體(단체)

田 전

①밭 ②사냥할≒畋

田畓(전답)⇒논과 밭, 耕田(경전), 田園(전원), 油田(유전), 田庄(전장)⇒田莊(전장), 田獵(전렵)⇒田畋(전렵)

由 유

①말미암을 ②까닭, 이유 ③…에서

由來(유래), 事由(사유), 理由(이유), 經由(경유), 由緖(유서)

甲 갑

①갑옷 ②첫째 천간 ③껍질 ④첫째 ⑤아무개

甲冑(갑주), 甲子(갑자), 甲殼(갑각), 甲富(갑부), 甲論乙駁(갑론을박)

申 신

①펼, 말할 ②아홉째 지지(원숭이)

申告(신고), 上申(상신), 申請(신청), 甲申(갑신), 申方(신방), 申申當付(신신당부)

傳 전

①전할, 펼, 옮길 ②전기 ③경서 ④역

傳達(전달), 傳染(전염), 傳記(전기), 宣傳(선전), 列傳(열전), 傳說(전설)

傅 부

①스승 ②도울 ③붙을≒附

師傅(사부)⇒스승, 傅佐(부좌), 傅(附)着(부착), 傅會(부회) 牽强(견강)－

團 단

①둥글 ②모일 ③덩어리 ④단속할 약 团

團扇(단선), 團結(단결), 團體(단체), 團束(단속), 團欒(단란) －家庭(가정)

節 절

①마디, 토막 ②예절 ③절약할

節目(절목), 禮節(예절), 節槪(절개), 節約(절약), 三一節(삼일절)

櫛 즐
①빗, 빗질할 ②촘촘히 설
櫛比(즐비), 櫛齒(즐치), 櫛文土器(즐문토기), 櫛風沐雨(즐풍목우)

折 절
①꺾을 ②타협할 ③일찍 죽을 ④꾸짖을
折骨(절골), 折衷(절충), 夭折(요절), 面折(면절), 挫折(좌절), 折衝(절충) −案(안)

哲 철
밝을=喆(철)
哲學(철학), 哲理(철리), 名哲(명철), 哲人(철인), 賢哲(현철)

析 석
쪼갤, 풀
分析(분석) −表(표), 析出(석출), 解析(해석) −學(학)

拆 탁
터질, 쪼갤
拆封(탁봉)⇒開封(개봉), 拆裂(탁열), 拆字(탁자)

祈 기
빌
祈禱(기도) −會(회), 祈願(기원)⇒祈祝(기축), 祈雨祭(기우제)

所 소
①곳, 처소 ②바, 것
所在(소재), 所見(소견), 所感(소감), 所謂(소위), 住所(주소), 場所(장소), 所有(소유) −權(권)

斬 참
①벨, 끊다 ②상복 ③매우
斬首(참수), 斬衰(참최), 斬新(참신), 斬屍(참시)

斯 사
①이, 이것 ②곧, 어조사
斯界(사계), 斯道(사도), 斯學(사학), 斯須(사수)⇒잠시, 곧, 如斯(여사)⇒如此(여차)⇒이러함

新 신
새↔舊(구), 새로울
新年(신년)⇒새해, 新聞(신문), 更新(경신), 革新(혁신), 新設(신설), 最新(최신), 新綠(신록)

逝 서
갈, 죽을
逝去(서거)⇒長逝(장서)⇒別世(별세), 急逝(급서)

斷 단
①끊을 ②결단할 약 断
斷念(단념), 斷切(단절), 判斷(판단), 診斷(진단), 處斷(처단), 斷行(단행)

定 정
정할, 정해질
確定(확정), 定員(정원), 一定(일정), 固定(고정), 定價(정가), 規定(규정)⇒規程(규정)

綻 탄
옷터질, 터질
破綻(파탄) 經濟(경제)－, 綻露(탄로) 秘密(비밀)－

製 제
지을, 만들
製作(제작), 製造(제조), 鐵製(철제), 製品(제품), 製紙(제지)

掣 체·철
①끌(㉠체) ②당길(㉡철)
掣曳(체예)⇒끝이 멈춤, 방해함, 掣肘(철주), 牽掣(견철)⇒牽制(견제)

蹄 제
굽, 말굽
蹄鐵(제철)⇒편자, 馬蹄(마제)⇒말굽, 蹄形磁石(제형자석)

諦 체
①살필 ②진리, 뜻
諦念(체념)⇒斷念(단념)함, 要諦(요체)⇒要點(요점), 諦視(체시)

早 조
일찍
早熟(조숙) －栽培(재배), 早朝(조조), 早晩(조만) －間(간), 早速(조속), 尙早(상조), 早急(조급) －하다

旱 한
가물
旱災(한재)⇒旱害(한해), 旱徵(한징), 旱魃(한발)⇒가뭄

昊 호
하늘
昊天(호천) －罔極(망극), 靑昊(청호), 昊天上帝(호천상제)⇒天帝(천제)

存 존
①있을 ②묻다
存在(존재), 存亡(존망) －之秋(지추), 存否(존부), 生存(생존), 保存(보존)

李 리
①오얏 ②행장, 보따리
桃李(도리), 行李(행리)⇒行裝(행장), 李下不整冠(이하부정관)

孔 공
①구멍 ②매우, 심히 ③성(姓)
孔穴(공혈)⇒구멍, 孔劇(공극), 孔孟(공맹), 孔雀(공작)⇒文禽(문금)

好 호
①좋을 ②아름다울 ③사랑할
好感(호감), 好機(호기) 勿失(물실)－, 愛好(애호), 友好(우호) －條約(조약)

卒 졸
①군사 ②별안간 ③마칠 ④죽을
兵卒(병졸), 卒倒(졸도), 卒業(졸업) －式(식), 卒逝(졸서)⇒逝去(서거), 卒然(졸연)

萃 췌
모을
萃聚(췌취), 雲萃(운췌), 拔萃(발췌) －集(집)

碎 쇄
부술, 부스러기
粉碎(분쇄), 碎身(쇄신) 粉骨(분골)－, 玉碎(옥쇄), 碎氷船(쇄빙선)

粹 수
순수할
純粹(순수), 粹美(수미)⇒純美(순미), 國粹(국수) －主義(주의), 眞粹(진수)

醉 취
①술취할 ②도취할
醉客(취객), 心醉(심취), 陶醉(도취), 滿醉(만취), 醉生夢死(취생몽사), 醉態(취태)

雜 잡
①섞일 ②번거로울
雜草(잡초), 雜音(잡음), 雜誌(잡지), 混雜(혼잡), 錯雜(착잡)

率 솔·율
①거느릴 ②경솔할 ③소탈한(㉠솔) ④비율(㉡율)
率先(솔선)－垂範(수범), 率直(솔직), 輕率(경솔), 引率(인솔), 統率(통솔), 家率(가솔), 率土(솔토), 比率(비율), 能率(능률), 效率(효율)

走 주
달리다, 달아나다
逃走(도주), 競走(경주), 走馬看山(주마간산), 走馬燈(주마등), 疾走(질주), 奔走(분주)

赴 부
①달릴, 다다를 ②알리다, 부고
赴任(부임), 赴(訃)告(부고)⇒訃音(부음), 迅赴(신부)

起 기
①일어날 ②비롯할
起居(기거), 起草(기초)⇒起案(기안), 起因(기인), 起死回生(기사회생), 起源(기원)⇒濫觴(남상), 起床(기상)↔就寢(취침)

越 월
①넘을 ②뛰어날 ③나라이름
越冬(월동), 越便(월편), 越等(월등), 越權(월권), 吳越(오월), 超越(초월)

超 초
①뛰어넘을 ②뛰어날
超過(초과), 超人(초인), 超音波(초음파), 超越(초월), 超然(초연)

趣 취·촉
①뜻, 취미, 빨리 갈(㉠취) ②재촉할(㉡촉≒促)
趣味(취미), 趣旨(취지), 趣向(취향), 風趣(풍취)⇒風致(풍치), 趣裝(촉장)

趨 추·촉
①달릴, 달아날(㉠추) ②빠르다(㉡촉)
趨勢(추세), 歸趨(귀추), 趨向(추향), 趨趨(촉촉)

奏 주
①아뢸 ②연주할
上奏(상주), 奏達(주달)⇒奏稟(주품), 演奏(연주), 合奏(합주), 奏效(주효), 奏請(주청) －使(사)

秦 진
나라
秦始皇(진시황), 秦晉(진진) －之好(지호)⇒서로 사돈간이 되다

泰 태
①클, 심할 ②편안할
泰山(태산), 泰斗(태두), 泰平(태평) －歲月(세월), 泰然(태연) －自若(자약)

廚 주
①부엌 ②푸줏간
廚房(주방)⇒부엌, 庖廚(포주)⇒푸주, 行廚(행주)

樹 수
①나무 ②심을 ③세울
樹木(수목)⇒나무(살아있는), 樹立(수립) 政府(정부)－, 果樹園(과수원)

膨 팽
불룩해질
膨脹(팽창) 通貨(통화)－⇒인플레이션, 膨膨(팽팽), 膨大(팽대)

酒 주
술
酒客(주객), 酒宴(주연)⇒술자리, 燒酒(소주), 麥酒(맥주), 濁酒(탁주)

配 배
①짝, 짝짓다 ②나눌 ③귀양보낼
配偶(배우) －者(자), 配給(배급), 配達(배달), 分配(분배), 流配(유배), 配慮(배려), 配匹(배필) 天定(천정)－, 配置(배치), 支配(지배)

酬 수
①갚을 ②술잔돌릴
報酬(보수), 酬酌(수작), 酬價(수가), 應酬(응수), 酬答(수답)

酸 산
①신맛 ②산소 ③고통스러울
酸性(산성), 酸素(산소), 酸鼻(산비), 酸化(산화) -物(물)

醋 초·작
①초(㉠초) ②잔 돌릴(㉡작)
醋酸(초산), 食醋(식초), 酬醋(酢)(수작), 獻醋(헌작)

醜 추
①더러울 ②부끄러울
醜聞(추문), 醜態(추태), 醜雜(추잡), 陋醜(누추)

醫 의
의원, 병고칠
醫療(의료), 醫師(의사), 醫院(의원), 漢醫(한의), 獸醫(수의)

准 준
①승인할 ②견줄≒準(준)
批准(비준) 國會(국회)-, 認准(인준), 准(準)教師(준교사), 准將(준장)

唯 유
①오직, 뿐 ②대답할
唯一(유일) -無二(무이), 唯唯(유유) -諾諾(낙낙), 唯我獨尊(유아독존)

堆 퇴
쌓을
堆積(퇴적), 堆肥(퇴비)⇒거름, 두엄, 堆積巖(퇴적암)⇒수성암

推 추·퇴
①가릴, 추측할(㉠추) ②밀다(㉡퇴)
推測(추측), 推進(추진), 推理(추리), 推尋(추심), 推移(추이) 與世(여세)-, 推敲(퇴고)

雉 치
꿩
雉鷄(치계)⇒꿩과 닭, 雉堞(치첩)⇒성가퀴, 野雉(야치)⇒들꿩

雅 아
①바를, 아담할 ②악기 이름
雅澹(淡)(아담), 雅量(아량), 雅樂(아악), 優雅(우아), 雅語(아어)↔俗語(속어)

誰 수
①누구 ②발어사
誰何(수하), 誰某(수모)⇒아무개, 誰知烏之雌雄(수지오지자웅)

雄 웅
①수컷↔雌(자) ②웅장할 ③뛰어날
雌雄(자웅), 雄壯(웅장), 英雄(영웅), 雄辯(웅변) -家(가), 雄大(웅대)

難 난
①어려울 ②난리, 재앙 ③나무랄, 비난할
難易(난이), 難關(난관), 非難(비난), 難兄難弟(난형난제), 避難(피난) －民(민)

雌 자
①암컷↔雄(웅) ②약할, 지다
雌伏(자복), 雄唱雌和(웅창자화), 雌花(자화)↔雄花(웅화), 雌黃(자황)

離 리
①떠날, 헤어질 ②밝을
離別(이별), 離脫(이탈), 距離(거리), 離婚(이혼), 離合(이합)

進 진
①나아갈 ②오르다
進路(진로), 進步(진보), 進化(진화), 進取(진취), 進言(진언), 進退維谷(진퇴유곡)

雁 안
기러기
雁行(안행, 안항), 雁帛(안백)⇒雁書(안서)⇒편지, 雁柱(안주)

重 중
①무거울 ②심할 ③중하다 ④무게 ⑤거듭, 겹칠
重厚(중후), 重傷(중상), 重要(중요), 重量(중량)⇒무게, 重複(중복), 輕重(경중), 貴重(귀중)

董 동
①바로잡을 ②감독할 ③골동품
董正(동정)⇒督正(독정), 董督(동독), 骨董品(골동품), 董狐之筆(동호지필)

腫 종
①종기 ②부을
腫氣(종기), 腫脹(종창), 腫瘍(종양)⇒腫瘡(종창), 浮腫(부종)

薰 훈
①향풀 ②온화할 ③감화시킬 ④피우다
香薰(향훈), 薰氣(훈기), 薰育(훈육), 薰藥(훈약), 薰薰(훈훈), 薰蒸(훈증)

證 증
증거 약 証
證據(증거) －湮滅(인멸), 證憑(증빙), 證書(증서) 卒業(졸업)－, 證券(증권) －去來所(거래소), 保證(보증)

澄 징
맑을
澄水(징수)⇒맑은 물, 澄淸(징청)⇒淸澄(청징), 明澄(명징), 萬頃澄波(만경징파)

燈 등
등잔, 등불 속 灯
燈盞(등잔), 電燈(전등), 街路燈(가로등), 燈下不明(등하불명), 燈火可親(등화가친)

曾 증

①일찍 ②곧 ③거듭
未曾有(미증유)⇒前代未聞(전대미문), 曾孫(증손), 曾祖(증조), 曾往(증왕)

會 회

①모을 ②맞을 ③깨달을 ④기회 ⑤회계 약 会
會談(회담), 會心(회심) －作(작), 會得(회득), 機會(기회), 會計(회계), 會社(회사), 集會(집회), 社會(사회), 國會(국회)

層 층

①거듭, 겹 ②층, 층층대
層層(층층) －侍下(시하), 層階(층계), 上層(상층), 單層(단층), 高層(고층), 斷層(단층) －撮影(촬영), 地層(지층)

僧 승

중
僧侶(승려)⇒중, 僧尼(승니)⇒僧伽(승가)와 比丘尼(비구니), 托鉢僧(탁발승)

儈 쾌

거간, 주릅
家儈(가쾌)⇒집주릅→不動産仲介人(부동산중개인)

之 지

①가다 ②의(소유격) ③이(지시대명사)
之東之西(지동지서), 人之常情(인지상정), 之子(지자)⇒是子(시자)⇒이 아이

乏 핍

①다할 ②모자랄
乏盡(핍진), 窮乏(궁핍), 缺乏(결핍) 榮養(영양)－, 貧乏(빈핍)⇒貧困(빈곤)

泛 범

①뜨다 ②넓다
泛舟(범주), 泛(汎)稱(범칭), 泛(汎)愛(범애), 泛溢(범일)

貶 폄

깎아내릴, 덜다, 좌천시키다
貶降(폄강), 褒貶(포폄), 貶黜(폄출), 貶毁(폄훼), 貶下(폄하)

止 지

①그칠 ②막을 ③머무를 ④거동
停止(정지), 禁止(금지), 防止(방지), 止水(지수), 止揚(지양)

企 기

①꾀할, 계획할 ②바랄
企劃(기획), 企業(기업), 企待(기대)⇒ 期待(기대)⇒企望(기망), 企圖(기도)

正 정

①바를 ②본↔副(부) ③처음, 정월
正直(정직), 正義(정의), 正確(정확), 正當(정당), 正月(정월)

焉 언

①어찌, 어디 ②어조사

焉敢(언감) －生心(생심), 終焉(종언), 焉哉乎也(언재호야)

步 보

①걸음 ②운수

步道(보도), 步行(보행), 步兵(보병), 驅步(구보), 國步(국보)⇒國運(국운)

歪 왜

비뚤

歪曲(왜곡) －報道(보도)

歲 세

①해 ②나이 ③세월

歲拜(세배), 年歲(연세), 歲月(세월) －如流(여류), 萬歲(만세)

歷 력

①지낼, 겪을 ②차례차례 ③분명할

歷史(역사), 歷訪(역방), 歷歷(역력), 經歷(경력), 履歷(이력)

齒 치

①이 ②나이 ③나란히 설 약歯

齒牙(치아), 蟲齒(충치), 年齒(연치), 齒亡脣亦支(치망순역지)

齡 령

나이 약齢

年齡(연령)⇒나이, 妙齡(묘령), 老齡(노령)

知 지

①알다, 깨닫다 ②주관할, 주장할

知悉(지실), 知識(지식), 知覺(지각), 道知事(도지사) 준 知事(지사), 知彼知己(지피지기), 通知(통지)

短 단

①짧을↔長(장) ②모자라다

長短(장단), 短期(단기), 短縮(단축), 短篇(단편), 短命(단명)

矯 교

①바로잡을 ②거짓

矯正(교정), 矯僞(교위), 矯矯(교교), 矯角殺牛(교각살우)

矩 구

①법 ②곡척(굽은자)

矩度(구도)⇒法度(법도)/法則(법칙), 矩尺(구척)⇒曲尺(곡척), 矩形(구형)⇒네모꼴

矮 왜

난쟁이, 키 작을

矮小(왜소), 矮人(왜인)↔巨人(거인), 矮軀(왜구), 矮松(왜송)⇒다복솔

疾 질

①병 ②괴로워할 ③미워할 ④빠를

疾患(질환), 痼疾(고질), 疾視(질시), 疾走(질주), 疾風(질풍) －傷暑(상서)

矢 시

①화살 ②맹세할

弓矢(궁시), 矢心(시심), 矢言(시언)⇒誓言(서언), 矢鏃(시촉)⇒화살촉

至 지

①이르다 ②지극하다 ③동지, 하지

至今(지금), 至極(지극), 至急(지급), 至誠(지성), 冬至(동지), 夏至(하지), 至當(지당), 至高(지고) －至純(지순), 至毒(지독)

到 도

①이를 ②주밀하다

到着(도착), 到處(도처), 周到(주도) －綿密(면밀), 到來(도래), 一到(일도)

致 치

①이를 ②드릴 ③부를 ④보낼 ⑤풍치

致富(치부), 致命(치명), 致賀(치하), 送致(송치), 風致(풍치), 招致(초치), 拉致(납치)

姪 질

조카

姪女(질녀), 姪婦(질부), 甥姪(생질), 姨姪(이질), 堂姪(당질)⇒종질, 叔姪(숙질)

屋 옥

①집 ②덮개

屋上(옥상) －架屋(가옥), 屋外(옥외)⇒野外(야외), 家屋(가옥)

握 악

잡을, 쥘

握手(악수), 握權(악권), 握月擔風(악월담풍)

旨 지

①뜻, 생각 ②맛좋을

趣旨(취지), 甘旨(감지), 旨義(지의), 要旨(요지)

詣 예

나아갈, 이를

詣闕(예궐)⇒入闕(입궐)⇒參內(참내), 造詣(조예), 參詣(참예)

眞 진

①참, 거짓이 아님 ②사진, 초상

眞理(진리), 眞相(진상) －把握(파악), 寫眞(사진), 天眞(천진) －爛漫(난만), 眞善美(진선미)

塡 전

메울, 채우다

充塡(충전), 補塡(보전) 赤字(적자)－, 裝塡(장전)

愼 신

삼갈, 조심하다

謹愼(근신), 愼重(신중), 愼慮(신려), 愼終(신종), 愼候(신후)

陳 진

①베풀 ②묵을, 오랠 ③말할

陳列(진열), 陳腐(진부), 陳述(진술), 陳情(진정) －書(서)

揀 간

가릴

分揀(분간), 揀擇(간택), 揀選(간선)

棟 동

마룻대

棟樑(동량) －之材(지재), 아파트○棟(동)○號(호), 病棟(병동) 內科(내과)－

什 집·십

①세간(㉠집) ②열사람, 열(㉡십 = 十)

什物(집물)⇒什器(집기)⇒家具(가구), 什長(십장), 什一(십일)⇒一割(1할)⇒10분의 1

汁 즙

진액

果實汁(과실즙), 墨汁(묵즙)⇒먹물, 汁滓(즙재), 汁液(즙액)⇒즙

此 차

이, 이에

此際(차제), 此後(차후), 彼此(피차), 如此(여차), 此日彼日(차일피일)

疵 자

①허물, 흠 ②병

瑕疵(하자), 疵厲(자려), 疵病(자병), 細疵(세자)

些 사

적을, 약간

些少(사소), 些略(사략), 些事(사사)⇒些少(사소)한 일, 些子景(사자경)=盆景(분경)

柴 시·채

①섶, 땔나무(㉠시) ②울타리(㉡채)

柴薪(시신), 柴草(시초), 柴糧(시량), 柴扉(시비)⇒사립문, 柴營(채영)⇒城砦(성채)

砦 채

①울타리 ②진 치다

城砦(성채)⇒城塞(성새), 屯砦(둔채), 陣砦(진채)

紫 자

자줏빛

紫色(자색)⇒자주색, 紫外線(자외선)↔赤外線(적외선), 紫水晶(자수정), 紫李(자리)⇒자두

且 차

①또, 또한 ②우선 ③구차할

重且大(중차대), 且置(차치), 且問且答(차문차답), 苟且(구차) -하다

沮 저

①막다, 그치다 ②꺾일, 잃을

沮止(저지), 沮害(저해), 沮喪(저상), 沮戲(저희)

阻 조

①막힐, 그치다 ②험할, 어려울

阻面(조면)⇒絶交(절교), 積阻(적조)⇒隔阻(격조), 險阻(험조)

次 차

①버금, 다음 ②차례, 순서

次期(차기), 次例(차례), 次點(차점), 席次(석차), 順次(순차), 漸次(점차), 目次(목차)

吹 취

①불다, 숨쉴 ②부추길

吹入(취입), 吹奏(취주) -樂(악), 鼓吹(고취), 吹噓(취허)

咨 자

①물을, 상의할=諮 ②탄식할

咨(諮)問(자문) -機關(기관), 咨歎(자탄), 咨周(자주)

欣 흔

기쁠

欣快(흔쾌), 欣慕(흔모)⇒欽慕(흠모), 欣然(흔연) -待接(대접), 欣喜(흔희)

款 관

①정성스러울 ②조목, 항목 ③새길

款待(관대), 款項目(관항목), 落款(낙관)⇒款識(관지), 約款(약관)

歌 가

노래, 노래할

歌曲(가곡), 歌舞(가무), 唱歌(창가), 歌手(가수), 作歌(작가), 歌謠(가요)

車 차·거

①수레(㉠거) ②수레바퀴(㉡차)

車輛(차량), 駐車場(주차장), 自動車(자동차), 車輪(차륜), 車馬(거마), 停車場(정거장)

軍 군

①군사 ②진칠

軍士(군사), 軍備(군비), 將軍(장군), 敵軍(적군), 陸海空軍(육해공군)

暈 훈

①해, 달무리 ②아찔할

暈圍(훈위)⇒暈輪(훈륜), 暈色(훈색), 暈船(훈선), 暈厥症(훈궐증)

庫 고
창고, 곳간
倉庫(창고), 金庫(금고), 在庫(재고), 文庫(문고), 車庫(차고)

軋 알
①수레 삐걱거릴 ②다툴, 충돌할
軋轢(알력), 軋刑(알형)

軌 궤
①궤도 ②수레바퀴, 본보기 ③법
軌道(궤도), 軌跡(궤적), 軌範(궤범), 廣軌(광궤)↔狹軌(협궤)

軒 헌
①추녀 ②초헌 ③오르다 ④난간
軒燈(헌등), 軒頭(헌두)⇒추녀끝, 軒昻(헌앙), 軒檻(헌함), 軺軒(초헌)

軟 연
부드러울, 연할
軟骨(연골), 軟膏(연고), 軟禁(연금), 軟弱(연약), 柔軟(유연), 軟體(연체)
-動物(동물), 軟着陸(연착륙)

斬 참
①벨 ②도련을 아니한 상복 ③매우
斬首(참수), 斬衰(참최), 斬新(참신), 處斬(처참) 陵遲(능지)-

軸 축
굴대
車軸(차축), 地軸(지축), 樞軸(추축), 中軸(중축), 卷軸(권축)

較 교
①견줄 ②밝을, 뚜렷할 ③대략
比較(비교), 較略(교략)⇒大略(대략), 較然(교연), 較若劃一(교약획일)

陣 진
진칠, 진
陣營(진영), 陣地(진지), 陣頭(진두) -指揮(지휘), 陣痛(진통)⇒産痛(산통),
對陣(대진)

輯 집
①모을 ②화목할
編輯(편집), 蒐輯(수집), 輯(集)錄(집록)

轢 력
①치일, 깔릴 ②부딪칠
轢死(역사), 軋轢(알력), 車轢(차력)

轟 굉
울릴, 수레소리
轟音(굉음), 轟沈(굉침), 雷轟(뇌굉), 喧轟(훤굉)

漸 점
①점점 ②들, 스밀 ③번질, 젖을 ④나아갈 ⑤심할
漸漸(점점), 漸次(점차), 漸染(점염), 漸進(점진), 東漸(동점) 西勢(서세)−, 漸入佳境(점입가경)

捉 착
잡을
捕捉(포착)⇒把捉(파착), 捉來(착래)↔捉去(착거), 執捉(집착) ∴ 執着(집착)과 다름, 捉頭僅捉尾(착두근착미)

促 촉
①재촉할 ②촉박할
督促(독촉), 促迫(촉박), 促成(촉성), 促進(촉진), 催促(최촉), 販促(판촉)

足 족·주
①발 ②넉넉할(㉠족) ③과할, 지나칠(㉡주)
手足(수족), 洽足(흡족)⇒滿足(만족), 足掌(족장)⇒발바닥, 足跡(족적), 足恭(주공)→阿諂(아첨)/−非禮(주공비례)

站 참
①역마을 ②쉬다
驛站(역참), 兵站(병참) −基地(기지), 站站(참참)이, 站數(참수)

砧 침
다듬잇돌
砧石(침석)⇒다듬잇돌, 砧聲(침성)⇒다듬이 소리, 砧杵(침저)⇒다듬이 방망이

拈 념·점
①집을 들다(㉠념) ②따다(㉡점)
拈香(염(점)향)⇒焚香(분향), 拈華微笑(염화미소)⇒以心傳心(이심전심)

貼 첩
①붙일 ②첩(한약 봉지)
貼付(첩부), 貼用(첩용), 貼藥(첩약), 二十貼(이십첩)

粘 점
①붙을 ②끈끈할
粘着(점착) −劑(제), 粘膜(점막), 粘液(점액), 粘土(점토)

懺 참
뉘우칠, 회개할
懺悔(참회) −錄(록), 懺洗(참세)⇒懺除(참제)

纖 섬
가늘, 발이 고운 비단
纖細(섬세), 纖維(섬유) −工業(공업), 纖纖玉手(섬섬옥수), 纖羅(섬라)⇒얇은 비단

籤 첨
①제비, 접대 ②찌
抽籤(추첨), 籤紙(첨지), 當籤(당첨), 書籤(서첨)

責 책
①맡을, 책임 ②꾸짖을 ③권할, 요구할
責務(책무), 責任(책임), 責望(책망), 譴責(견책), 職責(직책)

債 채
빚
債務(채무), 債權(채권), 債券(채권), 負債(부채), 國責(국채)

積 적
①쌓을 ②거듭할
積立(적립) －金(금), 積極(적극)↔消極(소극), 積阻(적조), 堆積(퇴적)

悽 처
슬퍼할, 애통할, 애처로울
悽絶(처절) －한 울부짖음, 悽然(처연), 悽慘(처참), 悽愴(처창)

棲 서
깃들일＝捿
棲息(서식), 棲宿(서숙), 同棲(동서) ∴同壻(동서)와 다름, 兩棲(양서), 棲屑(서설)

捷 첩
①빠를 ②이길
捷徑(첩경)⇒지름길, 捷報(첩보), 敏捷(민첩), 大捷(대첩), 勝捷(승첩)

脊 척
등성마루
脊椎(척추) －動物(동물), 脊梁(척량) －山脈(산맥), 脊髓(척수) －神經(신경)

背 배
①등 ②등질 ③어길
背景(배경)↔前景(전경), 背水陣(배수진), 背信(배신), 背囊(배낭), 背叛(배반)

北 북·배
①북녘(㉠북)↔南(남) ②달아날(싸움에 져서)(㉡배)
南北(남북), 北極(북극) －星(성), 北半球(북반구), 敗北(패배)

賤 천
①천할 ②값쌀 ㉚賎
賤待(천대)→薄待(박대), 賤視(천시), 貴賤(귀천), 賤價(천가)

錢 전
①돈 ②무게 단위(돈쭝＝1냥의 10분의 1＝3.75g)
金錢(금전)⇒돈/－出納簿(출납부), 錢主(전주), 換錢(환전), 本錢(본전)

殘 잔
①남을, 나머지 ②모질, 잔인할 ③해칠, 상할
殘額(잔액), 殘忍(잔인), 相殘(상잔) 同族(동족)－, 殘溜(잔류), 殘酷(잔혹), 殘滓(잔재)

天 천
①하늘 ②자연
天地(천지), 天然(천연) ―記念物(기념물), 不怨天不尤人(불원천불우인), 晴天(청천)

夭 요
①일찍 죽을 ②예쁠
夭折(요절)⇒夭死(요사), 夭夭(요요), 夭桃(요도) ―時節(시절)

夫 부
①사내 ②남편 ③일하는 남자
丈夫(장부), 夫婦(부부), 人夫(인부), 農夫(농부), 夫君(부군)

央 앙
가운데
中央(중앙)↔地方(지방)/―政府(정부)

失 실
①잃을↔得(득) ②그르칠, 잘못할
得失(득실), 失業(실업) ―者(자), 失敗(실패)↔成功(성공), 過失(과실)

矢 시
①화살 ②맹세할
弓矢(궁시)⇒활과 화살, 矢心(시심), 矢言(시언), 矢鏃(시촉)⇒화살촉

沃 옥
기름질, 윤택할
沃土(옥토)↔薄土(박토), 肥沃(비옥), 沃畓(옥답), 沃野(옥야)

擅 천
천단할, 제 마음대로 할
擅斷(천단), 擅名(천명)→揚名(양명), 專擅(전천)⇒專行(전행), 擅橫(천횡)

壇 단
①제터 ②단 ③뜰
祭壇(제단), 演壇(연단), 文壇(문단), 花壇(화단), 敎壇(교단), 壇場(단장)

千 천
①일천 ②많다 ③성씨(姓氏)
三千里(삼천리) ―강산, 千秋(천추) ―遺恨(유한), 千辛萬苦(천신만고)

干 간
①방패 ②구하다 ③마를 ④난간
干城(간성), 干求(간구), 干拓地(간척지), 欄干(난간), 若干(약간), 干涉(간섭)

午 오
①낮 ②일곱째 지지(말띠) ③어수선하다
午睡(오수)⇒낮잠, 午時(오시), 正午(정오)⇒낮 12시, 端午(단오), 甲午(갑오) ―更張(경장)

牛 우
①소 ②별이름
牛乳(우유), 牛耳(우이) －讀經(독경), 牽牛(견우) －織女(직녀), 九牛一毛(구우일모)

件 건
①조건, 사건이나 일 ②나눌, 구별할
要件(요건), 事事件件(사사건건), 條件(조건), 件數(건수), 一件書類(일건서류)

川 천
내, 냇물
山川(산천), 河川(하천), 川獵(천렵), 川河辜爲盲故(천하고위맹고)

州 주
①고을 ②삼각주≒洲(주)
州郡(주군), 濟州(제주), 州閭(주려)⇒村落(촌락)

災 재
재앙
災殃(재앙), 災難(재난), 災害(재해), 天災(천재), 火災(화재)

巡 순
①두루 돌 ②순행할
巡禮(순례), 巡察(순찰), 巡廻(순회) －公演(공연), 巡杯(순배)

巢 소
①새집 ②큰 피리
巢居(소거), 巢窟(소굴), 巢笙(소생)⇒큰 피리, 大笙(대생), 卵巢(난소)

諂 첨
아첨할, 아양부릴
阿諂(아첨)⇒阿附(아부), 諂笑(첨소), 諂佞(첨녕)

焰 염
불꽃＝燄(염)
火焰(화염)⇒불꽃, 氣焰(기염) －萬丈(만장)

陷 함
①빠질 ②함정 ③무너질 약 陥
陷沒(함몰), 缺陷(결함), 陷穽(함정), 陷落(함락), 謀陷(모함)

晴 청
갤, 날 개일
晴天(청천)↔曇天(담천), 晴曇(청담), 晴暉(청휘)

睛 정
눈동자
眼睛(안정)⇒눈동자, 畵龍點睛(화룡점정), 描睛(묘정)

猜 시
①시기할 ②의심할
猜忌(시기)→嫉妬(질투), 猜疑(시의), 猜謗(시방), 猜嫌(시혐)

替 체
①바꿀, 대신할 ②쇠퇴할
交替(교체)⇒交代(교대), 代替(대체), 隆替(융체)⇒盛衰(성쇠)

贊 찬
①찬성할↔否(부) ②기릴 속賛
贊成(찬성), 贊助(찬조) －金(금), 贊否(찬부)

潛 잠
①잠길, 자맥질할 ②감출 속潜
潛水(잠수) －夫(부)/－艦(함), 潛跡(잠적), 潛伏(잠복)

焦 초
①구울 ②속을 태우다
焦土(초토) －戰術(전술), 焦燥(초조), 焦點(초점), 焦眉之急(초미지급)

隻 척
①외짝↔雙(쌍) ②척(배를 세는 단위)
隻手(척수)↔雙手(쌍수), 隻愛(척애), 隻眼(척안), 百隻(백척)

唯 유
①오직, 뿐≒惟, 維 ②대답할
唯一(유일) －無二(무이), 唯我獨尊(유아독존)

集 집
모일, 모임
集中(집중), 集結(집결), 集會(집회)⇒會合(회합), 集團(집단), 集大成(집대성)

讎 수
원수＝讐
讎仇(수구)⇒怨讐(원수), 復讎(복수), 讎校(수교)⇒校正(교정)

雙 쌍
쌍, 짝 약双
雙手(쌍수)⇒兩手(양수), 雙方(쌍방), 雙肩(쌍견), 雙璧(쌍벽), 雙罰(쌍벌)

携 휴
①가질, 들 ②끌, 이끌 본攜
携帶(휴대), 提携(제휴), 携手(휴수)－同歸(동귀), 携貳(휴이)

秒 초·묘
①시간, 각도, 경도, 위도 등의 단위(㉠초) ②까끄라기, 작다(㉡묘)
秒速(초속), 秒針(초침), 秒忽(묘홀), 分秒(분초)

秋 추

①가을 ②세월, 때

春秋(춘추), 秋收(추수), 秋風落葉(추풍낙엽), 千秋(천추), 秋波(추파), 秋毫(추호)

穗 수

이삭

落穗(낙수), 發穗(발수)⇒出穗(출수), 拔穗(발수), 穗狀花(수상화)

私 사

①개인, 사사로이↔公(공) ②은밀할

私見(사견), 私感(사감), 私憾(사감)⇒私怨(사원), 私立(사립)↔公立(공립), 私邸(사저)↔官邸(관저), 私費(사비)⇒自費(자비)

程 정

①법 ②한도, 정도 ③길, 길거리

程式(정식)⇒法式(법식)⇒格式(격식), 程度(정도), 路程(노정), 過程(과정), 課程(과정), 規程(규정) ※規定(규정), 旅程(여정)

稠 조

①빽빽할, 많을 ②진할, 농후할

稠密(조밀), 稠人(조인) －廣座(광좌), 粘稠(점조)

稗 패

①피(볏과의 한해살이풀) ②잘다, 작다

稗史(패사)→野史(야사), 稗說(패설)⇒巷談(항담)⇒逸話(일화)

稱 칭

①일컬을 ②헤아릴 ③칭찬할 ④맞을, 알맞을 약称

稱號(칭호)→名稱(명칭), 稱(秤)量(칭량), 稱頌(칭송), 稱讚(칭찬)

稷 직

①기장, 피 ②곡식의 신

黍稷(서직), 稷神(직신)⇒五穀(오곡)의 神(신), 社稷(사직)

穆 목

①화목할 ②공경할 ③아름다울 ④편안할

和穆(睦)(화목), 穆然(목연), 穆穆(목목)⇒言行(언행)이 온화한 모양

稽 계

①생각할 ②머무를 ③조아릴

稽古(계고), 稽考(계고), 稽留(계류), 滑稽(골계), 稽首(계수), 荒唐無稽(황당무계)

招 초

불러올

招來(초래), 招待(초대), 招人鐘(초인종), 招聘(초빙)

昭 소

밝을

昭明(소명)⇒밝음, 환함, 昭詳(소상), 昭穆(소목)

照 조
①비출 ②대조할
照明(조명), 對照(대조), 照準(조준), 照會(조회), 參照(참조), 照鑑(조감)

燭 촉
①촛불 ②밝을 ③촉(촉광)
燭光(촉광), 燭淚(촉루), 洞燭(통촉), 華燭(화촉) −之典(지전)

濁 탁
①흐릴, 더러울 ②어지러울
濁流(탁류), 濁世(탁세)→俗世(속세), 濁酒(탁주)⇒막걸리, 混濁(혼탁)

獨 독
홀로, 외로울 약独
獨子(독자), 獨立(독립), 孤獨(고독), 獨掌不鳴(독장불명)

村 촌
마을
村落(촌락)↔都市(도시), 農村(농촌), 村家(촌가), 僻村(벽촌), 山村(산촌)

杜 두
①막을 ②아가위나무 ③성씨
杜絶(두절), 杜門不出(두문불출), 杜鵑花(두견화), 杜酒(두주), 杜撰(두찬)

朽 후
①썩을 ②쇠할
不朽(불후), 老朽(노후), 枯朽(고후), 朽落(후락), 朽木(후목)

材 재
①재목 ②감, 재료
材木(재목), 材料(재료), 人材(인재), 製材(제재) −所(소), 資材(자재)

林 림
①수풀 ②빽빽할
林野(임야), 山林(산림), 林立(임립), 竹林(죽림), 造林(조림), 書林(서림)

禁 금
①금할, 금지할 ②대궐
禁止(금지) 通行(통행)−, 拘禁(구금), 禁煙(금연), 禁錮(금고)

森 삼
①나무 빽빽할 ②엄숙한 모양
森林(삼림), 森羅(삼라) −萬象(만상), 森嚴(삼엄), 森森(삼삼)

最 최
가장, 제일
最古(최고), 最善(최선), 最大(최대), 最適(최적), 最初(최초)

撮 촬
①사진 찍을 ②취할 ③자밤
撮影(촬영) 寫眞(사진)−, 撮要(촬요), 撮土(촬토)

叢 총
①모을 ②떨기, 떼
叢書(총서), 叢中(총중), 叢輕折軸(총경절축), 叢說(총설), 叢生(총생)

春 춘
봄
春秋(춘추), 春夢(춘몽) 一場(일장)−, 立春(입춘), 青春(청춘), 春風秋雨(춘풍추우)

蠢 준
①꿈틀거릴 ②어리석을
蠢動(준동), 蠢愚(준우), 蠢然(준연)

舂 용
방아찧을
舂碓(용대)⇒절구통, 舂杵(용저)⇒절굿공이, 舂精(용정)

衷 충
속마음, 진심
衷心(충심)→衷情(충정), 苦衷(고충), 折衷(절충), 衷懇(충간)

束 속
①묶을 ②약속할
束縛(속박), 約束(약속), 拘束(구속), 束手無策(속수무책)

哀 애
①슬플 ②불쌍히 여길
哀悼(애도), 哀乞(애걸) −伏乞(복걸), 哀惜(애석), 哀愁(애수), 哀歡(애환)

衰 쇠·최
①쇠할, 약할(㉠쇠) ②상복(㉡최)
衰亡(쇠망), 盛衰(성쇠), 衰弱(쇠약), 衰服(최복), 齋衰(재최) −杖朞(장기)

沖 충
①화할 ②빌 ③어릴 ④달아오를 ㊗ 冲
沖氣(충기), 沖虛(충허), 沖年(충년), 沖天(충천), 沖積(충적) −土(토)

仲 중
①버금, 둘째 ②가운데
仲兄(중형)⇒仲氏(중씨), 仲秋(중추)⇒①한가위 ②음력 8월, 仲商(중상), 仲介(중개) 人(인), 仲裁(중재), 仲媒(중매)

伸 신
①펼↔屈(굴) ②기지개 켤
屈伸(굴신), 伸縮(신축), 欠伸(흠신), 伸長(신장), 伸張(신장) 國力(국력)−, 追伸(申)(추신)

蟲 충
벌레 ㉾虫
蟲災(충재)⇒蟲害(충해), 蟲齒(충치), 昆蟲(곤충), 蛔蟲(회충)

蛇 사
뱀
蛇足(사족)⇒畫蛇添足(화사첨족), 長蛇陣(장사진), 毒蛇(독사)

蛋 단
알, 새알
蛋白(단백) －質(질)/－尿(뇨), 蛋殼(단각)⇒알의 껍질

蛙 와
①개구리 ②음란할
井底蛙(정저와)⇒우물 안 개구리, 蛙聲(와성), 蛙鳴蟬噪(와명선조)

蠶 잠
누에 ㉾蚕
養蠶(양잠), 蠶食(잠식), 繭蠶(견잠)⇒고치를 지은 누에

熾 치
①불 활활 탈 ②성할
熾灼(치작), 熾盛(치성), 熾烈(치열) －한 競爭(경쟁)

識 식·지
①알(㉠식) ②기록할(㉡지)
識見(식견), 識別(식별)⇒辨別(변별), 常識(상식), 博識(박식), 標識(표지) －板(판)

織 직
짤
織物(직물), 織造(직조), 織烏(직오)⇒太陽(태양), 織女(직녀) 牽牛(견우)－, 組織(조직), 紡織(방직)

打 타
①치다, 때리다 ②관사(冠詞) ③다스(단위)
毆打(구타), 打破(타파), 打開(타개), 打診(타진), 打算(타산)

抒 서
펼, 토로할
抒情(서정) －詩(시)/－的(적), 抒題(서제)⇒序言(서언), 抒廁(서측)

拷 고
때릴, 고문할
拷問(고문) －致死(치사), 拷掠(고략)⇒奪取(탈취), 拷囚(고수)

捺 날
찍다, 손으로 누를
捺印(날인)⇒捺章(날장), 捺染(날염)

掉 도

혼들, 떨칠

掉舌(도설), 掉頭(도두), 掉舌(도설)⇒遊說(유세), 掉尾(도미)

掃 소

쓸다

淸掃(청소)⇒掃除(소제), 掃蕩(소탕) －戰(전), 一掃(일소) 不淨腐敗(부정부패)－

揭 게

높이 들

揭揚(게양) －臺(대), 揭示(게시) －板(판), 揭載(게재) 新聞(신문)에 －

揖 읍

읍할

揖禮(읍례), 揖讓(읍양)↔征誅(정주), 恭揖(공읍)

插 삽

꽂을, 끼울 ㊗ 揷

插入(삽입), 插畵(삽화), 插木(삽목), 插話(삽화), 插花(삽화)

唾 타

침, 침 뱉다

唾液(타액)⇒침, 唾棄(타기), 唾罵(타매), 唾手可得(타수가득)

睡 수

졸, 잠자다

睡眠(수면)⇒잠, 잠을 자다, 午睡(오수)⇒낮잠, 昏睡(혼수)

錘 추

저울추, 무게

秤錘(칭추)⇒저울추, 紡錘(방추)⇒물레의 가락

卓 탁

①높을 ②뛰어날, 훌륭한 ③책상

卓立(탁립), 卓越(탁월), 卓子(탁자), 卓上(탁상) －時計(시계), 食卓(식탁), 卓球(탁구)

悼 도

슬퍼할

哀悼(애도)⇒哀戚(애척), 追悼(추도) －式(식), 悼惜(도석)

綽 작

①너그러울, 여유있을 ②유순할 ③많을

綽綽(작작) 餘裕(여유)－, 綽約(작약), 綽態(작태), 綽楔(작설)

呑 탄

삼킬↔吐(토)

甘呑苦吐(감탄고토), 竝(倂)呑(병탄) －合倂(합병)⇒吸收合倂(흡수합병)

沃 옥
①기름질, 윤택할 ②손씻을
沃土(옥토)↔薄土(박토), 沃盥(옥관), 肥沃(비옥), 沃度(옥도) –丁幾(정기)

妖 요
①요사할 ②요염할 ③요괴, 도깨비
妖妄(요망), 妖艶(요염), 妖怪(요괴), 妖邪(요사), 妖術(요술)

奪 탈
①빼앗을 ②빼앗기다
奪取(탈취), 奪胎(탈태) 換骨(환골)–, 奪還(탈환), 掠奪(약탈), 爭奪(쟁탈)

奮 분
①떨칠 ②힘쓸 ③성낼
奮發(분발)⇒發奮(발분), 奮臂(분비), 奮鬪(분투), 興奮(흥분)

套 투
①버릇, 전례 ②씌우개, 덮개
常套(상투) –語(어), 封套(봉투), 外套(외투)

兌 태
①바꿀 ②괘 이름
兌換(태환) –券(권), 兌方(태방), 兌管(태관), 發兌(발태)

悅 열
기쁠
悅樂(열락), 喜悅(희열), 法悅(법열), 悅親(열친), 悅口之物(열구지물)

脫 탈
벗을, 빠질
脫穀(탈곡), 脫落(탈락), 脫毛(탈모), 剝脫(박탈), 離脫(이탈), 脫退(탈퇴)

稅 세·탈
①세금(㉠세) ②벗을(㉡탈)
稅金(세금), 稅制(세제), 稅務署(세무서), 稅關(세관), 稅冕(탈면), 稅衣(탈의)

說 설·세·열
①말씀(㉠설) ②달랠(㉡세) ③기쁠(㉢열)
說話(설화), 說明(설명), 遊說(유세), 說客(세객), 不亦說乎(불역열호)

銳 예
①날카로울↔鈍(둔) ②날쌜 ③똑똑할
銳利(예리), 銳敏(예민) 感覺(감각)–, 精銳(정예), 尖銳(첨예)

擇 택
가릴, 고를 ㉮择
選擇(선택), 採擇(채택), 擇日(택일), 揀擇(간택), 擇地(택지)

譯 역

번역할, 풀이하다

飜譯(번역), 通譯(통역), 譯經(역경), 譯解(역해), 國譯(국역)

釋 석

①풀, 해석할 ②용서할 ③부처, 중

釋然(석연), 釋放(석방), 釋迦牟尼(석가모니), 釋門(석문)⇒佛門(불문)/僧家(승가), 解釋(해석), 註釋(주석), 釋奠(석전·석존), 保釋(보석), 放釋(방석)

鐸 탁

방울, 요령

木鐸(목탁), 鼓鐸(고탁)⇒북과 방울, 鐸舞(탁무), 鈴鐸(영탁)⇒방울

土 토

①흙 ②오행의 하나 ③별이름

土砂(토사), 國土(국토), 田土(전토), 土着(토착), 沃土(옥토), 土崩瓦解(토붕와해)

圭 규

①서옥 ②저울의 눈금 단위 ③모날, 모

圭角(규각), 刀圭(도규), 圭田(규전)

佳 가

①아름다울 ②좋을

佳人(가인), 佳作(가작), 佳景(가경), 佳約(가약) 百年(백년)－

桂 계

계수나무

桂樹(계수)⇒계수나무, 桂皮(계피), 月桂冠(월계관), 桂冠詩人(계관시인)

封 봉

①봉할 ②흙무덤 ③제후 봉할

封印(봉인), 封土(봉토), 封建(봉건) －時代(시대), 封墳(봉분)

幇 방

도울, 거들다＝幫

幇助(방조) －罪(죄), 幇辨(방변)

畦 휴

밭두둑

畦畔(휴반)⇒밭두둑, 畦道(휴도)⇒두둑길, 畦丁(휴정)

鞋 혜

신

麻鞋(마혜)⇒미투리, 鞋痕(혜흔), 竹杖芒鞋(죽장망혜)

通 통

①통할 ②알릴 ③지나다 ④정을 통할

通過(통과), 通知(통지), 通達(통달), 姦通(간통), 普通(보통)

誦 송
①욀, 외우다 ②소리내어 읽을
誦讀(송독)⇒暗誦(암송), 誦詠(송영), 誦呪(송주)

踊 용
①춤 출 ②뛸
舞踊(무용)⇒舞蹈(무도)⇒춤, 踊躍(용약), 喜踊(희용)

判 판
①판단할, 판결할 ②구분이 똑똑할
判斷(판단), 判決(판결), 判異(판이), 判定(판정) −勝(승), 批判(비판)

利 리
①이로울, 이익 ②날카로울 ③편리할 ④통할 ⑤이자
利益(이익), 利劍(이검), 便利(편리), 利尿(이뇨) −劑(제), 利子(이자)

刷 쇄
①인쇄할 ②고칠, 솔질할
印刷(인쇄), 刷新(쇄신) 庶政(서정)−, 刷掃(쇄소), 刷洗(쇄세)

刹 찰
①절 ②짧은 시간
寺刹(사찰)⇒절, 刹那(찰나), 古刹(고찰), 刹竿(찰간)

劇 극
①심할 ②연극
劇烈(극렬), 劇藥(극약), 劇場(극장), 演劇(연극), 劇作(극작) −家(가)

刈 예
풀 벨, 벨
刈刀(예도)⇒낫, 刈穫(예확)⇒收穫(수확)

坪 평
평수(넓이 단위)
一百坪(일백평)⇒330㎡, 建坪(건평)⇒建築面積(건축면적), 坪當(평당)

秤 칭
저울, 100근(斤), 공평할
秤錘(칭추)⇒저울추, 秤板(칭판)⇒저울판, 天平秤(천평칭), 秤心(칭심)

蔽 폐
가릴, 가리울
掩蔽(엄폐) −物(물), 隱蔽(은폐), 蔽塞(폐색), 蔽一言(폐일언)

瞥 별
언뜻 볼, 슬쩍 볼
瞥見(별견), 瞥眼間(별안간), 一瞥(일별)

廠 창

①마구 ②공장, 공작소 ㊀속 敞

廠舍(창사)⇒헛간, 工作廠(공작창), 兵器廠(병기창)⇒造兵廠(조병창)

褒 포

①기릴 ②칭찬할

褒賞(포상), 褒貶(포폄), 褒懲(포징)

褻 설

①더러울 ②속옷 ③친압할

猥褻(외설), 褻狎(설압), 褻衣(설의)⇒속옷, 褻器(설기)⇒便器(변기)

裔 예

후손

後裔(후예)⇒後孫(후손), 末裔(말예)⇒末孫(말손), 裔土(예토)⇒먼 변방

品 품

①물품 ②등급 ③품격 ④품평

物品(물품), 品數(품수), 品格(품격), 品評(품평) -會(회)

哭 곡

울다, 큰 소리로 욺

痛哭(통곡)⇒慟哭(통곡), 哭聲(곡성), 號哭(호곡)

單 단·선

①홑, 하나 ②다할 ③외로울(㉠단) ④오랑캐 임금(㉡선)

單一(단일) -民族(민족), 名單(명단), 簡單(간단), 單于(선우)

器 기

①그릇 ②재능

器具(기구), 大器(대기), 瓷器(자기), 器樂(기악)↔聲樂(성악)

喪 상

①복입을 ②초상 ③죽을 ④잃을

喪服(상복), 喪家(상가), 喪失(상실), 初喪(초상), 問喪(문상)

嚴 엄

①엄할 ②혹독할 ③경계할 ④공경할 ㊀약 厳

嚴禁(엄금), 嚴冬(엄동), 戒嚴(계엄), 嚴慕(엄모), 嚴格(엄격)

囊 낭

주머니, 자루

背囊(배낭)-旅行(여행), 寢囊(침낭)⇒슬리핑백, 囊中之錐(낭중지추)

豊 풍

①풍성할 ②풍년들↔凶(흉) ㊀본 豐

豊年(풍년)↔凶年(흉년), 豊盛(풍성), 豊富(풍부), 豊饒(풍요), 豊取刻與(풍취각여)

禮 례
①예절 ②절, 인사 ㉮礼
禮節(예절)⇒禮度(예도), 禮拜(예배) -堂(당), 敬禮(경례), 賀禮(하례)

艶 염
①고울 ②예쁠, 탐스러울 ㉯艷
艶文(염문)⇒艶書(염서), 艶聞(염문), 妖艶(요염), 艶情(염정)⇒戀情(연정)

典 전
①법 ②책 ③도덕 ④본보기
字典(자전)⇒玉篇(옥편), 典據(전거)⇒出典(출전), 事典(사전), 辭典(사전), 典當(전당) -鋪(포), 法典(법전), 祭典(제전), 典型(전형) -的(적)

曲 곡
①굽을 ②곡절 ③가락 ④곡예
屈曲(굴곡), 曲折(곡절), 曲調(곡조), 樂曲(악곡), 曲藝(곡예), 歪曲(왜곡)

皮 피
가죽, 껍질
皮骨(피골) -相接(상접), 皮膚(피부), 皮革(피혁), 皮肉(피육) -之見(지견), 虎皮(호피)

波 파
①물결, 파도 ②파장
波濤(파도), 波動(파동), 波及(파급), 波紋(파문), 風波(풍파), 電波(전파), 音波(음파), 波瀾萬丈(파란만장), 秋波(추파)

皺 추
주름살
皺紋(추문), 皺面(추면), 皺月(추월), 尾皺(미추)

必 필
반드시, 꼭
必修(필수), 必要(필요), 必需品(필수품), 必勝(필승), 期必(기필), 必然(필연)↔偶然(우연)

秘 비
①숨길 ②신비할 ㉰祕
秘密(비밀), 極秘(극비), 秘訣(비결), 神秘(신비), 秘書(비서), 便秘(변비)

弼 필
①도울 ②도지개
輔弼(보필), 弼成(필성), 弼匡(필광), 弼導(필도)

粥 죽·육
①죽, 미음(㉠죽) ②팔(㉡육)
粥飯(죽반) -僧(승), 粥筩(죽통), 羹粥(갱죽)⇒국과 미음

下 하
①아래 ②뒤 ③내리다 ④낮출 ⑤떨어질 ⑥조건, 환경
上下(상하), 下略(하략), 下野(하야), 下落(하락), 刻下(각하), 却下(각하) ∴棄却(기각), 閣下(각하)와 다름

卞 변

①조급할 ②성씨(姓氏)

卞急(변급)⇒躁急(조급), 卞(辨)正(변정), 卞氏(변씨), 躁卞(조변)

寸 촌

①마디 ②치(길이의 단위) ③촌수

寸志(촌지), 寸刻(촌각), 一寸(일촌) 一光陰不可輕(광음불가경), 寸數(촌수)

丁 정

①장정 ②일꾼 ③넷째 천간

壯丁(장정), 白丁(백정), 丁年(정년), 兵丁(병정), 丁丑(정축)

卜 복

①점, 점치다 ②짐바리

卜師(복사), 卜債(복채), 卜駄(복태), 占卜(점복)

賀 하

하례할, 축하할

賀禮(하례), 祝賀(축하), 賀客(하객), 慶賀(경하)→祝賀(축하), 謹賀(근하) 一新年(신년)

貿 무

①무역 ②바꿀

貿易(무역) 一風(풍)/一港(항), 貿穀(무곡)⇒貿米(무미)

質 질·지

①바탕, 근본 ②질박할 ③묻다(㉠질) ④볼모(㉡지)

品質(품질), 質朴(질박)⇒質樸(질박), 質疑(질의), 質責(질책), 性質(성질)

費 비

①쓸, 소비할 ②비용

消費(소비)↔生産(생산), 費用(비용), 經費(경비), 浪費(낭비), 會費(회비)

寶 보

①보배 ②돈 ③재보 약 宝

寶物(보물)⇒寶貨(보화), 國寶(국보), 寶鑑(보감) 銘心(명심)一

贅 췌

①혹 ②군더더기 ③데릴사위

贅言(췌인), 贅壻(췌서)⇒데릴사위, 贅瘤(췌류)⇒혹⇒瘿瘤(영류), 贅肉(췌육)⇒군살

價 가

값 약 価

價格(가격), 價値(가치), 物價(물가), 評價(평가), 時價(시가), 定價(정가)

買 매

살↔賣

買受(매수)↔賣渡(매도), 競買(경매), 購買(구매), 賣買(매매)

艦 함
싸움배, 군함
軍艦(군함), 艦隊(함대), 巡洋艦(순양함), 驅逐艦(구축함)

鑑 감
①거울, 모범 ②비칠, 살필
龜鑑(귀감)⇒본보기, 鑑賞(감상), 鑑定(감정), 鑑別(감별)

喊 함
고함지를
高喊(고함), 喊聲(함성), 鼓喊(고함)

箴 잠
①돌침, 바늘 ②경계할
箴石(잠석)⇒돌침, 箴言(잠언), 箴諫(잠간), 箴戒(잠계), 酒箴(주잠)

鍼 침
①침, 침놓을 ②바늘
鍼術(침술), 鍼灸術(침구술), 鍼孔(침공), 鍼筒(침통), 鍼子偸賊大牛(침자투적대우)⇒ 바늘도둑이 소도둑 된다

減 감
덜, 감할↔增(증)
減縮(감축), 增減(증감), 減員(감원)↔增員(증원)

合 합·홉
①합할, 모일 ②맞을(㉠합) ③홉(1되의 10분의 1)(㉡홉)
合計(합계), 組合(조합), 合唱(합창), 合理化(합리화), 一合(일홉)⇒10분의 1되

洽 흡
①젖을 ②화합할 ③두루, 널리
洽汗(흡한), 洽足(흡족)↔未洽(미흡), 洽覽(흡람), 洽然(흡연), 洽聞(흡문)

拾 습·십
①주울 ②거두다(㉠습) ③열(㉡십)
拾得(습득) -物(물), 收拾(수습) -策(책), 參拾(삼십) -원 整(정)

給 급
①줄 ②넉넉할
給與(급여), 給料(급료), 供給(공급), 給足(급족), 配給(배급)

拿 나
잡을, 붙잡다=拏
拿捕(나포), 拿獲(나획), 拿入(나입)⇒拿致(나치), 拿鞫(나국)⇒鞫問(국문)

答 답
①대답할 ②갚을, 보답할
對答(대답), 報答(보답), 解答(해답), 答禮(답례), 東問西答(동문서답)

翕 흡
①합할 ②모임
翕然(흡연), 翕合(흡합)⇒모여듦, 모임

抗 항
①대항할 ②막을 ③들, 올릴
抗拒(항거), 對抗(대항), 反抗(반항), 抵抗(저항), 抗訴(항소), 抗體(항체)

坑 갱
구덩이＝阬
坑道(갱도), 坑路(갱로), 金坑(금갱), 坑內(갱내), 鑛坑(광갱), 坑夫(갱부)

項 항
①목, 목덜미 ②항목, 사항
項鎖(항쇄) －足鎖(족쇄), 項目(항목), 條項(조항), 事項(사항), 項背相望(항배상망)

頂 정
정수리, 꼭대기
頂上(정상) －會談(회담), 頂門(정문) －一針(일침), 山頂(산정), 頂點(정점)

頃 경·규
①잠깐 ②요즈음 ③100이랑(㉠경) ④반걸음(㉡규)
頃刻(경각), 頃者(경자)⇒近來(근래)⇒요즈음, 萬頃(만경) －滄波(창파), 月頃(월경)⇒한달쯤, 달포 ∴月經(월경)과 다름, 頃步(규보)⇒半步(반보)⇒반걸음

順 순
①순할 ②좇을 ③차례
順坦(순탄), 順從(순종), 順序(순서), 溫順(온순), 順應(순응), 順延(순연)

須 수
①반드시 ②모름지기 ③수염 ④잠깐
必須(필수), 須知(수지)⇒必知(필지), 須髮(수발), 須臾(수유)⇒잠깐

頗 파
①자못, 매우 ②치우칠, 기울
頗多(파다)⇒자못 많음, 偏頗(편파) －報道(보도), 頗僻(파벽)

類 류
①무리 ②비슷할 ③대개
種類(종류), 類別(유별), 類似(유사), 人類(인류), 類例(유례), 類推(유추)

額 액
①이마 ②수량, 편액 ③현관
廣額(광액), 總額(총액), 金額(금액), 額面(액면), 定額(정액), 額字(액자), 額差地代(액차지대)

顔 안
얼굴
顔面(안면) －不知(부지), 顔色(안색), 顔料(안료), 厚顔(후안) －無恥(무치)

害 해
①해칠 ②해, 손해 ③방해할 ④요해
殺害(살해), 加害(가해), 妨害(방해), 要害處(요해처), 害蟲(해충)

憲 헌
①법 ②관청, 관리
憲法(헌법), 憲政(헌정), 憲兵(헌병), 憲章(헌장), 官憲(관헌), 改憲(개헌)

割 할
①나눌 ②가를, 벨 ③할(10분의 1)
割當(할당), 割腹(할복) －自殺(자살), 分割(분할), 一割(일할)⇒10분의 1

豁 활
뚫린 골, 소통할
豁達(활달) －大道(대도), 空豁(공활), 豁然(활연) －貫通(관통)

亥 해
돼지, 열두째 지지
亥年(해년), 亥時(해시)⇒오후 9시부터 11시 사이

劾 핵
캐물을
彈劾(탄핵) －訴追權(소추권), 劾狀(핵장), 劾情(핵정)

刻 각
①새길 ②모질 ③시각
彫刻(조각) －美術(미술), 刻薄(각박) －한 世上(세상), 寸刻(촌각), 時刻(시각), 頃刻(경각), 刻鵠類鶩(각곡유목), 刻一刻(각일각)

行 행·항
①다닐, 걸을 ②행할 ③길 갈, 여행(㉠행) ④항렬(㉡항)
行路(행로), 實行(실행), 行裝(행장), 行列(행렬, 항렬), 行伍(항오), 通行(통행)

衍 연
①퍼질 ②넓힐 ③남을
蔓衍(延)(만연) 전염병이 －하다, 衍義(연의), 衍文(연문), 敷衍(부연)

街 가
거리, 한길
街路(가로), 市街(시가) －行進(행진), 街談巷說(가담항설), 商街(상가)

術 술
①꾀, 재주 ②기술
術策(술책)⇒計略(계략), 技術(기술), 美術(미술), 藝術(예술)

銜 함
①직함 ②재갈 ③머금다 ㊗ 啣
名銜(啣)(명함), 銜勒(함륵)⇒재갈, 馬銜(마함), 銜枚(함매), 姓銜(성함)

衙 아

①관청 ②마을

官衙(관아)⇒官廳(관청), 衙門(아문), 衙前(아전)⇒胥吏(서리) 下典(하전)

衒 현

자랑할

衒學(현학), 衒女(현녀), 衒才(현재), 子衒(자현)

衝 충

①찌를, 충동 ②목, 요긴한 곳

衝突(충돌), 衝擊(충격), 要衝(요충), 緩衝(완충), 折衝(절충)

衛 위

지킬, 호위할 ㊄衞

守衛(수위), 防衛(방위), 衛生(위생), 衛兵(위병)⇒護衛兵(호위병)

衡 형·횡

①저울 ②평평할(㉠형) ③가로(㉡횡)

度量衡(도량형), 平衡(평형), 均衡(균형) −財政(재정), 衡行(횡행), 連衡(연횡) 合縱(합종)−, 銓衡(전형)⇒選考(선고)

幸 행

①다행 ②요행 ③바랄 ④거동할

幸福(행복), 僥幸(요행), 幸冀(행기), 行幸(행행), 幸姬(행희)⇒寵妾(총첩)

執 집

①잡을 ②벗

執權(집권), 執務(집무) −時間(시간), 執行(집행), 執着(집착), 執拗(집요)

報 보

①갚을 ②알릴

報答(보답), 報告(보고), 報道(보도), 報酬(보수), 情報(정보), 通報(통보)

勢 세

①기세, 권세 ②형세 ③불알

氣勢(기세), 權勢(권세), 時勢(시세), 勢力(세력), 姿勢(자세), 破竹之勢(파죽지세)

摯 지

①지극할 ②잡을

眞摯(진지), 摯拘(지구), 摯見(지견)⇒相見禮(상견례)

蟄 칩

①겨울잠 잘 ②숨다

蟄居(칩거) −生活(생활), 蟄伏(칩복), 啓蟄(계칩), 驚蟄(경칩), 繫蟄(계칩)

杏 행

①살구 ②은행

杏花(행화), 杏仁(행인), 杏月(행월)⇒음력 2월, 銀杏(은행)⇒白果(백과)⇒公孫樹(공손수)

杳 묘
아득할
杳然(묘연)→渺然(묘연), 杳冥(묘명), 杳杳(묘묘), 空杳(공묘), 深杳(심묘)

沓 답
합할, 겹칠
雜沓(잡답)⇒紛沓(분답), 合沓(합답)

査 사
①조사할 ②사돈
査察(사찰), 調査(조사), 査頓(사돈), 檢査(검사), 審査(심사)

革 혁
①가죽 ②고칠
皮革(피혁), 革命(혁명), 革新(혁신), 改革(개혁), 變革(변혁)

勒 륵
①굴레 ②억지로 할 ③다스릴 ④새길
勒買(늑매), 勒兵(늑병), 勒銘(늑명), 勒限(늑한)

靴 화
신, 구두
靴工(화공), 軍靴(군화), 長靴(장화), 著靴(착화)

鞠 국
①기를 ②굽힐 ③국문할
鞠育(국육), 鞠躬(국궁), 鞠問(국문)⇒鞫問(국문), 訊鞠(鞫)(신국)

鞭 편
채찍
鞭撻(편달) 指導(지도)-, 教鞭(교편), 鞭毛(편모)⇒纖毛(섬모)

鞏 공
굳을, 견고
鞏固(공고)⇒堅固(견고) 確固(확고), 鞏膜(공막)

穴 혈
구멍, 움, 굴
同穴(동혈)⇒洞窟(동굴), 穴居(혈거), 虎穴(호혈), 鍼穴(침혈), 灸穴(구혈)

究 구
①궁구할 ②끝내다
窮究(궁구), 研究(연구), 究竟(구경)⇒窮極(궁극) 結局(결국), 探究(탐구), 學究(학구)

空 공
①하늘 ②비다 ③부질없다 ④허무하다 ⑤구멍
空軍(공군), 空間(공간), 空氣(공기), 空想(공상), 虛空(허공), 空日(공일)⇒休日(휴일)

突 돌
①부딪칠 ②갑자기 ③내밀, 우뚝한 ④굴뚝
衝突(충돌), 突發(돌발), 突起(돌기), 突然(돌연), 猪突(저돌), 煙突(연돌)⇒굴뚝

窓 창
창, 창문
窓口(창구), 同窓(동창)⇒同門(동문), 學窓(학창), 東窓(동창), 窓戶紙(창호지)

穿 천
①뚫을 ②꿸
穿孔(천공), 貫穿(관천)⇒꿤, 꿰뚫음, 穿鑿(천착), 穿踰(천유)⇒좀도둑

窈 요
①고요할 ②깊숙할
窈窕(요조) ―淑女(숙녀), 窈冥(요명), 窈糾(요규)

竊 절
①훔칠, 좀도둑 ②사사로이, 몰래 ㊔窃
竊盜(절도) ―罪(죄), 竊取(절취), 剽竊(표절)→盜作(도작)

血 혈
피
血液(혈액)⇒피, 血緣(혈연), 鳥足之血(조족지혈), 血肉(혈육), 輸血(수혈)

恤 휼
구휼할, 가엾이 여길
救恤(구휼)⇒撫恤(무휼), 恤典(휼전), 恤兵(휼병), 恤金(휼금), 弔恤(조휼)

夾 협
①낄 ②좁을≒狹
夾(挾)攻(협공), 夾室(협실)⇒夾房(협방)⇒곁방, 夾門(협문), 夾戶(협호)

爽 상
①시원할 ②새벽 ③굳셀
爽快(상쾌), 昧爽(매상), 豪爽(호상), 爽氣(상기), 爽涼(상량)

來 래
①올↔往(왕) ②다가올
往來(왕래), 將來(장래), 來年(내년), 由來(유래), 到來(도래)

巫 무
무당
巫堂(무당), 巫覡(무격), 巫女(무녀), 巫俗(무속)

兄 형
맏, 벗의 존칭, 어른
兄弟姊妹(형제자매), 兄友弟恭(형우제공), 兄嫂(형수), 學父兄(학부형)

兌 태
①바꿀 ②괘 이름
兌換(태환) –紙幣(지폐), 兌管(태관)⇒索臺(색대), 兌方(태방)⇒西方(서방)

克 극
①이길 ②능할
克服(극복), 克復(극복), 克己(극기) –訓鍊(훈련), 克明(극명), 克難(극난)

況 황
①하물며, 이에 ②형편 ㊗ 况
況且(황차)⇒하물며(더군다나), 狀況(상황), 盛況(성황), 近況(근황), 不況(불황)⇒不景氣(불경기)

呪 주
①저주할 ②주술
咀呪(저주), 呪術(주술), 呪文(주문)

浩 호
넓을, 클
浩然(호연) –之氣(지기), 浩蕩(호탕), 浩瀚(호한)⇒浩汗(호한)

酷 혹
①혹독할 ②심할
酷毒(혹독), 苛酷(가혹), 酷寒(혹한)↔酷暑(혹서), 殘酷(잔혹), 慘酷(참혹)

梏 곡
수갑
桎梏(질곡), 脫梏(탈곡), 鉗梏(겸곡)

造 조
①지을, 만들 ②이를 ③갑자기
造林(조림), 造詣(조예), 造成(조성) 綠地(녹지)–, 構造(구조), 造次間(조차간), 改造(개조), 創造(창조), 製造(제조), 造作(조작)

告 고·곡
①알릴 ②고소할(㉠고) ③뵙고 청할(㉡곡)
報告(보고), 告發(고발), 告白(고백), 申告(신고), 告存(곡존), 出必告(출필곡)

壺 호
병, 항아리
壺狀(호상), 壺中天地(호중천지)⇒別天地(별천지)⇒仙境(선경), 壺裏乾坤(호리건곤)

壼 곤
①대궐안길 ②문지방
壼政(곤정), 壼位(곤위), 壼宮(곤궁)⇒壼極(곤극), 壼訓(곤훈)

壹 일
①한, 하나 ②오직, 오로지 ㊥ 壴
壹是(일시), 壹意(일의), 壹貳參……(1, 2, 3……)

虎 호
범
猛虎(맹호) −伏草(복초), 虎狼(호랑), 虎死留皮(호사유피), 虎尾難放(호미난방)

虐 학
①사나울 ②학대할
虐殺(학살), 虐待(학대), 虐政(학정)⇒苛政(가정), 殘虐(잔학)

虛 허
①빌 ②헛되다, 거짓 ③약하다
空虛(공허), 虛事(허사), 虛弱(허약), 虛心(허심) −坦懷(탄회), 虛榮(허영)

處 처
①곳, 장소 ②살, 거주 ③처리할 약 処
處處(처처)⇒곳곳, 處所(처소), 處理(처리), 處罰(처벌), 處女(처녀), 處世(처세)

虔 건
①삼갈 ②정성스러울
敬虔(경건), 虔恭(건공)⇒虔肅(건숙), 虔誠(건성), 虔虔(건건)

虞 우
①근심할 ②우제
虞犯(우범) −地帶(지대), 虞祭(우제)⇒初虞(초우) 再虞(재우) 三虞(삼우), 虞淵(우연)⇒黃昏(황혼)

虧 휴
이지러질, 줄다
虧月(휴월)↔滿月(만월), 虧盈(휴영), 月滿則虧(월만즉휴)

虜 로
①포로 ②사로잡을
捕虜(포로), 虜獲(노획)⇒사로잡음 ∴鹵獲(노획)과 다름, 虜掠(노략)

遞 체
①갈마들, 차례로, 바꿀 ②역말, 전할 약 逓
遞減(체감)↔遞增(체증), 遞信(체신), 郵遞局(우체국)

戲 희
①희롱할 ②연극
戲弄(희롱), 遊戲(유희), 戲曲(희곡), 戲畫(희화)⇒캐리커처

護 호
보호할, 지킬, 도울
保護(보호), 守護(수호) 祖國(조국)−, 護身(호신), 看護(간호), 擁護(옹호)

穫 확
거둘
收穫(수확) 多(다)−, 秋穫(추확)⇒秋收(추수)

獲 획
①얻을 ②계집종
獲得(획득), 漁獲(어획), 拿獲(나획)⇒拿捕(나포), 藏獲(장획), 濫獲(남획)

豪 호
①호걸 ②성할
豪傑(호걸), 豪奢(호사), 豪華(호화) －燦爛(찬란), 强豪(강호), 文豪(문호)

豚 돈
돼지
養豚(양돈), 豚兒(돈아), 豚肉(돈육)⇒돼지고기, 豚舍(돈사)⇒돼지우리

豫 예
①미리, 먼저 ②기뻐할 ③참여할 ④머뭇거릴
豫防(예방) －注射(주사), 豫測(예측), 猶豫(유예), 豫報(예보) 氣象(기상)－

象 상
①코끼리 ②형상
象牙(상아), 象徵(상징), 現象(현상), 象形(상형) －文字(문자), 象嵌(상감) －靑瓷(청자)

戶 호
①지게 ②집
門戶(문호), 戶主(호주), 戶籍(호적) －謄本(등본), 戶戶(호호) 家家(가가)－

戾 려
①어그러질 ②이를 ③돌려줄
背戾(배려)⇒어김, 거스름, 悖戾(패려), 戾天(여천), 返戾(반려)

房 방
①방, 내실 ②별 이름
煖房(난방), 廚房(주방)⇒부엌, 獨房(독방), 房舍(방사), 空房(공방)

扈 호
①뒤따를 ②날뛸
扈從(호종), 扈駕(호가), 跋扈(발호), 狼扈(낭호)

所 소
①곳, 처소 ②바
所在(소재), 住所(주소), 所感(소감), 所見(소견), 所謂(소위), 所得(소득)

扇 선
부채
竹扇(죽선), 扇風機(선풍기), 扇骨(선골), 太極扇(태극선)

扉 비
문짝, 사립문
柴扉(시비)⇒사립문, 扉戶(비호)⇒문짝, 竹扉(죽비)

雇 고
①품팔, 품살 ②머슴, 더부살이할
雇用(고용), 雇傭(고용), 解雇(해고), 日雇(일고)⇒날품팔이

或 혹
의심할, 혹, 아마
或是(혹시), 間或(간혹) ㊟ 或(혹), 或時(혹시), 設或(설혹)⇒設令(설령)

域 역
지경, 구역
區域(구역), 地域(지역), 領域(영역), 域內(역내), 域外之議(역외지의)

國 국
나라, 국가 ㊕ 国
國家(국가), 大韓民國(대한민국), 國土(국토), 愛國(애국), 外國(외국)

忽 홀
①문득 ②소홀히
忽然(홀연), 毫忽之間(호홀지간), 忽往忽來(홀왕홀래), 忽待(홀대)→恝待(괄대), 疎(疏)忽(소홀)

怱 총
바쁠
怱忙(총망)⇒怱劇(총극), 怱怱(총총) –亂筆(난필), 怱急(총급)

吻 문
입술
接吻(접문)⇒입맞춤, 吻合(문합), 吻頭采(문두채)⇒두릅나물

勿 물
①말, 말라 ②없을, 아닐
勿驚(물경), 勿論(물론), 勿失好機(물실호기), 四勿(사물)

禾 화
벼, 곡식
禾穀(화곡), 禾穗(화수)⇒벼 이삭, 禾稈(화간)⇒볏짚, 禾藁(화고), 嘉禾(가화)

禿 독
대머리, 민둥산, 무지러질
禿頭(독두)⇒대머리, 禿山(독산), 禿翁(독옹)⇒禿老(독로), 禿筆(독필)

季 계
①끝, 막내 ②계절
季父(계부), 季子(계자), 四季(사계), 冬季(동계) –올림픽, 季節(계절), 季世(계세)⇒末世(말세)

秀 수
①빼어날 ②이삭 나올, 꽃필
秀才(수재), 優秀(우수), 秀麗(수려), 秀穎(수영), 閨秀(규수)

委 위

①맡길 ②버리다 ③자세하다 ④시들, 쇠할

委任(위임), 委棄(위기), 委細(위세)⇒詳細(상세), 委靡(위미), 委囑(위촉)

香 향

향기, 향기롭다

香水(향수), 香料(향료), 焚香(분향), 香火(향화), 香辛料(향신료), 芳香(방향)

黍 서

기장(오곡의 하나)

黍粟(서속)⇒기장과 조, 黍禾(서화)⇒수수, 黍離之嘆(서리지탄)

添 첨

더할, 덧붙일↔削(삭)

添加(첨가), 添削(첨삭), 添附(첨부), 別添(별첨)

黎 려

①동이 틀 ②무리

黎明(여명), 黎民(여민)⇒黔首(검수)⇒庶民(서민)

化 화

①화할, 되다 ②변화할 ③본받을

化合(화합) -物(물)↔單體(단체), 化學(화학), 化粧(화장) -品(품), 變化(변화), 消化(소화) -劑(제), 歸化(귀화), 進化(진화)↔退化(퇴화), 感化(감화)

比 비

①비교할 ②비례 ③무리 ④나란히 할

比較(비교), 比例(비례), 比倫(비륜), 比肩(비견), 櫛比(즐비)

北 북·배

①북녘↔南(남)(㉠북) ②달아날(㉡배)

南北(남북) -統一(통일), 北極(북극), 敗北(패배), 北韓(북한)

叱 질

꾸짖을

叱責(질책), 叱正(질정), 叱咤(질타), 虎叱(호질)

此 차

이, 이에

此後(차후)⇒이 다음, 이 뒤, 此日彼日(차일피일), 彼此(피차), 此際(차제)⇒이때

牝 빈

암컷↔牡(모)

牝牛(빈우)⇒암소↔牡牛(모우), 牝瓦(빈와), 牝牡(빈모)⇒雌雄(자웅)

死 사

죽을, 죽음

死生(사생) -決斷(결단), 死守(사수), 九死一生(구사일생)

屍 시

주검, 송장

屍體(시체)⇒송장, 주검, 檢屍(검시), 屍山血海(시산혈해)

訛 와

①그릇될 ②거짓말

訛傳(와전), 訛謬(와류)⇒誤謬(오류), 訛語(와어)⇒사투리

確 확

확실할, 굳을

確實(확실), 確固(확고) －不動(부동), 確認(확인), 正確(정확)

鶴 학

두루미, 학

鶴首(학수) －苦待(고대), 鶴壽(학수)→長壽(장수), 鶴髮(학발)

霍 곽

급할, 갑작스러울

霍亂(곽란) 吐瀉(토사)－, 雷霍(뇌곽)

雀 작

참새

孔雀(공작), 燕雀(연작), 雀舌茶(작설차), 雀躍(작약), 雲雀(운작)

幻 환

①허깨비 ②바뀔 ③미혹할

幻想(환상) －曲(곡), 幻滅(환멸), 幻覺(환각), 幻夢(환몽)

切 절·체

①끊을 ②정성스러울(㉠절) ③모두, 대략(㉡체)

切斷(절단), 親切(친절), 適切(적절), 切望(절망), 切迫(절박), 一切(일체), 切齒(절치) －腐心(부심), 切磋琢磨(절차탁마)

功 공

①공, 공적 ②자랑할

功績(공적), 勳功(훈공), 功過(공과), 功勞(공로), 功致辭(공치사)

幼 유

어릴, 어린이

幼兒(유아), 幼稚(유치) －園(원), 幼蟲(유충)↔成蟲(성충)

拗 요

①비뚤, 비틀다 ②꺾을

執拗(집요), 拗矢(요시), 拗音(요음)→ㅑ, ㅕ, ㅛ, ㅠ 따위의 소리

抛 포

①던질 ②버릴

抛棄(포기), 抛擲(포척), 抛物線(포물선), 投抛(투포)

黃 황
누럴, 누렇다
黃昏(황혼), 黃土(황토), 黃泉(황천), 黃砂(沙)(황사), 黃海(황해)

廣 광
①넓을↔狹(협) ②널리 약 広
廣狹(광협), 廣告(광고), 廣輪(광륜), 廣野(광야), 廣場(광장)

擴 확
늘릴, 넓힐 약 拡
擴大(확대)⇒擴張(확장), 擴聲器(확성기), 擴充(확충)

橫 횡
①가로 ②도리에 어긋날 ③사나울
縱橫(종횡), 橫暴(횡포), 專橫(전횡), 橫領(횡령), 橫說竪說(횡설수설)

徽 휘
①아름다울 ②기, 표지
徽言(휘언), 徽琴(휘금), 徽章(휘장), 徽音(휘음), 徽號(휘호)

徵 징·치
①부를 ②거둘 ③증거할 ④조짐(㉠징) ⑤음률 이름(㉡치)
徵集(징집), 徵收(징수) 租稅(조세)－, 徵驗(징험), 徵兆(징조), 象徵(상징), 宮商角徵羽(궁상각치우)

微 미
①작을, 미미할 ②정묘할 ③숨을 ④천할 ⑤어렴풋할
微力(미력), 微妙(미묘), 微服(미복), 微賤(미천), 微行(미행), 稀微(희미)

徹 철
뚫을, 통할
貫徹(관철), 徹夜(철야), 徹頭徹尾(철두철미), 徹底(철저), 透徹(투철)

卉 훼
풀
卉木(훼목)⇒草木(초목), 花卉(화훼) －園藝(원예)

弄 롱
①희롱할 ②놀다, 즐길 ③업신여길
弄談(농담), 弄月(농월), 愚弄(우롱), 嘲弄(조롱), 弄璋(농장)↔弄瓦(농와)

奔 분
①달릴, 분주할 ②패할
奔走(분주), 奔忙(분망)→東奔西走(동분서주), 奔北(분배), 奔放(분방) 自由(자유)－

黑 흑
검을, 어두울 속 黒
黑白(흑백), 黑心(흑심)⇒邪心(사심), 暗黑(암흑), 黑字(흑자)

墨 묵

①먹 ②자자(刺字)할 ㉾ 墨

墨畵(묵화), 墨刑(묵형), 筆墨(필묵), 墨客(묵객) 詩人(시인)－

廛 전

①가게, 전포 ②집

廛舖(전포)⇒廛房(전방)⇒가게, 市廛(시전), 六注比廛(육주비전)

吸 흡

①숨 들이쉴 ②마실

呼吸(호흡) －器(기), 吸煙(흡연), 吸收(흡수), 吸引(흡인), 吸血(흡혈) －鬼(귀)

汲 급

①물길을 ②힘쓸, 바쁠

汲水(급수), 汲汲(급급), 汲引(급인)

興 흥

①일어날 ②흥겨울

興亡(흥망) －盛衰(성쇠), 興業(흥업), 興盡悲來(흥진비래), 興行(흥행), 振興(진흥)

與 여

①줄 ②더불어 할 ③참여할 ㉾ 与

與受(여수)⇒授受(수수), 與黨(여당)↔野黨(야당), 參與(참여), 與否(여부), 關與(관여), 贈與(증여), 與件(여건), 給與(급여)

擧 거

①들다 ②일으킬 ③행할 ④모두

擧手(거수), 擧事(거사), 擧行(거행), 擧國(거국), 選擧(선거), 檢擧(검거)

譽 예

①기릴 ②명예

名譽(명예), 榮譽(영예)⇒榮名(영명), 毁譽(훼예), 虛譽(허예)

喜 희

①기쁠, 좋다 ②즐겁다

喜怒(희노) －哀樂(애락), 歡喜(환희), 喜悅(희열), 喜捨(희사), 喜壽(희수) ⇒77세

嘉 가

①아름다울 ②착할, 좋을 ③칭찬할 ④기뻐할 ⑤경사

嘉言(가언)⇒佳言(가언), 嘉祥(가상)⇒吉兆(길조), 嘉尙(가상), 嘉禮(가례)

臺 대

①돈대 ②누각, 정자 ③관청 ④토대 ⑤대(차량 단위)

高臺(고대) －廣室(광실), 臺閣(대각), 土臺(토대), 臺詞(대사), 臺帳(대장)

例 題 (11)

1. 다음 한자어의 字音을 쓰시오.

①	早朝		②	旱災		③	取扱		④	恥辱		⑤	由來	
⑥	享樂		⑦	亨通		⑧	休息		⑨	惡臭		⑩	田園	
⑪	忽然		⑫	怱怱		⑬	必須		⑭	順序		⑮	保護	
⑯	至急		⑰	到着		⑱	推進		⑲	堆積		⑳	收穫	
㉑	捕捉		㉒	督促		㉓	材木		㉔	林野		㉕	獲得	

2. 다음 밑줄친 한자어를 한자로 (　) 안에 쓰시오.

① 호랑이가 서식(㉠息)하는 쪽에서 처절(㉡絶)한 울부짖음이 들리다.
② 그동안 너무 소원(㉠遠)하여 송구(㉡懼)스럽습니다.
③ 정상(㉠上)까지 오르는데 산길이 순탄(㉡坦)하기만을 바라랴.
④ 도처(㉠處)에서 ○○선수를 치하(㉡賀)하다.
⑤ 仔詳(자상)한 진술(㉠述)을 받았으나 분간(分㉡)이 쉽지 않다.

3. 토끼에 관한 故事成語(고사성어)의 다음 물음에 답하시오.

※兔 ㊛ 兎(토끼 토)※免 ㊛ 免(면)은 다른 자임

	故事成語	字音	(가)	(나)
①	兎死狗烹			
②	兎角龜毛			
③	兎營三窟			
④	兎死狐悲			
⑤	兎走烏飛			

1) 字音(자음)을 쓰시오.
2) 토끼에 관한 說話(설화)와 관련 있는 기호를 (가)항에 알맞게 기입하시오.
㉠ 토끼도 자신의 안전을 위해 굴을 세 개 만든다.
㉡ 사냥할 토끼가 죽어 없어지면 사냥개를 삶다.
㉢ 토끼에게 뿔이, 거북이에게 털이 나다.
㉣ 토끼는 달리고 까마귀는 날다.
㉤ 토끼의 죽음을 여우가 슬퍼하다.

3) 토끼에 관한 故事成語의 뜻을 가려 관련된 기호를 (나)항에 쓰시오.

㉠ 훗날의 대비책을 갖추다.

㉡ 同類(동류)끼리는 서로 동정함을 이르다(같은 처지에 있는 슬픔을 같이 나눔을 이르다).

㉢ 토끼는 달(月), 까마귀는 해(日)로, 세월이 빠름을 이르다.

㉣ 천하의 謀士(모사)도 쓸모가 다하면 버림받음을 이르다.

㉤ 세상에 있을 수 없는 일을 이르다.

4. 다음 한자의 반대자를 (　　) 안에 쓰시오.

①得(　　)　　②貧(　　)　　③外(　　)　　④遠(　　)

5. (보기)와 같이 빈칸을 채워 완성하시오.

	한자	部首	字訓	字音	用例
(보기)	虎	虍	범	호	虎皮, 虎穴, 虎視耽耽
①	委	女	맡길, 버릴	위	
②	最				最大, 最高, 最新, 最善
③	脫		벗을, 빠질	탈	
④	必		반드시, 꼭	필	
⑤	護				保護, 守護, 救護, 護國

綜合例題(Ⅴ-Ⅱ) 틀리기 쉬운 異音類字 總篇

1. (보기)와 같이 字音이 쓰인 漢字와 字音이 다른 類字를 두 字씩 (,) 안에 쓰시오.

(보기) ㉠夕(석)-(名, 各) ㉡土(토)-(士, 王)

①大(대)-(,) ②木(목)-(,) ③水(수)-(,)

④烏(오)-(,) ⑤足(족)-(,) ⑥熾(치)-(,)

2. (보기)와 같이 밑줄친 한글로 쓰인 한자어를 □ 안에서 찾아 ( ) 안에 漢字로 쓰시오.

漢字語						
	解産,	修行,	邁進,	不意,	容儀,	愛護
	不義,	愛好,	解散,	隨行,	賣盡,	容疑

(보기) ㉠商品이 매진(賣盡)되다 ㉡目標달성을 위해 매진(邁進)하다

① ㉠대통령을 수행( )하다 ㉡직무를 수행( )하다

② ㉠불의( )에 抗拒하다 ㉡불의( )의 事故를 당하다

③ ㉠불법집회가 해산( )되다 ㉡옥동자를 해산( )하다

④ ㉠용의( )端正한 몸가짐 ㉡절도용의자(者)가 체포되다

⑤ ㉠애완견을 애호( )하다 ㉡文化財를 애호( )하다

3. (보기)와 같이 다음 漢字語마다 각각 한 文字씩 誤字(오자)를 찾아서 밑줄을 긋고 ( ) 안에 바르게 고쳐 쓰시오.

(보기) ㉠間答(문답)-(問) ㉡衰乞(애걸)-(哀)

①壯土(장사)-( ) ②氷久(영구)-( ) ③電綿(전선)-( )

④出人口(출입구)-( ) ⑤末來(미래)-( ) ⑥思人(은인)-( )

⑦左古(좌우)-( ) ⑧道絡(도로)-( ) ⑨若悶(고민)-( )

⑩切勞(공로)-( ) ⑪羞異(차이)-( ) ⑫標織板(표지판)-( )

4. 다음 표의 빈칸을 채워 완성하시오.

	漢字	部首	劃數	字音	字訓	用例
①	目	目		목		
②	眠				잠잘, 쉴	
③	眼		11			眼目, 眼鏡, 主眼, 着眼
④	勸	力		권		
⑤	歡				기뻐할, 즐길	
⑥	觀		25			觀念, 觀光, 觀察, 景觀

5. (보기)와 같이 **漢字欄**에는 **漢字**를, **字音欄**에는 **字音**을 (　) 안에 기입하고, **左右**의 비슷한 **語義**(어의 : 말뜻)끼리 연결하시오.

(보기)	(塞翁)之馬	(새옹)지마	• ――――― •	(轉禍)爲福	(전화)위복
①	(蚌鷸)之勢	(　　)지세	• 　　　•	(　　)彈琴	(대우)탄금
②	莫上(　　)	막상(막하)	• 　　　•	以小(易大)	이소(　　)
③	以蝦(釣鯉)	이하(　　)	• 　　　•	(　　)自在	(자유)자재
④	(　　)讀經	(우이)독경	• 　　　•	互角(之勢)	(　　)지세
⑤	(　　)無盡	(종횡)무진	• 　　　•	難兄(　　)	난형(난제)

제 3 장

漢字의 整理

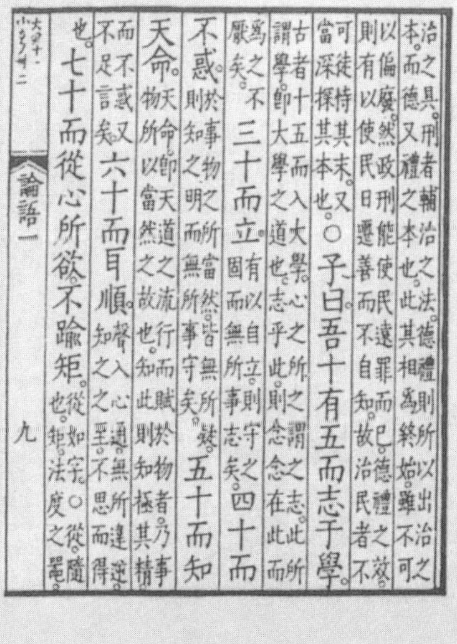
治之具。刑者輔治之法。德禮則所以出治之本。而德又禮之本也。此其相爲終始。雖不可以偏廢。然政刑能使民遠罪而已。德禮之效則有以使民日遷善而不自知。故治民者不可徒恃其末。又當深探其本也。○子曰吾十有五而志于學。古者十五而入大學。心之所之謂之志。此所謂學。卽大學之道也。志乎此則念念在此而爲之不厭矣。三十而立。有以自立則守之固而無所事志矣。四十而不惑。於事物之所當然。皆無所疑則知之明而無所事守矣。五十而知天命。天命。卽天道之流行而賦於物者。乃事物所以當然之故也。知此則知極其精而不惑又不足言矣。六十而耳順。聲入心通。無所違逆知之之至。不思而得也。七十而從心所欲。不踰矩。從如字。○從隨也。矩法度之器。

論語一

九

제 1 절

同字異音
(동자이음)

漢字는 한 글자에 한 音만 있는 것이 原則(원칙)이며, 대부분 한 글자는 한 音만을 가지고 있다.

다만 몇몇 글자에 限(한)하여 두 가지 이상의 音(음)이 있는데 同字異音의 경우가 이에 해당된다. (보기)에서와 같이 字音(자음)이 달라지면 字訓(자훈)도 따라 달라지므로 音과 訓의 連繫性(연계성)을 올바르게 把握(파악)하여야 한다.

(보기)

字	字音	字訓	用例
樂	악	풍류	音樂(음악), 樂曲(악곡)
	락	즐길	娛樂(오락), 苦樂(고락)
	요	좋아할	樂山樂水(요산요수)

例 題

(1) 다음 字音(자음)이 바르지 못한 漢字語(한자어)는?

① 容易, 交易(용이, 교역) ② 音樂, 樂山樂水(음악, 요산요수)

③ 復讐, 復活(복수, 부활) ④ 常識, 標識板(상식, 표식판)

(2) 다음 字音이 모두 바른 漢字語는?

① 反省, 省略(반성, 성략) ② 降服, 降等(항복, 항등)

③ 南北, 敗北(남북, 패북) ④ 計劃(畫), 壁畫(계획, 벽화)

정답

(1) ④ 標識板(표지판)

(2) ④ 畫(속畵 약画)…字音(자음) ①그을 획 ②그림 화

※ 字音이 두 가지이므로

참고 바른 字音(자음)은 아래와 같음

(2) ① 省略(생략) ② 降等(강등) ③ 敗北(패배)

車

① 거 : 수레
車馬(거마) －費(비)⇒交通費(교통비), 停車(정거, 정차) －場(장)

② 차 : ㉠수레 ㉡수레바퀴
車輛(차량), 車票(차표)⇒乘車券(승차권), 汽車(기차)

乾

① 건 : ㉠하늘 ㉡건성
乾坤(건곤)⇒天地(천지) 陰陽(음양), 乾酒酊(건주정), 乾燥(건조)

② 간 : 마를(간, 건)
乾物(간물), 乾燥(간조)<乾燥(건조)의 본디말>

格

① 격 : ㉠격식 ㉡정도 ㉢대적할
格式(격식), 品格(품격), 格鬪(격투) －技(기), 格物(격물) －致知(치지)

② 각 : 그칠
沮格(저각)⇒中止(중지)함

見

① 견 : ㉠볼 ㉡의견, 생각
見聞(견문) －이 넓다, 見識(견식)⇒識見(식견), 見解(견해)

② 현 : ㉠뵈올 ㉡나타날
謁見(알현)⇒찾아뵘, 見齒(현치)⇒웃음, 露見(노현)

更

① 경 : ㉠고칠 ㉡바꿀
更張(경장) 甲午(갑오)－, 更迭(佚)(경질), 變更(변경) 名義(명의)－, 三更(삼경)⇒한밤중, 更正(경정) －豫算(예산), 更新(경신) 면허증을 －

② 갱 : 다시
更生(갱생) 自力(자력)－, 更新(갱신) 記錄(기록)－, 更紙(갱지)⇒白鷺池(백로지)

頃

① 경 : ㉠잠깐 ㉡요즈음 ㉢백이랑
頃刻(경각), 頃者(경자)⇒요즈음, 近來(근래), 萬頃(만경) －滄波(창파)

② 규 : ㉠반걸음 ㉡기울
頃(跬)步(규보)⇒半步(반보)⇒반걸음, 頃筐(규광)

契

① 계 : 맺을
契約(계약) 賣買(매매)－, 親睦契(친목계), 契機(계기)⇒動機(동기), 契合(계합)

② 글 : 나라이름
契丹(글안=거란)⇒몽고계 유목민

③ 결 : 애쓸
契闊(결활)

告

① 고 : ㉠알릴 ㉡하소연할
報告(보고) 月末(월말)－, 告白(고백), 告知書(고지서)

② 곡 : 뵙고 청할
出必告(출필곡) 父母(부모)님께 －하고 떠나다

串

① **관 : 꿸**
串柿(관시)=乾柿(건시)⇒곶감, 串票(관표)⇒領收證(영수증)
② **곶 : 땅이름**
長山串(장산곶) 黃海道(황해도)－

絞

① **교 : 목맬**
絞首(교수) －臺(대)/－刑(형), 絞殺(교살)
② **효 : 염포**
絞布(효포)⇒殮布(염포)

龜

① **귀 : 거북**
龜甲(귀갑) －獸骨(수골) ㊟ 甲骨(갑골)/－文字(문자), 龜鑑(귀감)
② **구 : 땅이름**
龜尾市(구미시) 慶尙北道(경상북도) －, 龜浦(구포)
③ **균 : 터질**
龜裂(균열)⇒龜坼(균탁)/壁(벽)에 －이 생기다

金

① **금 : 쇠, 금, 돈**
金屬(금속) －活字(활자), 金冠(금관), 金額(금액), 賞金(상금)
② **김 : 성(姓)**
金首露王(김수로왕), 金海 金氏(김해김씨), 金浦(김포)⇒지명

豈

① **기 : 어찌, 일찍이**
豈敢(기감), 豈不(기불)⇒어찌 ~이 아니겠는가
② **개 : 이기다, 즐기다**
豈樂(개악)

內

① **내 : ㉠안, 속↔外(외) ㉡아내 ㉢대궐 ㉣가운데 ㊍ 内**
內外(내외), 內子(내자), 內容(내용), 市內(시내), 內閣(내각)
② **나 :** 內人(나인)⇒宮女(궁녀)

奈

① **내 : 어찌**
奈何(내하)⇒어찌, 어떻게 할 수가 없음, 奈勿王(내물왕)
② **나 : 지옥**
奈(那)落(나락)⇒地獄(지옥) / 絶望(절망)의 －에 빠지다

帑

① **노 : 처자**
妻帑(처노)⇒妻子(처자)
② **탕 : 나라 금고**
內帑金(내탕금)⇒帑錢(탕전)

糖

① **당 : 사탕**
糖分(당분), 糖尿病(당뇨병), 葡萄糖(포도당)
② **탕 :** 砂糖(사탕)

度

① 도 : ㉠법도 : 制度(제도) 選擧(선거)－/敎育(교육)－, 法度(법도)
㉡도수 · 회수 : 來年度(내년도), 度數(도수)
㉢단위 : 度量(도량) －衡(형), 溫度(온도), 經緯度(경위도)

② 탁 : 헤아릴
度地(탁지)⇒測地(측지), 忖度(촌탁)⇒料度(요탁)

讀

① 독 : 읽을
讀書(독서), 讀者(독자), 耽讀(탐독)

② 두 : 구절
句讀法(구두법), 吏讀(이두)⇒吏書(이서)

洞

① 동 : 골, 마을
洞窟(동굴), 洞事務所(동사무소), 洞里(동리), 洞房華燭(동방화촉)

② 통 : 통할, 꿰뚫을
洞察(통찰)⇒洞視(통시), 洞徹(통철), 洞燭(통촉)⇒亮察(양찰)

屯

① 둔 : ㉠모일 ㉡진칠
屯聚(둔취), 駐屯(주둔) －軍(군), 屯營(둔영), 屯田(둔전) －兵(병)

② 준 : 어려울
屯險(준험)⇒峻險(준험), 屯困(준곤)

綸

① 륜 : ㉠인끈 ㉡낚싯줄 ㉢다스릴
綸綬(윤수), 綸繩(윤승)⇒낚싯줄, 經綸(경륜) －家(가)

② 관 : 관건
綸巾(관건)⇒비단두건 : 隱者(은자)가 씀

莫

① 막 : ㉠아닐, 말 없을 ㉡더할 수 없을
莫論(막론) 이유 여하를 －하고, 莫大(막대), 莫上莫下(막상막하)⇒難兄難弟(난형난제)

② 모 : 저물
莫春(모춘)⇒暮春(모춘)⇒晩春(만춘)

瞞

① 만 : 속일
欺瞞(기만)⇒欺罔(기망)

② 문 : 부끄러워하는 모양
瞞然(문연)

反

① 반 : ㉠돌이킬, 되받을 ㉡되풀이할 ㉢반대할
反還(반환)⇒反戾(반려), 反擊(반격), 反問(반문), 反復(반복)→反覆(반복), 反共(반공), 反對(반대), 反民(반민)⇒反民族(반민족)

② 번 : 뒤칠, 뒤집어엎을
反耕(번경), 反畓(번답)↔反田(번전), 反作(번작), 反胃(번위), 反庫(번고)

龐

① 방 : ㉠높을, 클 ㉡뒤섞일 ※ 寵(총)은 다른 자
龐眉皓髮(방미호발), 龐錯(방착)⇒뒤섞임

② 롱 : 살찔
龐龐(농롱)⇒살찐 모양, 충실한 모양

魄

① 백 : 넋
魂魄(혼백)⇒넋, 魂飛魄散(혼비백산)

② 탁 : 영락할
落魄(낙탁)⇒零落(영락)/집안이 －하였다

辟

① 벽 : ㉠물리칠 ㉡임금
辟邪(벽사) －文(문), 辟王(벽왕)⇒君主(군주), 辟除(벽제)

② 피 : 피할
辟世(피세)⇒避世(피세)

復

① 복 : ㉠회복할, 돌이킬 ㉡되풀이할, 돌아올
回復(회복)→恢復(회복)/景氣(경기)－, 復習(복습), 復唱(복창), 往復(왕복), 反復(반복)

② 부 : 다시
復活(부활) 軍國主義(군국주의)의 －, 復興(부흥) 文藝(문예)－

父

① 부 : 아비
父親(부친), 父母(부모), 父系(부계)

② 보 : 남자의 미칭
尙父(상보), 尼父(이보)⇒孔子(공자)의 尊稱(존칭)

否

① 부 : 아니
否定(부정), 否決(부결)↔可決(가결), 否認(부인)↔是認(시인), 安否(안부)

② 비 : ㉠막힐 ㉡나쁠
否塞(비색) 운수가 －하다, 否運(비운)⇒非運(비운)

北

① 북 : 북녘↔南(남)
北極(북극), 北進(북진)

② 배 : 싸움에 져서 달아날
敗北(패배)↔勝利(승리)

分

① 분 : ㉠나눌, 구별할 ㉡단위, 분량
分斷(분단), 分裂(분열), 分別(분별), 部分(부분), 五分(오분), 分度器(분도기), 分量(분량)

② 푼 : 분량
分錢(푼전)⇒푼돈/－粒米(입미) ※ 아주 적은 돈과 곡식

不

① 불 : 아닐, 못할, 없을
不可(불가), 不可分(불가분), 不義(불의)

② 부 : '不'의 다음에 'ㄷ, ㅈ'을 첫소리로 하는 글자가 오면 '부'로 읽힘
不當(부당), 不動産(부동산), 不在(부재)

匪

① 비 : ㉠도둑 ㉡아닐
匪賊(비적)→盜賊(도적), 匪他(비타)
② 분 : 나눌
匪頒(분반) 임금이 臣下(신하)들에게 下賜品(하사품)을 －하다

沸

① 비 : 끓을
沸騰(비등) 여론이 －하다, 煮沸(자비)
② 불 : 용솟음칠
沸沸(불불) 地下水(지하수)가 － 솟다

寺

① 사 : 절
寺刹(사찰)⇒寺院(사원), 松廣寺(송광사) 順天(순천)－
② 시 : 내시
寺人(시인)⇒內侍(내시)⇒宦官(환관)

射

① 사 : 쏠
射擊(사격), 輻射(복사)⇒放射(방사), 日射(일사) －病(병)
② 석 : 맞출
射中(석중)
③ 역 : 싫을
無射(무역)⇒㉮十二律(십이율)의 열한번째 音(음) ㉯음력 9월

邪

① 사 : 간사할
邪惡(사악), 邪敎(사교)↔正敎(정교), 邪黨(사당)
② 야 : ㉠어조사(語助辭) ㉡그런가. ㉢희롱할
怨邪(원야)⇒원망하느냐, 邪揄(야유)⇒揶揄(야유)

索

① 삭 : ㉠동아줄, 새끼 꼴 ㉡헤어질, 쓸쓸할
索道(삭도), 鐵索(철삭), 索居(삭거), 索莫(삭막) 초겨울의 －한 풍경
② 색 : 찾을, 더듬을
探索(탐색), 思索(사색), 索引(색인) －目錄(목록)

殺

① 살 : ㉠죽일, 죽을 ㉡없앨
殺生(살생), 殺氣(살기), 自殺(자살), 抹殺(말살) 그의 意見(의견)을 －해 버리다
② 쇄 : ㉠감할, 내릴 ㉡심할
相殺(상쇄)→相計(상계), 減殺(감쇄), 殺到(쇄도) 주문이 －하다

參

① 삼 : 석
三拾(삼십)⇒30
② 참 : ㉠참여할 ㉡살필
參加(참가), 參考(참고), 參差不齊(참치부제) ㊜ 參差(참치)

倘

① 상 : 어정거릴
倘佯(徉)(상양)
② 당 : 혹시
倘來(당래)⇒혹은, 만약에

塞

① **새 : 변방, 요새**
塞翁之馬(새옹지마), 要塞(요새)

② **색 : 막을, 막힐**
塞源(색원) 拔本(발본)－, 窘塞(군색)

省

① **성 : 살필**
省墓(성묘)⇒參墓(참묘), 反省(반성)

② **생 : 덜, 절약할**
省略(생략) 以下(이하)－, 省力(생력) －農業(농업)/－化(화)

說

① **설 : 말씀, 언론**
說話(설화), 說明(설명), 說服(설복)→說得(설득)

② **세 : 달랠**
遊說(유세) 선거－, 說客(세객)

③ **열 : 기쁠**
不亦說乎(불역열호)=또한 기쁘지 않으랴 ※ 論語(논어)에 나오는 말

屬

① **속 : ㉠붙을 ㉡무리 ㉢글 지을** ㉲ 属
所屬(소속), 附屬(부속) －病院(병원), 等屬(등속)⇒따위, 屬文(속문)

② **촉 : 부탁할 = 囑**
屬(囑)託(촉탁), 屬(囑)望(촉망) 장래가 －되는 青年(청년)

率

① **솔 : ㉠거느릴 ㉡앞장설 ㉢경솔할 ㉣대략**
引率(인솔), 率先(솔선) －수범, 輕率(경솔), 大率(대솔)⇒大略(대략), 率直(솔직), 統率(통솔)

② **률 : 비율**
能率(능률), 比率(비율), 利率(이율)→利子(이자)

數

① **수 : 셈, 셈할**
數式(수식), 數次(수차), 數學(수학), 運數(운수)

② **삭 : 자주**
數數(삭삭) －往來(왕래), 頻數(빈삭)⇒頻繁(빈번)

③ **촉 : 촘촘할, 빽빽할**
數罟(촉고)→網(망)

衰

① **쇠 : 쇠잔할, 쇠할, 약할**
衰亡(쇠망), 衰弱(쇠약), 盛衰(성쇠) 흥망－

② **최 : 상복**
衰服(최복)→喪服(상복), 斬衰(참최)↔齋衰(재최)

宿

① **숙 : 잘, 지킬**
宿泊(숙박), 露宿(노숙), 宿直(숙직)

② **수 : 별**
星宿(성수)→星座(성좌), 二十八宿(이십팔수)

瑟

① **슬** : 악기 이름
琴瑟(금슬)=거문고와 비파, 瑟瑟(슬슬)⇒蕭瑟(소슬)

② **실** : 琴瑟(금실)=부부간의 애정

拾

① **습** : 주울
拾得(습득) －物(물), 收拾(수습) 時局(시국)－

② **십** : 열(10)
三拾(삼십)⇒30

食

① **식** : 밥 먹을
食堂(식당), 食言(식언), 食糧(식량)

② **사** : 먹일
疏食(소사)⇒蔬食(소사), 簞食(단사)⇒도시락밥/－壺漿(호장)

識

① **식** : 알
識見(식견), 識者(식자), 識別(식별), 常識(상식)

② **지** : 기록할
標識(표지) －板(판), 款識(관지)⇒落款(낙관)

十

① **십** : 열
十中八九(십중팔구), 十干十二支(십간십이지)

② **시** : 열
十月(시월), 十方世界(시방세계)

樂

① **악** : 풍류
音樂(음악), 樂曲(악곡), 樂典(악전)

② **락** : 즐길
樂園(낙원), 苦樂(고락), 娛樂(오락)

③ **요** : 좋아할
樂山樂水(요산요수)

惡

① **악** : 악할, 더러울, 나쁠
惡評(악평), 醜惡(추악), 惡漢(악한), 善惡(선악)

② **오** : ㉠미워할 ㉡병 이름
憎惡(증오), 羞惡(수오) －之心(지심), 惡寒(오한)

厭

① **염** : ㉠싫을 ㉡만족할, 물릴
厭世(염세)↔樂天(낙천), 厭症(염증), 厭惡(염오)⇒嫌惡(혐오), 厭足(염족)

② **엄** : 덮을
厭然(엄연)⇒덮어 숨기는 모양

③ **엽** : 누를
厭勝(엽승)⇒呪術(주술)을 써서 사람을 누름, 또는 그 주술

若

① 약 : ㉠같을 ㉡너
若此(약차)⇒若是(약시)⇒如此(여차), 若曹(약조)⇒若輩(약배)⇒너희들, 萬若(만약)⇒萬一(만일)⇒萬或(만혹), 若干(약간)⇒조금, 얼마쯤

② 야 : 梵語(범어)의 音譯(음역), 般若經(반야경)

於

① 어 : 어조사
於是乎(어시호)=이제야, 於焉間(어언간) – 10년이 지났다

② 오 : 탄식하는 소리
於乎(오호)→嗚呼(오호)

易

① 역 : 바꿀, 주역
交易(교역), 貿易(무역), 周易(주역)

② 이 : 쉬울, 편할
簡易(간이), 容易(용이), 難易(난이)

葉

① 엽 : 잎
枝葉(지엽), 落葉(낙엽), 金枝玉葉(금지옥엽)

② 섭 : 성(姓)
葉氏(섭씨)⇒姓(성), 迦葉(가섭) –摩謄(마등)⇒인도의 중

六

① 륙 : 여섯
六百(육백)⇒600, 六親(육친), 六書(육서), 六旬(육순)

② 유 : 六月(유월), 五六月(오뉴월) – 감기는 개도 아니 앓는다

咽

① 인 : 목구멍
咽喉(인후), 咽頭(인두)

② 열 : 목멜
嗚咽(오열) 유족들의 – 속에 장례를 치르다, 硬咽(경열)

佚

① 일 : ㉠숨을, 달아날≒逸 ㉡편안할, 즐길≒逸
佚(逸)民(일민), 佚(逸)樂(일락), 散佚(逸)(산일)

② 질 : 들뜰, 흐트러질=跌
佚蕩(질탕)⇒跌宕(질탕), 更迭(佚)(경질)

刺

① 자 : 찌를, 책망할 ※剌(랄)은 다른 자 剌戾(날려), 潑剌(발랄)
刺戟(자극), 刺客(자객), 諷刺(풍자)

② 척 : 칼로 찌를
刺殺(척살)⇒刺殺(자살)

③ 라 : 수라
水刺(수라)→水刺床(수라상)

炙

① 자 : 고기 구울
膾炙(회자) 人口(인구)에 –되다

② 적 : 고기 구울
炙鐵(적철)⇒석쇠, 散炙(산적) –도둑

藉

① **자** : ㉠빙자할, 핑계할 ㉡위로할 ㉢어지러울
憑藉(빙자)⇒恣逸(자일), 慰藉(위자) －料(료), 藉藉(자자)

② **적** : 친경(親耕)할
藉(籍, 積)田(적전)⇒지난날 임금이 몸소 농사를 짓던 祭田(제전)의 한 가지

狀

① **장** : 문서, 편지
賞狀(상장), 卒業狀(졸업장), 狀啓(장계)

② **상** : 형상
狀態(상태), 狀況(상황)

著

① **저** : ㉠나타날, 뚜렷할, ㉡지을
著名(저명) －人士(인사), 顯著(현저)⇒表著(표저), 著述(저술)⇒著作(저작), 著者(저자)⇒著作者(저작자)

② **착** : 붙을≒着
著(着)想(착상), 著(着)服(착복), 到(著)着(도착), 附著(着)(부착)

切

① **절** : ㉠끊을, 벨 ㉡갈, 문지를 ㉢정성스러울 ㉣적절할, 절실할 ㉤매우 ㉥떨어질, 없어질 ㉦아주, 도무지, 전혀
切斷(절단), 頭切木(두절목), 切齒腐心(절치부심), 切磋琢磨(절차탁마), 親切(친절), 適切(적절), 切實(절실), 切切(절절), 切親(절친), 切迫(절박), 切品(절품)⇒품절, 一切(일절) 면회－금지/그런 짓을 － 하지 말라

② **체** : 모든 것, 온갖 것
一切(일체) 재산 －를 기부하다/－ 사무를 관장하다

菁

① **정** : 빛날, 꽃다울
菁華(정화) 民族文化(민족문화)의 －

② **청** : 무성할
菁菁(청청)

提

① **제** : ㉠끌, 들 ㉡내놓을
提携(제휴) 技術(기술)－, 提供(제공), 提示(제시), 前提(전제)

② **리** : 보리수
菩提樹(보리수)

齊

① **제** : ㉠다스릴 ㉡가지런할
整齊(정제), 齊唱(제창), 一齊(일제), 齊東野人(제동야인)

② **자** : 상복

③ **재** : 재계할
齊戒(재계)⇒齋戒(재계), 齊榱(자최→재최)

則

① **즉** : 곧
然則(연즉)⇒그러면

② **칙** : 법
法則(법칙), 規則(규칙) 交通(교통)－, 原則(원칙)

直

① **직** : ㉠곧을 ㉡바로 ㉢번, 번들
曲直(곡직) 不問(불문)－, 直通(직통) －電話(전화), 當直(당직)

② **치** : 값
直千金(치천금) 春宵一刻(춘소일각)－

辰

① **진** : 별, 다섯째 지지
辰宿(진수), 辰時(진시)

② **신** : ㉠별이름 ㉡날
生辰(생신)→生日(생일), 北辰(북신)⇒北極星(북극성)

什

① **집** : 세간, 가구
什器(집기)⇒家具(가구)⇒什物(집물)

② **십** : 열, 십
什五(십오), 什長(십장)

茶

① **차** : 차
紅茶(홍차) 葉茶(엽차), 人蔘茶(인삼차), 茶禮(차(다)례)

② **다** : 차
茶房(다방), 茶果(다과)

差

① **차** : 어긋날, 다를
差別(차별), 差度(차도), 差異(차이)

② **치** : 가지런하지 않을
參差(참치) 한결같이 －함이 없다, 參差不齊(참치부제)

錯

① **착** : ㉠섞일 ㉡어긋날
錯雜(착잡), 錯誤(착오), 錯覺(착각), 失錯(실착)⇒過失(과실)

② **조** : 둘≒措
錯辭(조사)⇒措辭(조사)

拓

① **척** : 열, 헤칠
開拓(개척), 干拓地(간척지), 拓植(殖)(척식)

② **탁** : 박을
拓本(탁본)⇒搨本(탑본)

倩

① **천** : 예쁠
倩粧(천장)⇒예쁜 단장

② **청** : 고용할
倩工(청공)⇒일시적인 傭人(용인)

帖

① **첩** : 문서, 장부
手帖(수첩)→帖子(첩자)→名啣(명함)

② **체** : 체지
帖紙(체지)⇒帖子(체자), 帖文(체문)

掣

① **체** : 끌
掣曳(체예)⇒끎, 끌어 멈춰서 방해함

② **철** : 당길
掣肘(철주)

諦

① **체** : ㉠살필, 밝힐 ㉡진리
諦念(체념), 要諦(요체)⇒要點(요점), 妙諦(묘체)

② **제** : 울
眞諦(진제)↔俗諦(속제), 三諦(삼제)

秒

① **초** : 단위, 초(시간)
秒速(초속), 秒針(초침), 分秒(분초)

② **묘** : 작다, 까끄라기
秒忽(묘홀)

推

① **추** : 밀, 옮길
推進(추진), 推移(추이) 與世(여세)－, 推薦(추천), 推測(추측)

② **퇴** : 밀
推敲(퇴고)→僧敲月下門(승고월하문), 推窓(퇴창), 推戶(퇴호)

槌

① **추** : 망치(추, 퇴)≒椎
鐵槌(철추, 철퇴)⇒槌碎(추쇄), 槌鼓(추고), 槌骨(추골)⇒망치뼈

② **퇴** : 던질

丑

① **축** : 소
乙丑(을축), 丑時(축시), 丑年(축년)

② **추** : 이름
公孫丑(공손추) = 人名(인명)

趣

① **취** : ㉠재미 ㉡빨리 갈
趣味(취미), 趣向(취향), 趣旨(취지)

② **촉** : 재촉할≒促
趣裝(촉장)

沈

① **침** : 잠길
浮沈(부침), 沈沒(침몰), 沈默(침묵)

② **심** : 姓(성)
沈氏(심씨), 沈靑(심청)

斟

① **침** : 술칠, 헤아릴
斟酒(침주), 斟量(침량)⇒斟酌(침(짐)작)

② **짐** : 헤아릴
斟酌(짐작) 대강 －은 간다

台

① 태 : ㉠별이름 ㉡재상
三台星(삼태성), 台鑑(태감)

② 이 : 나(我)
台德(이덕)⇒나의 德(덕), '임금이 자신을 일컬을 때' 씀

宅

① 택 : 집
住宅(주택), 宅地(택지) −造成(조성)/−開發(개발), 家宅(가택)

② 댁 : 宅內(댁내), 서울宅(댁)

婆

① 파 : 할미
老婆(노파), 産婆(산파), 婆娑(파사)

② 바 : 婆羅門(바라문), 娑婆世界(사바세계)

八

① 팔 : 여덟
八字(팔자)→四柱八字(사주팔자), 八月(팔월)

② 파 : 初八日(초파일) 四月(사월)−

便

① 편 : ㉠편할 ㉡소식
便利(편리), 便宜(편의), 郵便(우편)

② 변 : 오줌
小便(소변), 便器(변기), 便秘症(변비증), 便所(변소)⇒厠間(측간)

布

① 포 : 베, 피륙
布木(포목), 布告(포고), 宣布(선포) 계엄령 −

② 보 : 베풀
布施(보시)

輻

① 폭 : 바퀴살
輻輳(폭주) 사무가 −하다

② 복 : 輻射(복사)→放射(방사)/−熱(열)

幅

① 폭 : 폭, 넓이
大幅(대폭), 全幅(전폭) −的(적) 支持(지지), 幅員(폭원)

② 복 : 복건
幅巾(복건)⇒幞巾(복건)/−을 쓰다

暴

① 폭 : ㉠사나울 ㉡드러낼 ㉢지나칠
暴徒(폭도), 暴言(폭언), 暴飮(폭음), 亂暴(난폭), 暴動(폭동), 暴露(폭로)

② 포 : 사나울
暴惡(포악), 橫暴(횡포), 自暴自棄(자포자기)

曝

① 폭 : 쬘, 볕에 말릴
曝陽(폭양), 曝書(폭서)⇒曬書(쇄서)

② 포 : 쬘, 볕에 말릴
曝白(포백)⇒漂白(표백)⇒마전

瀑

① **폭** : 폭포
瀑布(폭포) －水(수), 飛瀑(비폭)⇒폭포

② **포** : ㉠소나기 ㉡물보라
瀑雨(포우)⇒소나기, 瀑沫(포말)⇒飛沫(비말)⇒물보라

稟

① **품** : ㉠여쭐, 사뢸 ㉡줄, 받을 ㉢바탕, 천품
稟達(품달), 稟議(품의), 稟賦(품부), 氣稟(기품), 天稟(천품)

② **름** : 곳집≒廩(름)
稟(廩)給(늠급)⇒祿俸(녹봉)

皮

① **피** : 가죽
皮革(피혁), 皮骨(피골) －相接(상접)

② **비** : 鹿皮(녹비) －에 가로曰(왈)

跛

① **피** : 비스듬히 설
跛立(피립), 跛倚(피의)

② **파** : 절름발이
跛行(파행) －的(적), 跛蹇(파건) = 절름발이

合

① **합** : ㉠합할 ㉡맞을
合同(합동), 合併(합병), 合理(합리), 合計(합계)

② **홉** : 一合(일홉)⇒한 되의 10분의 1

降

① **항** : 항복할
降服(항복), 投降(투항)

② **강** : 내릴
降雨(강우), 降等(강등), 昇降機(승강기)

行

① **행** : 다닐, 행할, 길을 갈
行路(행로), 施行(시행), 行列(행렬) 示威(시위)－

② **항** : 항렬
行列(항렬) －字(자), 叔行(숙항), 行伍(항오) －出身(출신)

驗

① **험** : ㉠시험할, 살필 ㉡보람
試驗(시험), 效驗(효험) －效用(효용), 證驗(증험)

② **검** : 靈驗(영검)

廓

① **확** : ㉠클 ㉡바로잡을
廓大(확대), 廓然(확연), 廓正(확정)→匡正(광정)

② **곽** : 둘레
輪廓(윤곽), 外廓(외곽) －地帶(지대)

滑

① **활** : 미끄러울
滑走(활주) －路(로), 滑氷(활빙), 圓滑(원활)

② **골** : 어지러울
滑稽(골계) －小說(소설), 滑稽美(골계미)

活

① 활 : ㉠살다 ㉡활발 ㉢응용할
活力(활력), 生活(생활), 活潑(활발), 活用(활용)

② 괄 : 물소리
活活(괄괄)

畫

① 획 : ㉠그을 ㉡꾀할
畫順(획순), 畫一(획일), 計畫(劃)(계획), 畫(劃)策(획책), 字畫(자획)

② 화 : 그림
書畫(서화), 畫家(화가), 畫廊(화랑)

제2절

綜合例題
(종합예제)

綜合例題 (Ⅴ-Ⅲ)

1. (보기)와 같이 빈칸을 채워 표를 완성하시오.

※用例(용례)는 두 單語(단어) 이상 쓰시오.

	漢字	部首	字音	字訓	劃數	用例
(보기)	國	口	국	나라, 국가	11	國家, 國民, 大韓民國
①	住			살, 사는 곳		住所, 住民登錄, 住宅
②	家		가		10	
③	所	戶	소	곳, 처소, 바, 것		
④	名					姓名, 有名, 人名, 名譽, 名士
⑤	民	氏			5	

2. (보기)와 같이 筆順(필순)을 1, 2, 3……으로 ( ) 안에 차례를 기입하시오.

(보기) 同(동) 丨 一 𠃌 丨 ㄱ 一 …… 모두 6畫(획)이다
(1) (3) (2) (4) (5) (6)

① 主(주)	一 丶 丨 一 一 ( ) ( ) ( ) ( ) ( )	……모두 5劃(획)이다
② 成(성)	丿 一 丿 乚 亅 丶 ( ) ( ) ( ) ( ) ( ) ( )	……모두 6劃(획)이다
③ 近(근)	丶 丶 一 丿 丨 一 丿 乚 ( ) ( ) ( ) ( ) ( ) ( ) ( ) ( )	……모두 8劃(획)이다

3. 다음 漢字의 字音(자음)을 쓰시오. ※同字異音(동자이음)에 留意(유의)할 것

① 反省(　　) 省略(　　)　　② 計畫(　　) 書畫(　　)
③ 常識(　　) 標識板(　　)　　④ 便利(　　) 便所(　　)
⑤ 交易(　　) 容易(　　)　　⑥ 回復(　　) 復興(　　)

4. (보기)에서 알맞은 **漢字語**를 골라 ( ) 안에 쓰시오.

①	(보기)	無常, 無償	㉠ 무상( )援助	㉡ 人生무상( )
②		保全, 補塡	㉠ 領土보전( )	㉡ 赤字보전( )
③		辭典, 事典	㉠ 國語사전( )	㉡ 百科사전( )
④		注意, 主義	㉠ 民主주의( )	㉡ 火災주의( )
⑤		綠化, 錄畵	㉠ 山林녹화( )	㉡ 녹화( )放送

5. (보기)와 같이 **反對語**(반대어)를 **左右**(좌우)로 연결하시오.

(보기)	① 縮小	創造	⑥ 宥和	短縮
	② 勝利	擴張	⑦ 起工	强硬
	③ 模倣	失敗	⑧ 延長	特別
	④ 成功	陳陣	⑨ 臨時	落成
	⑤ 斬新	敗北	⑩ 普通	經常

6. 다음 **漢字語**의 **同義語**(동의어 : 뜻이 같은 낱말) 또는 **類義語**(유의어 : 뜻이 비슷한 낱말)를 참고에서 골라 (보기)와 같이 ( ) 안에 쓰시오.

(보기) 母親(慈堂)

① 吉兆( ) ② 年末( ) ③ 伯仲( )
④ 同意( ) ⑤ 容恕( ) ⑥ 若干( )
⑦ 彷徨( ) ⑧ 解産( ) ⑨ 死亡( )

참고	慈堂	贊成	一抹	徘徊	祥瑞
	歲暮	分娩	作故	亮許	莫上莫下

綜合例題 (Ⅴ - Ⅳ)

1. 다음 한자어의 字音을 ( ) 안에 쓰시오.

① 학업성적이 우수하여 賞狀(　　)을 받다.
② 방방곡곡에 소문이 播多(　　)하다.
③ 화물수송을 선박에서 트럭으로 代替(　　)하다.
④ 도로 標識板(　　)이 없어 우왕좌왕하다.
⑤ 언행과 변덕의 反覆(　　)이 심하여 신뢰를 잃다.

2. 다음 밑줄친 한자어를 漢字로 ( ) 안에 쓰시오.

① 풍수해 피해 상황(　　)이 심각하다.
② 조기는 연평도 근해에 파다(　　)하다.
③ 대체(　　)로 내 건강은 양호하다.
④ 상식(　　)이 부족한 사람의 소행이다.
⑤ 같은 동작을 계속 반복(　　)하다.

3. 각 漢字의 반대자를 ( ) 안에 쓰시오.

① 近(　)	② 重(　)	③ 明(　)	④ 長(　)	⑤ 出(　)	⑥ 强(　)
⑦ 自(　)	⑧ 始(　)	⑨ 晝(　)	⑩ 貧(　)	⑪ 賣(　)	⑫ 曲(　)

4. 다음의 물음에 (보기)와 같이 공란에 답을 쓰시오.

	숙어	字音	(가)	(나)
(보기)	塵合泰山	진합태산	㉠	㉠
①	(　)匙一飯			
②	(　)蚊拔劍			
③	(　)頭耳熟			
④	(　)顚八起			
⑤	(　)耳東風			

1) 숙어란의 ( ) 안에 漢字를 기입하여 숙어를 완성하시오.
2) 자음란에 字音을 쓰시오.

3) 속어의 풀이와 관련된 기호를 (가)항에 쓰시오.

㉠ 티끌모아 태산.

㉡ 일곱번 넘어지고 여덟번 일어나다.

㉢ 모기를 보고 칼을 뽑다.

㉣ 머리를 삶으면 귀까지 익다.

㉤ 열사람이 한숟가락씩 보태면 한사람 먹을 분량이 되다.

㉥ 말의 귀를 스치는 봄바람

4) 속어의 뜻을 이르는 것과 관련된 기호를 (나)항에 쓰시오.

㉠ 작은 물건도 많이 모으면 나중에 크게 됨을 이르다.

㉡ 여러 사람이 한사람 돕기는 쉽다.

㉢ 말을 귀담아듣지 않고 흘려버림을 이르다.

㉣ 과민한 반응을 이르다.

㉤ 잦은 실패에도 굴하지 않고 분투함을 이르다.

㉥ 중요한 것만 해결되면 부수적인 것은 저절로 해결됨을 이르다.

5. (보기)와 같이 빈칸을 채워 표를 완성하시오.

	漢字	部首	字音	字訓	用例
(보기)	道	辶	도	길, 도리, 말하다	道路, 道義, 道德
①	效	攴(攵)		본받을, 힘쓸, 효험	
②	新		신		新年, 新鮮, 溫故知新
③	密	宀		빽빽할, 비밀	
④	蜜		밀		蜂蜜, 糖蜜, 蜜月
⑤	秋	禾		가을, 때, 세월	
⑥	煙		연		煙氣, 煙草, 禁煙

6. 다음 漢字의 略字(약자)를 쓰시오.

① 亞(　　)　② 雙(　　)　③ 價(　　)　④區(　　)

綜合例題(V-V)

1. 다음 밑줄친 한자는 **同字異音**(동자이음 : 같은 글자이나 음이 각각 다름)이므로 바르게 변별하여 ( ) 안에 **字音**을 쓰시오.

① ㉠ 南北(　　)통일은 우리의 소원이다.
　㉡ 승리의 반대어가 敗北(　　)이다.
② ㉠ 은행예금 利率(　　)이 인상되다.
　㉡ 선생님이 학생들을 引率(　　)하여 지나가다.
③ ㉠ 외국과의 貿易(　　)이 우리 경제의 활력소다.
　㉡ 컴퓨터 사용법이 容易(　　)하지 않다.
④ ㉠ 고속철이 개통되므로 교통이 더욱 便利(　　)하다.
　㉡ 오줌 누다와 小便(　　)보다는 同義語(동의어)다.
⑤ ㉠ 적군을 降伏(　　)시키다.
　㉡ 엘리베이터, 즉 昇降機(　　)에 오르다.

2. 다음 밑줄친 **同音異議語**(동음이의어 : 음은 같고 뜻이 다른 낱말)를 혼동하지 말고 바르게 한자로 ( ) 안에 쓰시오.

① ㉠ 고장난 기계를 수리(　　)하다.
　㉡ 김과장의 사표가 수리(　　)되다.
② ㉠ 어찌 하라고 신신당부(　　)하였다.
　㉡ 그 행위의 당부(　　)는 마땅히 가려야 한다.
③ ㉠ 휴대전화가 널리 보급(　　)되다.
　㉡ 풍수해 이재민에게 생필품을 보급(　　)하다.
④ ㉠ 그림이 실물과 아주 방사(　　)하다.
　㉡ 방사(　　)성 폐기물 처리장 문제가 소란하다.
⑤ ㉠ '반달'은 어린이들이 즐겨 부르는 동요(　　)다.
　㉡ 큰 재앙에도 동요(　　)하지 않고 침착하다.

3. 다음 (보기)와 같이 **同義語** 또는 **類義語**(뜻이 비슷한 낱말)를 ( ) 안에 **漢字**로 쓰시오.

(보기) 銀杏(白果), 飮食店(飯店)

① 香奠(　　)　② 洽足(　　)　③ 逍遙(　　)　④ 骨子(　　)
⑤ 術策(　　)　⑥ 契機(　　)　⑦ 擬製(　　)　⑧ 前代未聞(　　)

4. 다음 한자의 **反對語**(반대어)를 (　) 안에 쓰시오.

① 中央(　　) ② 原因(　　) ③ 退職(　　) ④ 偶然(　　)
⑤ 短縮(　　) ⑥ 捷徑(　　) ⑦ 消極的(　　) ⑧ 贈賂(　　)

5. (보기)와 같이 **字音**을 (　) 안에 기입하고 뜻이 같은 숙어끼리 **左右**(좌우)를 연결하시오.

(보기) 拈華微笑(염화미소) — 以心傳心(이심전심)

① 猫頭懸鈴(　　　　)　　　兎死狗烹(　　　　)
② 高鳥盡良弓藏(　　　　)　　以心傳心(이 심 전 심)
③ 虎尾難放(　　　　)　　　右往左往(　　　　)
④ 之東之西(　　　　)　　　卓上空論(　　　　)
⑤ 流言蜚語(　　　　)　　　道聽塗說(　　　　)
　　　　　　　　　　　　　　進退維谷(　　　　)

6. (보기)와 같이 빈칸을 채워 표를 완성하시오.

	한자	부수	훈	음	용례
(보기)	始	女	비로소, 처음	시	始終, 開始, 始末, 原始
①	上				上下, 引上, 上京
②	世				世界, 俗世, 世帶
③	字		글자, 사랑할	자	
④	重		무거울, 중할	중	
⑤	哀				哀悼, 悲哀, 哀歎
⑥	衷				衷心, 苦衷, 衷情

제 3 절

正 答

정 답 (1)

1.

漢字	部首	字訓	字音	劃數	漢子語
天		하늘		4	天地, 靑天, 旭日昇天, 天使
住	亻(人)		주		
草		풀			草木, 草原, 花草, 雜草
明	日		명	8	明日, 明暗, 光明, 文明
永			영		

2.

1) 木	丨 (2)	一 (1)	㇏ (4)	㇒ (3)		
2) 中	丨 (1)	丨 (4)	一 (3)	㇕ (2)		
3) 各	㇇ (2)	㇏ (3)	㇒ (1)	丨 (4)	㇕ (5)	一 (6)
4) 同	丨 (1)	㇆ 2)	一 (3)	丨 (4)	㇕ (5)	一 (6)

3. ① 亻: 仁, 休 ② 彳: 往, 待 ③ 氵: 江, 池 ④ 日: 早, 明

《漢字學習(한자학습)의 要諦(요체)》

1. 국어사전 또는 한자사전을 항상 座右(좌우)에 두고 학습한다.
2. 많은 類字(유자:字形이 비슷한 글자) 무리에서 생활용어로서 사용 頻度(빈도)가 많고, 또한 煩多(번다)하게 많이 쓰이는 類字만을 選別(선별)하여 완숙하게 습득한다. 千里馬(천리마)도 한걸음부터라 하였다.
3. 目讀(목독)만으로 一貫(일관)하지 아니하고, 꼭 筆記(필기)도 함께 곁들인다. 그럼으로써 習得力(습득력)도 倍加(배가)된다. 漢字를 쓰지 못하여 그림을 그리고 있는 場面(장면)을 흔히 目睹(목도)하였으리라 생각된다.
4. 文字生活(문자생활)에 있어서 漢字와 親近(친근)하여야 한다. 漢字를 疎外(소외)하는 傾向(경향)이 있으나 漢字文化圈(한자문화권)에서의 生存(생존)은 물론 우리 문화 保存(보존)을 위해서도 필요하다.
5. 反復(반복) 또 反復(반복) 학습이 生活化(생활화)되도록 한다. 그러면 流暢(유창)하고 能熟(능숙)한 漢字生活(한자생활)이 이루어질 것으로 確信(확신)한다.

정 답 (2)

1.

	漢字	部首	字音	字訓	用例
①	百		백		百年, 百果, 百年偕老
②	伯	亻		맏, 형, 첫, 우두머리	
③	主	丶	주		主人, 主客, 主體, 民主主義
④	注		주	물댈, 뜻을 풀, 주를 달	注意, 注油所, 注目
⑤	大	大		크다, 대강	大小, 巨大, 偉大, 針小棒大
⑥	犬	犬	견		黃犬, 愛玩犬, 犬猿之間
⑦	土			흙, 땅	土地, 沃土, 土砂, 鄕土
⑧	士	士	사	선비, 벼슬, 병사	博士, 壯士, 兵士, 士氣旺盛

2.

① ㉠百 ㉡白
② ㉠伯 ㉡柏
③ ㉠柱 ㉡註(注)
④ ㉠主 ㉡住 ㉢注
⑤ ㉠土 ㉡天 ㉢士

3.

① 태평 ② 견마 ③ 중대 ④ 요절
⑤ 간척 ⑥ 공장 ⑦ 토지 ⑧ 박사

4.

	숙어	字音	(가)	(나)
(보기)	(百)年偕老	백년해로	㉠	㉠
①	五穀(百)果	오곡백과	㉢	㉣
②	積小成(大)	적소성대	㉡	㉢
③	(天)高馬肥	천고마비	㉤	㉡
④	(白)駒過隙	백구과극	㉣	㉤

정 답 (3)

1. ① ㉠青　② ㉠晴 ㉡淸　③ ㉠防 ㉡放　④ ㉠可 ㉡呵

2. ①청춘 ②청구 ③추방 ④순방 ⑤가혹 ⑥가능 ⑦방법 ⑧방문

3. ① 濁　② 否　③ 曇　④ 放火　⑤ 否決

4.

	숙어	자음	(가)	(나)
①	青	청산유수	㉣	㉡
②	柯	남가일몽	㉡	㉣
③	呵	가벽문천	㉢	㉠
④	晴(青)	청천벽력	㉠	㉢

5.

	한자	부수	자음	자훈	용례
①	可				可決, 許可, 可望, 可能
②	方			모, 네모, 방법, 처방	
③	青	青	청		青山, 青天, 青春, 青雲
④	苛	艸		가혹할, 까다로울	
⑤	放		방		放心, 解放, 放浪, 放火
⑥	淸	氵		맑을, 끝맺을	淸泉, 淸掃, 淸廉, 淸濁

정 답 (4)

1. ①교 ②경 ③기 ④과 ⑤규 ⑥경 ⑦급 ⑧가 ⑨갱 ⑩경

2. ①糾 ②期 ③抉 ④詭 ⑤券

3. ①가부⇒시비 ②가입↔탈퇴 ③교체→교환 ④경상↔임시 ⑤곤계⇒형제
⑥피고↔원고 ⑦교외→야외 ⑧군색→곤궁 ⑨구속→구금

4. ①古代, 高大 ②給水, 級數 ③鑛夫 ④多技, 茶器, 多氣 ⑤校訂, 校正, 交情
⑥期間, 基幹, 旣刊 ⑦競技 ⑧却下, 閣下, 刻下

5.

	숙어	자음	(가)	(나)
①	起	기사회생	㉤	㉤
②	群	군계일학	㉢	㉡
③	甘	감탄고토	㉡	㉢
④	九	구곡간장	㉣	㉣

6. ①今 ②主 ③低 ④減 ⑤狹

7. ①仮 ②経 ③広 ④観

8.

	漢字	部首	字訓	字音	用例
①	各	口	각각, 따로따로	각	
②	共				共同, 共存, 共通, 公共
③	空	穴	하늘, 빌	공	
④	基				基礎, 基本, 基幹, 國基
⑤	記				記錄, 記憶, 記念, 日記

정 답 (5)

1. ①放 ②訪 ③妨 ④防 ⑤倣 ⑥方 ⑦紡 ⑧紳 ⑨呻 ⑩神 ⑪申 ⑫伸

2. ①의미 ②애매 ③통찰 ④부흥 ⑤배설 ⑥성명 ⑦부정 ⑧다소

3. ①成功 ②特別 ③生産 ④否定

4. ①防火, 邦貨 ②落成 ③錄音 ④人道, 引渡 ⑤消化, 笑話

5. ①東 ②塗 ③尙 ④拔 ⑤寐 ⑥燈 ⑦相 ⑧臂 ⑨無 ⑩菽 ⑪凍 ⑫束

6. ①有 ②惡 ③答 ④淡 ⑤大 ⑥多 ⑦姪 ⑧可

7. ①少 ②壁 ③裂 ④曆

8. ①担 ②発 ③浜 ④仏

9.

	漢字	部首	字訓	字音	用例
①	念	心(忄)	생각, 읽다, 스물	념	
②	當	田			當然, 當局, 典當, 適當, 當日
③	同	口	같을, 한가지, 화할	동	
④	問	口			問答, 問題, 慰問, 諮問, 訪問
⑤	誠	言	정성, 진실	성	

정 답 (6)

1. ①중앙↔지방　②원인↔결과　③유화↔강경　④성공↔실패

2. ①㉠前 ㉡左　②㉢阻 ㉣安　③㉤顚 ㉥張 ㉦陳　④㉧孃 ㉨讓 ㉩座

3.

①	兄	高	②	憎	劣	③	增	短
	昨	右		優	後		長	客
	左	弟		陰	愛		無	有
	低	今		前	陽		主	減

4.

(보기)	甲男乙女	前代未聞	(보기)	朱(丹)脣皓齒	美女
①	五十步百步	呼氣	⑤	犬猿之間	甕天
②	未曾有	張三李四	⑥	井中之蛙	極貧
③	千載一遇	大同小異	⑦	朝三暮四	快宿
④	釜中之魚	俎上肉	⑧	釜中生魚	愚弄

5. ① 主義, 主意, 紬衣(명주옷)　② 鎭痛　③ 優秀, 偶數, 雨水
④ 完然　⑤ 于先(爲先), 羽扇

6.

	漢字	部首	字訓	字音	用例
①	安	宀	편안할, 어찌, 값쌀	안	
②	原	厂	근원, 둔덕, 용서할	원	
③	有	月			有名, 所有, 有利, 特有
④	前	刂			前後, 午前, 門前, 前代未聞
⑤	全	八	온전할, 모두	전	
⑥	地	土	땅, 곳, 지위, 바탕	지	

7. ①囲　②栄　③応　④斉

정 답 (7)

1. ①삼십 ②참가 ③표지 ④파행 ⑤하자 ⑥미흡 ⑦패배 ⑧파다

2. ① 落胎(낙태)⇒流産(유산) ② 斬新(참신)↔陳腐(진부)
③ 後退(후퇴)↔前進(전진) ④ 諧語(해어)⇒弄談(농담)
⑤ 申請(신청)↔接受(접수) ⑥ 成功(성공)↔失敗(실패)
⑦ 瘠土(척토)⇒薄土(박토) ⑧ 回甲(회갑)⇒還甲(환갑)

3. ①蓄 ②形 ③効 ④險

4. ①遍在 ②葡萄, 鋪道 ③包裝, 褒獎 ④饗應

5. ①吐 ②此 ③悲 ④進 ⑤廣 ⑥勝

6. ①千 ②追 ③虎 ④狐 ⑤風 ⑥皮 ⑦天 ⑧會

7.

	漢字	部首	字訓	字音	用例
①	春	日		춘	春秋, 青春, 立春, 春夏秋冬
②	超	走	뛰어넘을, 뛰어날	초	
③	平				平和, 平坦, 水平, 平均, 公平
④	幸	干	다행할, 요행, 바랄	행	
⑤	希	巾	바랄, 드물	희	

8. ①参 ②画 ③庁 ④沢 ⑤会

종합예제 정답(V-I)

1.

	漢字	部首	劃數	字音	字訓	用例
①	正	止		정	바를, 본, 정월	正直, 正確, 正月, 不正
②	征		8	정		征服, 征伐, 遠征, 出征
③	政	攵(攴)	9		정사, 다스릴	政治, 政府, 行政, 政黨
④	敬	攵(攴)	13		공경할, 삼갈	恭敬, 尊敬, 敬意, 敬虔
⑤	警		20	경	경계할, 깨달을	警戒, 警察, 警備, 巡警
⑥	驚	馬	23	경		驚愕, 驚歎, 驚惶, 驚氣

2.

① 放, 防　② 問, 聞　③ 淸, 晴
④ 常, 賞　⑤ 彼, 被　⑥ 城, 誠

3.

① ㉮童謠　㉯動搖　② ㉮冷靜　㉯冷情
③ ㉮長軀　㉯長驅　④ ㉮姑息　㉯姑媳
⑤ ㉮接種　㉯接踵

4.

① 往所—(住)　② 許何—(可)　③ 常狀—(賞)
④ 貯畜—(蓄)　⑤ 作年—(昨)　⑥ 怒力—(努)
⑦ 太楊—(陽)　⑧ 讁當—(適)　⑨ 日紀—(記)
⑩ 暮集—(募)　⑪ 彈該—(劾)　⑫ 劾武器—(核)
⑬ 誠功—(成)　⑭ 旺成—(盛)　⑮ 盛實—(誠)

정 답 (8)

1.

	한자	부수	자음	자훈	용례
①	千		천		千年, 三千里, 千載一遇
②	午	十		낮, 어수선할	
③	木		목	나무, 뻣뻣하다	苗木, 樹木, 植木
④	末	木	말		始末, 末端, 粉末
⑤	目	目		눈	
⑥	口	口	구		出入口, 耳目口鼻, 人口

2. ① 우유　② 오후　③ 일광　④ 주목
⑤ 수목　⑥ 기본　⑦ 미흡　⑧ 말기

3. ① ㉠末 ㉡未　② ㉠十 ㉡未 ㉢干 ㉣士
③ ㉠目 ㉡口 ㉢目　④ ㉠午 ㉡牛

4. ① 入口　② 未來　③ 植木　④ 明日

5.

	숙어	자음	(가)	(나)
①	九(牛)一毛	구우일모	㉣	㉢
②	(木)石難傅	목석난부	㉡	㉠
③	(目)不識丁	목불식정	㉢	㉣
④	(口)尙乳臭	구상유취	㉠	㉡

정 답 (9)

1.

①	端正	단정	②	瑞光	서광	③	風俗	풍속	④	沐浴	목욕	⑤	決心	결심
⑥	快活	쾌활	⑦	隣近	인근	⑧	可憐	가련	⑨	效果	효과	⑩	郊外	교외
⑪	科學	과학	⑫	料金	요금	⑬	通路	통로	⑭	賂物	뇌물	⑮	連絡	연락
⑯	憧憬	동경	⑰	撞着	당착	⑱	階段	계단	⑲	偕老	해로	⑳	皆兵	개병
㉑	感歎	감탄	㉒	艱難	간난	㉓	期待	기대	㉔	所持	소지	㉕	特別	특별

2.

①名 ②冬 ③檢 ④險 ⑤引 ⑥弘 ⑦遣 ⑧遺 ⑨計 ⑩訃 ⑪觀 ⑫歡

3.

①	贈賄	受賂	②	路資	防禦	③	怙恃	景致
	槪括	昆季		已往	旅費		謙遜	傲慢
	兄弟	限定		攻擊	旣往		風光	父母

4.

	숙어	字音	(가)	(나)		숙어	字音	(가)	(나)
(보기)	(雪)上加霜	설상가상	㉠	㉠	④	龍	용두사미	㉡	㉧
①	冬	동선하로	㉥	㉢	⑤	針	침소봉대	㉧	㉤
②	舌	설망우검	㉢	㉦	⑥	難	난형난제	㉣	㉥
③	緣	연목구어	㉦	㉣	⑦	鳥	조족지혈	㉤	㉡

5.

	漢字	部首	字訓	字音	用例
①	內	入			內外, 內容, 市內, 內助
②	動	力	움직일↔靜(정)	동	
③	路	足	길	로	
④	名	口			姓名, 有名, 命名, 名曲
⑤	外	夕			外國, 外地, 市外, 外面

정 답 (10)

1.

①	南北	남북	②	敗北	패배	③	趣味	취미	④	曖昧	애매	⑤	復習	복습
⑥	馴致	순치	⑦	駭怪	해괴	⑧	差別	차별	⑨	羞恥	수치	⑩	復興	부흥
⑪	脆弱	취약	⑫	詭辯	궤변	⑬	消化	소화	⑭	削減	삭감	⑮	雨天	우천
⑯	斡旋	알선	⑰	幹部	간부	⑱	撤收	철수	⑲	撒收	살수	⑳	雪雲	설운
㉑	凝固	응고	㉒	模擬	모의	㉓	着眼	착안	㉔	睡眠	수면	㉕	電氣	전기

2. ①海 ②悔 ③位 ④拉 ⑤央 ⑥史 ⑦反 ⑧友 ⑨萬 ⑩邁 ⑪母 ⑫每

3.

①수입↔지출 ②모우↔빈우 ③원인↔결과
④참신↔진부 ⑤시말⇒본말 ⑥주선⇒알선

4.

	숙어	字音	(가)	(나)		숙어	字音	(가)	(나)
①	水	수어지교	ㅁ	ㅂ	④	耳	엄이도령	ㄹ	ㄹ
②	玉	옥석구분	ㄱ	ㄴ	⑤	脣	순망치한	ㅂ	ㄷ
③	雪	설상가상	ㄷ	ㄱ	⑥	耳	이현령비현령	ㄴ	ㅁ

5.

	한자	部首	字訓	字音	用例
①	眠	目	잠잘, 쉴	면	
②	福	示(ネ)	복↔禍(화)	복	
③	思	心(忄)			思考, 思想, 意思
④	友	又			友愛, 親友, 友情, 友好
⑤	右	口			左右, 右往左往, 座右

정 답 (11)

1.

①	早朝	조조	②	旱災	한재	③	取扱	취급	④	恥辱	치욕	⑤	由來	유래
⑥	享樂	향락	⑦	亨通	형통	⑧	休息	휴식	⑨	惡臭	악취	⑩	田園	전원
⑪	忽然	홀연	⑫	怱怱	총총	⑬	必須	필수	⑭	順序	순서	⑮	保護	보호
⑯	至急	지급	⑰	到着	도착	⑱	推進	추진	⑲	堆積	퇴적	⑳	收穫	수확
㉑	捕捉	포착	㉒	督促	독촉	㉓	材木	재목	㉔	林野	임야	㉕	獲得	획득

2. ①㉠棲 ㉡悽　②㉠疎(疏) ㉡悚　③㉠頂 ㉡順　④㉠到 ㉡致　⑤㉠陳 ㉡揀

3.

	字音	(가)	(나)
①	토사구팽	㉡	㉣
②	토각귀모	㉢	㉤
③	토영삼굴	㉠	㉠
④	토사호비	㉤	㉡
⑤	토주오비	㉣	㉢

4. ①失 ②富 ③內 ④近

5.

	漢字	部首	字訓	字音	用例
①	委				委任, 委託, 委囑
②	最	曰	가장, 제일	최	
③	脫	月			脫出, 脫落, 脫水, 脫毛
④	必	心			必修, 必要, 期必
⑤	護	言	보호할, 지킬	호	

종합예제 정답(Ⅴ-Ⅱ)

1. ①大—(犬, 太) ②木—(本, 未) ③水—(氷, 永)
④烏—(烏, 島) ⑤足—(促, 捉) ⑥熾—(識, 職)

2. ①㉠隨行 ㉡遂行 ②㉠不義 ㉡不意
③㉠解散 ㉡解産 ④㉠容儀 ㉡容疑
⑤㉠愛好 ㉡愛護

3. ①壯土(士) ②氷久(永) ③電綿(線)
④出人口(入) ⑤末來(未) ⑥思人(恩)
⑦左古(右) ⑧道絡(路) ⑨若悶(苦)
⑩切勞(功) ⑪羞異(差) ⑫標織板(識)

4.

	漢字	部首	劃數	字音	字訓	用例
①	目		5		눈, 보다, 조목, 우두머리	耳目, 目標, 頭目, 目的, 目錄
②	眠	目	10	면		睡眠, 安眠, 永眠, 冬眠
③	眼	目		안	눈, 요점	
④	勸		20		권할	勸告, 勸善, 强勸, 勸勉
⑤	歡	欠	22	환		歡談, 歡迎, 歡呼, 歡喜
⑥	觀	見		관	볼, 관념, 경치, 생각	

5.

①	(蚌鷸)之勢	(방휼)지세	(對牛)彈琴	(대우)탄금
②	莫上(莫下)	막상(막하)	以小(易大)	이소(역대)
③	以蝦(釣鯉)	이하(조리)	(自由)自在	(자유)자재
④	(牛耳)讀經	(우이)독경	(互角)之勢	(호각)지세
⑤	(縱橫)無盡	(종횡)무진	難兄(難弟)	난형(난제)

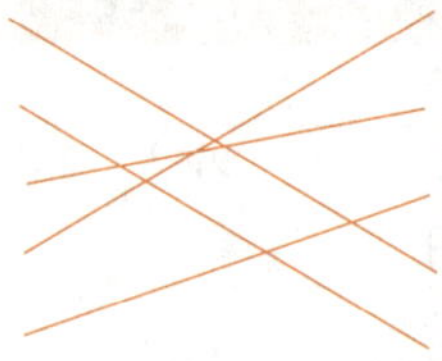

종합예제 정답(Ⅴ-Ⅲ)

1.

	漢字	部首	字音	字訓	劃數	用例
①	住	人	주		7	
②	家	宀	가	집, 가문, 학파	10	家口,家庭,家族,家屋,書家,作家
③	所				8	住所,場所,所在,所見,所得,所屬
④	名	口	명	이름, 사람수(명)	6	
⑤	民		민	백성, 국민		國民,民生,民主主義,民族,農民

2.

① 主(주)	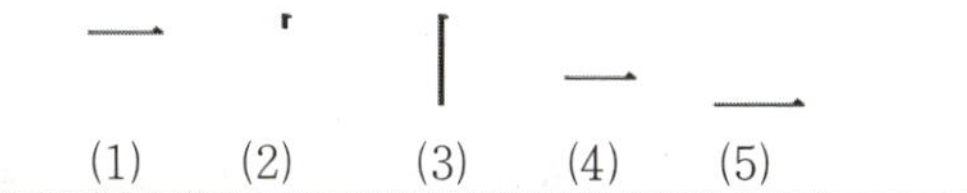	……모두 5劃(획)이다
② 成(성)	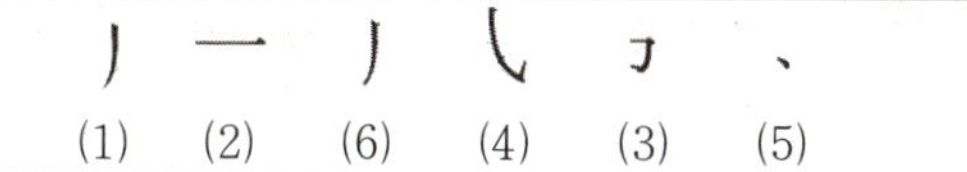	……모두 6劃(획)이다
③ 近(근)	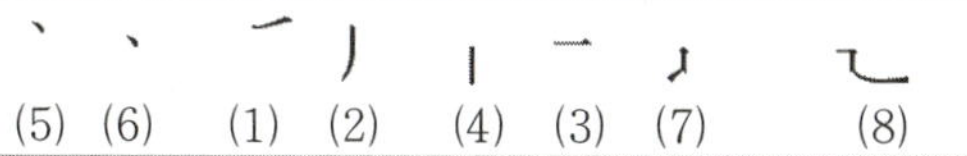	……모두 8劃(획)이다

3. ①反省(반성) 省略(생략) ②計畫(계획) 書畫(서화)
③常識(상식) 標識板(표지판) ④便利(편리) 便所(변소)
⑤交易(교역) 容易(용이) ⑥回復(회복) 復興(부흥)

4. ①㉠무상(無償)援助 ㉡人生무상(無常)
②㉠領土보전(保全) ㉡赤字보전(補塡)
③㉠國語사전(辭典) ㉡百科사전(事典)
④㉠民主주의(主義) ㉡火災주의(注意)
⑤㉠山林녹화(綠化) ㉡녹화(錄畫)放送

5.

6. ① 吉兆(祥瑞) ② 年末(歲暮) ③ 伯仲(莫上莫下)
④ 同意(贊成) ⑤ 容恕(亮許) ⑥ 若干(一抹)
⑦ 彷徨(徘徊) ⑧ 解産(分娩) ⑨ 死亡(作故)

종합예제 정답(Ⅴ-Ⅳ)

1. ①상장 ②파다 ③대체 ④표지판 ⑤반복

2. ①狀況 ②頗多 ③大體 ④常識 ⑤反復

3. ①遠 ②輕 ③暗 ④短 ⑤入 ⑥弱
⑦他 ⑧終 ⑨夜 ⑩富 ⑪買 ⑫直

4.

	숙어	字音	(가)	(나)
①	十	십시일반	㉤	㉡
②	見	견문발검	㉢	㉣
③	烹	팽두이숙	㉣	㉥
④	七	칠전팔기	㉡	㉤
⑤	馬	마이동풍	㉥	㉢

5.

	漢字	部首	字音	字訓	用例
①	效		효		效果, 無效, 效用
②	新	斤		새, 새로울	
③	密		밀		密閉, 密林, 親密
④	蜜	虫		꿀, 벌꿀	
⑤	秋		추		春秋, 千秋, 秋收
⑥	煙	火		연기, 안개, 담배	

6. ①亜 ②双 ③価 ④区

종합예제 정답(Ⅴ-Ⅴ)

1. ①㉠남북 ㉡패배
②㉠이율 ㉡인솔
③㉠무역 ㉡용이
④㉠편리 ㉡소변
⑤㉠항복 ㉡승강기

2. ①㉠修理 ㉡受理
②㉠當付 ㉡當否
③㉠普及 ㉡補給
④㉠倣似 ㉡放射
⑤㉠童謠 ㉡動搖

3. ①賻儀 ②滿足 ③散策 ④要點, 主眼
⑤計略, 術數 ⑥動機 ⑦模造 ⑧未曾有

4. ①地方 ②結果 ③就職 ④必然
⑤延長 ⑥迂路 ⑦積極的 ⑧收賂, 受賄

5.

①묘두현령	토사구팽
②고조진양궁장	우왕좌왕
③호미난방	탁상공론
④지동지서	도청도설
⑤유언비어	진퇴유곡

6.

	한자	부수	훈	음	용례
①	上	一	위, 첫째, 오를	상	
②	世	一	세상, 평생, 대	세	
③	字	子			文字, 活字, 字訓, 字音
④	重	里			輕重, 重要, 重量, 尊重
⑤	哀	口	슬플, 가없다	애	
⑥	衷	衣	정성, 속마음, 진심	충	

부 록

漢字能力評價 模擬考査
틀리기 쉬운 漢字 總練磨

漢字能力評價 模擬考査(Ⅰ-Ⅰ)

1. 다음 漢字의 字音을 빈칸에 쓰시오.

①	古今		②	命令		③	呻吟		④	冷靜		⑤	包含	
⑥	竣工		⑦	江山		⑧	肛門		⑨	紅白		⑩	巧妙	
⑪	合格		⑫	連絡		⑬	賄賂		⑭	省略		⑮	道路	
⑯	侮辱		⑰	悔改		⑱	海峽		⑲	梅實		⑳	敏捷	
㉑	哀惜		㉒	措置		㉓	賃貸借		㉔	錯誤		㉕	鵲聲	

2. 다음 밑줄친 단어를 ( ) 안에 漢字로 쓰시오.

① 南北분단(　　) ② 분식(　　)會計 ③ 勞使분규(　　) ④ 화분(　　)에 물을 주다 ⑤ 탄핵(　　)審判 ⑥ 핵(　)擴散禁止條約(NPT) ⑦ 해당(　　)事項 ⑧ 해괴(　　)罔測 ⑨ 不淨腐敗척결(　　) ⑩ 會談결렬(　　) ⑪ 無斷결석(　　) ⑫ 土亭비결(　　) ⑬ 책임(　　)完遂 ⑭ 임대(　)아파트 ⑮ 임신(　　)婦 ⑯ 임진(　　)倭亂 ⑰ 청구(　)書 ⑱ 축구(　　)競技 ⑲ 緊急구호(　　) ⑳ 연구(　　)室

3. 同義語끼리, 反對語끼리, 類義語끼리 서로 (보기)와 같이 연결하시오.

①	絶壁	蓋然	②	婚禮	眷屬	③	落成	宥和
	經常	斷崖		食口	初面		怙恃	起工
	必然	暫時		迂路	亮察		强硬	縮小
	祥瑞	臨時		熟面	捷徑		歲暮	父母
	母親	慈堂		陳腐	斬新		起源	濫觴
(보기)	俄間	吉兆		洞燭	華燭		擴張	年末

4. 正字는 略字로, 略字는 正字로 (보기)와 같이 고쳐 쓰시오.

(보기)	團體	正字	萬壽	擔當	點燈	鐵絲	稱號
	团体	略字					

(보기)	巖鹽	正字					
	岩塩	略字	対応	区画	発覚	気圧	経済

5. (보기)와 같이 漢字欄에는 漢字를, 字音欄에는 字音을 ( ) 안에 記入하고 左右의 語義가 비슷하면 서로 연결하시오.

(보기)	(猫)頭懸鈴	묘두(현령)	榮枯盛衰
①	( )魯不辨	어로( )	目不識丁(一字無識)
②	宿( )衝鼻	숙호( )	卓上空論
③	羝( )觸藩	저양( )	井中蛙(井底蛙)
④	( )滿則虧	월만( )	自繩自縛(自業自得)
⑤	管中窺( )	( )규천	進退兩難(進退維谷)

6. 다음 표를 (보기)와 같이 空欄을 채워 완성하시오.

	漢字	部首	字音	字訓	用例
(보기)	易	日	① 역 ② 이	1) 바꿀, 주역 2) 쉬울, 편할	交易, 容易, 貿易, 難易
①	交	亠			
②	馬		마		
③	和			화할, 순할, 합계, 화해할	
④	眞				眞談, 眞理, 寫眞, 眞相. 純眞
⑤	殺			1) 죽일, 없앨 2) 감할, 내릴, 심할	

漢字能力評價 模擬考査(Ⅰ-Ⅱ)

1. 다음 漢字의 字音을 쓰시오.

①	夕陽		②	外國		③	多寡		④	奢侈		⑤	夥多	
⑥	目的		⑦	貝物		⑧	見本		⑨	苟且		⑩	器具	
⑪	樹木		⑫	資本		⑬	未來		⑭	末路		⑮	禾穀	
⑯	京鄕		⑰	亨通		⑱	享樂		⑲	亭子		⑳	亮察	
㉑	變化		㉒	櫛比		㉓	敗北		㉔	叱責		㉕	彼此	

㉖ 自由貿易協定(FTA)(　　　) ㉗ 容易(　　)하다 ㉘ 難易(　　)
㉙ 景氣回復(　　) ㉚ 往復(　　) ㉛ 軍國主義復活(　　)
㉜ 相計=相殺(　　) ㉝ 暗殺(　　) ㉞ 注文이 殺到(　　)하다
㉟ 將來가 屬(矚)望(　　)되는 靑年 ㊱ 所屬 ㊲ 附屬病院(　　　)
㊳ 階級降等(　　) ㊴ 降服(　　) ㊵ 昇降機(　　)

2. 다음의 字音을 漢字로 (　) 안에 쓰시오.

① 방(　)送局 ② 文방(　)具 ③ 袖手방(　)觀 ④ 國土방(　)衛
⑤ 日상(　)生活 ⑥ 懸상(　)金 ⑦ 時機상(　)早 ⑧ 損害賠상(　)
⑨ 保험(　)會社 ⑩ 身體검(　)査 ⑪ 勤검(　)節約 ⑫ 採用試험(　)
⑬ 치(　)烈한 競爭 ⑭ 該博한 知식(　) ⑮ 道路標지(　)板 ⑯ 紡직(　)工場
⑰ 初志貫철(　) ⑱ 男女差別철(　)廢 ⑲ 산(　)策=산(　)步 ⑳ 살(　)水車

3. (보기)와 같이 좌우의 同義語(뜻이 같은 자)끼리 연결하여 구별하시오.

(보기) (시기)

1) 猜忌 — 적당한 기회

①	時期	완전하다
②	時機	기간
③	完然	질투, 강샘
④	宛然	분명하다

2) (동기)

①	同期	기회, 계기
②	同氣	형제자매
③	動機	동기동창
④	冬期	겨울철

3) (회심)

①	灰心	잘못을 뉘우침
②	回心	無心(무심)
③	會心	마음을 돌이킴
④	悔心	흐뭇한 마음

4) (수의)

①	囚衣	뜻을 이룸
②	壽(襚)衣	죄수 옷
③	遂意	수심, 근심
④	愁意	屍體(시체)의 옷

4. (보기)와 같이 漢字欄에는 漢字를, 字音欄에는 字音을 ( ) 안에 쓰고 左右의 語義가 같으면 연결하시오.

	漢字	字音	풀이
(보기)	(井)中之蛙	정중지(와)	———— 우물안 개구리
①	( )戰蝦死	경전( )사	옥에도 티가 있다
②	失( )治廐	실마치( )	고래싸움에 새우등 터지다
③	皮匠( )日	피( )재일	땅 짚고 헤엄치기
④	瑾瑜匿( )	근( )익하	말 잃고 외양간 고치다
⑤	摧( )拉朽	최고( )후	갖바치 내일모레

5. 反對字와 反對語를 (참고)에서 찾아 (보기)와 같이 ( ) 안에 쓰시오.

① 反對字 〈참고 : 答, 出, 屈, 深, 愛, 舊, 暑, 淡, 受, 牝, 忙, 狹, 呑, 遲〉

(보기)	入(出)	問( )	濃( )	閑( )	廣( )	淺( )	新( )
	吐( )	牡( )	寒( )	憎( )	授( )	速( )	伸( )

② 反對語 〈참고 : 消費, 創造, 經常, 減小, 縮小, 粗雜, 暴露〉

(보기)	生産	精密	隱蔽	模倣	臨時	增加	擴張
	(消費)	( )	( )	( )	( )	( )	( )

6. 다음 표를 (보기)와 같이 채워 완성하시오.

	漢字	部首	字音	字訓	用例
(보기)	見	見	㉠견 ㉡현	1)보다, 만나보다 2)뵙다, 나타나다	見聞, 意見, 發見, 見解, 見齒(현치)
①	同	口			
②	洞		㉠동 ㉡통		
③	促				促迫, 促進, 催促, 督促
④	捉			잡을	
⑤	度			1)법도, 정도, 횟수, 단위 2)헤아리다	

틀리기 쉬운 漢字 總練磨(Ⅱ-Ⅰ)

1. 다음 漢字의 字音을 ( ) 안에 쓰시오.

(1) 目的( )	(2) 歷史( )	(3) 未洽( )	(4) 市場( )
貝物( )	中央( )	末世( )	揭揚( )
具備( )	官吏( )	朱紅( )	流暢( )
(5) 鹿茸( )	(6) 減額( )	(7) 援助( )	(8) 徒步( )
塵土( )	喊聲( )	暖房( )	交涉( )
慶祝( )	鍼術( )	緩行( )	進陟( )
(9) 詳細( )	(10) 開始( )	(11) 危急( )	(12) 掛圖( )
粉碎( )	啓蒙( )	脆弱( )	軌道( )
盛衰( )	揭載( )	詭辯( )	怪盜( )
(13) 拔萃( )	(14) 至誠( )	(15) 風俗( )	(16) 逐出( )
私債( )	室內( )	沐浴( )	遂行( )
交替( )	窒塞( )	富裕( )	墜落( )

2. 다음 ( ) 안에 漢字를 쓰시오.

(1) 감( )少	(2) 現대( )	(3) 주( )所	(4) 의( )士
감( )謝	布대( )	주( )意	의( )思
감( )査	賃대( )	주( )審	의( )師
(5) 차( )異	(6) 처( )慘	(7) 거( )大	(8) 형( )通
수( )恥	첩( )徑	거( )絶	향( )樂
착( )工	서( )息	거( )離	정( )閣
(9) 溪곡( )	(10) 방( )送	(11) 가( )能	(12) 面적( )
風속( )	방( )問	가( )酷	實적( )
沐욕( )	방( )諜	가( )謠	遺적( )

3. (보기)와 같이 **同義語**끼리 **左右連結**하시오.

(1) (보기) 骨子	街談	(2) 天地	眷屬	(3) 擬製	分明
豫測	落成	家族	須臾	剽竊	模造
巷說	要點	起源	乾坤	宛然	寒窓
竣工	逆睹	暫時	大醉	恰似	盜錄
瞬間	刹那	酩酊	濫觴	客地	彷彿

4. (보기)와 같이 **左右連結**하여 **四者成語**를 완성하시오.

(1) (보기) 勸善	拔劍	(2) 晴天	霹靂
因果	焦思	榮枯	西答
見蚊	懲惡	東問	東風
粉骨	應報	桑田	盛衰
勞心	碎身	馬耳	碧海

(3) 百尺	偕老	(4) 矯角	觸藩
龍頭	一生	羝羊	殺牛
流言	蛇尾	龜毛	維谷
九死	蜚語	進退	兎角
百年	竿頭	孤掌	難鳴

틀리기 쉬운 漢字 總練磨(Ⅱ-Ⅱ)

1. 다음 漢字의 字音을 ( ) 안에 쓰시오.

(1) 訂正( )	(2) 受侮( )	(3) 約束( )	(4) 亨通( )
訃告( )	後悔( )	苦衷( )	享樂( )
計劃( )	陸海( )	悲哀( )	京鄕( )
訓示( )	銳敏( )	盛衰( )	亮察( )
(5) 資格( )	(6) 天地( )	(7) 辛苦( )	(8) 現在( )
連絡( )	夭折( )	萬若( )	規模( )
受賂( )	夫婦( )	承諾( )	視察( )
侵略( )	失敗( )	隱匿( )	親睦( )
(9) 多少( )	(10) 元老( )	(11) 脫退( )	(12) 惜別( )
拙劣( )	參考( )	稅金( )	措置( )
反省( )	忠孝( )	說明( )	錯誤( )
孔雀( )	記者( )	銳利( )	醋酸( )

2. 다음 ( ) 안에 漢字를 쓰시오.

(1) 녹음( ) 테이프
녹음( )이 우거진 수풀

(2) 근간( )에 한번 들르리다
國家의 근간( )事業

(3) 兄弟를 동기( )라 부른다
犯行동기( )를 追窮하다

(4) 유치( )園 어린이
유치( )場에 收監되다

(5) 辭表를 수리( )하다
自動車를 수리( )하다

(6) 所聞이 파다( )하다
그 物品은 市場에 가면 파다( )하다

(7) 證人을 신문(　　)하다
아침 신문(　　)을 받아보다

(8) 辨明하기에 급급(　　)하다
盜賊이 급급(　　)히 달아나다

(9) 敵의 侵入을 저지(　　)하다
地帶가 낮은 땅을 저지(　　)라 한다

(10) 이게 대체(　　) 무슨 일이야?
貨物輸送을 트럭으로 대체(　　)하다

3. (보기)와 같이 反意語끼리 左右連結하시오.

(1) (보기) 成功 —— 失敗

開放	模倣
創造	捷徑
驕慢	閉鎖
迂路	綜合
分析	謙遜

(2)

臨時	經常
供給	遍在
斬新	陳腐
偏在	過激
穩健	需要
前進	後退

(3)

玉碎	概括
弛緩	抽象
宥和	瓦全
限定	增加
具體	緊張
減少	强硬

4. 다음 (　) 안에 漢字를 記入하여 四字成語를 完成하시오.

(1) 反哺之(　　)
軍刀直(　　)
一石二(　　)
覆水不(　　)
大同小(　　)

(2) 十常八(　　)
拔本塞(　　)
失馬治(　　)
多岐亡(　　)
如水投(　　)

(3) 釜中生(　　)
橫說竪(　　)
信及豚(　　)
如廁二(　　)
朝三暮(　　)

(4) 井中觀(　　)
五里霧(　　)
羊頭狗(　　)
他山之(　　)
牛耳讀(　　)

정답(Ⅰ-Ⅰ)

1.

①	古今	고금	②	命令	명령	③	呻吟	신음	④	冷靜	냉정	⑤	包含	포함
⑥	竣工	준공	⑦	江山	강산	⑧	肛門	항문	⑨	紅白	홍백	⑩	巧妙	교묘
⑪	合格	합격	⑫	連絡	연락	⑬	賄賂	회뢰	⑭	省略	생략	⑮	道路	도로
⑯	侮辱	모욕	⑰	悔改	회개	⑱	海峽	해협	⑲	梅實	매실	⑳	敏捷	민첩
㉑	哀惜	애석	㉒	措置	조치	㉓	賃貸借	임대차	㉔	錯誤	착오	㉕	鵲聲	작성

2.

① 분단(分斷) ② 분식(粉飾) ③ 분규(紛糾) ④ 화분(花盆) ⑤ 탄핵(彈劾)
⑥ 핵(核) ⑦ 해당(該當) ⑧ 해괴(駭怪) ⑨ 척결(剔抉) ⑩ 결렬(決裂)
⑪ 결석(缺席) ⑫ 비결(秘訣) ⑬ 책임(責任) ⑭ 임대(賃貸) ⑮ 임신(妊娠)
⑯ 임진(壬辰) ⑰ 청구(請求) ⑱ 축구(蹴球) ⑲ 구호(救護) ⑳ 연구(研究)

3.

①	絶壁	蓋然	②	婚禮	眷屬	③ 落成	宥和
	經常	斷崖		食口	初面	怙恃	起工
	必然	暫時		迂路	亮察	强硬	縮小
	祥瑞	臨時		熟面	捷徑	歲暮	父母
	母親	慈堂		陳腐	斬新	起源	濫觴
(보기)	俄間	吉兆		洞燭	華燭	擴張	年末

4.

略字	万寿	担当	占灯	鉄糸	称号

正字	對應	區畫	發覺	氣壓	經濟

5.

①	(魚)魯不辨	어로(불변)	榮枯盛衰
②	宿(虎)衝鼻	숙호(충비)	目不識丁
③	羝(羊)觸藩	저양(촉번)	井中蛙
④	(月)滿則虧	월만(즉휴)	自繩自縛
⑤	管中窺(天)	(관중)규천	進退兩難

6.

	漢字	部首	字音	字訓	用例
①	交		교	사귈, 섞일, 성교, 바꿀	交易, 社交, 交通, 交換, 交尾, 外交, 交際
②	馬	馬		말	駿馬, 落馬, 競馬, 馬廐, 馬耳東風
③	和	口	화		和睦, 和解, 平和, 總和, 溫和, 共和
④	眞	目	진	참, 거짓 아님, 사진, 초상	
⑤	殺	殳	㉠살 ㉡쇄		殺伐, 暗殺, 自殺, 減殺, 殺到

정답(Ⅰ-Ⅱ)

1.

①	夕陽	석양	②	外國	외국	③	多寡	다과	④	奢侈	사치	⑤	夥多	과다
⑥	目的	목적	⑦	貝物	패물	⑧	見本	견본	⑨	苟且	구차	⑩	器具	기구
⑪	樹木	수목	⑫	資本	자본	⑬	未來	미래	⑭	末路	말로	⑮	禾穀	화곡
⑯	京鄉	경향	⑰	亨通	형통	⑱	享樂	향락	⑲	亭子	정자	⑳	亮察	양찰
㉑	變化	변화	㉒	櫛比	즐비	㉓	敗北	패배	㉔	叱責	질책	㉕	彼此	피차

㉖ 자유무역협정 ㉗ 용이 ㉘ 난이 ㉙ 경기회복 ㉚ 왕복 ㉛ 군국주의 부활
㉜ 상쇄 ㉝ 암살 ㉞ 쇄도 ㉟ 촉망 ㊱ 소속 ㊲ 부속병원 ㊳ 계급강등 ㊴ 항복
㊵ 승강기

2.

① (放) ② (房) ③ (傍) ④ (防) ⑤ (常) ⑥ (賞) ⑦ (尙) ⑧ (償)
⑨ (險) ⑩ (檢) ⑪ (儉) ⑫ (驗) ⑬ (熾) ⑭ (識) ⑮ (識) ⑯ (織)
⑰ (徹) ⑱ (撤) ⑲ (散) ⑳ (撒)

3.

1) (시기)

①	時期	완전하다
②	時機	기간
③	完然	적당한 기회
④	宛然	분명하다

2) (동기)

①	同期	기회, 계기
②	同氣	형제자매
③	動機	동기동창
④	冬期	겨울철

3) (회심)

①	灰心	잘못을 뉘우침
②	回心	無心(무심)
③	會心	마음을 돌이킴
④	悔心	흐뭇한 마음

4) (수의)

①	囚衣	뜻을 이룸
②	壽(襚)衣	죄수 옷
③	遂意	수심, 근심
④	愁意	시체의 옷

4.

	漢字	字音	풀이
①	(鯨)戰蝦死	경전(하)사	옥에도 티가 있다
②	失(馬)治廐	실마치(구)	고래싸움에 새우등 터지다
③	皮匠(再)日	피(장)재일	땅 짚고 헤엄치기
④	瑾瑜匿(瑕)	근(유)익하	말 잃고 외양간 고치다
⑤	推(枯)拉朽	최고(납)후	갖바치 내일모레

5.

①

(보기)	入(出)	問(答)	濃(淡)	閑(忙)	廣(狹)	淺(深)	新(舊)
	吐(呑)	牡(牝)	寒(暑)	憎(愛)	授(受)	速(遲)	伸(屈)

②

(보기)	生産	精密	隱蔽	模倣	臨時	增加	擴張
	(消費)	(粗雜)	(暴露)	(創造)	(經常)	(減小)	(縮小)

6.

	漢字	部首	字音	字訓	用例
①	同	口	동	한가지, 함께, 화할	同苦同樂, 同感, 一同, 同盟
②	洞	氵		1)골, 구멍, 마을 2)통할, 꿰뚫을	洞窟, 洞里, 洞房, 洞察(통찰), 洞燭(통촉)
③	促	亻	촉	재촉할, 촉발할, 다가올	
④	捉	扌	착		捕捉, 把捉, 執捉, 捉囚
⑤	度	广	㉠도 ㉡탁		制度, 程度, 度量, 態度, 度地(탁지)

정답(Ⅱ-Ⅰ)

1.

(1) 目的(목적) 貝物(패물) 具備(구비)	(2) 歷史(역사) 中央(중앙) 官吏(관리)	(3) 未洽(미흡) 末世(말세) 朱紅(주홍)	(4) 市場(시장) 揭揚(게양) 流暢(유창)
(5) 鹿茸(녹용) 塵土(진토) 慶祝(경축)	(6) 減額(감액) 喊聲(함성) 鍼術(침술)	(7) 援助(원조) 暖房(난방) 緩行(완행)	(8) 徒步(도보) 交涉(교섭) 進陟(진척)
(9) 詳細(상세) 粉碎(분쇄) 盛衰(성쇠)	(10) 開始(개시) 啓蒙(계몽) 揭載(게재)	(11) 危急(위급) 脆弱(취약) 詭辯(궤변)	(12) 掛圖(괘도) 軌道(궤도) 怪盜(괴도)
(13) 拔萃(발췌) 私債(사채) 交替(교체)	(14) 至誠(지성) 室內(실내) 窒塞(질색)	(15) 風俗(풍속) 沐浴(목욕) 富裕(부유)	(16) 逐出(축출) 遂行(수행) 墜落(추락)

2.

(1) 감(減)少 감(感)謝 감(鑑)査	(2) 現대(代) 布대(袋) 賃대(貸)	(3) 주(住)所 주(注)意 주(主)審	(4) 의(醫)士 의(意)思 의(義)師
(5) 차(差)異 수(羞)恥 착(着)工	(6) 처(悽)慘 첩(捷)徑 서(棲)息	(7) 거(巨)大 거(拒)絶 거(距)離	(8) 형(亨)通 향(享)樂 정(亭)閣
(9) 溪곡(谷) 風속(俗) 沐욕(浴)	(10) 방(放)送 방(訪)問 방(防)諜	(11) 가(可)能 가(苛)酷 가(歌)謠	(12) 面적(積) 實적(績) 遺적(跡, 蹟)

3.

(1)

骨子	街談
豫測	落成
巷說	要點
竣工	逆睹
瞬間	刹那

(2)

天地	眷屬
家族	須臾
起源	乾坤
暫時	大醉
酩酊	濫觴

(3)

擬製	分明
剽竊	模造
宛然	寒窓
恰似	盜錄
客地	彷彿

4.

(1)

勸善	拔劍
因果	焦思
見蚊	懲惡
粉骨	應報
勞心	碎身

(2)

晴天	霹靂
榮枯	西答
東問	東風
桑田	盛衰
馬耳	碧海

(3)

百尺	偕老
龍頭	一生
流言	蛇尾
九死	蜚語
百年	竿頭

(4)

矯角	觸藩
羝羊	殺牛
龜毛	維谷
進退	兎角
孤掌	難鳴

정답(Ⅱ-Ⅱ)

1.

(1) 訂正(정정)
訃告(부고)
計劃(계획)
訓示(훈시)

(2) 受侮(수모)
後悔(후회)
陸海(육해)
銳敏(예민)

(3) 約束(약속)
苦衷(고충)
悲哀(비애)
盛衰(성쇠)

(4) 亨通(형통)
享樂(향락)
京鄕(경향)
亮察(양찰)

(5) 資格(자격)
連絡(연락)
受賂(수뢰)
侵略(침략)

(6) 天地(천지)
夭折(요절)
夫婦(부부)
失敗(실패)

(7) 辛苦(신고)
萬若(만약)
承諾(승낙)
隱匿(은닉)

(8) 現在(현재)
規模(규모)
視察(시찰)
親睦(친목)

(9) 多少(다소)
拙劣(졸렬)
反省(반성)
孔雀(공작)

(10) 元老(원로)
參考(참고)
忠孝(충효)
記者(기자)

(11) 脫退(탈퇴)
稅金(세금)
說明(설명)
銳利(예리)

(12) 惜別(석별)
措置(조치)
錯誤(착오)
醋酸(초산)

2.

(1) (錄音) 테이프
(綠陰)이 우거진 수풀

(2) (近間)에 한번 들르리다
國家의 (根幹)事業

(3) 兄弟를 (同氣)라 부른다
犯行(動機)를 追窮하다

(4) (幼稚)園 어린이
(留置)場에 收監되다

(5) 辭表를 (受理)하다
自動車를 (修理)하다

(6) 所聞이 (播多)하다
그 物品은 市場에 가면 (頗多)하다

(7) 證人을 (訊問)하다
아침 (新聞)을 받아보다

(8) 辨明하기에 (汲汲)하다
盜賊이 (急急)히 달아나다

(9) 敵의 侵入을 (沮止)하다
地帶가 낮은 땅을 (低地)라 한다

(10) 이게 (大體) 무슨 일이야?
貨物輸送을 트럭으로 (代替)하다

3.

(1)

成功	失敗
開放	模倣
創造	捷徑
驕慢	閉鎖
迂路	綜合
分析	謙遜

(2)

臨時	經常
供給	遍在
斬新	陳腐
偏在	過激
穩健	需要
前進	後退

(3)

玉碎	概括
弛緩	抽象
宥和	瓦全
限定	增加
具體	緊張
減少	强硬

4.

(1) 反哺之(孝)
軍刀直(入)
一石二(鳥)
覆水不(收)
大同小(異)

(2) 十常八(九)
拔本塞(源)
失馬治(廐)
多岐亡(羊)
如水投(水)

(3) 釜中生(魚)
橫說竪(說)
信及豚(魚)
如廁二(心)
朝三暮(四)

(4) 井中觀(天)
五里霧(中)
羊頭狗(肉)
他山之(石)
牛耳讀(經)

찾 아 보 기

(총획수 순)

ㄱ

가 加 33
可 33, 268
伽 34
呵 33
佳 367, 409
柯 33
苛 33
枷 34
架 33
迦 34
家 34
假 33
袈 34
街 416
暇 33, 268
賈 281
嫁 34
歌 33, 396
嘉 34, 427
駕 34, 316
稼 34
價 281, 413

각 各 34, 319
却 35, 324
刻 416
咯 34
恪 35, 273
格 273, 437
脚 35
殼 268
閣 35
擱 35
覺 268

간 干 35, 400
刊 35
奸 35
杆 35
肝 35, 296
姦 334
看 269, 318, 352
竿 35, 269
乾 360, 437
間 36, 345
揀 36, 395
幹 360
澗 36
墾 36
諫 36
懇 36, 322
艱 270, 293
癎 36
簡 36

갈 喝 36
渴 36, 270
葛 37
竭 36
褐 37
碣 37

감 甘 37
柑 38
勘 38, 270
紺 38
敢 37, 270
減 37, 414
堪 38
嵌 38
酣 38
感 37
戡 38
監 38, 271
憾 37
橄 37

謙 44, 308	계	揭 270, 407		苦 48, 362
경	更 45, 275, 437		憩 358		罟 48
	京 46, 275	계	系 47		高 49, 281
	勁 45		戒 284		庫 397
	局 276		季 47, 423		皐 330
	徑 44		屆 289		辜 48
	涇 44		計 277		詁 48
	哽 45		癸 279		雇 48, 423
	耕 276		契 280, 437		觚 49
	梗 45		界 299		痼 48
	脛 45		係 47, 326		鼓 49, 297
	莖 45		桂 409		賈 311
	逕 45		悸 47		膏 49
	竟 45, 312		啓 280		敲 49
	頃 46, 415, 437		階 277		稿 49
	硬 45		溪 47		錮 48
	卿 276		稽 47, 403		瞽 49
	景 46		繫 47, 277, 326		顧 48
	經 44		繼 280	곡	曲 412
	傾 46		鷄 47		告 50, 348, 420, 437
	敬 46	고	古 47, 347		谷 282, 348
	輕 45		考 49, 281		哭 411
	境 45		告 50, 348, 420, 437		梏 50, 420
	憬 46		姑 47		穀 268, 340
	慶 308		固 48		鵠 50
	頸 45		呱 49	곤	困 349
	鏡 46		孤 49, 281		昆 50, 282
	鯨 46		股 296		坤 361
	警 46		故 48		棍 50
	競 46, 295		拷 49, 406		壼 420
	驚 46, 316		枯 48, 280	골	汩 376

骨	282		霍	425		乖	355
	滑	254, 282, 449	관	串	438		傀	54
공	工	51, 282		官	52, 290		塊	54
	公	283		貫	53		愧	54
	孔	387		款	396		瑰	54
	功	51, 425		棺	52		魁	54, 291, 337
	共	50		管	52		壞	285
	攻	51, 353		慣	53	굉	宏	352
	供	50		寬	352		肱	296
	空	51, 418		綸	94, 439		轟	397
	拱	50		館	52	교	巧	286, 365
	恭	50		關	346		交	55, 283
	恐	51		灌	53		咬	55
	貢	51		觀	53, 284		狡	55
	控	51, 271		顴	53		郊	55, 286
	鞏	51, 418	괄	刮	53		校	55
곶	串	438		括	53, 284		皎	55
과	戈	283, 382		活	254, 284, 450		教	353
	瓜	281		恝	280		喬	55
	果	51, 319	광	光	285, 366		絞	55, 438
	科	283		狂	285		較	55, 397
	菓	52		廣	53, 343, 426		僑	55
	過	366		壙	53		嬌	55
	誇	51		曠	53		膠	286
	跨	51		鑛	54		橋	56
	夥	52, 343	괘	卦	54		矯	56, 393
	寡	351		挂	54		轎	56
	課	52		掛	54, 333		驕	56
	顆	52		罣	54		攪	268
곽	郭	52, 298	괴	怪	285	구	九	56
	廓	52, 449		拐	332		口	286

ㄴ

나 內 299, 438
那 298
奈 438
拏 300
拿 414
懦 298
儺 299
낙 諾 362
난 赧 384
暖 370
難 270, 298, 391
날 捏 299
捺 406
남 男 299, 307
납 吶 72
衲 72
納 72, 299
낭 娘 307
囊 286, 411
내 內 299, 438
奈 438
녀 女 161
념 念 72, 300
拈 398
恬 284
捻 72
녕 寧 352
노 奴 72
努 72
弩 72
帑 73, 438
怒 72, 300
농 農 73
濃 73
膿 73
뇌 惱 73
腦 73, 296
뇨 尿 289
鬧 300
눌 訥 299
뉴 紐 362
능 能 301
니 尼 289
닉 匿 362
溺 364

ㄷ

다 多 343
茶 446
단 旦 74, 376
但 74, 301
段 74
袒 74
蛋 406
湍 73
單 301, 411
短 393
端 74, 301
團 385
緞 74
壇 73, 400
檀 73
鍛 74
斷 280, 386
달 怛 301
疸 302
達 74, 356
撻 74
담 淡 74
覃 75
痰 75
儋 75
潭 75
談 75
憺 75
擔 75
澹 75
曇 369
禫 75
膽 75, 297, 302
譚 75
답 沓 76, 418
畓 76
答 303, 414
遝 303, 357
踏 76, 328
당 唐 76
倘 441
堂 76, 341

둔 屯 82, 439
鈍 82, 355
遁 269, 355
득 得 306
등 登 83, 279
橙 83
燈 83, 391
謄 82
藤 83
騰 83

ㄹ

라 剌 377, 444
裸 340
羅 307
懶 309
락 洛 83
烙 83
絡 83, 273
落 83
酪 83
樂 360, 443
駱 83
란 卵 324
亂 336
瀾 84
欄 84
爛 84
蘭 84
鸞 331
랄 剌 84, 378
辣 84
람 濫 84
藍 84
襤 85
籃 84, 271
覽 85
攬 85
纜 85
랍 拉 313
랑 郎 85, 276, 307
浪 85
狼 85
朗 85
廊 85
래 來 419
랭 冷 293
략 略 273
掠 275
량 良 307, 359
兩 368
亮 86, 275
涼 86, 275
梁 86
量 312
粱 86
諒 86
糧 333
려 呂 86, 287
戾 422
侶 86
旅 329
慮 86, 308
黎 424
閭 86
勵 317
濾 86
麗 87, 308
廬 87
儷 87
驪 87
력 力 307
歷 87, 393
曆 87
瀝 87
礫 87
櫪 87
轢 87, 360, 397
靂 87
련 連 88
煉 88
憐 312
練 88
蓮 88
聯 374
鍊 88
戀 331, 359
렬 劣 347
列 88
烈 88
裂 88
렴 廉 88, 274, 307

ㅁ

菱 95		粒 97		灣 99
	稜 95			말	末 99, 323
	綾 95		**ㅁ**		抹 100
리	吏 276, 337				沫 100
	里 95, 311	마	馬 316		秣 100
	利 96, 410		麻 97	망	亡 100
	李 387		痲 97		妄 100
	俚 95		摩 97, 317		忙 100
	梨 96, 318		磨 97		忘 100
	理 95		魔 97, 291		芒 100
	痢 96	막	莫 98, 439		罔 100, 317
	提 195, 445		漠 98, 321		茫 100
	裏 95		寞 98		望 100
	履 289		幕 98		惘 101
	罹 307		膜 98		網 101, 271
	鯉 95		邈 322	매	每 101, 325
	離 96, 391	만	娩 99, 317		妹 101
	籬 96		挽 99, 360		昧 101, 326
린	吝 347		曼 98		梅 101, 320
	隣 96, 312		晚 99		莓 101
	燐 96		萬 317		媒 101, 319
	躙 328		慢 98		寐 101
	鱗 96		漫 98		買 102, 413
	麟 96, 308		滿 99		煤 101
림	林 96, 404		輓 99		魅 101, 291
	淋 97		蔓 98		賣 102, 306
	痳 317		瞞 99, 439		罵 316
	霖 97		饅 98		邁 317
	臨 272		戀 99	맹	孟 102
립	立 97, 312		彎 99		盲 318
	笠 97		蠻 99, 331		氓 327

猛	102		姆	104		眇	106
	萌	102, 370		侮	104, 320		秒	220, 402, 447
	盟	102		冒	104, 320		描	106
면	免	102, 359		眊	105		渺	106
	勉	102, 317		某	318		猫	106
	俛	102		耗	105, 276		墓	322
	面	103		莫	98, 439		廟	360
	眠	327		帽	105		錨	106
	棉	102		募	104	무	母	107, 325
	綿	103, 319		摸	104		戊	107, 284, 325
	緬	103		貌	322		巫	107, 419
	麵	103		慕	104		拇	107
멸	蔑	324		暮	104		武	325
명	皿	319		模	104, 321		茂	107
	名	103, 319, 343		謀	278, 319		務	107, 322
	命	273, 385		謨	104		無	106
	明	370	목	木	105, 323		貿	413
	冥	103		目	323		舞	107
	茗	103		沐	105		誣	107
	溟	103		牧	321		撫	106
	酩	103		睦	323		憮	106
	銘	103		穆	403		霧	107, 369
	鳴	305	몰	沒	340	묵	墨	427
	瞑	103	몽	蒙	105	문	文	107
	螟	104		夢	324		吻	423
몌	袂	274, 340		朦	105		門	108
모	毛	105, 322		矇	105		紊	107, 325
	母	104, 325	묘	卯	324, 361		紋	108
	矛	322		妙	106, 347		蚊	108
	牟	321		杳	418		問	108, 345
	牡	321		苗	106, 324		聞	108

瞞	99, 439		剝	309	跋	112, 328
물	勿	108, 423		粕	111	渤	113
	物	108, 321		舶	111	發	113, 279
미	未	109, 323		博	110, 327	鉢	294
	米	109		搏	110	撥	113
	尾	322		雹	369	潑	113
	味	109, 326		駁	316	魃	291
	眉	108, 318		撲	110, 327	髮	328
	美	350		樸	110	醱	113
	迷	109		璞	110	방 方	114, 329
	媚	108		縛	110	坊	114
	微	426		薄	110, 333	妨	114
	麋	108	반	反	111, 368, 439	彷	114
	糜	109		半	111	防	114
	彌	326		伴	111	邦	298
	靡	109, 317		返	112	房	114, 422
민	民	109, 327, 359		叛	111	枋	114
	泯	109		胖	111	肪	114
	敏	321		畔	111	芳	114
	悶	109, 346		班	112, 294	放	115
	愍	109		般	112	厖	361
	憫	109		絆	111	旁	113
밀	密	110		斑	112	紡	114
	蜜	110		搬	112	倣	115
				飯	112, 372	訪	114
ㅂ				頒	327	傍	113
				盤	112	幇	409
바	婆	232, 448		攀	112, 330	滂	114
박	泊	110		蟠	112	榜	113
	拍	111, 329	발	拔	112	膀	113
	迫	111		勃	113	謗	113

幫 333
龐 309, 440
배 北 399, 424, 440
背 115, 399
胚 296
拜 352
倍 115
俳 115
配 389
培 115, 332
徘 115
排 115
陪 115
褙 116
賠 115
輩 115
백 白 116
百 116
伯 116
帛 116, 319
柏 116, 329
魄 116, 291, 440
번 反 111, 368, 439
番 116, 330
煩 328
幡 117
樊 330
蕃 116
燔 117
繁 321
翻 117
藩 116
벌 伐 117, 283
筏 117
閥 117
罰 307
범 凡 117, 291, 330
氾 118
犯 118
帆 117
汎 117
泛 392
梵 117
範 118
법 法 272
벽 霹 118
辟 118, 440
僻 118
劈 118, 306
壁 118, 331
璧 118
癖 118
甓 118
闢 119, 346
변 卞 413
便 234, 276, 448
辨 331
邊 357
辮 119
辯 119
變 331
별 別 332
瞥 410
병 丙 119
柄 119
倂 119
病 119
竝 313
屛 119
甁 119
迸 120
餠 120
보 父 123, 283, 440
布 236, 356, 448
步 332, 393
保 120, 332
堡 120
普 120
菩 332
補 120, 332
報 417
褓 120
輔 120
譜 120
寶 352, 413
복 卜 413
伏 303
服 296
幅 237, 333, 448
復 120, 440
腹 121
複 121
福 295, 333

僕 327		俘 123		匪 129, 441		
	輻 238, 448		計 124, 277		粉 125		
	覆 121		赴 125, 388		紛 125		
본	本 323		負 335		雰 126		
봉	奉 121		剖 122		噴 125		
	封 333, 409		俯 123		墳 125		
	俸 121		浮 123		憤 125		
	峯 121		釜 124, 294		潰 125		
	捧 121		副 122, 333		奮 408		
	烽 121		部 122, 332		糞 333		
	逢 122		符 123	불	不 122, 334, 440		
	棒 121		趺 124		弗 126, 290		
	蜂 121		婦 334		佛 126		
	鳳 330		富 122		彿 126		
	鋒 121		腑 123		拂 126		
	蓬 122		傅 124, 327, 385		沸 126, 441		
	縫 122		孵 123	붕	朋 126		
부	不 122, 334, 440		復 120, 440		崩 126, 371		
	父 123, 283, 440		腐 123		棚 127		
	夫 124, 400		賦 325, 383		硼 127		
	仆 124		敷 124		鵬 127		
	付 122		膚 308	비	匕 127		
	否 122, 334, 440		賻 124		比 127, 424		
	抔 122		簿 124, 333		丕 334		
	扶 124	북	北 399, 424, 440		皮 239, 412, 449		
	咐 123	분	分 125, 305, 440		妃 334		
	府 123		吩 125		否 122, 334, 440		
	附 123		扮 125		庇 127		
	祔 123		忿 126, 300		批 127		
	斧 124		奔 125, 426		妣 127		
	芙 124		盆 126		卑 128

非	128	嬪	129	事	310
泌	129	濱	130	砂	131, 347
沸	126, 441	擯	130	思	335
毖	127	殯	130	食	149, 178, 372, 443
毗	127	嚬	129	査	418
秕	127	瀕	129	射	131, 441
匪	129, 441	빙 氷	335	紗	131
秘	129, 412	馮	130	祠	130, 132
婢	128	聘	130, 374	師	336
悲	128	憑	130, 317, 359	唆	384
脾	128	騁	130	捨	131
菲	128			斜	131, 337
扉	129, 422	**ㅅ**		莎	131
琵	293			徙	304
備	376	사 巳	297	赦	383
費	413	士	131, 336	蛇	406
碑	128	仕	131	詞	132
裨	128	司	132, 336	絲	326, 363
痺	302	史	337	奢	377
緋	128	寺	131, 304, 441	詐	378
蜚	128	死	337, 424	斯	386
鄙	334	沙	131	嗣	132
鼻	377	伺	132	獅	285
誹	128	似	272, 375	肆	311
臂	129	邪	298, 441	飼	132, 372
髀	128	些	395	寫	132
譬	129, 331	私	403	謝	131
빈 牝	321, 424	社	130, 295	瀉	132, 338
貧	335	祀	130	辭	336
賓	129	舍	131	삭 削	338
頻	129	使	276	朔	338

索	325, 441		想	134		庶	341
	數	353, 442		詳	135		逝	136, 386
	鑠	360		裳	133		舒	136
산	山	339		像	134		棲	399
	散	132, 338		嘗	134		黍	424
	傘	385		賞	133		暑	136
	酸	390		箱	134		瑞	302
	繖	132		殤	134		誓	136
	霰	132, 369		償	133		署	136, 377
살	殺	339, 441		霜	134, 369		緖	136, 363
	撒	339		觴	134		曙	136
삼	衫	340		顙	328		薯	136
	參	133, 212, 340, 441		孀	134	석	夕	343
	森	404	새	塞	135, 341, 442		石	137, 344
	滲	133		僿	135		析	137, 386
	蔘	133		賽	135		席	343
삽	挿	407	색	索	325, 441		淅	137
	霎	369		嗇	135		惜	344
상	尙	133		塞	135, 341, 442		晳	137
	狀	133, 183, 445		穡	135		射	131, 441
	相	134	생	生	135, 336		碩	137
	倘	441		牲	135, 341		蜥	137
	桑	318		省	347, 442		潟	338
	祥	134, 295		甥	136		錫	364
	常	133, 341	서	西	342		釋	409
	爽	419		序	136	선	仙	339
	商	287		抒	136, 406		先	366
	象	134, 422		恕	300		宣	373
	翔	135, 370		徐	137, 342		扇	137, 422
	喪	411		書	342		旋	329
	傷	134		敍	137		單	138

善 138
腺 138
羨 138, 350
煽 137
線 138
膳 138
選 344
禪 138, 301
繕 138
蟬 138
설 舌 285, 347
泄 138, 345
洩 365
屑 338
設 339
雪 368
渫 138, 345
楔 280
說 140, 163, 408, 442
褻 411
섬 閃 345
蟾 139
譫 139
贍 139, 302
殲 139
纖 139, 398
섭 涉 332
葉 345, 444
燮 331
攝 374
성 成 140
姓 139
性 139, 341
省 347, 442
星 139
城 140
猩 139
盛 140
腥 139
誠 140
醒 140
聲 374
세 世 140, 345
細 362
貰 140
稅 140, 408
歲 393
勢 417
說 140, 163, 408, 442
소 小 141
少 141, 346
召 140, 347
沼 141
所 386, 422
昭 141, 403
宵 141
消 141, 338
笑 269
素 326
疏 141
紹 141
逍 142, 346
巢 401
掃 407
訴 292
疎 378
搔 142
韶 141
遡 338
蔬 141
銷 142
霄 142
蕭 141
簫 141
騷 142
속 束 142, 378, 405
俗 282
速 142
粟 311
續 142, 306
屬 348, 442
贖 142
손 孫 142
損 348
遜 143
솔 率 388, 442
송 宋 351
松 143
悚 143
送 356
悚 378
訟 143
竦 143

頌 143
誦 410
쇄 刷 410
殺 339, 441
碎 388
瑣 143
鎖 143, 338
쇠 衰 405, 442
수 水 335
手 352
囚 349
戍 284, 325
守 145, 351
收 352
秀 349, 423
垂 144
受 145
狩 145, 285
首 324
帥 336
叟 145
祟 350
修 353
殊 368
宿 354, 442
袖 340, 383
授 145
羞 349
隋 144
須 415
遂 143, 350
搜 145
嫂 145
溲 145
愁 359
酬 389
睡 145, 407
嗽 144
漱 144
蒐 291
需 298
壽 349
粹 388
瘦 145
數 353, 442
豎 353
誰 144, 390
隧 144
輸 351
隨 144, 354
樹 389
燧 144
雖 144
穗 403
繡 363
襚 144
鬚 329
髓 144
讎 144, 279, 402
숙 夙 330
叔 146, 354
孰 145
淑 146
宿 354, 442
菽 146
肅 311
塾 146
熟 146
순 旬 146, 287
巡 356, 401
盾 146
殉 146
純 355
淳 147
脣 355
筍 146
舜 147
循 146, 269, 355
順 415
詢 146
馴 316
諄 147
醇 147
瞬 147
술 戌 284, 325
述 288
術 416
숭 崇 350
嵩 281
슬 瑟 293, 443
습 拾 414, 443
習 147
慴 147

褶	147		食	149, 178, 372, 443		悉	358
	襲	309		息	149, 377		瑟	293, 443
승	升	148		植	149		實	352
	昇	148		殖	149	심	心	358
	承	352		媳	149		沈	226, 447
	乘	355		熄	149		甚	271
	勝	377		飾	149		深	357
	僧	392		蝕	149		審	330
	繩	147		識	406, 443	십	十	443
	蠅	147	신	申	149, 385		什	395, 446
시	十	443		臣	272		拾	414, 443
	示	295, 351		辰	150, 207, 355, 446	쌍	雙	402
	市	356		辛	150, 312	씨	氏	359
	矢	394, 400		迅	150, 356			
	寺	131, 304, 441		伸	149, 405		ㅇ	
	侍	148, 304		呻	149			
	始	374		信	278	아	牙	153
	恃	148		娠	150		我	153
	屍	290, 337, 425		宸	150		亞	153
	施	329		新	150		芽	153
	柴	395		訊	150		阿	268
	時	148		神	150, 295, 361		兒	359
	猜	402		晨	150		俄	153
	弑	148		紳	150		峨	153
	視	292		腎	354		訝	153
	媤	335		蜃	150, 355		啞	154
	試	148		薪	386		婭	154
	詩	148		愼	395		雅	153, 390
	諡	375		薪	150		蛾	153
식	式	148	실	失	400		衙	417
	拭	148		室	357		鴉	153

악	餓	153		昻	156		若	362, 444
	岳	288		殃	156		弱	364
	愕	154		秧	156		躍	367
	握	357, 394	**애**	哀	405	**양**	羊	158, 350
	惡	358, 443		崖	156		佯	158
	樂	360, 443		涯	156		洋	158
	顎	154		愛	156, 370		恙	158
	鰐	154		碍	306		痒	158
안	安	154		隘	375		揚	158, 363
	按	154		曖	156		陽	158
	晏	154		礙	373		楊	158
	案	154	**액**	厄	157, 361		瘍	158
	眼	327		扼	157		樣	158
	雁	391		阨	157		養	158
	鞍	154		液	156		襄	159
	顔	415		掖	157		壤	159, 286
알	軋	397		腋	157		孃	159
	遏	155		搤	157, 375		攘	159
	斡	337, 360		縊	157		禳	159
	謁	155, 270		額	415		穰	159
암	暗	155	**앵**	鶯	305		讓	159
	諳	155	**야**	冶	374		釀	159
	癌	302		若	362, 444	**어**	於	329, 444
	巖	270, 361		邪	298, 441		圄	159
압	押	155, 360		耶	157		御	159
	狎	155		野	312		魚	160
	鴨	155		揶	157		漁	160
	壓	365		椰	157		語	160, 278
앙	央	155, 337, 400		爺	157		禦	159
	仰	156, 361		惹	362		齬	160
	怏	156	**약**	約	362	**억**	抑	361

億	160		譯	162, 409	엽	葉	345, 444
	憶	160		驛	162		厭	365, 443
	臆	160	연	延	163, 364	영	永	163, 335
언	言	279		衍	416		泳	163
	偃	160		娟	162		迎	356
	焉	393		捐	162, 348		盈	320
	堰	160		涓	162		詠	163
	諺	278		涎	163		瑩	164, 365
엄	奄	161		宴	351		榮	164
	掩	161		軟	397		營	164
	淹	161		然	162		嬰	335
	厭	365, 443		筵	163	예	刈	410
	嚴	161, 270, 361, 411		鉛	294		曳	365
	儼	161		煙	364		芮	299
업	業	327, 362		鳶	305		預	164
여	女	161		演	376		詣	394
	予	310		緣	309		裔	411
	如	161, 300		燃	163		銳	408
	汝	161		蠕	298		豫	164, 422
	茹	161	열	咽	179, 444		譽	278, 427
	與	161, 427		悅	163, 408	오	五	164
	餘	343, 372		涅	299		午	400
	輿	162		說	140, 163, 408, 442		伍	164
역	亦	288		閱	163, 346		汚	286, 365
	役	162, 340	염	炎	288, 364		吾	164, 348
	易	363, 444		染	318		吳	165
	疫	162		焰	401		於	329, 444
	逆	338		髥	328		悟	164
	域	423		厭	365, 443		娛	165
	射	131, 441		艷	412		烏	305
	繹	162		鹽	271, 320		梧	164

敖	165		腕	167, 296		擾 367
	惡	358, 443		頑	166		曜 367
	傲	165, 339, 353		緩	370		饒 168
	奧	165	왈	曰	376	욕	浴 169, 282
	蜈	165	왕	王	167, 336		辱 355
	寤	165		旺	167		欲 169
	誤	165		枉	167		慾 169
	懊	165		往	367	용	用 337
	鰲	165	왜	歪	334, 393		勇 170, 307
옥	玉	336		倭	167		容 169
	沃	400, 408		矮	167, 393		茸 373
	屋	357, 394	외	外	343		庸 169
온	溫	165		畏	167, 299		舂 405
	穩	366		猥	168		湧 170
	蘊	166		隈	168		傭 169
올	兀	366	요	夭	168, 400		溶 170
옹	翁	370		妖	168, 300, 334, 408		慂 170
	雍	166		拗	425		踊 170, 410
	甕	166		要	169, 311		聳 305
	擁	166		窈	419		鎔 170
	甕	166		堯	168	우	又 367
와	臥	272		搖	168		于 171
	訛	425		腰	169		牛 321, 368, 401
	渦	366		僥	168		友 368
	蛙	406		瑤	169		右 170, 344
완	完	166, 366		遙	169		宇 171
	玩	166		樂	360, 443		羽 369
	宛	167, 352		撓	168		佑 170
	浣	166		謠	168		迂 171, 365
	莞	166		邀	273		雨 368
	婉	167		繞	168		紆 171

竽	269		源	172		油	174, 383
	偶	170		猿	172		侑	176
	郵	298		愿	172		柚	174
	隅	170		遠	172		宥	176
	寓	171		鴛	172		柔	176, 322
	愚	170		願	172		唯	174, 390, 402
	遇	171	월	月	370		惟	175
	虞	421		越	388		帷	175
	憂	171	위	危	371		悠	353, 358
	優	171, 367		位	313		喩	175
운	耘	276		委	173, 424		愉	175, 371
	雲	368		韋	172		揄	175
	運	289		胃	173, 299, 320, 371		猶	175
	隕	310		威	325		揉	176
	韻	372		偉	173		裕	282, 340
울	鬱	330		尉	174		愈	175
웅	雄	390		圍	173		遊	357
	熊	301		渭	173		維	174
원	元	366		爲	173		誘	349
	怨	172, 358		萎	173		儒	174, 298
	苑	172		違	173		諭	175
	垣	370		僞	173		踰	175
	原	172, 361		緯	173		蹂	176
	冤	317, 359		慰	174		遺	274
	員	348		衛	173, 417		諛	278
	院	367		謂	173		孺	174
	寃	351	유	六	444		濡	174
	媛	171		由	174, 385		癒	175
	援	171, 370		幼	425		襦	174
	圓	171		有	175	육	育	371
	園	172		酉	175, 342	윤	允	366

ㅈ

閏	176, 346		蟻	177		茵	179

	閏 176, 346		蟻 177		茵 179			
	潤 176		議 177		寅 376			
융	戎 284	이	已 297		靭 179			
	融 274		以 271		湮 364			
은	恩 335		台 229, 448		認 179			
	殷 339		耳 373	일	日 376			
	銀 293		易 363, 444		佚 208, 444			
	隱 366		怡 374		逸 360			
음	吟 293		食 149, 178, 372, 443		壹 420			
	音 312, 372		姨 334		溢 375			
	陰 176		移 343	임	任 179, 373			
	淫 372		異 300		妊 180			
	飮 372		爾 178, 326		衽 180			
	蔭 176		飴 178		荏 180			
읍	泣 313		餌 178, 372		賃 180			
	揖 407		頤 327	입	入 376			
응	凝 373		邇 178	잉	剩 356			
	應 177	익	益 320, 375		縢 376			
	膺 177		翊 178					
	鷹 177		翌 178	**ㅈ**				
의	衣 177		翼 178					
	依 178	인	人 376	자	子 180, 309			
	宜 373		刃 179		仔 180			
	義 177, 350		引 290		字 180			
	意 312, 358		仁 375		自 324, 377			
	疑 177		仞 179		炙 288, 444			
	儀 177		因 179		刺 377, 444			
	誼 278		印 324		姉 334			
	毅 340		忍 179, 358		咨 181, 396			
	擬 177, 373		咽 179, 444		姿 181			
	醫 390		姻 179		者 181, 282, 377

疵 180, 395		箴 414		臟 184
	恣 181		蠶 406		欌 184
	瓷 181	잡	雜 388		臧 184
	紫 181, 326, 395	장	丈 183, 303	재	才 382
	慈 180		仗 183		災 288, 401
	煮 181		匠 292		材 404
	資 181		壯 183		哉 185
	雌 181, 391		杖 183		栽 185
	滋 180		狀 133, 183, 445		宰 186
	齊 195, 445		長 184		財 382
	蔗 341		莊 183		裁 185
	磁 180		將 184		載 185, 303
	諮 181		帳 184		滓 186
	赭 384		張 184, 382		齊 195, 445
	藉 383, 445		章 183, 312, 379		齋 185
작	勺 181		粧 183		齎 185
	作 182, 378		場 185, 364	쟁	爭 186
	灼 182		掌 341		箏 186
	芍 182, 287		裝 183		諍 186
	昨 182		腸 185, 296		錚 186
	炸 182		葬 338	저	低 187
	柞 182		障 183		咀 186
	酌 182		獐 184		沮 186, 396
	雀 347, 425		璋 183		狙 186
	綽 407		漿 185		底 187
	鵲 344		奬 185		抵 187
잔	棧 182, 378		檣 184		邸 187
	殘 182, 399		牆 184		苴 187
	盞 182		薔 184		疽 187, 302
잠	暫 379		藏 184		羝 187
	潛 379, 402		醬 185		這 279

찾아보기 519

詛	186		旬	287		截	304

詛 186		旬 287		截 304	
猪 187		典 412		節 385	
貯 382		前 189		竊 419	
楮 187		栓 190	점	占 191, 347	
著 187, 377, 445		展 290		店 191	
箸 187		悛 384		苫 191	
儲 188, 279		剪 189, 306		粘 191, 398	
躇 187		專 189		漸 379, 398	
藷 188		筌 190		霑 191	
적 赤 383		奠 384		點 191	
的 329		傳 189, 327, 385	접	接 191	
炙 288, 444		煎 189		椄 191	
迹 356		塡 190, 394		蝶 345	
笛 324, 383		詮 190	정	丁 192, 413	
寂 354		鈿 190		井 194	
跡 328		殿 339		汀 192	
賊 382		電 369		正 194, 392	
嫡 188		箋 189		廷 192, 364	
摘 188		銓 190		町 192	
滴 188		箭 189		呈 194, 287	
敵 188		塵 427		定 194, 387	
適 188		錢 189, 379, 399		征 194	
積 188, 399		瓩 189		政 194	
績 188		餞 189		亭 191, 275	
謫 188		輾 190		訂 192, 277	
蹟 188		轉 189		貞 193	
藉 383, 445		顚 190		酊 193	
籍 383		癲 190		穽 194	
전 田 190, 385	절	切 425, 445		庭 192	
全 190, 384		折 386		挺 192	
佃 190		絶 363		釘 193, 294

停	192	堤	195	鳥	305
頂	192, 415	提	195, 445	措	344
偵	193	啼	196	條	353
情	193	睇	196	造	420
淨	193	製	195, 387	朝	197, 360
旌	329	齊	195, 445	稠	198, 403
菁	218, 445	際	196, 310	照	404
渟	192	劑	195	漕	198
幀	193	儕	195	肇	280
程	195, 403	蹄	196, 387	趙	346
艇	192	諸	279	嘲	197
睛	193, 401	諦	219, 387, 447	槽	198
靖	193	濟	195	潮	198
碇	194	題	195	調	198
鉦	194	조 爪	281	遭	198
鼎	194	弔	290	噪	196
禎	193	兆	199	錯	344, 446
精	193	早	387	操	197
霆	192	助	307	燥	197
鄭	384	阻	197, 396	糟	198
靜	193	俎	197	繰	197
整	194	祖	197, 295	躁	196
錠	194	租	197	藻	197
제 弟	196	凋	198	족 足	398
制	195	粗	197	族	329
帝	196	組	197	존 存	387
悌	196	彫	198	尊	384
除	342	曹	198	졸 卒	199, 388
祭	195, 351	眺	198	拙	339
梯	196	窕	198	猝	199
第	196	釣	294	종 宗	199, 350

從	199, 304		奏	389		駿	203

	從	199, 304		奏	389		駿	203
	終	362		株	202		蠢	405
	棕	199		珠	202	중	中	203
	腫	200, 391		酎	202		仲	203, 405
	綜	199		酒	342, 389		重	312, 391
	種	200		做	280	즉	卽	276
	慫	199		晝	342		則	225, 445
	踪	199		紬	383	즐	櫛	386
	踵	200		註	201	즙	汁	395
	縱	199		週	201	증	拯	204
	鍾	200		蛛	202		烝	204
	蹤	200		誅	202		症	302
	鐘	200		綢	201		曾	204, 392
좌	左	200		喉	329		蒸	204
	佐	200		駐	201, 316		增	204
	坐	200		廚	202, 389		憎	204
	座	200		疇	202		贈	204
	挫	200		籌	201, 349		證	279, 391
죄	罪	307		躊	202	지	止	205, 392
주	主	201, 336		鑄	202		支	206, 367
	朱	202, 323, 368	죽	竹	269		誌	206, 278
	州	401		粥	412		之	392
	住	201, 367	준	屯	82, 439		只	205, 287
	肘	202		俊	203, 384		地	204
	走	388		准	203, 390		池	204
	周	201		峻	203		旨	206, 394
	注	201		浚	203		至	357, 394
	拄	201		竣	203		址	205
	宙	383		準	203		志	206
	呪	420		雋	203		知	204, 393
	柱	201		遵	384		枝	206, 297

ㅊ

肢 206, 296		嗔 207		此 395, 424
	咫 205		賑 207		次 396
	枳 205		塵 308		車 396, 437
	祉 205		盡 342		差 209, 349, 446
	指 206		震 207		借 344
	持 304		鎭 207		茶 446
	砥 205	질	叱 424		嗟 209
	祗 205		佚 208, 444		箚 303
	紙 205		帙 208		磋 209
	舐 205		姪 208, 394		遮 342
	脂 206		迭 208		蹉 209
	趾 205		桎 208	착	窄 209
	智 205		疾 208, 302, 394		捉 398
	摯 417		秩 208		着 318, 349
	遲 357		窒 209, 357		著 187, 377, 445
직	直 226, 318, 446		跌 208, 328		搾 209, 378
	稷 403		嫉 208		錯 344, 446
	織 206, 406		質 413	찬	粲 210
	職 206, 374	짐	斟 271, 337, 447		撰 210, 345
진	辰 150, 207, 355, 446	집	什 395, 446		篡 210
	珍 207		執 417		餐 210
	津 311		集 402		燦 210, 333
	振 207		輯 397		贊 210, 402
	眞 207, 394	징	徵 209, 426		簒 210, 326
	陣 207, 397		澄 279, 391		饌 210
	疹 208		懲 209		纘 210
	秦 389				讚 210
	陳 207, 395		ㅊ		鑽 210
	診 207			찰	刹 410
	軫 208	차	叉 368		察 212, 351
	進 391		且 323, 396		擦 212

참 站 313, 398
參 133, 212, 340, 441
斬 212, 386, 397
塹 212, 379
慘 212, 341
嶄 212
僭 379
慙 212
懺 212, 398
讖 212
창 昌 214, 320
倉 213
倡 214
悵 213
唱 214
娼 214
猖 214
窓 419
創 213
脹 213
敞 353
愴 213
滄 213
搶 213
槍 213
蒼 213
漲 214, 382
暢 364
彰 379
瘡 213
廠 411
艙 213
채 采 214
砦 395
彩 214
採 214
菜 214
債 399
綵 214
책 冊 215
柵 215
責 399
策 269
처 妻 215
凄 215
悽 215, 399
處 421
척 尺 290
斥 292
拓 344, 446
刺 377, 444
脊 215, 402
陟 332
剔 363
隻 402
戚 354
滌 353
瘠 215
蹠 342
擲 384
천 千 216, 400
川 401
天 303, 400
仟 216
阡 216
泉 330
穿 419
倩 446
淺 215, 379
喘 302
賤 216, 399
踐 216
遷 216
擅 400
闡 301
韆 216
철 哲 386
掣 387, 447
綴 363
徹 216, 426
撤 216, 339
轍 216
鐵 294
첨 尖 347
甛 284
添 424
僉 273
諂 278, 401
檐 217
瞻 217, 302
籤 398
첩 帖 217, 446
妾 313

捷 217, 399
貼 217, 398
喋 217
牒 217, 345
睫 217
諜 217
疊 300, 310

청 青 218
倩 446
清 218
晴 218, 401
菁 218, 445
蜻 218
請 218
聽 218, 374
廳 218

체 切 425, 445
帖 217, 446
剃 218
涕 218
逮 311
替 402
掣 387, 447
滯 304
遞 421
締 219
諦 219, 387, 447

초 肖 219, 346
抄 220, 347
初 340
招 219, 403
炒 220
秒 220, 402, 447
哨 219
峭 220
悄 220
梢 220, 338
焦 219, 402
超 219, 389
硝 220
稍 220
酢 378
憔 219
醋 344, 390
樵 219
蕉 219
礁 219

촉 促 398
蜀 220
數 353, 442
趣 224, 389, 447
燭 220, 404
觸 220
躅 221
屬 348, 442
髑 221
囑 348

촌 寸 221, 382, 413
忖 221
村 221, 404

총 怱 221, 423
葱 221
銃 294
總 221
聰 221, 374
叢 362, 373, 405
寵 309

촬 撮 405

최 衰 405, 442
崔 222
最 404
催 222
摧 222

추 丑 447
抽 383
酋 342
秋 403
芻 222
追 223, 336
推 222, 231, 390, 447
椎 222
槌 223, 447
皺 222, 412
墜 350
錐 222
錘 407
趨 222, 389
醜 291, 390
雛 222
鎚 223
鼉 308

축 丑 447
畜 223

ㅋ

ㅌ

祝	295		醉	388		浸	226
	逐	350	측	仄	271		針	294
	軸	383, 397		則	225, 445		砧	398
	蓄	223		側	225		琛	357
	築	269		惻	225		斟	271, 337, 447
	縮	355		測	225		寢	226
	蹙	354		厠	225		鍼	414
	蹴	275	층	層	392	칩	蟄	417
춘	春	223, 405	치	直	226, 318, 446	칭	秤	410
	椿	223		侈	343		稱	403
출	朮	288		治	374			
	出	339		峙	225, 304		ㅋ	
충	充	366		差	209, 349, 446			
	沖	223, 405		致	225, 394	쾌	快	274
	忠	223		値	226		儈	392
	衷	405		恥	373			
	衝	417		痔	225		ㅌ	
	蟲	224, 406		稚	225			
췌	悴	224, 285		雉	225, 390	타	他	375
	萃	224, 388		置	226, 318		打	406
	膵	224		馳	316		妥	335
	贅	413		緻	226		咤	227
취	吹	224, 396		齒	393		舵	227
	取	224, 373		熾	406		唾	407
	炊	224		癡	302, 373		隋	227
	脆	371	칙	勅	378		惰	227
	臭	377		則	225, 445		楕	226
	娶	224	친	親	292		墮	227, 354
	就	275	침	沈	226, 447		駝	227
	聚	224		枕	226	탁	托	227
	趣	224, 389, 447		侵	226		坼	228, 292, 386

ㅍ

卓 407		帑 73, 438		筒 269
	拓 344, 446		湯 229, 363		統 363
	柝 228		蕩 229		慟 306
	度 79, 343, 439		糖 77, 438	퇴	退 231
	託 227		盪 229		推 222, 231, 390, 447
	啄 227	태	太 230, 303		堆 231, 390
	琢 228		台 229, 448		腿 231
	魄 116, 291, 440		汰 230		槌 223, 447
	濁 404		兌 408, 420		褪 231
	攉 227, 367		呆 318		隤 274
	濯 227		怠 229		頹 328
	鐸 409		苔 229	투	投 340
탄	呑 348, 407		殆 230		妒 344
	坦 301		胎 230, 375		套 408
	嘆 228		泰 389		透 349
	誕 364		笞 230		偸 371
	綻 387		跆 230		鬪 301
	彈 228		颱 230	특	特 304
	憚 228		駄 230		
	歎 228, 270		態 301		**ㅍ**
	殫 228	택	宅 351, 448		
	灘 228, 299		擇 230, 408	파	八 376, 448
탈	脫 408		澤 230		巴 232, 297
	奪 408	탱	撑 341		把 232
탐	眈 228	터	攄 308		坡 231
	耽 229, 374	토	土 231, 336, 409		波 231, 412
	貪 335		吐 231		爬 232
	探 357		免 359		破 232
탑	塔 229		討 277		婆 232, 448
	搭 229	통	洞 81, 439		琶 232
탕	宕 344		通 409		跛 232, 239, 328, 449

頗	232, 415		編	234		哺	236
	罷	301		鞭	234, 418		捕	236
	播	330		騙	234		浦	236
판	阪	232	폄	貶	392		砲	237
	判	410	평	平	234		袍	237
	板	232		坪	235, 410		脯	236
	版	232		萍	235		逋	236
	販	233, 382		評	235		葡	236
	辦	233, 331	폐	肺	296, 356		飽	237
	瓣	233		陛	277		蒲	236
팔	八	376, 448		閉	345		暴	238, 448
패	貝	233, 323		敝	235		鋪	236, 332
	沛	356		幣	235		襃	332, 411
	佩	331, 375		弊	235		鮑	237
	唄	233		廢	279		瀑	238, 449
	狽	233		蔽	235, 410		曝	238, 448
	悖	285		嬖	331	폭	幅	237, 333, 448
	敗	233, 382		斃	235		暴	238, 448
	稗	403	포	包	236		輻	238, 448
	霸	369		布	236, 356, 448		瀑	238, 449
팽	烹	275		怖	236		曝	238, 448
	彭	389		庖	236		爆	238
	澎	233		咆	237	표	豹	322
	膨	233		抱	237		票	238, 311, 350
팍	愎	285		泡	237		剽	238
편	便	234, 276, 448		抛	425		慓	238
	扁	234, 276		匍	235		漂	238
	偏	234		胞	237		標	238
	遍	234		苞	237		飄	238
	褊	234		炮	237	푼	分	125, 305, 440
	篇	234		圃	235	품	品	411

ㅎ

稟	94, 449	학	虐	240, 421	합	合	242, 414, 449
풍	風	239, 330		瘧	240		盒	243
	楓	239		學	268		蛤	243
	豊	411		謔	240		閤	243
	諷	239		鶴	425	항	亢	243
피	皮	239, 412, 449	한	汗	365		伉	243
	彼	239		旱	241, 387		行	416, 449
	披	239		罕	241		抗	243, 415
	疲	239		恨	241		肛	283
	被	239		限	241, 293		巷	243
	跛	232, 239, 328, 449		悍	241		恒	370
	詖	239		捍	241		降	310, 449
	辟	118, 440		寒	341		航	243
	避	331		閑	346		港	243
필	必	358, 412		漢	270		項	415
	畢	300		澣	241	해	亥	416
	筆	269		翰	241, 351		咳	243
	弼	412		瀚	241		垓	244
핍	乏	392	할	割	241, 416		孩	244
	逼	333		轄	242		海	320
			함	含	293, 348		害	416
	ㅎ			函	242		偕	244, 277
				咸	242		楷	244
하	下	412		涵	242		解	244
	何	240, 268		陷	401		該	244
	河	240		喊	242, 414		懈	244
	荷	240		銜	416		諧	244
	賀	413		緘	242		駭	244, 316
	瑕	240, 268		檻	242		骸	244
	遐	240		艦	242, 414		邂	244
	蝦	240		鹹	242		蟹	244

핵	劾	245, 416		絃	247		혜	彗	249
	核	245		舷	247			惠	335
	覈	273		衒	247, 417			慧	249
행	行	416, 449		絢	363			鞋	409
	杏	417		鉉	247		호	戶	422
	幸	245, 417		賢	354			好	388
	倖	245		縣	247			弧	249
향	向	287		懸	247, 359			狐	250, 281
	享	275		顯	328			虎	250, 421
	香	424	혈	孑	310			怙	280
	鄕	245, 276		穴	418			昊	387
	嚮	245		血	320, 419			胡	249
	響	245, 372	혐	嫌	275, 308			浩	249, 420
	饗	245	협	夾	247, 419			毫	250, 322
허	許	278		協	248			瓠	250
	虛	246, 421		俠	247			扈	422
	噓	246		峽	247			湖	249
	墟	246		挾	248			皓	249
헌	軒	397		浹	248			琥	250
	憲	358, 416		狹	248			壺	420
헐	歇	270		脅	248			瑚	249
험	險	246, 273		鋏	248			號	250
	嶮	246		頰	248			豪	250, 422
	驗	246, 449	형	兄	419			糊	249
혁	革	418		刑	248			蝴	249
	赫	384		形	248			壕	250
현	玄	246		亨	275			護	421
	見	247, 292, 324, 437		型	248		혹	或	250, 423
	弦	246		荊	248			惑	250
	眩	246		螢	365			酷	420
	現	247, 292		衡	417		혼	昏	251, 359

婚	251		攫	253, 288	회	灰	255
	混	282	환	幻	425		回	256, 287
	渾	289		宦	272, 290		恢	255
	魂	291		桓	370		廻	256
홀	忽	251, 423		患	358		徊	256
	惚	251		喚	253		悔	256, 320
홍	弘	290		換	253		晦	256
	哄	251		渙	253		蛔	256
	洪	251		圜	253		會	255, 392
	紅	251, 283		環	253		詼	255
	虹	251		還	253, 303		賄	382
	訌	251		歡	284		誨	256
	鴻	252		驩	316		獪	255
화	化	252, 424	활	活	254, 284, 450		膾	255
	火	289		滑	254, 282, 449		繪	255
	禾	252, 323, 423		猾	254		懷	286
	和	252		闊	254	획	畫	256, 342, 450
	花	252		豁	282, 416		劃	256
	貨	252	황	肓	371		獲	422
	華	252		況	420	횡	橫	426
	畫	256, 342, 450		皇	254	효	孝	256, 281
	話	252		恍	285		哮	257
	靴	252, 418		荒	255		效	286
	禍	366		徨	254		梟	319
	樺	252		惶	254		絞	55, 438
	譁	252		隍	254		酵	257
확	廓	52, 449		黃	255, 426		嚆	281
	確	425		煌	254	후	朽	286, 404
	擴	343, 426		遑	254		后	348
	穫	253, 421		慌	255		侯	257
	钁	253		潢	255		後	305

厚 361
候 257
喉 257
堠 257
嗅 377
훈 訓 277
暈 289, 396
熏 257
勳 257, 306
燻 257
薰 257, 391
曛 258
훤 喧 258
暄 258
萱 258
훼 卉 426
毁 339
휘 揮 258, 289
彙 319
輝 258
麾 317
諱 278
徽 426
휴 休 375
畦 409
携 402
虧 365, 421
휼 恤 419
흉 凶 258
兇 258
匈 258
胸 259, 296
흑 黑 426
흔 欣 292, 396
흘 吃 259
屹 259
흠 欠 259, 368
欽 259
歆 259, 372
흡 合 242, 414, 449
吸 427
恰 259
洽 259, 414
翕 259, 415
흥 興 427
희 希 260, 356
喜 260, 427
稀 260
嬉 260
禧 260
戲 421
힐 詰 298

틀리기 쉬운 漢字 확연히 바르게

초판 인쇄 – 2010년 7월 2일
초판 발행 – 2010년 7월 7일

저 자 – 崔 甲 朝
발행인 – 金 東 求
발행처 – 명 문 당(창립 1923년 10월 1일)
서울특별시 종로구 안국동 17-8
우체국 010579-01-000682
전 화 (02) 733-3039, 734-4798
FAX (02) 734-9209
Homepage www.myunmundang.net
E-mail mmdbook1@kornet.net
등록 1977.11.19. 제1-148호

* 정가 20,000원
ISBN 978-7270-955-8

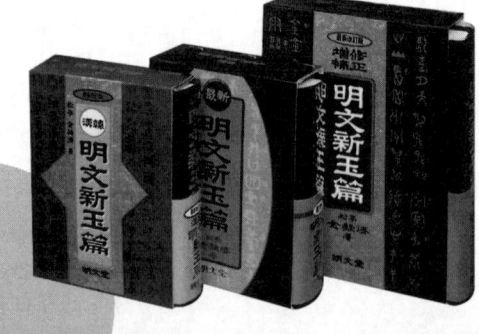